Kastens/Kleine Büning

Modellierung

Uwe Kastens
Hans Kleine Büning

Modellierung

Grundlagen und formale Methoden

4., erweiterte Auflage

HANSER

Prof. Dr. Uwe Kastens, UKastens@t-online.de
Prof. Dr. Hans Kleine Büning, hkb48@gmx.de

Universität Paderborn
Fakultät für Elektrotechnik, Informatik und Mathematik
Institut für Informatik

MIX
Papier aus verantwortungsvollen Quellen
FSC® C016439

Bibliografische Information der Deutschen Nationalbibliothek
Die Deutsche Nationalbibliothek verzeichnet diese Publikation in der Deutschen Nationalbibliografie; detaillierte bibliografische Daten sind im Internet über http://dnb.d-nb.de abrufbar.

ISBN: 978-3-446-45464-4
E-Book-ISBN: 978-3-446-45539-9

Internet: http://www.hanser-fachbuch.de

Lektorat: Mirja Werner
Herstellung: Franziska Kaufmann
Coverconcept: Marc Müller-Bremer, www.rebranding.de, München
Coverrealisierung: Stephan Rönigk
Datenbelichtung, Druck und Bindung: Hubert & Co., Göttingen
Printed in Germany

Vorwort

Das Modellieren ist eine für das Fach Informatik typische Arbeitsmethode, die in allen Gebieten des Faches angewandt wird. Aufgaben, Probleme oder Strukturen werden untersucht und als Ganzes oder in Teilaspekten beschrieben, bevor sie durch den Entwurf von Software-Algorithmen, Daten oder Hardware gelöst bzw. implementiert werden. Mit der Modellierung einer Aufgabe zeigt man, ob und wie sie verstanden wurde. Das Modell ist Voraussetzung und Maßstab für die Lösungen und liefert meist auch den Schlüssel für einen systematischen Entwurf. Als Ausdrucksmittel für die Modellierung steht ein breites Spektrum von Kalkülen und Notationen zur Verfügung. Sie sind spezifisch für unterschiedliche Arten von Aufgaben und Problemen. Deshalb werden in den verschiedenen Gebieten der Informatik unterschiedliche Modellierungsmethoden eingesetzt. In den entwurfsorientierten Gebieten, wie Software-Technik und Hardware-Entwurf, ist die Bedeutung der Modellierung und die Vielfalt der Methoden besonders stark ausgeprägt.

Mit diesem Buch soll eine Übersicht über die wichtigsten Kalküle der Informatik und ein grundlegendes Verständnis für jeden der vorgestellten Kalküle vermittelt werden. Die Leser sollen an vielen praktischen Beispielen lernen, die Kalküle zur Modellierung anzuwenden, und dabei Erfahrungen im formalen Beschreiben erwerben. Sie sollen den Nutzen von klaren und präzisen Beschreibungen erkennen. Das angebotene Spektrum von Kalkülen ist als Grundausstattung zu verstehen, die noch wesentlich vertieft und verbreitert werden kann. Deshalb wird hier von jedem Kalkül nur der innere methodische Kern präsentiert und auf die Vorstellung von Erweiterungen und weniger grundlegenden Kalkülen verzichtet.

Das vorliegende Buch ist als Lehrbuch zur Vorlesung *Modellierung* entstanden, mit der die oben genannten Ziele verfolgt werden. Die Vorlesung wird an der Universität Paderborn als eine einsemestrige, vierstündige Pflichtveranstaltung für Studierende der Informatik und der Wirtschaftsinformatik angeboten. Zur Vorlesung gehören praktische Übungen in Form betreuter Kleingruppenarbeit, selbstständiger Hausarbeiten und zentraler Präsentation von Lösungen. Die Übungsaufgaben dieses Buches stammen im Wesentlichen aus diesem Übungsmaterial.

Die beiden Autoren dieses Buches haben die Vorlesung in Abstimmung mit ihren Kollegen inhaltlich konzipiert und seit 1998 im zweijährigen Wechsel gehalten. Wegen ihres unterschiedlichen fachlichen Hintergrundes setzen sie auch verschiedene Schwerpunkte bei der Vermittlung von Modellierungsaspekten: Uwe Kastens arbeitet im Gebiet Programmiersprachen und Übersetzer und ist stark in Themen der Software-Technik verwurzelt. Bei der Modellierung betont er die Anwendung der Kalküle, den Nutzen formaler Beschreibungen und die Trennung von Aufgaben und Lösungen. Hans Kleine Büning arbeitet im Gebiet Logik und Wissensbasierte Systeme. Er betont stärker die theoretischen Grundlagen der Kalküle und setzt Schwerpunkte in den Logik-Kalkülen. Die Autoren haben in enger Kooperation versucht, die unterschiedlichen Schwerpunkte und Herangehensweisen einander ergänzend in das Buch und die Vorlesung einzubringen. An diesen Diskussionen hat sich auch der Kollege Hauenschild nachhaltig beteiligt, der im Jahr 2004 die Vorlesung übernommen hat.

Nach der Einführung werden in den Kapiteln 2 bis 7 die Kalküle vorgestellt. Wir haben die Reihenfolge so gewählt, dass Vorgriffe möglichst vermieden werden können. Zu jedem Kalkül werden zunächst die Grundbegriffe eingeführt und dann typische Modellierungstechniken an möglichst anschaulichen Beispielen gezeigt. Jedes Kapitel schließt mit einer Sammlung von Übungsaufgaben. Als durchgängige Aufgabe wird die Modellierung von Aspekten eines Getränkeautomaten in Übungen eines jeden Kapitels aufgegriffen. In Kapitel 8 werden an zwei Fallstudien alle Kalküle im Zusammenhang gezeigt. Einige bibliografische Hinweise finden sich am Ende des Buches.

Im Kapitel 1 wird der Modellbegriff eingeführt, so wie er im Alltag und in der Informatik verwendet wird. Die Tätigkeit des Modellierens wird charakterisiert und ihre Notwendigkeit begründet. Am Schluss zeigen wir eine einfache formale Modellierung im Vorgriff auf später vorgestellte Kalküle.

Das Kapitel 2 führt Mengen als Modellierungskalkül ein: Einfache und zusammengesetzte Mengen definieren die Wertebereiche von Objekten und Eigenschaften des Modells. Abstrakte Konzepte wie kartesisches Produkt, Potenzmenge, Vereinigung, Folgen, Relationen und Funktionen werden zur Strukturierung der Wertemengen eingesetzt. Diese Begriffe sind Grundlagen für jede Art formaler Beschreibung.

Fast alle formalen Kalküle definieren eine Notation für Formeln, in denen Operanden mit Operationen verknüpft werden. Im Kapitel 3 werden deshalb Terme als abstrakte Grundlage von Formeln eingesetzt, die erst im Anwendungskontext spezielle Bedeutung bekommen. Notationen sowie allgemein gültige Begriffe wie Substitution, Umformung nach Regeln und Unifikation werden hier universell für Terme definiert. Im zweiten Teil des Kapitels werden diese Begriffe zu abstrakten und konkreten Algebren ausgebaut. Damit können dann Kalküle und Datenstrukturen algebraisch definiert werden. Wegen der universellen Bedeutung von Termen haben wir sie in einem separaten Kapitel definiert – und nicht als Teil der Prädikatenlogik, wo sie einen angestammten Platz haben.

Kapitel 4 führt die beiden klassischen Gebiete der Logik ein: Aussagenlogik und Prädikatenlogik erster Stufe. Wir beschränken uns auf die für Anfänger wichtigsten Grundlagen der Kalküle: Syntax und Semantik, Umgang mit logischen Operatoren und Quantoren und einfache Normalformen sowie Transformationen. Insbesondere Kalküle und Verfahren des automatischen Beweisens überlassen wir einer späteren Vertiefung.

Der Kalkül der Graphen wird in Kapitel 5 behandelt. Er eignet sich besonders gut zum Modellieren. Er ist leicht zu verstehen, da er nur auf Relationen basiert, und er ist anschaulich, da er sehr suggestive Visualisierungen hat. Graphen sind außerordentlich vielfältig einsetzbar, da Objekte und Beziehungen zwischen Objekten in so vielen unterschiedlichen Bedeutungen beim Modellieren vorkommen. Es werden hier nur die grundlegenden Eigenschaften von Graphen vorgestellt. Auf weiterführende Begriffe der Graphentheorie wird verzichtet und stattdessen die Vielfalt der Einsatzgebiete und Modellierungstechniken ausgebreitet.

In Kapitel 6 führen wir zwei grundlegende Kalküle ein, die sich besonders zur Modellierung struktureller Eigenschaften eignen. Kontextfreie Grammatiken werden als Regelsystem vorgestellt, mit dem Baumstrukturen definiert werden können, um damit geschachtelte Strukturen zu modellieren. Die Definition von Sprachen als Menge von Symbolfolgen, die sonst im Vordergrund steht, spielt hier nur eine Nebenrolle. Im zweiten Teil wird das Entity-Relation-Ship-Modell eingeführt. Damit formuliert man Regeln, nach denen Systeme in Mengen gleichartiger Objekte mit bestimmten Eigenschaften gegliedert sind und zwischen denen Relationen bestehen. Das ER-Modell ist Grundlage sowohl der Schemata objektorientierter Datenbanken als auch der Spezifikation von Strukturen und Beziehungen in Software-Systemen, z. B. mit der Modellierungssprache UML.

In Kapitel 7 führen wir zwei grundlegende Kalküle ein, mit denen Abläufe modelliert werden können: endliche Automaten und Petri-Netze. Sie werden eingesetzt, um das dynamische Verhalten von Systemen zu beschreiben. Man gibt die Zustände an, die das System einnehmen kann, und beschreibt, unter welchen Bedingungen es aus einem Zustand in einen anderen übergehen kann. Beide Kalküle sind mit recht einfachen Regeln definiert und haben sehr anschauliche grafische Repräsentationen. Mit endlichen Automaten werden meist sequentielle, mit Petri-Netzen nebenläufige Prozesse modelliert. Beide dienen als Grundlage komplexer Kalküle (z. B. endliche Automaten für Statecharts), die hier nicht vorgestellt werden.

In Kapitel 8 präsentieren wir die Modellierungen von zwei Aufgaben vollständig im Zusammenhang: Die Auftragsabwicklung in einer Autowerkstatt und Regeln eines Gesellschaftsspieles. Verschiedene Aspekte des Gegenstandsbereiches werden mit jeweils passenden Kalkülen modelliert. Außerdem werden einzelne Aspekte zum Vergleich mit verschiedenen Kalkülen beschrieben. Dabei wird das Vorgehen ausführlich erläutert. Wir zeigen damit, dass es wichtig ist, den Gegenstandsbereich sinnvoll zu zerlegen und für Teilaspekte geeignete Kalküle zu wählen.

Zu diesem Buchprojekt haben die Autoren nachhaltige Unterstützung erfahren: Kollege Hauenschild hat im Jahr 2004 unser Material zur Vorbereitung der Vorlesung übernommen. Er hat uns viele nützliche Hinweise gegeben und zur Behebung einiger Inkonsistenzen beigetragen. Wissenschaftliche Mitarbeiter haben die Übungen zur Vorlesung betreut. Stellvertretend seien hier Dinh Khoi Le, Jochen Kreimer, Theodor Lettmann und Carsten Schmidt genannt. Sie haben sich viele Aufgaben fantasievoll ausgedacht, das Vorlesungsmaterial kritisch hinterfragt und Fehler darin korrigiert. Sigrid Gundelach hat den größten Teil des Manuskriptes geschrieben, spröde Formeln gewissenhaft übertragen und sich engagiert in das manchmal widerspenstige Textsystem eingearbeitet. Michael Thies hat uns geholfen, mit dem System den gewünschten Drucksatz zu produzieren. Sie alle haben zum Gelingen des Buches beigetragen. Wir danken ihnen sehr dafür.

Paderborn, 2005

Uwe Kastens, Hans Kleine Büning

Vorwort zur 4. Auflage

Für die vorliegende vierte Auflage dieses Buches haben wir das Kapitel 8 um eine weitere Fallstudie ergänzt: Darin werden aussagenlogische Formeln als Graphen modelliert und aus diesen Graphen Formeln in konjunktiver Normalform erzeugt. Das Verfahren demonstriert Anwendungen von Kalkülen, die in diesem Buch vorgestellt werden. Darüber hinaus haben wir für diese Auflage einige bibliographische Hinweise aktualisiert und kleinere Verbesserungen vorgenommen.

Paderborn, Herbst 2017

Uwe Kastens, Hans Kleine Büning

Inhalt

1 Einführung

Das Anfertigen von Modellen ist ein wichtiger Schritt in den frühen Phasen der Herstellung ganz unterschiedlicher Objekte: Ein Architekt erstellt ein dreidimensionales Modell für den Neubau eines besonders exponierten Gebäudes. Daran werden mit dem Auftraggeber die äußere Gestaltung und die Integration des Gebäudes in das Stadtbild diskutiert. Um die Raumaufteilung zu planen, die Sicherheit zu prüfen und die Durchführung des Baus zu steuern, werden andere Modelle erstellt, wie Bauzeichnungen und Berechnungen der Statik.

Solch ein Vorgehen ist auch typisch für Entwicklungsprozesse in der Informatik: Aufgaben und Lösungsvorschläge werden mit Modellen beschrieben, bevor mit der Herstellung einer Lösung in Software oder Hardware begonnen wird. An den Modellen können Auftraggeber und Entwickler prüfen, ob die Aufgabenstellung richtig verstanden wurde, welche Eigenschaften die vorgeschlagene Lösung haben wird und ob diese akzeptabel sind.

Jede Branche hat Techniken der Modellbildung, die sich für ihre Aufgaben besonders gut eignen, z. B. Gebäudemodelle, Bauzeichnungen und Berechnungen der Statik für die Herstellung von Gebäuden oder Schaltpläne für das Anfertigen elektrischer Anlagen. Produkte der Informatik wirken meist durch ihre Funktionen – seltener durch ihr Aussehen. Deshalb überwiegen hier abstrakte Modelle, die mit formalen Kalkülen erstellt werden. Aufgaben von unterschiedlicher Art aus einem sehr breiten Spektrum werden mit Informatikmethoden gelöst. Deshalb werden in der Informatik sehr viele verschiedene Kalküle eingesetzt, die jeweils unterschiedliche Aspekte der Aufgaben möglichst gut modellieren können. Informatiker müssen sie als ihr „Handwerkszeug" beherrschen, um für ihre Aufgaben nützliche Modelle mit geeigneten Kalkülen anzufertigen.

1.1 Einführendes Beispiel

Wir wollen einen ersten Einblick in das Modellieren der Informatik geben. Als Beispiel betrachten wir folgende Denksportaufgabe:

Beispiel 1.1: Flussüberquerung

Ein Mann steht mit einem Wolf, einer Ziege und einem Kohlkopf am linken Ufer eines Flusses, den er überqueren will. Er hat ein Boot, das gerade groß genug ist, ihn und ein weiteres Objekt zu transportieren, sodass er immer nur eines der drei mit sich hinübernehmen kann. Falls der Mann allerdings den Wolf mit der Ziege oder die Ziege mit dem Kohlkopf unbewacht an einem Ufer zurücklässt, wird einer gefressen werden.

Ist es möglich, den Fluss zu überqueren, ohne dass die Ziege oder der Kohlkopf gefressen wird?

Solche Aufgaben sind deswegen reizvoll, weil man eine Weile daran herumknobelt und dann – wie mit einem Geistesblitz – die Lösung findet. Mit solch einem Vorgehen geht man allerdings das Risiko ein, die Lösung nicht zu finden. Bei ernsthaften Aufgaben wäre das fatal. Deshalb zeigen wir hier ein systematisches Vorgehen unter Einsatz von Informatik-Kalkülen – auch wenn dabei vielleicht der Spaß an der Knobelei verloren geht.

Zunächst klären wir, welche Aufgabe gelöst werden soll: Die Antwort auf die Frage am Ende des Textes kann „ja" oder „nein" lauten. In jedem Fall müssen wir eine Begründung angeben, entweder indem wir einen Plan für eine sichere Flussüberquerung entwickeln oder erklären, weshalb es einen solchen nicht gibt.

Dann beginnen wir die Modellierung, indem wir die Beschreibung der Aufgabe auf die unbedingt notwendigen Objekte, Eigenschaften und Aktionen reduzieren: Als Objekte kommen in Frage: Mann, Wolf, Ziege, Kohlkopf, Fluss, linkes Ufer und rechtes Ufer, Boot. Es ist wichtig, als Eigenschaft zu beschreiben, welche der Objekte Wolf, Ziege und Kohlkopf sich gemeinsam an jedem der beiden Ufer aufhalten; denn damit wird entschieden, ob einer von ihnen gefressen werden kann. Als Aktionen benötigen wir das Transportieren jeweils eines der drei Objekte von einem zum anderen Ufer oder Leerfahrten jeweils in beide Richtungen.

Wenn es eine Lösung der Aufgabe gibt, dann kann man sie als eine Folge solcher Fahrten über den Fluss beschreiben. Jede Fahrt verändert den Zustand des Systems. Die Zustände des Systems modellieren wir, indem wir angeben, welche der Objekte Mann, Wolf, Ziege und Kohlkopf sich an welchem Ufer befinden. Formal ist der Zustand ein Paar von Mengen (l, r), mit $l, r \subseteq \{M, W, Z, K\}$, wobei wir Abkürzungen für die vier Objekte verwenden. Da keines der Objekte verschwinden und keines hinzukommen kann, muss für jedes Paar (l, r) gelten

$$l \cap r = \emptyset \qquad \text{und} \qquad l \cup r = \{M, W, Z, K\}$$

Nun können wir auch formal beschreiben, wann ein Zustand (l, r) unzulässig ist, weil die Ziege oder der Kohlkopf gefressen werden könnte:

$M \notin l$ und $(\{W, Z\} \subseteq l$ oder $\{Z, K\} \subseteq l)$ oder
$M \notin r$ und $(\{W, Z\} \subseteq r$ oder $\{Z, K\} \subseteq r)$

Wenn z. B. im Zustand $(\{M, W, Z, K\}, \emptyset)$ die Ziege an das rechte Ufer transportiert wird, geht das System in den Zustand $(\{W, K\}, \{M, Z\})$ über. Beide Zustände sind gemäß obiger Bedingung zulässig. Wir müssen noch begründen, dass es nicht nötig ist, den Zustand während der Überfahrt zu modellieren: Ist während der Überfahrt das gerade verlassene Ufer unzulässig, so ist es auch unzulässig im Zustand, der die Ankunft modelliert. Entsprechendes gilt für den Zustand vor der Abfahrt und das zu erreichende Ufer.

Die Zustandsübergänge kann man sehr anschaulich grafisch beschreiben. Abb. 1.1 zeigt den Übergang, den wir oben als Beispiel beschrieben haben. Die Rechtecke geben die Zustände mit dem Paar von Mengen an. Der beschriftete Pfeil verbindet die Zustände vor und nach dem Transport.

Abbildung 1.1: Ein Zustandsübergang

Wir haben nun das Prinzip des Modells entworfen. Wir brauchen es nur noch vollständig auszufüllen, indem wir alle zulässigen Zustände und Übergänge angeben. Abb. 1.2 zeigt das vollständige Modell. Es sind auch einige unzulässige Zustände angegeben, um zu zeigen, welche Entscheidungen nicht getroffen werden dürfen. Die Übergänge zwischen zulässigen Zuständen sind natürlich jeweils in beiden Richtungen möglich, obwohl es im Sinne der Aufgabe nicht sinnvoll ist, in einen früheren Zustand zurück zu rudern. In Abb. 1.2 können wir nun leicht ablesen, dass es mehrere Lösungen für die Transportaufgabe gibt:

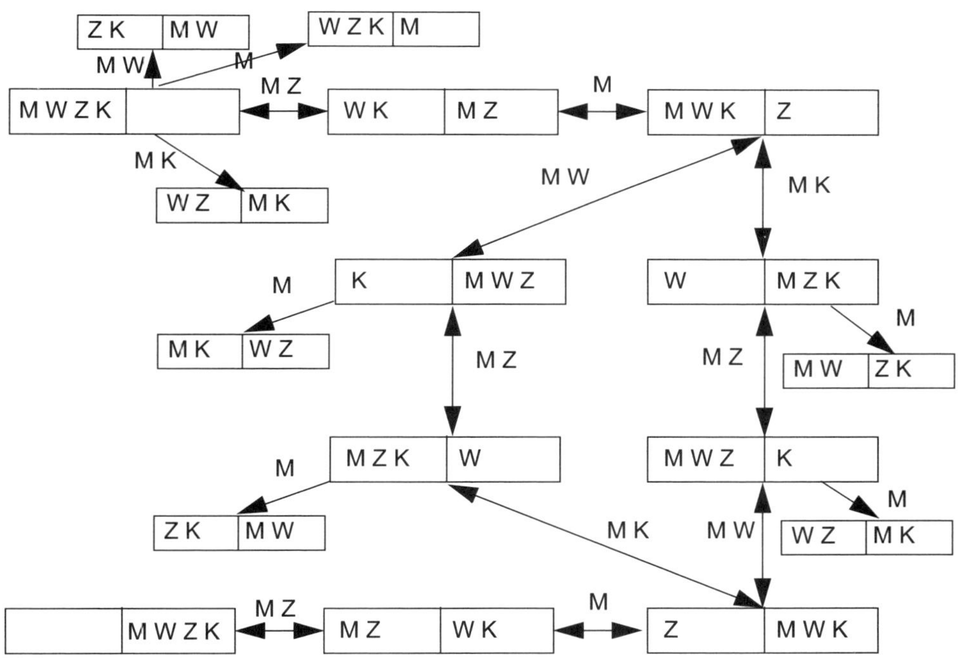

Abbildung 1.2: Modellierung der Flussüberquerung

Jeder Weg vom Startzustand zum Zielzustand beschreibt eine Lösung. Es gibt zwei verschiedene, die mit 7 Überfahrten auskommen. Alle anderen Transportfolgen enthalten überflüssige Überfahrten.

Für die Modellierung unserer Aufgabe haben wir den Kalkül der endlichen Automaten angewandt. Er eignet sich besonders gut, wenn Abläufe in Systemen mit Übergängen zwischen verschiedenen Zuständen beschrieben werden sollen. Der Kalkül wird in Abschnitt 7.1.2 vorgestellt. Die grafische Veranschaulichung des Automaten in Abb. 1.2 benutzt den Kalkül der gerichteten Graphen, der in Abschnitt 5.1 eingeführt wird. Zu Beginn der Modellierung haben wir die Zustände des Systems durch Paare von Mengen beschrieben. Solche Abstraktionen führen wir in Kapitel 2 ein.

In den folgenden Kapiteln dieses Buches werden wir die Kalküle jeweils an typischen Beispielen vorstellen. Eine Modellierungsaufgabe werden wir dabei durchgängig immer wieder aufgreifen: Die Bedienung eines Getränkeautomaten soll modelliert werden. Das Gerät soll Getränke wie Kaffee, Tee und Kakao gegen Bezahlung mit Münzen abgeben. Man soll Varianten der Getränke wählen können, z. B. mit oder ohne Milch oder Zucker. Die Modellierung soll berücksichtigen, dass im Gerät nur begrenzte Vorräte für die Zubereitung der Getränke untergebracht werden können. Die Beschreibung der Aufgabe ist hier absichtlich unscharf gehalten. Es entspricht dem Vorgehen in der Realität, dass die Beschreibung der Aufgabe erst im Zuge der Modellierung präzisiert wird.

1.2 Modellbegriff

Der Begriff des *Modells* ist vom lateinischen Wort *modulus* für Maß, Maßstab abgeleitet. Er wird in vielen verschiedenen Zusammenhängen mit recht unterschiedlichen Bedeutungen verwendet. Er kann das Abbild eines vorhandenen Originals bezeichnen, z. B. ein Schiffsmodell, oder das Vorbild für ein herzustellendes Original, z. B. ein Gebäudemodell oder ein Vorbild für Maler oder Bildhauer. Das Modell kann konkret sein, wie das Schiffsmodell, oder abstrakt, wie ein Modell zur Rentenberechnung. Auch das Modellierte kann konkret sein, wie das Schiff, oder abstrakt, wie die zahlenmäßige Entwicklung der Bevölkerung. In Abb. 1.3 haben wir die Erklärung des Modellbegriffes aus einem allgemeinen Lexikon angegeben. Für unsere Zwecke ist darin die Variante zum „Sprachgebrauch verschiedener Wissenschaften" zutreffend. Die Modelle in der Informatik sind im Allgemeinen abstrakte Abbilder oder Vorbilder zu konkreten oder abstrakten Originalen. So ist das Modell der Flussüberquerung im vorigen Abschnitt ein abstrakter, endlicher Automat. Auch das Modellierte ist in diesem Beispiel abstrakt: der schrittweise Ablauf der Flussüberquerung mit den dabei durchlaufenen Zuständen.

Man beachte, dass in der Logik, einem Teilgebiet der Mathematik und Informatik, der Begriff Modell mit einer sehr speziellen, anderen Bedeutung verwendet wird: *Eine Struktur S ist ein Modell der logischen Formeln F, wenn alle Formeln aus F für S gelten* (siehe auch Kapitel 4).

Modell [italien., zu lat. modulus „Maß, Maßstab"], allg. Muster, Vorbild, Entwurf.
– Mensch (auch Tier), der (das) als Vorbild für künstler. Studien oder Kunstwerke dient („sitzt").
– in der Bildhauerei meist in verkleinerter Form ausgeführter Entwurf einer Plastik oder Tonarbeit, die in Bronze gegossen werden soll. - †Architekturmodell.
– in der Modebranche Bez. für 1. ein nur einmal oder in eng begrenzter Anzahl hergestelltes Kleidungsstück. (*M.kleid*); 2. die Vorlage für eine Vervielfältigung; 3. svw. Mannequin.
– im Sprachgebrauch verschiedener Wiss. (Philosophie, Naturwiss., Soziologie, Psychologie, Wirtschaftswiss., Politikwiss., Kybernetik u.a.) ein Objekt materieller oder ideeller (Gedanken-M.) Natur, das von einem Subjekt auf der Grundlage einer Struktur-, Funktions- oder Verhaltensanalogie für ein anderes Objekt (*Original*) eingesetzt und genutzt wird, um Aufgaben zu lösen, deren Durchführung unmittelbar am Original selbst nicht möglich bzw. zu aufwendig ist (z. B. Flugzeug-M. im Windkanal). Die **Modellmethode** vollzieht sich in vier Schritten: 1. Auswahl (Herstellung eines dem [geplanten] Original entsprechenden M.; 2. Bearbeitung des M., um neue Informationen über das M. zu gewinnen (**Modellversuch**; †Ähnlichkeitsgesetze); 3. Schluss auf Informationen über das Original (meist Analogieschluß); ggf. 4. Durchführung der Aufgabe am Original. Infolge der Relationen zw. Subjekt, Original und M. (**Modellsystem**) ist ein M. einsetzbar u. a. zur Gewinnung neuer Informationen über das Original (z. B. Atom-M.), zur Demonstration und Erklärung (z. B. Planetarium), zur Optimierung des Originals (z. B. Netzplan), zur Überprüfung einer Hypothese oder einer techn. Konstruktion (z. B. Laborversuch). - Abweichend von diesem M.begriff versteht die *mathemat. Logik* unter M. eine Interpretation eines Axiomensystems, bei der alle Axiome dieses Systems wahre Aussagen darstellen. Diese **Modelltheorie** liefert grundlegende Verfahren zur Behandlung von Fragen der Vollständigkeit, Widerspruchsfreiheit und Definierbarkeit.

Abbildung 1.3: Modellbegriff aus *Meyers Neues Lexikon* [20]

Modelle sind absichtlich nicht originalgetreu; sie heben bestimmte Eigenschaften hervor und lassen andere weg. Der intendierte Verwendungszweck des Modells bestimmt, welche Eigenschaften modelliert werden und welches Kalkül zu deren Beschreibung besonders geeignet ist. So werden beim Hausbau für verschiedene Zwecke ganz unterschiedliche Arten von Modellen verwendet:

- ein Gebäudemodell zur Vermittlung des optischen Eindruckes,
- ein Grundriss zur Einteilung der Räume und des Grundstückes,
- ein Kostenplan zur Finanzierung und
- ein Gewerkeplan zur Durchführung des Baus.

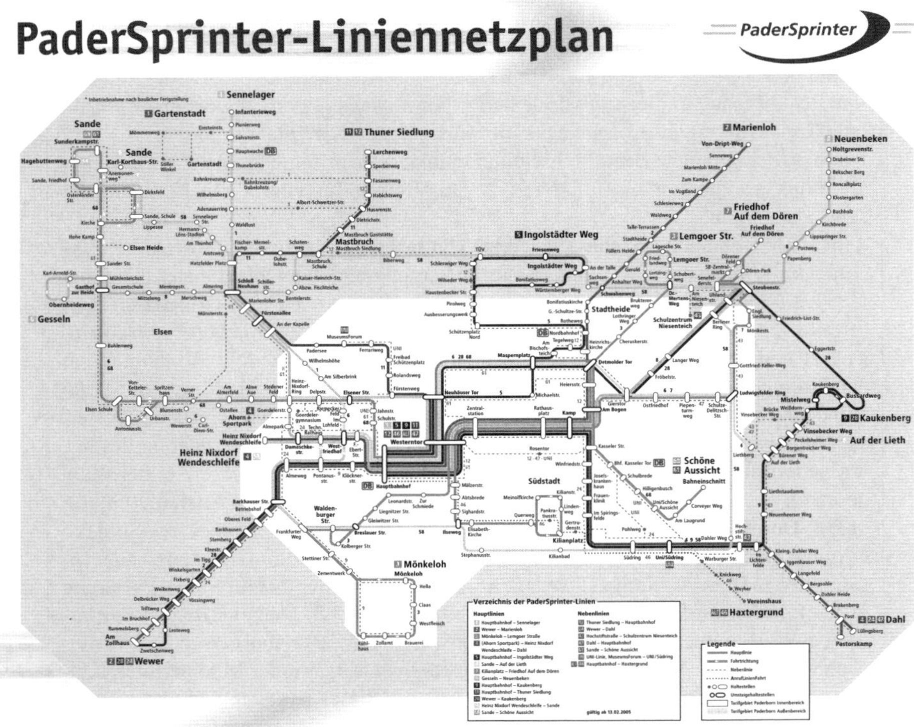

Abbildung 1.4: Streckenplan der Paderborner Buslinien [21]

Abb. 1.4 zeigt einen Streckenplan der Paderborner Buslinien. Er soll beschreiben, welche Stadtteile und Haltestellen von welchen Buslinien angefahren werden und welche Umsteigemöglichkeiten es gibt. Deshalb sind der Zusammenhang einzelner Linien, die Umsteigemöglichkeiten, die Haltestellen und die Stadtteile hervorgehoben. Genauere topografische Informationen und Straßenverläufe sind weggelassen. Sie sind für den intendierten Zweck nicht relevant. Der Fahrplan in Abb. 1.5 modelliert eine einzelne Buslinie für einen ganz anderen Zweck: Man soll zu jeder Haltestelle alle Abfahrtszeiten der Busse entnehmen und feststellen können, wann der Bus auf seiner Strecke andere Haltestellen erreicht.

Mit dem fertiggestellten Modell werden meist weitere Arbeiten durchgeführt, die der Zweckbestimmung entsprechen, z. B.

- Operationen, die man am Original nicht durchführen kann, etwa die Messung des Auftriebs neuer Formen von Flugzeugflügeln im Windkanal oder im Simulator;
- bestimmte Aspekte eines komplexen Gebildes untersuchen und verstehen, z. B. die Geschäftsabläufe in einer Firma. Schon das Herstellen eines Modells dafür vertieft das Verständnis deutlich;

4 HN Wendeschleife → Westfriedhof → Hauptbahnhof → Husener Straße → Uni/Südring → Im Lichtenfelde → Dahl

SONN- UND FEIERTAG

	8... Uhr		9 ...	10... Uhr		11 ...	12... Uhr			13...-19... Uhr			20... Uhr				21... Uhr			22... Uhr		23... Uhr		
		8	9		8	9		8	24	9	8	24		8	8	9		8	9		9	8		9
HN Wendeschleife															33									
Damaschkestraße		08			08			08	41		08	41		08	34			24				09		
Technisches Rathaus		09			09			09	42		09	42		09	35			25				10		
Westfriedhof		10			10			10	43		10	43		10	36			26				11		
Friedrich-Ebert-Straße		11			11			11	44		11	44		11	37			27				12		
Hauptbahnhof	14	14	14	14	14	14	14	14	46	14	14	46	12	14	39	43	12	29		12		14	14	
Westerntor	16	16	16	16	16	16	16	16	48	16	16	48	14	16	40	45	14	30	45	14	45	15	16	45
Zentralstation	18	18	18	18	18	18	18	18	50	18	18	50	15	18	42	47	15	32	47	15	47	17	17	47
Rathausplatz	19	19	19	19	19	19	19	19	51	19	19	51	16		43	48	16	33	48	16	48	18	18	48
Kamp	20	20	20	20	20	20	20	20	52	20	20	52	17		44	49	17	34	49	17	49	19	19	49
Kasseler Straße	21		21	21		21	21		53	21		53	18			50	18		50	18	50		20	50
Winfriedstraße	24		22	24		22	24		55	22		55	19			51	19		51	19	51		21	51
Josefskrankenhaus	25		24	25		24	25		56	24		56	20			52	20		52	20	52		22	52
Frauenklinik	26		25	26		25	26		57	25		57	21			53	21		53	21	53		23	53
Im Spiringsfelde	27		27	27		27	27		58	27		58	21			54	21		54	21	54		23	54
Südring	29		29	29		29	29		59	29		59	22			55	22		55	22	55		24	55
Uni/Südring	30		30	30		30	30		00	30		00	23			56	23		56	23	56		25	56
Hochstiftstraße	31		31	31		31	31		01	31		01	24			57	24		57	24	57		26	57
Im Lichtenfelde	32		32	32		32	32		02	32		02	24			58	24		58	24	58		26	58
Kleingärten Dahler Weg	33			33			33		03			03	25				25			25			27	
Iggenhauser Weg	34			34			34		04			04	26				26			26			28	
Langefeld	35			35			35		05			05	27				27			27			29	
Bergsohle	35			35			35		05			05	27				27			27			29	
Dahler Heide	36			36			36		06			06	28				28			28			30	
Brakenberg	37			37			37		07			07	28				28			28			30	
Dahl Post	38			38			38		08			08	29				29			29			31	
Lülingsberg	39			39			39		09			09	30				30			30			32	
Pastorskamp	41			41			41		11			11	32				32			32			34	

Abbildung 1.5: Busfahrplan von Paderborner Buslinien [21]

- das Modell kann der Kommunikation dienen zwischen Auftraggeber und Hersteller des Originals, wie beim Hausbau, oder zwischen dem Anbieter und dem Nutzer eines Dienstes, wie die Buspläne in Abb. 1.4 und 1.5;
- bei solchen Auseinandersetzungen wird häufig das Modell so lange angepasst, bis Einigkeit über die beschriebenen Eigenschaften hergestellt ist. Dann fixiert das Modell dieses Ergebnis, z. B. als Anforderungen und Spezifikation in der Software-Erstellung.

Der letzte Aspekt ist von besonderer Bedeutung: An Modellen kann man prüfen und nachweisen, dass alle für den Zweck relevanten Eigenschaften korrekt und vollständig erfasst sind. Man bezeichnet den Vorgang auch als Validierung des Modells oder engl. *model checking*. So kann man prüfen, ob der Finanzplan alle Kosten erfasst, sie korrekt aufsummiert und die Kostengrenze eingehalten wird. Formale Modellierungskalküle erlauben es, solche Prüfungen auch systematisch oder automatisch auszuführen. So kann man z. B. an dem endlichen Automaten für die Flussüberquerung in Abb. 1.2 nachweisen, dass es keine weiteren zulässigen Zustände außer den angegebenen gibt.

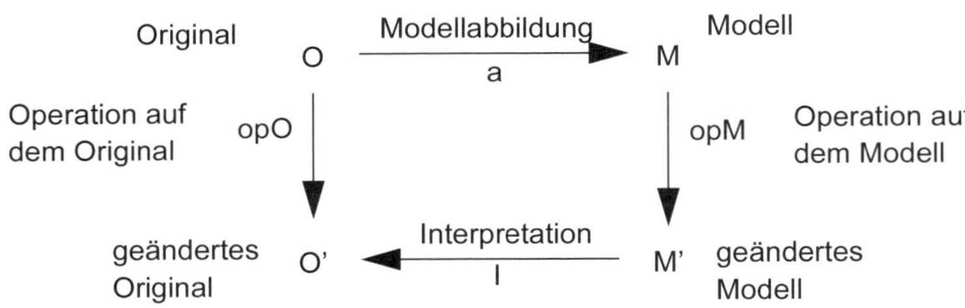

Abbildung 1.6: Bezug zwischen Original und Modell

Zwischen Modell und Original muss ein enger Bezug bestehen, damit das Modell die oben beschriebenen Zwecke erfüllen kann. Das Diagramm in Abb. 1.6 beschreibt diese Relationen: Die Modellabbildung führt vom Original zum Modell. Dabei wird meist vergröbert, abstrahiert, formalisiert und Irrelevantes weggelassen. Die Interpretation des Modells führt wieder zum Original. Wir verlangen, dass Änderungen am Original denen am Modell bezüglich dieser Abbildungen entsprechen. Für alle relevanten Operationen *opO* am Original muss das Diagramm kommutieren, d.h.

opO (O) = I (opM (a (O)))

Soll z. B. im Neubau eines Hauses die Position einer Tür verändert werden, so muss dies durch eine entsprechende Modifikation des Grundrisses eindeutig verändert werden können. Soll jedoch das mit KIND beschriftete Zimmer nicht als Kinderzimmer, sondern als Arbeitszimmer genutzt werden, ist diese Änderung irrelevant für den Grundriss und wird nicht vom Modell erfasst.

Ein Modell beschreibt immer nur bestimmte Aspekte des Originals und seiner Teile. Wir geben im Folgenden an, welche Kalküle sich besonders zur Beschreibung der Aspekte eignen. Die Beispiele entnehmen wir dem Modell der Flussüberquerung aus Abschnitt 1.1.

1. **Struktur:** Zusammensetzung des Originals aus Bestandteilen, z. B. ein Zustand ist ein Paar von Teilmengen von {M, W, Z, K}.
   Kalküle: **Wertebereiche, Entity-Relationship, Kontextfreie Grammatiken.**
2. **Eigenschaften** von Teilen des Originals, z. B. ein Zustand ist zulässig oder unzulässig.
   Kalküle: **Wertebereiche, Entity-Relationship, Logik.**
3. **Beziehungen** zwischen Teilen des Originals, z. B. der Wolf frisst die Ziege, die Ziege frisst den Kohlkopf.
   Kalküle: **Logik**, **Entity-Relationship**.
4. **Verhalten** des Originals bei Operationen, z. B. die Folgen von Zustandsübergängen.
   Kalküle: **endliche Automaten**, **Petri-Netze**, **Algebren**, **Graphen**.

Zum Schluss möchten wir dafür plädieren, dass Modelle möglichst *deklarativ* oder *deskriptiv* formuliert werden. Das bedeutet, dass das Modell Aussagen über Struktur, Eigenschaften, Beziehungen und Verhalten des Originals macht, die immer gelten.

Im Gegensatz dazu stehen *operationale* Beschreibungen, die angeben, wie sich das Original unter bestimmten Operationen verhält. Diese werden häufig durch Beispiele von Abläufen gegeben und sind eher unpräzise. Deshalb erfüllen sie die Anforderungen an die Modellierung weniger gut als präzise deklarative Aussagen. Wir demonstrieren die beiden Arten der Beschreibung an einer Balkenwaage, wie sie in Abb. 1.7 abstrahiert ist.

Deklarativ: Die Waage ist im Gleichgewicht, wenn sich die Gewichte x und y *umgekehrt proportional zu den Längen der Balken a und b verhalten:* $x * a = y * b$.

Operational: Wenn ich auf den *Balken der Länge a ein Gewicht x auflege*, muss ich auf den *Balken der Länge b ein Gewicht* $y = x * a/b$ auflegen, damit die Waage wieder im Gleichgewicht ist.

Abbildung 1.7: Modell einer Balkenwaage

Übungen

1.1 Getränkeautomat

In der Firma Kastens AG steht ein Getränkeautomat. Damit man gut zu ihm hin findet, ist er rot lackiert. Man kann Cola, Fanta, Sprite und Wasser kaufen. Jedes Getränk kostet 1 Euro. Der Automat hält genügend viele 1-Euro-Stücke zum Wechseln bereit. Ein Mitarbeiter möchte nun eine Cola kaufen. Er hat ein 2-Euro-Stück und ein 0,50-Euro-Stück in der Geldbörse.

a) Geben Sie die relevanten Objekte an, die zum Modellieren des Bezahlens benötigt werden.

b) Beschreiben Sie die Zustände des Systems. Welche Informationen liefern diese Zustände?

c) Modellieren Sie das Bezahlen analog zum Beispiel in Abschnitt 1.1.

1.2 Schokolade

Gegeben seien 3 Stapel aus Schokolade. Der erste besteht aus 4 Tafeln, der zweite aus 6 Tafeln und der dritte aus 14 Tafeln. Die Stapel sollen nun ausgeglichen werden, so dass auf jedem Stapel genau 8 Tafeln liegen. Allerdings darf in jedem Schritt nur zwischen genau zwei Stapeln umgeschichtet werden. Zudem müssen auf einen Stapel immer so viele Tafeln gelegt werden, wie bereits darauf liegen. Modellieren Sie das Problem analog zum Beispiel in Abschnitt 1.1.

Hinweis: Zweimal Umschichten genügt!

1.3 Modelle aus dem Alltag

Geben Sie 3 Modelle aus dem Alltag an, die nicht im Kapitel 1 vorkommen. Schreiben Sie zu jedem Modell auf:

a) Was wird modelliert?

b) Welchem Zweck dient das Modell?

c) Was sind die wichtigen Objekte, Eigenschaften, Zusammenhänge und Operationen?

2

Modellierung mit Wertebereichen

In Modellen von konkreten oder abstrakten Systemen oder Aufgaben kommen Objekte unterschiedlicher Art und Zusammensetzung vor. Damit die Beschreibung nicht nur ein Beispiel, sondern hinreichend allgemein ist, gibt man für einige Teile des Modells nur an, von welcher Art sie sind, lässt aber offen, welches individuelle Objekt dafür eingesetzt wird. Dafür fassen wir alle infrage kommenden Objekte in einem Wertebereich zusammen, der ihre gemeinsamen, für das Modell relevanten Eigenschaften charakterisiert. Welcher Wert aus dem Wertebereich gewählt wird, kann dann im Modell offen bleiben.

Betrachten wir als kleines Beispiel folgende informell formulierte Aufgabe:

Aufgabe 2.1

Ziehe drei Karten aus einem Kartenspiel. Bestimme die höchste der drei Karten.

Um diese Aufgabe zu präzisieren, müssen wir den Wertebereich für Karten eines Kartenspiels charakterisieren: Jede Karte wird durch zwei Angaben beschrieben: die Kartenart: Kreuz, Pik, Herz oder Karo, und das Kartensymbol: 7, 8, 9, 10, Bube, Dame, König, Ass. Jedes Einzelne ist ein Wertebereich. Alle Kombinationen aus einer Kartenart und einem Kartensymbol bilden den Wertebereich eines Kartenspiels, aus dem einzelne Karten als Elemente stammen. Den zweiten Teil der Aufgabe können wir präzisieren, indem wir eine Relation angeben, die für je zwei Karten entscheidet, welche höher ist. Solch eine Relation besteht aus einer Menge von Kartenpaaren. Je nach Spielregel kann es unterschiedliche solcher Vergleichsrelationen geben. Jede von ihnen ist aber Element aus demselben Wertebereich und erfüllt Anforderungen, die an Ordnungsrelationen gestellt werden.

In diesem Kapitel führen wir abstrakte Konzepte ein, mit denen man Wertebereiche für einfache und zusammengesetzte Werte präzise angeben kann. Wertebereiche sind Mengen, die beim Formulieren eines Modells eine bestimmte Rolle spielen. In Abschnitt 2.1 stellen wir deshalb die wichtigsten Begriffe der Mengenlehre vor.

Definition 2.1: Wertebereich

*Ein **Wertebereich ist eine Menge von Werten**, die im Sinne eines Modells als gleichartig angesehen werden: Wo ein Wert eines Wertebereiches W gefordert wird, kann prinzipiell jedes Element aus W diese Rolle übernehmen.* ■

Die Gleichartigkeit im Sinne des Modells illustriert der Wertebereich der Kartensymbole im obigen Beispiel: Er enthält so unterschiedliche Werte wie „10“ und „Bube“, da sie bei der Identifikation von Spielkarten die gleiche Rolle haben.

Aus Wertebereichen für einfache Werte, wie den Kartensymbolen oder Kartenarten, kann man Wertebereiche für zusammengesetzte Werte bilden, z.B. Paare zur Identifikation von Spielkarten. Dafür stellen wir in den Abschnitten 2.2 bis 2.7 die grundlegenden Begriffe Potenzmengen, kartesische Produkte, Vereinigungen, Folgen, Relationen und Funktionen vor. Dabei geben wir jeweils typische Anwendungsbeispiele an und weisen auf spezielle Modellierungstechniken hin.

Durch die Abschnitte hindurch werden wir jeweils Beiträge zu einer zusammenhängenden Modellierungsaufgabe entwickeln. Sie wird hier informell beschrieben und später schrittweise formalisiert:

Beispiel 2.1: Arbeitskreise der EU

Die EU-Kommission hat beschlossen, die Entscheidungsprozesse der EU mit formalen Methoden zu modellieren. Damit sollen drei Arbeitskreise befasst werden. An der Aktion beteiligen sich zunächst die Nationen Deutschland, Frankreich, Österreich und Spanien. Jede entsendet drei Delegierte. Die Arbeitskreise sollen so gebildet werden, dass in jedem Arbeitskreis jede Nation vertreten ist und dass unter Berücksichtigung der Fremdsprachenkenntnisse der Delegierten es in jedem Arbeitskreis eine gemeinsame Sprache gibt, die alle beherrschen. Es soll nur die Situation modelliert werden; ein Lösungsverfahren wird nicht gesucht.

In jeder präzisen, formalen Beschreibung wird angegeben, aus welchen Wertebereichen Objekte und die Werte von Variablen stammen. Das gilt für mathematische oder theoretische Definitionen ebenso wie für Spezifikationen von Aufgaben, sowie von Software- und Hardware-Systemen. Dabei werden die in diesem Kapitel eingeführten Begriffe verwendet, meist ohne sie einem speziellen Kalkül zuzuordnen. Auch andere formale Kalküle definiert man unter Verwendung dieser Begriffe.

Die Abstraktionen, die zur Konstruktion von Wertebereichen benutzt werden, sind auch Grundlage für Typsysteme in Programmiersprachen. So sind z.B. struct-Typen in C und record-Typen in Ada konkrete Ausprägungen der Abstraktion kartesisches Produkt, und abstrakte Folgen entsprechen Listen-Strukturen, wie sie in manchen Sprachen gebildet werden können oder als Typen vordefiniert sind. Deshalb ist auch das Modellieren mit abstrakten Wertebereichen, so wie es hier eingeführt wird, ein wichtiger Entwurfsschritt vor der Implementierung durch Datentypen und -strukturen im Programm. Auf der abstrakten Entwurfsebene kann man sich bemühen, das Modell möglichst gut auf die Aufgabe hin zu entwickeln, ohne dabei technische Restriktionen der Programmierung beachten zu müssen.

2.1 Mengen

Der Mengenbegriff ist grundlegend für das Modellieren mit Wertebereichen. Die dafür nötigen Aspekte der elementaren Mengenlehre fassen wir in diesem Abschnitt zusammen.

Definition 2.2: Menge

*Eine **Menge M** ist eine Zusammenfassung von verschiedenen Objekten, den **Elementen der Menge**. a ist ein Element der Menge M. Es wird notiert* $a \in M$.■

Diese informelle Definition reicht hier aus. Die axiomatische Mengenlehre definiert den Mengenbegriff strenger.

Mengen können auf zwei prinzipiell unterschiedliche Weisen angegeben werden:

- *extensional*, d.h. durch Aufzählen ihrer Elemente, z.B. $\{ 1, 4, 9, 16, 25 \}$ oder
- *intensional*, d.h. durch Angabe einer Bedingung; alle Werte, die sie erfüllen, und nur diese, sind Elemente der Menge, z.B. $\{ a \mid a \in \mathbb{N}, a$ ist Quadratzahl und $a < 30 \}$.

Die Bedingung entscheidet für jeden Wert unabhängig, ob er Element der Menge ist; Zusammenhänge zwischen mehreren Elementen kann sie nicht ausdrücken. Um unerwünschte Anomalien solcher Definitionen zu vermeiden (siehe unten), geben wir meist als Teil der Bedingung eine größere, schon definierte Menge an, aus der die infrage kommenden Werte stammen, wie $a \in \mathbb{N}$ in obigem Beispiel.

Eine Menge kann beliebig viele Elemente enthalten. Die *leere Menge* schreibt man auch $\emptyset$. Nicht-endliche Mengen kann man intensional definieren. Die beiden oben angegebenen Beispiele beschreiben dieselbe Menge auf unterschiedliche Weise. Genau genommen ist eine Menge ein Abstraktum, das wir nicht direkt angeben, sondern nur in einer ausgewählten Notation beschreiben.

Gemäß Definition 2.1 sind alle Elemente einer Menge verschieden. Die Mengenangabe $\{ 1, 2, 2, 3 \}$ ist zwar korrekt, aber redundant. Sie gibt die gleiche Menge an wie $\{ 1, 2, 3 \}$. Auch durch Vereinigung von Mengen (siehe unten) mit gleichen Elementen kommt kein Wert mehrfach in einer Menge vor. Wenn wir mehrfaches Vorkommen gleicher Werte modellieren wollen, müssen wir andere Konzepte anwenden (Funktion in Abschnitt 2.7 oder Folgen in Abschnitt 2.5).

In einer Menge sind ihre Elemente nicht geordnet. Die Reihenfolge, in der sie extensional aufgezählt werden, ist nicht relevant: $\{ 1, 2, 3 \}$ und $\{ 1, 3, 2 \}$ geben dieselbe Menge an.

Mengen können aus atomaren oder zusammengesetzten Elementen gebildet werden. Zusammengesetzte Elemente können z.B. Paare sein, die Spielkarten modellieren, wie in $\{$ (Pik, 10), (Herz, Dame) $\}$. Auch Mengen können Elemente einer Menge sein, z.B. die Menge $\{ \{ 1 \}, \{ 1, 4 \}, \emptyset \}$ mit drei mengenwertigen Elementen. Für solche Mengen führen wir in den nächsten Abschnitten spezielle Begriffe ein.

Eine Menge kann auch verschiedenartige oder unterschiedlich strukturierte Elemente enthalten, z.B. in { 1, (Pik, 10), { 1, 3 }, 9 } zwei ganze Zahlen, ein Paar und eine Menge. Aber bei der Modellierung mit Wertebereichen erlauben wir verschiedenartige Elemente nur in speziellen Fällen (siehe Abschnitt 2.4 Vereinigung).

Wenn wir Mengen als Wertebereiche definieren, geben wir ihnen meist einen Namen. Solche Definitionen notieren wir wie im Beispiel

Nationen := { Deutschland, Frankreich, Österreich, Spanien }

In der Modellierung sollte man möglichst **aussagekräftige Namen** wählen. Für unser Beispiel 2.1 der EU-Arbeitskreise benötigen wir noch folgende Mengen mit einfachen Elementen:

Sprachen := { Deutsch, Französisch, Spanisch }
DelegiertenIndex := { 1, 2, 3 }
ArbeitskreisIndex := { 1, 2, 3 }

Die beiden letzten Mengen haben wir eingeführt, um die Delegierten jeder Nation und die drei Arbeitskreise zu identifizieren. In der Modellierung nennt man solche Mengen, die zur Unterscheidung gleichartiger Objekte eingeführt werden, *Indexmengen*. Zu diesem Zweck werden wir sie bei der Weiterentwicklung des Beispiels in den nächsten Abschnitten einsetzen. Meist werden kleine ganze Zahlen als ihre Elemente gewählt, aber auch beliebige andere Werte erfüllen den Zweck der Indizierung. So hätte man den drei Arbeitskreisen auch symbolische Namen geben können, wie z.B. ParlamentsEntscheidungen, die einen Hinweis auf ihre Aufgabe geben.

Auch wenn man die beiden Indexmengen wie oben gleich definiert, sollte man nicht der Versuchung erliegen, eine davon einzusparen, denn sie spielen ganz verschiedene Rollen und können auch unterschiedliche Werte haben, z.B. wenn eine Nation mehr Delegierte stellt, als es Arbeitskreise gibt.

Bei der Definition und Anwendung von Mengen als Wertebereichen werden auch Verknüpfungen mit Operationen über Mengen formuliert. Wir definieren sie hier informell:

Definition 2.3: Mengenoperationen

Bezeichnung	*Notation*	*Bedeutung*
ist Teilmenge	$M \subseteq N$	*aus* $a \in M$ *folgt* $a \in N$
ist echte Teilmenge	$M \subset N$	$M \subseteq N$ *und* $M \neq N$
Vereinigung	$M \cup N$	$\{ x \mid x \in M \text{ oder } x \in N \}$
Durchschnitt	$M \cap N$	$\{ x \mid x \in M \text{ und } x \in N \}$
Differenz	$M \setminus N$	$\{ x \mid x \in M \text{ und } x \notin N \}$

Außerdem bedeutet die Formulierung zwei Mengen M und N sind ***disjunkt****, dass gilt* $M \cap N = \emptyset$.

Die Anzahl der Elemente einer Menge M heißt ihre ***Kardinalität*** *und wird notiert als* $|M|$ *oder* $Card(M)$. ■

Zum Schluss weisen wir noch darauf hin, dass man mit intensionalen Beschreibungen auch Mengen definieren kann, für die man die Frage „gilt a ∈ M?“ prinzipiell nicht entscheiden kann. Dies wird mit Russels Paradoxon demonstriert:

> *P* sei die Menge aller Mengen, die sich nicht selbst als Element enthalten, also $P := \{ x \mid x \notin x \}$. Dann führt die Frage „Ist *P* ein Element von *P*?“ zum Widerspruch.

Die Ursache des Problems liegt darin, dass *P* selbst zum Wertebereich gehört, aus dem die Elemente von *P* stammen. Um solche Anomalien zu vermeiden, geben wir in intensionalen Mengendefinitionen an, aus welchem größeren, schon definierten Wertebereich die Elemente stammen, z.B.:

$M := \{ a \mid a \in \mathbb{N}, a \text{ ist eine Quadratzahl und } a < 30 \}$

Damit tatsächlich entschieden werden kann, welche Elemente *M* enthält, muss man noch verlangen, dass die Bedingung über *a* entscheidbar ist. Diese Einschränkungen schließen natürlich nicht aus, Mengen rekursiv zu definieren, was häufig sinnvoll ist, z.B.

$\text{Sonnensystem} := \{ \text{Sonne} \} \cup$
$\{ x \mid x \in \text{Himmelskörper}, x \text{ umkreist } y \text{ und } y \in \text{Sonnensystem} \}$

2.2 Potenzmengen

Häufig treten in der Modellierung Gegenstände auf, die durch Mengen beschrieben werden, z.B. die Menge der Sprachen, die ein Delegierter spricht. Der Wertebereich, aus dem sie stammen, ist dann eine Menge, welche Mengen als Elemente enthält. Eine spezielle Form davon sind die Potenzmengen:

Definition 2.4: Potenzmenge

*Die **Potenzmenge** (engl. **powerset**) einer Grundmenge U ist die Menge aller Teilmengen von U, geschrieben **Pow** (**U**) oder ℘ (**U**). Als Formel:*

$Pow(U) := \{ M \mid M \subseteq U \}$ ■

Zum Beispiel ist zur Grundmenge $U := \{ d, f, s \}$ die Potenzmenge
$Pow\ (U) := \{ \emptyset, \{ d \}, \{ f \}, \{ s \}, \{ d, f \}, \{ d, s \}, \{ f, s \}, \{ d, f, s \} \}$

Jedes Element der Potenzmenge ist eine Menge, deren Elemente eine Kombination von Elementen der Grundmenge sind. Die Anzahl aller Kombinationen von Elementen aus *U* bestimmt auch die *Kardinalität von Potenzmengen*: Es gilt $|Pow\ (U)| = 2^n$, falls die Grundmenge *U* endlich ist, $| U | = n$. Falls *U* leer ist, enthält *Pow (U)* nur die leere Menge. Nehmen wir z.B. als Grundmenge

$\text{Sprachen} := \{ \text{Deutsch, Französisch, Spanisch} \}$

dann wird die Potenzmenge SprachMengen := Pow (Sprachen) wie im Beispiel oben gebildet. Wenn wir Werte modellieren, die Teilmengen einer Menge *U* sind, dann stammen sie aus dem Wertebereich Potenzmenge von *U*, z.B.

{ Deutsch, Spanisch } ∈ SprachMengen

Potenzmengen kommen auch bei folgender Modellierungstechnik zum Einsatz: Manche Aufgaben haben nicht immer genau eine Lösung, sondern je nach Daten mehrere Lösungen oder keine Lösung. Dann kann man nach der Menge aller Lösungen als Antwort fragen. Sie ist aus dem Wertebereich, der die Potenzmenge des Wertebereiches der Lösungen ist. Eine solche Aufgabe ist z. B. die Frage nach der Zahl der Münzen, die nötig sind, um einen Geldbetrag auszuzahlen. Je nach Betrag und Wert der verfügbaren Münzarten gibt es keine, eine oder mehrere Zahlen als Antwort. Ihr Wertebereich ist $Pow(\mathbb{N})$.

2.3 Kartesische Produkte

Als zweites Grundprinzip zur Bildung zusammengesetzter Werte betrachten wir kartesische Produkte. Dabei werden mehrere Elemente aus jeweils einem Wertebereich zu einem Tupel zusammengesetzt. In Aufgabe 2.1 haben wir Spielkarten durch Paare, wie (Herz, 10), beschrieben, wobei Herz ∈ KartenArten und 10 ∈ KartenSymbole stammen.

Definition 2.5: Geordnetes Paar, kartesisches Produkt

Ein ***geordnetes Paar*** *(x, y) besteht aus zwei Werten x und y, wobei x die erste und y die zweite Komponente ist. Das* ***kartesische Produkt M × N zweier Mengen*** *M und N ist die Menge aller geordneten Paare mit erster Komponente aus M und zweiter Komponente aus N, in Formeln*

$$M \times N := \{ (x, y) \mid x \in M \text{ und } y \in N \}.$$

Falls M oder N leer ist, gibt es kein solches Paar und die Menge M × N ist leer.

Der Begriff wird verallgemeinert zum ***kartesischen Produkt von n > 1 Mengen****, als Menge von geordneten n-Tupeln*

$$M_1 \times M_2 \times \ldots \times M_n := \{ (a_1, a_2, \ldots, a_n) \mid a_i \in M_i \text{ und } i \in I \}$$
$$\text{mit Indexmenge } I := \{ 1, \ldots, n \} \text{ und nicht leeren } M_i.$$

Für den Sonderfall, dass alle n Wertebereiche gleich sind, also $M_i = M$ für alle $i \in I$ führen wir die Notation M^n ein. ■

Damit definieren wir zur Aufgabe 2.1:

KartenSpiel := KartenArten × KartenSymbole

mit

KartenArten := { Kreuz, Pik, Herz, Karo }
KartenSymbole := { 7, 8, 9, 10, Bube, Dame, König, Ass }

Damit ist der Wertebereich KartenSpiel eine Menge mit den 32 verschiedenen Beschreibungen von Spielkarten.

Die Kardinalität der kartesischen Produkte wird durch die Anzahl der Kombinationen von Werten aus den Wertebereichen der Komponenten bestimmt: Falls alle M_i endlich sind, gilt

$$|M_1 \times M_2 \times .... \times M_n| = \prod_{i \in I} |M_i| \text{ mit } I = \{1, ..., n\}$$

Weitere Beispiele für kartesische Produkte sind etwa

Delegierte := Nationen × DelegiertenIndex
KalenderDaten := Tage × Monate × Jahre

mit Elementen wie

(Deutschland, 1), (Spanien, 3) ∈ Delegierte
(26, Juli, 2002) ∈ KalenderDaten.

Die Reihenfolge der Wertebereiche im kartesischen Produkt ist wichtig, sie bestimmt die Reihenfolge der Werte in den zugehörigen Tupeln.

Selbstverständlich können zur Definition der Wertebereiche der Komponenten beliebige Strukturierungskonzepte angewandt werden, z.B. auch wieder kartesische Produkte wie in

Adressen := Namen × Straßen × Orte
Namen := Vornamen × Zunamen
Orte := Postleitzahlen × Ortsnamen

Vornamen, Zunamen, Postleitzahlen und Ortsnamen seien als Wertebereich für Zeichenreihen definiert.

Jeder Wert dieses Wertebereiches hat Tupel als Komponenten des Tupels, z.B.

((Erika, Mustermann), Hauptstr.3, (D 33098 , Paderborn)) ∈ Adressen

Manchmal sind die Namen der Wertebereiche für Namen und Orte entbehrlich. Dann muss aber die Strukturierung durch Klammern ausgedrückt werden, wenn sie erhalten bleiben soll:

Adressen := (Vornamen × Zunamen) × Straßen × (Postleitzahlen × Ortsnamen)

Man beachte, dass $A \times B \times C$ Tripel wie (a, b, c) als Elemente enthält, während $(A \times B) \times C$ Paare wie $((a, b), c)$ als Elemente enthält, deren jeweils erste Komponente ein Paar ist.

Wenn alle Komponenten der Tupel aus demselben Wertebereich M stammen, schreiben wir M^n für das n-fache kartesische Produkt $M \times ... \times M$

Solch einen Wertebereich verwenden wir, wenn wir eine feste Anzahl gleichartiger Werte in bestimmter Reihenfolge modellieren wollen, z.B. die Ergebnisse dreimaligen Würfelns

DreiWürfe := $\{1, 2, 3, 4, 5, 6\}^3$

Wertebereiche für Folgen beliebiger Länge führen wir im Abschnitt 2.5 ein.

2.4 Vereinigung

Bei der Modellierung mit Wertebereichen spielt unter den Mengenoperationen die Vereinigung eine besondere Rolle: Sie drückt die Zusammenfassung von spezielleren Wertebereichen zu einem allgemeineren aus.

Definition 2.6: Vereinigung

*Seien $W_1, \ldots, W_n$ beliebige Mengen und $n > 1$. Dann ist $V = W_1 \cup \ldots \cup W_n = \bigcup_{i=1}^{n} W_i$ der **vereinigte Wertebereich**. Die W_i können auch verschiedenartig sein und brauchen nicht paarweise disjunkt zu sein.* ■

Für die Kardinalität des vereinigten Wertebereiches gilt $|V| \leq \sum_{i=1}^{n} |W_i|$, falls alle W_i endlich sind.

Als Beispiel variieren wir die Modellierung von Kartenspielen: In manchen Spielregeln werden die Kartensymbole nach Bildern und Zahlwerten unterschieden. Wir modellieren dann den Wertebereich KartenSymbole als Vereinigung:

KartenSymbole := Bilder ∪ ZahlWerte
Bilder := { Bube, Dame, König, Ass }
ZahlWerte := { 7, 8, 9, 10 }

Die Vereinigung von Wertebereichen drückt eine Abstraktion aus: Wenn wir spezielle Regeln für Bilder angeben, benutzen wir den speziellen Wertebereich. Wollen wir allgemeine Aussagen über alle KartenSymbole machen, z.B. den Wertebereich aller Karten definieren, abstrahieren wir vom Unterschied zwischen Bildern und Zahlenwerten und benutzen den vereinigten Wertebereich.

Beim Formulieren von Aussagen über beliebige Elemente des vereinigten Wertebereiches muss man manchmal doch nach der Zugehörigkeit zu einem der speziellen Wertebereiche unterscheiden. Dies wird dann explizit durch eine Bedingung ausgedrückt; z.B. wenn Kartenspiel wie in 2.3 als Paar definiert ist:

Sei (a, s) ∈ Kartenspiel und s ∈ Bilder, dann ....

In unserem Beispiel sind die speziellen Wertebereiche Bilder und ZahlWerte paarweise disjunkt. Das braucht nicht immer so zu sein. Beispielsweise könnten wir bei der Modellierung einer Firmenorganisation Wertebereiche definieren für Kunden und für Lieferanten. Es ist dann durchaus möglich, dass eine Firma in beiden Rollen auftritt, z.B.

Kunden := { Siemens, Benteler, VW }
Lieferanten := { Orga, Siemens }

Modellieren wir einen Wertebereich

Geschäftspartner := Kunden ∪ Lieferanten

so abstrahiert er von der Rolle, die die Partnerfirmen spielen. In unserem Beispiel ist dann natürlich Siemens nur einmal im Wertebereich Geschäftspartner enthalten.

Mit einer besonderen Technik, der *disjunkten Vereinigung*, kann man dafür sorgen, dass im vereinigten Wertebereich die Werte noch nach ihrer Herkunft aus den speziellen Wertebereichen unterschieden werden können, auch wenn diese nicht paarweise disjunkt sind. Dazu kombiniert man die Werte mit einer Kennzeichenkomponente zu Paaren:

Definition 2.7: Disjunkte Vereinigung

Seien $W_1, \ldots, W_n$ beliebige Mengen, $n > 1$ und $I := \{1, .., n\}$ eine Indexmenge. Dann ist die ***disjunkte Vereinigung*** *der Wertebereich*

$$V = \{(i, a_i) \mid i \in I \text{ und } a_i \in W_i\} \subseteq \mathrm{I} \times \bigcup_{i=1}^{n} W_i$$

Die erste Komponente heißt ***Kennzeichenkomponente*** *(engl.* ***tag field****). Die W_i können auch verschiedenartig sein und brauchen nicht paarweise disjunkt zu sein.* ■

Man kann zur Indizierung der W_i und als Wertebereich der Kennzeichenkomponente auch eine andere Indexmenge als die mit den ersten n natürlichen Zahlen wählen. Für die Kardinalität von V gilt, falls alle W_i endlich sind, $|V| = \sum_{i=1}^{n} |W_i|$.

Beachte: Die Bezeichnung *disjunkte Vereinigung* ist hier als Kurzform für *disjunkt gemachte Vereinigung* zu verstehen. Man sollte sie nicht verwechseln mit der *Vereinigung disjunkter Mengen*, die in der Mathematik auch als *disjunkte Vereinigung* abgekürzt wird.

Für das obige Beispiel ergibt sich mit der disjunkten Vereinigung

Ind := { Kunde, Lieferant}
Geschäftspartner :=
{(Kunde, f) | f ∈ Kunden} ∪ { (Lieferant, f) | f ∈ Lieferanten} =
{ (Kunde,Siemens), (Kunde, Benteler), (Kunde, VW),
(Lieferant, Orga), (Lieferant, Siemens)}

Da jeder Wert seine Herkunft mit sich trägt, kann man aus dem vereinigten Wertebereich differenziert selektieren, ohne eine Bedingung separat zu formulieren, z.B. (Lieferant, x), ∈ GeschäftsPartner. Es ist dann sicher, dass x ∈ Lieferanten ist.

2.5 Folgen

In Abschnitt 2.3 haben wir Wertebereiche wie A^n als Spezialfall kartesischer Produkte eingeführt, deren Tupel jeweils eine feste Anzahl n Komponenten aus demselben Wertebereich A haben. Mit dem Begriff der Folgen gehen wir über zu Wertebereichen mit Tupeln unterschiedlicher Länge und gleichartigen Komponenten.

Definition 2.8: Endliche Folgen

Ein n-Tupel aus A^n, mit $n > 1$ Komponenten aus der Menge A heißt ***Folge der Länge n über A****; (a), mit $a \in A$, ist eine Folge der Länge 1 über A; ( ) oder ε*

steht für die ***leere Folge.*** *Wir definieren den Wertebereich der endlichen, nicht-leeren Folgen über A als*

$$A^+ := \{\, (a) \mid a \in A \} \cup \{\, x \mid x \in A^i \text{ und } i > 1 \}$$

Der Wertebereich der endlichen Folgen über A ist definiert als

$$A^* := \{\, \varepsilon \,\} \cup A^+$$

Ist die Grundmenge A leer, so sind auch alle A^n leer und deshalb auch A^+, A^* enthält nur ε. ■

Damit werden endliche Folgen jeder Länge einheitlich in der Form $(a_1, \dots, a_n)$ notiert. Man beachte, dass der Begriff der n-Tupel nur Folgen länger als 1 umfasst und deshalb Folgen der Längen 1 und 0 in der Definition 2.8 explizit ergänzt werden.

Falls A nicht leer ist, sind A^+ und A^* nicht-endliche Mengen.

Man benötigt immer dann Folgen zur Modellierung, wenn eine unbestimmte Anzahl gleichartiger Werte vorliegen, wobei die Reihenfolge, in der sie auftreten, relevant ist. So ist es zum Beispiel für den Ablauf eines Würfelspieles von Bedeutung, welche Zahlen ein Spieler in welcher Reihenfolge würfelt. Deshalb modellieren wir Protokolle seiner Würfe durch Folgen wie

WürfelWerte := {1, 2, 3, 4, 5, 6}
WürfelProtokoll := WürfelWerte*

Unterschiedliche Werte aus diesem Wertebereich sind zum Beispiel

(6, 1, 1), (1, 6, 1), (6, 1, 1, 3, 1), (5), ( )

Dabei könnte die leere Folge den Stand kurz vor Spielbeginn charakterisieren. Falls der ausdrücklich ausgeschlossen werden soll, hätten wir WürfelWerte$^+$ verwendet. Wenn es andererseits nicht darauf ankommt, in welcher Reihenfolge die gewürfelten Zahlen anfallen, dann bräuchten wir nur zu jedem WürfelWert anzugeben, wie häufig er aufgetreten ist. Dazu verwenden wir nicht Folgen, sondern Funktionen, wie in Abschnitt 2.7 gezeigt wird.

Selbstverständlich können die Elemente der Folgen auch aus zusammengesetzten Wertebereichen stammen, z.B. Paare im KartenSpiel*, womit man Folgen aus einem Kartenspiel gezogener Karten modellieren würde.

Man beachte, dass in der Mathematik mit Folgen häufig ein anderer Begriff verbunden ist: In einer Folge von Werten wird der nächste Wert mit einer Funktion aus dem vorigen erzeugt: $a_k = f(a_{k-1})$.

2.6 Relationen

Relationen setzen Werte aus im Allgemeinen unterschiedlichen Wertebereichen zueinander in Beziehung. Eine n-stellige Relation wird durch eine Menge von n-Tupeln angegeben. So soll z.B. die dreistellige Relation GültigeDaten alle Tripel von Werten enthalten, die gültige Kalenderdaten angeben, wie (21, Dezember, 2003) oder (29, Februar, 2000), nicht aber (31, Juni 1980). Eine Relation R ist also erfüllt für genau die Tupel a mit $a \in R$. Jede Relation R kann auch als Prädikat aufgefasst werden: es ist für genau die Werte a wahr, für die gilt $a \in R$.

In der Modellierung werden Zusammenhänge innerhalb des Modells durch Relationen beschrieben. Häufig wollen wir den Wertebereich einer Relation festlegen, die konkrete Ausprägung aber offen oder variabel lassen. Zu unserem Beispiel 2.1 können zweistellige Relationen benutzt werden, von denen jede angibt, ob ein Delegierter eine bestimmte Sprache spricht.

Definition 2.9: Wertebereich von Relationen

*Eine **n-stellige Relation R** ist eine Menge von n-Tupeln, wobei jedes davon aus einem Wertebereich $M_1 \times M_2 \times \ldots \times M_n$ mit $n > 1$ stammt, d.h. $R \subseteq M_1 \times M_2 \times \ldots \times M_n$. Solch eine Relation stammt aus dem Wertebereich $Pow\,(M_1 \times M_2 \times .. \times M_n)$, der i.a. weitere Relationen gleicher Struktur enthält. Eine **einstellige Relation** über einer Menge M ist eine Teilmenge von M. Sie stammt aus dem Wertebereich Pow (M).* ■

Die Kardinalität des Wertebereiches ist

$$|Pow\,(M_1 \times M_2 \times \ldots \times M_n)| = 2^k \text{ mit } k = \prod_{i=1}^{n} |M_i| \quad \text{falls alle } M_i \text{ endlich sind.}$$

Betrachten wir als Beispiel den Wertebereich von Relationen über Delegierte und Sprachen. Zur Vereinfachung betrachten wir nur die Delegierten einer Nation und charakterisieren sie durch ihren Index

DelegiertenIndex := { 1, 2, 3 }
Sprachen := { Deutsch, Französisch, Spanisch }
Sprachkompetenzen := Pow (DelegiertenIndex × Sprachen)
Spricht1990 := { (1, Deutsch), (2, Spanisch), (2, Deutsch), (3, Deutsch),
(3, Französisch) }
Spricht2000 := Spricht1990 ∪ { (1, Französisch), (2, Spanisch) }

Die Potenzmenge Sprachkompetenzen enthält alle Teilmengen von (DelegiertenIndex × Sprachen) als Elemente. Die beiden Relationen Spricht1990 und Spricht2000 sind zwei Elemente aus SprachKompetenzen. Die Kardinalität von SprachKompetenzen ist 2^9. Das ist die Anzahl unterschiedlicher Relationen, die man mit dieser Struktur angeben kann.

Für die Aussage, dass ein Tupel a Element einer Relation R ist, verwendet man außer $a \in R$ auch die Notation $R\ a$, z.B. gültigeDaten(21, Dezember, 2003). Bei zweistelligen Relationen verwendet man für $(x, y) \in R$ auch die Notation $x\ R\ y$, besonders, wenn R durch ein Operatorzeichen angegeben wird, z.B. $x \leq y$, $a = b$, $p \rightarrow q$.

Eine besondere Rolle spielen 2-stellige Relationen, bei denen beide Komponenten aus demselben Wertebereich sind: $R \in Pow\,(M \times M)$. Es sind eine Reihe von Eigenschaften definiert, die solche Relationen charakterisieren können:

Definition 2.10: Eigenschaften 2-stelliger Relationen

Für 2-stellige Relationen $R \in Pow\,(M \times M)$, mit $M \neq \emptyset$, sind folgende Begriffe definiert:

reflexiv, *wenn für alle $x \in M$ gilt: $x\ R\ x$;*

irreflexiv, *wenn für alle $x \in M$ gilt: $x\ R\ x$ gilt nicht;*

symmetrisch, *wenn für alle $x, y \in M$ gilt: aus $x\ R\ y$ folgt $y\ R\ x$;*

antisymmetrisch, *wenn für alle $x, y \in M$ gilt: aus $x\ R\ y$ und $y\ R\ x$ folgt $x = y$;*

asymmetrisch, *wenn für alle $x, y \in M$ gilt: aus $x\ R\ y$ folgt, $y\ R\ x$ gilt nicht;*

transitiv, *wenn für alle $x, y, z \in M$ gilt: aus $x\ R\ y$ und $y\ R\ z$ folgt $x\ R\ z$;*

total, *wenn für alle $x, y \in M$ gilt: $x\ R\ y$ oder $y\ R\ x$.* ■

Die Definition 2.10 verwendet einige Begriffe aus logischen Kalkülen zur Charakterisierung der Eigenschaften. Wir erläutern die Begriffe hier zunächst informell; präzise werden sie in den Kapiteln 5 und 6 eingeführt:

- „für alle $x \in M$ gilt eine Aussage über x“ bedeutet: Die Aussage muss für jedes Element aus M geprüft werden und erfüllt sein.
- „für alle $x, y \in M$ gilt eine Aussage über x und y“ bedeutet: Die Aussage muss für alle Paare von Elementen aus M geprüft werden, auch für solche mit $x = y$. Deshalb ist z.B. nach obiger Definition eine totale Relation auch immer reflexiv.
- „A oder B“ ist wahr, wenn mindestens eins von beiden wahr ist.
- „aus A folgt B“ ist gleichwertig zu „A ist falsch oder B ist wahr“.

Im Folgenden sind Beispiele für Relationen $R \in Pow\ (M \times M)$ über einer kleinen Menge $M = \{\ a,\ b,\ c\}$ angegeben, die dazu dienen, das Verständnis für die in Definition 2.10 formulierten Eigenschaften zu prüfen.

	erfüllt	**nicht erfüllt**
reflexiv	{(a, a), (b, b), (c, c)}	{(a, a)}
irreflexiv	{(a, b)}	{(a, a)}
symmetrisch	{(a, b), (b, a)}	{(a, b)}
antisymmetrisch	{(a, b), (c, c)}	{(a, b), (b,a)}

	erfüllt	nicht erfüllt
asymmetrisch	{(a, b), (c, a)}	{(a, b), (b,a)}
transitiv	{(a, b), (b, c), (a, c)}	{(a, b), (b, c)}
total	{(a, b), (b, c), (a, c), (a, a), (b, b), (c, c)}	{(a, b), (a, a), (b, b), (c, c)}

Natürlich sind die Eigenschaften auch auf Relationen über nicht-endlichen Mengen anwendbar: zum Beispiel ist die Relation $\leq$ über den ganzen Zahlen Z reflexiv, nicht symmetrisch, antisymmetrisch, nicht asymmetrisch, transitiv und total.

Mit Hilfe dieser Eigenschaften werden Äquivalenzrelationen und verschiedene Arten von Ordnungsrelationen charakterisiert:

Definition 2.11: Äquivalenzrelation

Eine zweistellige Relation $R \in Pow(M \times M)$ ist eine ***Äquivalenzrelation****, wenn sie* ***reflexiv, symmetrisch und transitiv*** *ist.* ■

Beispiel für eine Äquivalenzrelation über der Menge $M = \{a, b, c\}$ *ist*

{(a, a), (a, b), (b, a), (b, b), (c, c)}

Definition 2.12: Ordnungsrelationen

Eine zweistellige Relation $R \in Pow(M \times M)$ ist eine ***partielle Ordnung*** *oder* ***Halbordnung****, wenn R reflexiv, antisymmetrisch und transitiv ist;*
eine ***strenge Ordnung*** *oder* ***strenge Halbordnung,*** *wenn R irreflexiv und transitiv ist;*
eine ***Quasiordnung****, wenn R reflexiv und transitiv ist;*

eine ***totale*** *oder* ***lineare Ordnung****, wenn R eine totale Halbordnung, also total, reflexiv, antisymmetrisch und transitiv ist.* ■

So ist z.B. $\leq \in Pow(Z \times Z)$ eine totale Ordnung und $< \in Pow(Z \times Z)$ eine strenge Ordnung.

Man beachte, dass Definition 2.12 folgende Konsequenzen hat:

1. Alle Ordnungsrelationen sind transitiv.
2. Enthält R einen Zyklus über verschiedene Elemente, also etwa die Paare (a, b), (b, a), mit $a \neq b$, dann ist R weder eine Halbordnung, noch eine stenge Halbordnung, noch eine totale Ordnung.
3. Nur für totale Ordnungen wird gefordert, dass alle Paare von Elementen „vergleichbar" sind, d.h. zu allen $a, b \in M$ *ist* (a, b) oder (b, a) in R; R ist total.
4. Ist R eine totale Ordnung, dann ist es auch eine Halbordnung und eine Quasiordnung.

2.7 Funktionen

Eine Funktion bildet Werte aus ihrem Definitionsbereich auf Werte ihres Bildbereiches ab, z.B. die Funktion, die jede ganze Zahl auf ihr Quadrat abbildet. Funktionen sind Relationen mit speziellen Eigenschaften, da sie Werte des Defnitions- und des Bildbereiches zueinander in Beziehung setzen.

Definition 2.13: Funktion

*Eine **Funktion** f ist eine 2-stellige Relation $f \in Pow\,(D \times B)$, für die gilt: Aus $(x, y) \in f$ und $(x, z) \in f$ folgt $y = z$. Einem Wert aus D ist also höchstens ein Wert aus B zugeordnet. Die Menge D heißt **Definitionsbereich** und die Menge B **Bildbereich** der Funktion f.* ■

Wir können für unser Beispiel 2.2 eine Funktion angeben, die die Nationen auf ihre Einwohnerzahl in Millionen abbildet:

EinwohnerMio := {(Deutschland, 82), (Frankreich, 58), (Österreich, 8), (Spanien, 39)}

Für Paare (x, y) aus einer Funktion f gibt es mehrere gleichbedeutende Schreibweisen:

$(x, y) \in f \qquad y = f(x) \qquad f(x) = y$

also z.B. (Deutschland, 82) ∈ EinwohnerMio oder 82 = EinwohnerMio (Deutschland) oder EinwohnerMio (Deutschland) = 82

Die Menge aller Paare von f heißt auch *Graph von f*. Er wird als Menge notiert (wie oben EinwohnerMio) oder als 2-spaltige Tabelle angegeben.

Da Funktionen spezielle Relationen sind, stammen sie aus Wertebereichen, die Teilmengen der Wertebereiche entsprechend strukturierter Relationen sind.

Definition 2.14: Wertebereich, aus dem Funktionen stammen

*Der **Wertebereich** $D \to B$ ist die **Menge aller Funktionen**, die von D nach B abbilden. Es gilt $D \to B \subseteq Pow\,(D \times B)$.*
*$D \to B$ enthält als Elemente alle Mengen von Paaren über $D \times B$, die Funktionen sind. Für eine Funktion $f \in D \to B$ gilt $f \subseteq D \times B$. Statt $f \in D \to B$ sagt man auch: f hat die **Signatur** $D \to B$ oder kurz $f: D \to B$.* ■

Für die Kardinalität gilt, falls D und B endlich sind, $|D \to B| = (|B| + 1)^{|D|}$, das ist die Anzahl unterschiedlicher Funktionen in $D \to B$.

Man beachte, dass mit Wertebereich im Zusammenhang von Funktionen unterschiedliche Begriffe bezeichnet werden: Wir haben $D \to B$ als Wertebereich definiert, aus dem Funktionen mit derselben Signatur stammen. In der Mathematik wird der Bildbereich einer Funktion f auch ihr Wertebereich genannt.

Die Kardinalität von $D \to B$ ist folgendermaßen begründet: Um eine Funktion aus dem Wertebereich $D \to B$ zu bilden, entscheidet man für jeden Wert $d \in D$ unabhängig, ob man für ihn ein Paar in die Funktion aufnimmt, und falls ja, mit welchem Wert $b \in B$.

Das ergibt $(|B|+1)^{|D|}$ Möglichkeiten für unterschiedliche Funktionen.

Seien die Wertebereiche Bool := { w,f } für Wahrheitswerte, Z für ganze Zahlen und $\mathbb{N}$ für natürliche Zahlen gegeben. Dann stammen folgende Funktionen aus den angegebenen Wertebereichen

Funktion	**Wertebereich**
Quadrat := $\{(a,b) \mid a,b \in Z \text{ und } a^2 = b\}$	$Z \to Z$
ggt := $\{((a,b), c) \mid a,b,c \in N$ und c ist größter gemeinsamer Teiler von a und $b\}$	$\mathbb{N} \times \mathbb{N} \to \mathbb{N}$
not := $\{(w,f), (f,w)\}$	Bool $\to$ Bool

Im Abschnitt 2.6 haben wir zu unserem Beispiel 2.1 eine Relation Spricht1990 angegeben. Sie stammt aus dem Wertebereich SprachKompetenzen := Pow (DelegiertenIndex × Sprachen). Diese Relation erfüllt nicht die Bedingung für eine Funktion, da einige Delegierte erfreulicherweise mehr als eine Sprache sprechen. Wollen wir denselben Sachverhalt als Funktion modellieren, dann müssen wir als Bildbereich

SprachMengen := Pow (Sprachen)

statt Sprachen wählen. Die Funktion wäre dann

Spricht1990F := { (1,{ Deutsch, Spanisch }), (2,{ Deutsch }), (3,{ Deutsch, Französisch })} ∈ DelegiertenIndex → Sprachmengen.

Die Kardinalität |DelegiertenIndex → Sprachmengen| errechnet sich zu $(2^3 + 1)^3$ bei drei Delegierten und einer Potenzmenge über drei Sprachen. Es ist zunächst verwunderlich, dass dieser Wertebereich größer ist, als derjenige der Relationen, von dem wir ausgegangen sind:

|Pow (DelegiertenIndex × Sprachen)|= $2^{3 \cdot 3}$.

Der Grund dafür ist folgender: In manchen der Relationen wird die Aussage gemacht, dass ein Delegierter i keine der Sprachen spricht, indem es kein Tupel (i, s) in der Relation gibt. Solche Relationen können wir jedoch auf zweifache Weise in unsere Funktionen übertragen: Entweder nehmen wir $(i, \emptyset)$ in die Funktion auf oder wir nehmen kein Tupel für i auf. (Im letzten Fall nennen wir die Funktion partiell und nicht total.) Schließen wir den Fall aus und beschränken uns auf totale Funktionen, dann ist die Kardinalität allgemein $|B|^{|D|}$ und hier $(2^3)^3 = 2^{3 \cdot 3}$.

Auch für Funktionen definieren wir einige wichtige Eigenschaften:

Definition 2.15: Eigenschaften von Funktionen

Eine Funktion $f \in D \to B$ ist

***total**, wenn es für jedes $x \in D$ ein Paar $(x, y) \in f$ gibt;*

***surjektiv**, wenn es zu jedem $y \in B$ ein Paar $(x, y) \in f$ gibt;*

***injektiv**, wenn es zu jedem $y \in B$ höchstens ein Paar $(x, y) \in f$ gibt;*

***bijektiv**, wenn f zugleich surjektiv und injektiv ist.* ■

Man sagt auch, eine Funktion ist *partiell*, wenn man ausdrücken will, dass es gleichgültig ist, ob sie total ist oder nicht.

Beispiele für partielle und totale Funktionen haben wir oben mit den Abbildungen auf SprachMengen diskutiert. Die oben gezeigte Funktion not erfüllt die Bedingungen für alle vier Eigenschaften in Definition 2.15. Die Funktion Quadrat ist total, nicht surjektiv, da es Zahlen gibt, die nicht Quadratzahlen sind, nicht injektiv, da Quadrat(x) = Quadrat (-x). Falls wir den Definitionsbereich auf $\mathbb{N}$ einschränken würden, wäre sie auch injektiv.

Der Begriff der *Stelligkeit*, den wir schon von Relationen kennen, wird auch auf Funktionen angewandt. Hier bezieht er sich allerdings auf den Definitionsbereich:

Definition 2.16: Stelligkeit von Funktionen

*Funktionen aus dem Wertebereich $D \rightarrow B$ sind **n-stellig**, wenn der Definitionsbereich D eine Menge von n-Tupeln ist. Ist D nicht als kartesisches Produkt strukturiert, so sind die Funktionen aus $D \rightarrow B$ **1-stellig**, wenn D nicht leer ist, und **0-stellig**, wenn D leer ist. **0-stellige** Funktionen sind **konstante Funktionen**, kurz **Konstante**, für jeweils einen Wert aus B. 0-stellige Funktionen kann man jedoch nicht als Menge von Paaren angeben.* ■

Aus den bisher betrachteten Beispielen ist die Funktion ggt $\in \mathbb{N} \times \mathbb{N} \rightarrow \mathbb{N}$ 2-stellig, alle übrigen sind 1-stellig. Auch arithmetische Operationen wie +, -, *, / mit der Signatur $Z \times Z \rightarrow Z$ sind 2-stellig.

Wir wollen nun einige wichtige Modellierungstechniken vorstellen, die auf Funktionen basieren.

In jedem Wertebereich der Form $M \rightarrow M$ gibt es eine *Identitätsfunktion* mit

$$id_M := \{(x, x) \mid x \in M\} \in M \rightarrow M$$

Sie ist z.B. dann nützlich, wenn man Transformationen über M als Funktionen modelliert und den Fall, dass sich nichts ändert, nicht als Sonderfall, sondern als spezielle Funktion beschreibt. So könnte beispielsweise die Weitergabe von Aufgaben unter den Mitgliedern eines Vereins durch Anwendung einer Funktion aus $M \rightarrow M$ beschrieben werden. Wenn dann einmal alle ihre Aufgaben behalten sollen, braucht man nicht das Modell zu ändern, sondern nur die id_M als Weitergabefunktion einzusetzen.

Die folgende Klasse von Funktionen charakterisiert Mengen über einer Trägermenge U.

Sei $M \in Pow(U)$, dann gibt die *charakteristische Funktion* χ_M an, welche Elemente aus U in M enthalten sind:

$$\chi_M \in U \rightarrow Bool \text{ mit } \chi_M := \{(x, b) \mid x \in U \text{ und } b = (x \in M)\}$$

χ_M ist eine totale Funktion.

So ist z.B. zu der Menge

DS := { Deutsch, Spanisch } ∈ Pow(Sprachen)

die charakteristische Funktion

χ_{DS} := { (Deutsch,w), (Spanisch, w), (Französisch, f) }

Charakteristische Funktionen werden benutzt, wenn man den Informationsgehalt einer Menge in einer Funktion binden will, die zusammen mit anderen Prädikaten verwendet wird.

Funktionen mit dem Bildbereich Bool heißen auch *Prädikate*, z.B. $\leq \in Z \times Z \rightarrow$ Bool.

Im Abschnitt 2.1 haben wir bei der Definition von Mengen hervorgehoben, dass eine Menge Elemente nicht mehrfach enthalten kann. Wollen wir jedoch mehrfaches Vorkommen von Elementen einer Trägermenge *U* modellieren, so wenden wir dafür das gleiche Prinzip an, das den charakteristischen Funktionen zugrunde liegt: Eine Funktion $b \in U \rightarrow \mathbb{N}_0$ gibt für jeden Wert aus *U* an, wie oft er vorkommt.

Sei z.B. EuroMünzen := {1, 2, 5, 10, 20, 50, 100, 200}, dann kann man mit Funktionen aus dem Wertebereich EuroMünzen $\rightarrow \mathbb{N}_0$ die Inhalte von Geldbeuteln modellieren, z.B.

meinGeldBeutel := { (1, 3), (2, 0), (5, 0), (10,2), (20,1), (50,1), (100,4), (200,2) }

In diesem Geldbeutel sind dann unter anderen drei 1-Euro-Stücke.

Um trotz des mehrfachen Auftretens von Elementen einen Mengenbegriff verwenden zu können, nennt man solche Strukturen auch *Multimengen* (engl. *bags*) und schreibt sie wie Mengen, z.B.

{ 1, 1, 1, 10, 10, 20, 50, 100, 100, 100, 100, 200, 200 }

Natürlich haben Multimengen andere Eigenschaften und Rechenregeln als Mengen.

Schließlich wollen wir einige typische Beispiele für das Modellieren mit Funktionen auf Indexmengen zeigen. Indexmengen haben wir im Abschnitt 2.1 eingeführt, um Objekte eines Modellbereiches zu unterscheiden und aufzuzählen, z.B.

Ind := { 1, ... , n }
Kartensymbole := { 7, 8, 9, 10, Bube, Dame, König, Ass }

Wir können z.B. den Informationsgehalt einer Folge auch durch eine Funktion über einer Indexmenge beschreiben.

Sei F := (w, e, l, l, e) eine Folge aus Buchstaben*. Dann gibt die Indexmenge FPositionen = {1, ..., 5} die Positionen in der Folge an.

Die Funktion

FAuftreten := { (1, w), (2, e), (3, l), (4, l), (5, e) }

beschreibt, welcher Buchstabe an jeder Position der Folge auftritt. FAuftreten ist entweder eine partielle Funktion aus $\mathbb{N}_0$ → Buchstaben oder eine totale aus FPositionen → Buchstaben.

Abbildung 2.1: Indexfunktionen modellieren Gepäckaufbewahrung

Als letztes Beispiel benutzen wir Paare von Indexfunktionen, um Zuordnungen zwischen den Elementen zweier Mengen zu beschreiben. Wir erläutern das Prinzip am Beispiel einer Gepäckaufbewahrung (Abb. 2.1): Personen geben dort jeweils einige Gepäckstücke zur Aufbewahrung ab. Es werden fortlaufend nummerierte Gepäckscheine benutzt. Sie sind 2-teilig; beide Teile tragen die gleiche Nummer. Der eine Abschnitt wird auf das Gepäckstück geklebt, den anderen bekommt der Eigentümer. Damit sind die Gepäckstücke eindeutig ihren Eigentümern zugeordnet. Sei Ind der Wertebereich der Nummern auf den Gepäckscheinen, dann wird das Aufkleben durch eine Funktion Aufkleben ∈ Ind → Gepäckstücke modelliert. Sie ist injektiv, denn auf jedem Gepäckstück klebt genau ein Aufkleber. Die Zuordnungen der ausgegebenen Abholscheine bilden eine zweite Funktion.

Abholscheine ∈ Ind → Eigentümer

Beim Abholen werden beide Funktionen auf einen Index angewandt, um das Gepäckstück seinem Eigentümer zuzuordnen.

2.8 Beispiel im Zusammenhang

In diesem Abschnitt stellen wir die Modellierung unseres Beispiels 2.1, der Bildung von EU-Arbeitskreisen, im Zusammenhang vor. Dabei wenden wir viele Konstrukte und Techniken auf, die wir in diesem Kapitel eingeführt haben. Wir greifen die Beispiele aus den vorangegangenen Abschnitten auf, zeigen Alternativen dazu und kommentieren sie.

Im Zentrum der Aufgabe stehen Arbeitskreise, die mit Delegierten der beteiligten Nationen besetzt werden. Es sollen dann Aussagen darüber gemacht werden, welche Sprachen die Delegierten in den Arbeitskreisen beherrschen.

Die Mengen der beteiligten Nationen und der infrage kommenden Sprachen bilden grundlegende Wertebereiche:

Nationen := { Deutschland, Frankreich, Österreich, Spanien }
Sprachen := { Deutsch, Französisch, Spanisch }

In Abschnitt 2.2 haben wir die Delegierten als Paare aus einer Nation und einem Index modelliert:

Delegierte := Nationen × DelegiertenIndex
DelegiertenIndex := { 1, 2, 3 }

Diese Entscheidung hebt die Zugehörigkeit zu Nationen als strukturelle Eigenschaft hervor. Sie legt auch fest, dass jede Nation die gleiche Anzahl Delegierte (hier 3) hat. Ein Delegierter wird allgemein durch ein Paar, wie (Spanien, 2), identifiziert. Wenn klar ist, welche Nation gemeint ist, kann man auch den Index allein verwenden.

Wir könnten stattdessen auch alle Delegierte gemeinsam durch eine Indexmenge modellieren und ihre Nationalität durch eine Funktion angeben:

Delegierte := { 1, ... , n }, zurzeit ist $n = 12$
Nationalität ∈ Nationalitäten := Delegierte → Nationen

Dieses Modell ist flexibel hinsichtlich der Verteilung der Nationalitäten unter den Delegierten. Sie ist als Funktion frei wählbar. Delegierte können immer durch eine Zahl identifiziert werden, ohne dass man ihre Zugehörigkeit zu einer Nation beachten müsste.

Auch die Arbeitskreise können wir ganz unterschiedlich modellieren. Dabei wird ihre Zusammensetzung durch das Modell unterschiedlich streng eingeschränkt:

Arbeitskreise := { (Deutschland, i) | i ∈ DelegiertenIndex } ×
{(Frankreich, i) | i ∈ DelegiertenIndex } × {(Österreich, i) | i ∈ DelegiertenIndex } ×
{(Spanien,i) | i ∈ DelegiertenIndex }

Hier erzwingt der Wertebereich, dass jedem Arbeitskreis genau ein Delegierter aus jeder Nation angehört. Keinerlei Einschränkungen machen wir, wenn wir als Arbeitskreis jede Teilmenge der Delegierten zulassen:

Arbeitskreise := Pow (Delegierte)

Keine der beiden Alternativen legt eine bestimmte Zahl von Arbeitskreisen fest. Wenn wir die Arbeitskreise durch eine Indexmenge identifizieren, können wir ihre Besetzung auch durch Relationen und Funktionen modellieren:

ArbeitskreisIndex := { 1, 2, 3 }
ArbeitskreisRelationen := Pow(Delegierte × ArbeitskreisIndex)

Eine Relation aus diesem Wertebereich gibt dann die Zuordnung von Delegierten zu Arbeitskreisen an. Den gleichen Informationsgehalt könnten wir durch Funktionen ausdrükken, entweder aus der Sicht der Delegierten oder der Arbeitskreise:

AkBesetzungen := ArbeitskreisIndex → Pow (Delegierte)
AkTeilnahme := Delegierte → Pow (ArbeitskreisIndex)

Wenn wir Delegierte in höchstens einem Arbeitskreis mitarbeiten lassen wollen, wären auch Funktionen aus folgendem Wertebereich möglich:

AkTeilnahme := Delegierte → ArbeitskreisIndex

Die Sprachkenntnisse der Delegierten können wir wie die Teilnahme an Arbeitskreisen durch Funktionen modellieren, wie schon in den Abschnitten 2.6 und 2.7 gezeigt:

SprachMengen := Pow (Sprachen)
DelegiertenSprachFkt := Delegierte → SprachMengen

oder

DelegiertenSprachRel := Pow (Delegierte × Sprachen)

Wenn wir schließlich beschreiben wollen, welche Sprachen in Arbeitskreisen gesprochen werden, benötigen wir dafür Funktionen der Signatur

AkSprachFkt := ArbeitskreisIndex → SprachMengen

Eine Funktion GemeinsameSprachen aus diesem Wertebereich können wir unter Anwendung des übrigen Modells so definieren, dass sie zu einem Arbeitskreis Ak2003 ∈ ArbeitskreisRelationen mit den Sprachkenntnissen SprachenAk2003 ∈ DelegiertenSprachFkt die Menge der Sprachen liefert, die jeder seiner Delegierten spricht:

GemeinsameSprachen :=
{ (a, sm) | $a \in$ ArbeitskreisIndex, $sm \in$ SprachMengen und
$gs \in sm$ gilt genau dann,
wenn für alle $(a, d) \in$ Ak2003 folgt $gs \in$ SprachenAk2003(d)}

Diese Definition beschreibt die Funktion als Menge von Paaren (a, sm). Sie gibt eine Bedingung an, die dann und nur dann gilt, wenn eine Sprache gs in der Ergebnismenge sm liegt. Es ist eine Aussage, die für jeden Delegierten d geprüft werden muss: Falls er Mitglied im Arbeitskreis a ist, muss er die Sprache gs sprechen. (Im Kapitel 4 werden wir uns genauer mit der Formulierung und Bedeutung solcher Bedingungen befassen.)

Dann müssen wir für jeden Arbeitskreis a fordern GemeinsameSprachen (a) ≠ ∅ und können eine Sprache s ∈ GemeinsameSprachen (a) zur Geschäftssprache erklären, wie in der Aufgabe verlangt wurde.

2.9 Fallstudie: Getränkeautomat

In diesem Abschnitt modellieren wir Aspekte des Getränkeautomaten aus der Fallstudie, deren Aufgabenbeschreibung wir in Kapitel 1 dargestellt haben. Wir wollen damit einerseits eine weitere zusammenhängende Modellierung mit Wertebereichen zeigen und andererseits Material bereitstellen zum Vergleich mit Modellierungen in anderen Kalkülen.

Wir gliedern die Modellierung des Getränkeautomaten in die drei Themenbereiche

1. Produkte und Vorrat
2. Kassieren
3. Bedienung und Zustand

2.9.1 Produkte und Vorrat

Als Produkte soll der Automat Kaffee, Tee oder Kakao liefern und auf Wunsch Milch oder Zucker beigeben. Da die Beigaben im Prinzip mit jeder der Getränkearten kombiniert werden können, modellieren wir die Getränke als Paar.

Getränke := GetränkeArten × Beigaben
GetränkeArten := { Kaffee, Tee, Kakao }

Als Beigaben kommt jede Teilmenge aus Milch und Zucker infrage, deshalb modellieren wir sie mit einer Potenzmenge:

Beigaben := Pow(BeigabenArten)
BeigabenArten := { Milch, Zucker }

Wir nehmen an, dass der Automat die Zutaten zur Herstellung der Getränke in vorbereiteten Portionen bereithält. Dann können wir den Vorrat des Automaten als Funktion von den Zutaten auf die Anzahl von Portionen modellieren:

Zutaten := GetränkeArten ∪ BeigabenArten ∪ { Becher }
VorratsFunktionen := Zutaten → $\mathbb{N}_0$

Der augenblickliche Vorrat wird dann durch ein Element aus dem Wertebereich VorratsFunktionen beschrieben, z.B.

Vorratx := { (Kaffee, 20), (Tee, 10), (Kakao, 15), (Milch, 17), (Zucker, 23), (Becher, 50) }

Nach Herstellen eines Getränkes beschreibt eine andere Funktion den Vorrat, den man aus Vorratx durch Abzug der verbrauchten Zutaten herleiten kann. Diesen Vorgang können wir wiederum durch eine Funktion beschreiben; sie hat die Signatur

VorratsÄnderung ∈ (VorratsFunktionen × Getränke) → VorratsFunktionen

Man kann sie folgendermaßen definieren

VorratsÄnderung (vorher, Getränk) := nachher

mit

(z, i) ∈ vorher, Getränk = (ga, b) und
(z,i-1) ∈ nachher falls (z = ga oder z ∈ b oder z = Becher) und
(z, i) ∈ nachher falls z ≠ ga und z ∉ b und z ≠ Becher

Ganz ähnlich können wir eine Funktion definieren, die prüft, ob ein Vorrat ausreicht, um ein bestimmtes Getränk herzustellen.

2.9.2 Kassieren

Der Automat nimmt Folgen von Münzen einer Währung an. Der Wert der eingegebenen Folge soll mindestens so hoch sein wie der Preis des gewählten Getränkes. Bei Überzahlung wird die Differenz als Wechselgeld zurückgegeben.

Wir definieren die Währung so, dass die Elemente der Menge die Münzen identifizieren und zugleich ihren Wert angeben.

Münzen := { 1, 2, 5, 10, 20, 50, 100, 200 }

Wollten wir auch Währungen berücksichtigen, die verschiedene Münzen mit gleichem Wert enthalten, müssten wir eine weitere Funktion einführen, die die Münzsymbole auf ihre Werte abbildet.

Den Wert einer Folge von Münzen bestimmen wir durch eine Funktion, die wir rekursiv definieren:

MünzFolge := Münzen*
FolgenWert $\in$ MünzFolge $\rightarrow \mathbb{N}_0$
FolgenWert := { (f, w) | w = 0 falls f = ();
falls f = $(f_1,...,f_n)$, n>0, w = $(f_1$ + FolgenWert $(f_{2,...,}f_n))$ }

Der Inhalt des Geldspeichers des Automaten und das zurückgegebene Wechselgeld werden als Multimengen von Münzen modelliert, also durch Funktionen, wie in Abschnitt 2.7 gezeigt:

GeldStücke := Münzen $\rightarrow \mathbb{N}_0$

Ihren Wert definieren wir wieder durch eine Funktion:

GeldStückeWert $\in$ GeldStücke $\rightarrow \mathbb{N}_0$
GeldStückeWert := { (f, w) | f $\in$ GeldStücke, w $\in \mathbb{N}_0$, $w = \sum_{(x,n) \in f} x*n$ }

Die augenblickliche Preisliste der Getränke wird durch eine Funktion mit folgender Signatur definiert:

Preis $\in$ Getränke $\rightarrow \mathbb{N}_0$

Schließlich benötigen wir noch zwei Funktionen: eine, die das Wechselgeld im Wertebereich GeldStücke berechnet, und eine, die prüft, ob der benötigte Differenzbetrag als Wechselgeld mit den verfügbaren Münzen ausgezahlt werden kann.

2.9.3 Bedienung und Zustand

Das Bedienfeld unseres Automaten haben wir schematisch in Abb. 2.2 dargestellt. Es enthält Tasten zur Auswahl des Getränks, einen Münzeinwurf, ein Ausgabefach für Wechselgeld und einen Geldrückgabeknopf sowie eine Fertig-Taste, Getränkeausgabe und eine Anzeige für Informationen an den Bediener.

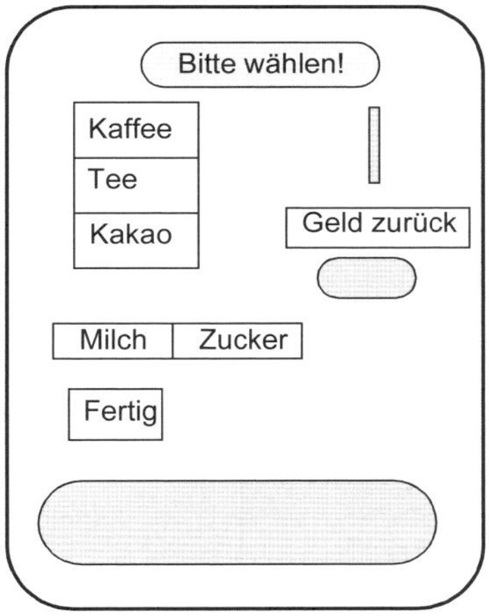

Abbildung 2.2: Bedienfeld eines Getränkeautomaten

Die Wahltasten

WahlTasten := { Kaffee, Tee, Kakao, Milch, Zucker }

sollen beliebig oft in beliebiger Reihenfolge betätigt werden können. Erst das Drücken der Fertig-Taste beendet die Auswahl. Dann liegt eine Folge von Tastendrücken vor:

GetränkeWahlen := WahlTasten$^+$

deren Bedeutung wir genauer beschreiben müssen:

a) Eine der Tasten für Getränkearten muss mindestens einmal gedrückt worden sein.

b) Die zuletzt gedrückte Taste für Getränkearten bestimmt die Auswahl.

c) Die Tasten für Milch und Zucker schalten beim Betätigen abwechselnd an und aus.

Zu jeder dieser drei Beschreibungen formulieren wir eine Funktion. Ihre Signaturen sind:

VollständigeWahl $\in$ GetränkeWahlen $\rightarrow$ Bool
GetränkeArtenWahl $\in$ GetränkeWahlen $\rightarrow$ GetränkeArten
BeigabenWahl $\in$ GetränkeWahlen $\rightarrow$ Beigaben

Aus den Ergebnissen können wir das gewählte Getränk zusammensetzen. Die Funktionen können als Analyse der WahlTasten-Folgen rekursiv definiert werden. Wir ersparen uns hier die Ausformulierung. Sie ist einerseits recht implementierungsnah, andererseits werden wir Kalküle kennen lernen, mit denen solche Eigenschaften von Folgen besser beschrieben werden können: Algebren, Sprachen kontextfreier Grammatiken, regulärer Ausdrücke und endlicher Automaten.

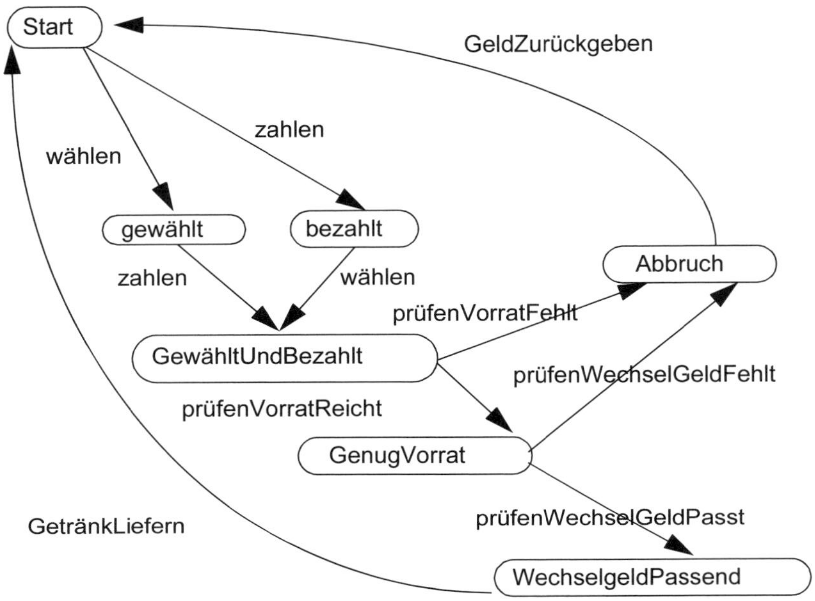

Abbildung 2.3: Zustände und Aktionen eines Getränkeautomaten

Die Zustände des Automaten beschreiben, ob die Auswahl, das Bezahlen und die notwendigen Prüfungen erfolgreich erledigt wurden:

Zustände := { Start, gewählt, bezahlt, GewähltUndBezahlt, GenugVorrat, WechselgeldGeldPassend, Abbruch}

Das Durchführen folgender Aktionen bewirkt jeweils einen Übergang in einen anderen Zustand, wie in Abb. 2.3 dargestellt:

Aktionen := { wählen, zahlen, prüfenVorratReicht, prüfenVorratFehlt, prüfenWechselGeldPasst, prüfenWechselGeldFehlt, GetränkLiefern, GeldZurückgeben}

Mit dieser Beschreibung von Zustandsübergängen haben wir jedoch die Grenzen des Modellierens mit Wertebereichen überschritten und informell einen endlichen Automaten angegeben. Diesen Kalkül zur Spezifikation sequentieller Abläufe werden wir in Kapitel 7 kennen lernen.

Zusammenfassung

In diesem Abschnitt sind wir von der informellen und unvollständigen Beschreibung des Getränkeautomaten ausgegangen und haben einige Aspekte mit Wertebereichen modelliert. Folgende Beobachtungen halten wir für wichtig und allgemeingültig:

a) Das Modellieren hat uns gezwungen, Anforderungen und Entwurfsentscheidungen präzise und vollständig zu machen.

b) Wir konnten den Kalkül der Wertebereiche für alle Aspekte anwenden.

c) Beschreibungen von Strukturen, Eigenschaften und Zusammenhängen waren einfach und direkt im Kalkül formulierbar.

d) Dynamische Abläufe und Reaktionen konnten zwar durch Funktionen beschrieben werden. Diese sind dann aber recht implementierungsnah und wenig anschaulich. Für solche Aspekte gibt es besser geeignete Kalküle.

Übungen

2.1 Definition von Wertebereichen

Es sei $M := \{ 3,4,5 \}$ und $N := \{ a,b \}$. Schreiben Sie die folgenden Mengen in extensionaler Form auf und geben Sie ihre Kardinalität an.

a) $A = \{ x \mid x \in M \text{ und } x > 3 \}$

b) $B = M \times N$

c) $C = M \times \{ 1 \}$

d) $D = \{ M \} \times \{ 1 \}$

e) $E = \text{Pow}(M)$

f) $F = \text{Pow}(\varnothing)$

g) $G = \text{Pow}(\text{Pow}(\varnothing))$

2.2 Definition von Wertebereichen

Geben Sie die Kardinalität und ein Element der folgenden Wertebereiche an, wobei M und N endliche nicht leere Mengen sind.

a) $H = \text{Pow}(M \times N)$

b) $I = M \to N$

c) $J = M \times (N \times N)$

2.3 Eigenschaften von Funktionen

Gegeben sei der Graph $\{ (1, 2), (2, 4), (3, 8), (4, 16), (5, 32), (6, 64) \}$ einer Funktion mit der Signatur $\{ 1, 2, 3, 4, 5, 6 \} \to \{ 1, 2, 3, 4, 5, ..., 64 \}$.

a) Geben Sie die Funktion in intensionaler Schreibweise an.

b) Welche Eigenschaften erfüllt die Funktion?

2.4 Wertemengen verstehen

a) Beschreiben Sie präzise in Worten den folgenden formalen Ausdruck:
$M := \{ (i, j) \mid i \in Z \text{ und } j \in Z \text{ und } j = i^2 \text{ und } j < 10 \}$
Wie lautet die extensionale Definition von *M*?

b) Geben Sie die intensionale Definition der folgenden Menge an: Die Menge *G* geordneter Paare natürlicher Zahlen, deren Produkt kleiner als 7 ist.

c) Seien *Holzart* := { *Eiche, Kiefer* } und *Möbelobjekt* := { *Tisch, Schrank, Stuhl, Bett* } gegeben. Geben Sie alle Elemente des kartesischen Produkts *Möbelstücke* := *Holzart* × *Möbelobjekt* an. Bestimmen Sie auch die Kardinalität von Möbelstücke.

d) Seien $X := \{ Hund, Pferd \}$, $Y := \{ Katze \}$, $Z := \{ Maus \}$. Geben Sie alle Elemente sowie die Kardinalitäten der Mengen $M_1 := Pow(X \cup Y)$ und $M_2 := Pow(X \times Y) \times Z$ an.

2.5 Wertemengen und deren Elemente

Füllen Sie die gepunkteten Stellen der folgenden Tabelle aus, so dass das Element zu dem entsprechenden Wertebereich passt.

Es sei: $M := \{ 0, 1, 2, ..., 9 \}$, $N := \{ a, b \}$ und $A := \{ Krause, Mueller \}$.

Element	**Wertebereich**
....	$M \times N \times A$
....	$(M \times N) \times A$
(*Mueller*, (6, 0, 1, 6, 7, 9, 1))	....
{ (*Mueller*, { *2, 4* }), (*Krause*, { *2, 6* }) }	A → ....
....	$Pow(M \times N)$
....	$(A \cup \varnothing)^*$

2.6 Mit Wertebereichen modellieren

Modellieren Sie die nachfolgend beschriebenen Objektarten durch Wertemengen und geben Sie je ein Element dieser Wertemenge an.

a) Eine **Telefonnummer** ist eine beliebig lange Sequenz von Ziffern.
Telefonnummer = Ziffer^+ Ziffer = { *0, 1, 2, ..., 9* }

b) Eine **Postleitzahl** ist eine 5-stellige Ziffernfolge.
Postleitzahl = Ziffer^5

c) Ein **Lottoergebnis** besteht aus sechs verschiedenen Zahlen im Bereich zwischen 1 und 49, wobei die Reihenfolge keine Rolle spielt.
Lottoergebnis = { x | x ∈ Pow({ 1, 2, ..49 }), |x|= 6 }

d) Ein **Auto** hat eine Marke, eine Farbe und einen Kilometerstand.
Auto = Marke × Farbe × Kilometerstand
Marke = { Opel, VW, ... } Farbe = { rot, grün, ... Kilometerstand = $\mathbb{N}$ }

e) Eine **Zeitungsanzeige** bietet verschiedene gebrauchte Autos an. Die Reihenfolge spielt keine Rolle.
Zeitungsanzeige = Pow(Auto)

2.7 Mit Funktionen und Relationen modellieren

Anja, Horst und Dieter wollen sich Pizza bestellen. Der Pizzadienst bietet vier Pizzen an: Napoli, Thunfisch, Schinken und Salami.

a) Geben Sie den Wertebereich von Funktionen an, die jeder Person genau eine Pizza zuordnen.

b) Welche Funktion beschreibt, dass Anja und Dieter eine Thunfischpizza und Horst eine Pizza Salami bestellt?

c) Wie müsste man das Modell anpassen, wenn nicht alle Personen etwas essen wollen?

d) Ändern Sie das Modell so, dass Personen auch mehrere Pizzen bestellen können.

2.8 Mit Funktionen und Relationen modellieren

Eine Pizzeria hat als Angebote vier Pizzen: Napoli, Thunfisch Schinken und Salami.

a) Geben Sie den Wertebereich für die Angebote an.

b) Der Besitzer der Pizzeria möchte gerne wissen, wie viele von jeder Sorte an einem Tag verkauft werden. Geben Sie den Wertebeeich von Funktionen an, die die Verkaufsbilanz beschreiben.

c) Thomas, Carsten und Jochen wollen Pizzen dieses Ladens bestellen. Geben Sie Wertebereich von Funktionen an, die jeder Person genau eine Pizza zuordnen.

d) Ändern Sie das Modell so, dass Personen auch mehrere Pizzen bestellen können.

2.9 Disjunkte Vereinigung

Im Südring-Zentrum haben unter anderem drei Lebensmittelgeschäfte Minipreis, Aldi und Real folgende Gemüseprodukte im Sortiment:

Minipreis: Gurke, Kopfsalat, Tomaten.
Aldi: Gurke, Möhren, Kohlrabi.
Real: Kohlrabi, Tomaten, Möhren.

a) Geben Sie die Menge der angebotenen Gemüseprodukte an.

b) Am Ende jeden Monats möchten die drei Läden bestimmen, wie viele von ihren Gemüse-Produkten bei ihnen gekauft wurden. Geben Sie eine gute Modellierung an.

2.10 Disjunkte Vereinigung

Unser Getränkeautomat besitzt einen digitalen Anzeiger. Alle benötigten Anzeigetexte sind darin gespeichert. Dabei werden Texte für Fehler- und Normalsituationen unterschieden. Geben Sie den Wertebereich für die während des Betriebs benutzten Anzeigetexte an.

2.11 Disjunkte Vereinigung

Ernie und Bert geben eine Party. Dafür bringt jeder der beiden alle seine CDs mit, die er natürlich nach der Feier wieder mit nach Hause nehmen will. Geben Sie den Wertebereich für die auf dem Fest benutzten CDs an.

2.12 Relationen und Funktionen

a) $R := \{ (x, y) \mid x, y \in \mathbb{N} \text{ und } y = x^2 \text{ und } x <= 6 \} \in Pow(\mathbb{N} \times \mathbb{N})$
Geben Sie die Relation R in extensionaler Schreibweise an. Geben Sie an, ob die Relation reflexiv, irreflexiv, symmetrisch, antisymmetrisch, asymmetrisch, transitiv oder total ist.

b) Anja, Horst und Dieter müssen an einigen Wochentagen zur Uni, an anderen haben sie frei. Geben Sie den Wertebereich von Relationen an, die so eine Zuordnung modellieren. Geben Sie ein Element des Wertebereichs an.

c) $f: \mathbb{N} \rightarrow Z; f(x) = x - 5$ für alle $x \in \mathbb{N}$
Geben Sie an, ob diese Funktion total, surjektiv, injektiv oder bijektiv ist.

d) Anja und Claudia haben dieses Jahr an einem Dienstag Geburtstag, Horst an einem Mittwoch, Dieter an einem Montag und Meike an einem Samstag. Geben Sie den Graphen der Funktion GEBURTSTAG an, die jeder Person einen Wochentag zuordnet. Aus welchem Wertebereich stammt diese Funktion? Wie lautet der Definitions- und Bildbereich?

2.13 Spezielle Funktionen

a) Beim Verkehrsamt wird jeder Kunde von einem Mitarbeiter an einem Schalter bedient. Jeder Kunde muss zuerst eine Nummer ziehen und dann warten, bis er bedient werden kann. Wenn seine Nummer auf der Anzeige erscheint, d.h. ein Schalter frei ist, kann er zu einem freien Schalter gehen und dort bedient werden. Geben Sie Wertebereiche für die Zuordnung zwischen den Nummern und den Kunden und für die Zuordnung zwischen den Nummern und den Schaltern an. Benutzen Sie dazu die vorgegebenen Wertebereiche *Personen* für Kunden und *Schalter* für die Schalter.

b) Bei unserem Getränkeautomaten kann durch eine Funktion beschrieben werden, wie das Rückzahlen geschehen soll. Geben Sie den Wertebereich an, aus dem die Funktion *rückzahlen* stammt. Diese Funktion beschreibt, welche Stückelung zurückgezahlt wird. Benutzen Sie dafür die Menge
Münzart := { 10_Ct, 50_Ct, 1_EUR, 2_EUR, 5_EUR }
und geben Sie eine Beispielfunktion an.

2.14 Getränkeautomat

Es sollen Wertebereiche für Produke, Preise und Geldspeicher von Kaffeeautomaten modelliert werden.

a) Geben Sie den Wertebereich der wählbaren PRODUKTE an. Die Stärke des Kaffees kann man in zwei verschiedene Stufen wählen: stark und mild. Der Kaffee kann auf Wunsch Milch und/oder Zucker enthalten.
Geben Sie das Element aus PRODUKTE an, das einen starken Kaffee mit Milch und Zucker beschreibt.

b) Geben Sie den Wertebereich (Menge von Funktionen) für PREISLISTEN an. Jedem Produkt des Automaten soll ein individueller Preis zugeordnet werden können. Welche Eigenschaften sollten die Funktionen besitzen: Total? Injektiv? Surjektiv?
Geben Sie den Graphen einer Funktion aus PREISLISTEN an, sodass milder Kaffee 1 Euro kostet und starker Kaffee 1,20 Euro. Wenn man zusätzlich Milch oder Zucker oder beides zusätzlich wählt, kostet das 10 Cent extra.

c) Der Automat enthält Münzen, für die Wechselgeldrückgabe im Wert von 5 Cent, 10 Cent und 50 Cent. In den Münzspeicher passen maximal 100 Stück von jeder Münzsorte. Geben Sie den Wertebereich des FÜLLSTANDES der Wechselgeldmünzen an.
Geben Sie das Element aus FÜLLSTAND an, das beschreibt, dass der Automat noch zehn 5 Cent-Stücke, zwanzig 10 Cent-Stücke und ein 50 Cent-Stück zum Wechseln enthält.

2.15 Wertebereiche

In dieser Aufgabe sollen Sie ein Brettspiel mit Wertebereichen modellieren. Verwenden Sie ausschließlich die Menge der natürlichen Zahlen $\mathbb{N}_0$ als vordefinierten Wertebereich.

a) Auf dem Spielbrett gibt es insgesamt 40 *Felder*, davon sind 22 *Straßen* und 18 *Plätze*. Modellieren Sie Wertebereiche für *Straßen, Plätze* und *Felder*.
Straßen =
Plätze =
Felder =

b) Auf Straßen dürfen beliebig viele Häuser und Hotels gebaut werden, wobei die Anordnung ohne Bedeutung ist. Geben Sie einen Wertebereich für den Bebauungszustand einer einzelnen Straße an.
Bebauungszustände =

Welches Element dieses Wertebereichs beschreibt, dass 3 Häuser und 4 Hotels gebaut wurden?
.... $\in$ Bebauungszustände

c) Ein Spieler besitzt zu jedem Zeitpunkt einen bestimmten Geldbetrag und eine Menge von Straßen. Außerdem steht er immer auf genau einem der Felder. Modellieren Sie den Zustand eines Spielers, indem Sie einen entsprechenden Wertebereich angeben.
Spielerzustände =

Welches Element dieses Wertebereichs beschreibt, dass ein Spieler 1000 Euro sowie die Straßen 4, 6 und 7 besitzt und auf Platz 17 steht?
.... $\in$ Spielerzustände

d) Wenn ein Spieler eine Straße betritt, die ihm nicht gehört, muss er Miete dafür bezahlen. Wie hoch diese Miete ist, hängt von der jeweiligen Straße und deren Bebauungszustand ab. Geben Sie den Wertebereich von Funktionen an, die diesen Zusammenhang beschreiben.

2.16 Wertebereiche

Nachfolgend sollen Wertebereiche von Dingen einer Imbissbude modelliert werden. Geben Sie eine Definition für alle benutzten Wertebereiche (außer $\mathbb{N}_0$, Z, usw.) an.

a) Als Getränk werden *Cola, Fanta* und *Wasser* angeboten. Alle Getränke gibt es in drei verschiedenen Bechergrößen, nämlich *klein, mittel* und *groß*. Man kann wählen, ob man sein Getränk mit oder ohne Eis möchte. Geben Sie den Wertebereich der erhältlichen Getränke an.
Getränke =

Welches Element repräsentiert eine kleine Cola ohne Eis?
.... $\in$ Getränke

b) In einem *Burger* befinden sich übereinandergestapelte Lagen aus *Fleisch, Gurke* und *Käse*. Die Reihenfolge ist wichtig, und es dürfen Zutaten mehrfach vorkommen. Geben Sie den Wertebereich des Inhalts von Burgern an.
Burger =

Welches Element repräsentiert ein Burger, bestehend aus Fleisch, zwei Lagen Käse und einer Lage Gurke?
.... $\in$ Burger

c) Neben den in a) und b) beschriebenen Lebensmitteln werden *Pommes* angeboten. Geben Sie einen Wertebereich an, der alle erhältlichen Lebensmittelvarianten enthält.
Lebensmittel =

d) Der Laden führt eine Strichliste, welche Lebensmittel wie oft verkauft wurden. Geben Sie den Wertebereich von Funktionen an, die solche Verkaufsergebnisse modellieren.
Verkaufsergebnisse =

Welche partielle Funktion repräsentiert das Ergebnis, dass genau eine kleine Cola ohne Eis und zwei Portionen Pommes verkauft wurden?
.... $\in$ Verkaufsergebnisse

2.17 Wertebereich

a) Es sei $M := \{ x, y \}$. Schreiben Sie die folgenden Mengen in extensionaler Form durch Angabe aller Elemente. (Hinweis: Pow bezeichnet die Potenzmenge.)

$M \times Pow(\{ a \}) = \{ \qquad\qquad\qquad \}$

$\{ M \} \times Pow(\{ a \}) = \{ \qquad\qquad\qquad \}$

b) Wir benutzen folgende grundlegende Wertemengen zur Modellierung:

Personen = { Anton, Berta, Charlie }
Telefonnummern = $\{ 0, 1, 2, ..., 9 \}^4$

Das folgende Beispiel stellt ein kleines Telefonbuch dar:

Anton 5213
Berta .... 8472 oder 2771
Charlie 1101

Den Wertebereich solcher Telefonbücher kann man auf verschiedene Arten modellieren:

Telefonbücher1 = Personen $\rightarrow$ Pow(Telefonnummern)
Telefonbücher2 = Telefonnummern $\rightarrow$ Personen

c) Geben Sie die zum oben abgebildeten Beispiel passenden Elemente beider Wertebereiche an:
.... $\in$ Telefonbücher1
.... $\in$ Telefonbücher2

3 Terme und Algebren

Fast alle formalen Kalküle definieren eine Notation für Formeln, in denen Operanden mit Operationen verknüpft werden, die für den Kalkül spezifisch sind. Arithmetik, Logik, Mengenlehre und auch die Wertebereiche aus Kapitel 2 sind Beispiele für solche Kalküle. In diesem Kapitel führen wir Terme ein, als Grundlage für Formeln aller Kalküle. Der Begriff ist so universell, weil zunächst nur die Struktur der Terme betrachtet und von der Bedeutung der Operation abstrahiert wird. Darauf bauen Begriffe auf zum Umformen von Termen, zur Definition und zur Anwendung von Rechenregeln. Damit können dann Kalküle algebraisch definiert werden. Das gilt nicht nur für bekannte Kalküle wie die Mengenalgebra oder die Boolesche Algebra, sondern auch für neue anwendungsspezifische. So werden z. B. auch die Eigenschaften von dynamisch veränderlichen Datenstrukturen mit Termen und Rechenregeln algebraisch spezifiziert.

In den ersten beiden Abschnitten dieses Kapitels führen wir Terme und ihre Notation ein. Sie bestehen aus Symbolen für Operatoren, Variablen und Konstanten, z.B.

    a + 5   blau & gelb

Auch wenn die verwendeten Symbole hier arithmetische Addition oder das Mischen von Farben suggerieren, verbinden wir zunächst keine Bedeutung mit Termen. Sie werden auch nicht „ausgerechnet“. Wir werden Begriffe einführen, um die Struktur von Termen zu beschreiben:

a + 5 ist ein Term der Sorte *ganzeZahl* mit einem zweistelligen Operator +. Seine beiden Operanden sind auch Terme der gleichen Sorte. *blau & gelb* ist ein Term der Sorte *Farbe*, & bezeichnet einen 2-stelligen Operator mit zwei Operanden, die auch Terme der Sorte *Farbe* sind. + und & bezeichnen *Operatoren*; *5*, *blau* und *gelb* bezeichnen *Konstanten*, *a* eine *Variable*.

Wir stellen dann unterschiedliche Schreibweisen von Termen vor: Die Beispiele oben sind in der *Infix-Form* notiert; dabei steht der Operator zwischen seinen Operanden. In der *Präfix-Form* steht er stattdessen vor seinen Operanden:

    + a 5   & blau gelb

Im Abschnitt 3.3 führen wir den Begriff der *Substitution* ein. Sie regelt, wie man für Variable in einem Term spezielle Terme einsetzen kann. So wird z. B. aus dem Term

    a + 1 > a

durch Substitution von *2* für *a* der Term

    2 + 1 > 2

Dies ist eine Formalisierung des „Einsetzens von Variablen“, wie man es intuitiv vom Umgang mit Variablen kennt.

Schließlich erweitern wir in Abschnitt 3.4 eine Menge von Termen um Rechenregeln zu einer Algebra. Rechenregeln wie

x + 0 ≡ x   blau & gelb ≡ grün

identifizieren Terme, die man als gleichbedeutend ansehen will. Man kann sie anwenden, um Terme umzuformen und nach den Gesetzen der jeweiligen Algebra „auszurechnen“. Damit haben wir ein mächtiges Werkzeug, mit dem einerseits klassische Algebren über Mengen, Zahlen oder logische Werte definiert sind. Andererseits kann man damit Operationen dynamisch veränderlicher Datenstrukturen wie Keller oder Listen algebraisch spezifizieren. Sogar für Anwendungen wie den Getränkeautomaten kann man die Abfolge von Bedienoperationen algebraisch spezifizieren.

3.1 Terme

Fast jeder formale Kalkül definiert eine Schreibweise für Formeln, mit denen man Eigenschaften und Zusammenhänge in dem Kalkül ausdrücken kann, z. B. Formeln im Mengenkalkül, in der Arithmetik oder in der Logik. Sie bestehen aus Operatoren, die Operanden verknüpfen. Operanden sind wiederum Formeln oder elementare Konstante oder Variable. Die Operatoren und Konstanten haben eine für den Kalkül spezifische Bedeutung. Wenn wir von der Bedeutung abstrahieren wollen, sprechen wir von Termen statt von Formeln. Wir sehen ihre Operatoren und Konstanten als Symbole an, die nur für sich selbst stehen und keine weitergehende Bedeutung haben. Die strukturellen Eigenschaften von Termen sind unabhängig von der Bedeutung, die sie haben, wenn man sie als Formeln interpretiert. Solche strukturellen Regeln geben an, wie viele Operanden welcher Art ein jedes Operatorsymbol verknüpft. Auch der Umgang mit Variablen in Termen sowie das Zuordnen von Termen, die als gleichbedeutend angesehen werden sollen, wird exakt geregelt, ohne dass auf den speziellen Kalkül und die Bedeutung der zugehörigen Formel Bezug genommen zu werden braucht. In diesem Sinne ist der Begriff der Terme grundlegend und universell für jegliche Art von Formeln.

Im Folgenden führen wir die Begriffe *Sorten* und *Signaturen* ein, um damit strukturell korrekte Terme zu definieren. Dann stellen wir unterschiedliche Notationen von Termen vor.

3.1.1 Sorten und Signaturen

Um strukturell korrekte Terme zu definieren, gibt man zu jedem Operatorsymbol an, wie viele Operanden es verknüpft, zu welcher Sorte von Termen sie gehören und welcher Sorte der gesamte Term angehört. Wir notieren diese Angaben zu Operatoren so, wie wir in Kapitel 2 die Signaturen von Funktionen angegeben haben:

Beispiel 3.1: Operatorbeschreibungen

+:	ARITH	×	ARITH	→ ARITH
<:	ARITH	×	ARITH	→ BOOL
∧:	BOOL	×	BOOL	→ BOOL
true:				→ BOOL
1:				→ ARITH

Da wir bei Termen von ihrer Bedeutung abstrahieren, benennen ARITH und BOOL *Sorten* und nicht *Wertebereiche*.

Definition 3.1: Sorte

Eine Menge von Termen τ *kann in disjunkte Teilmengen eingeteilt werden, um die strukturelle Korrektheit der Terme zu definieren. Diese Teilmengen heißen dann* ***Sorten der Terme*** *in* τ. ■

In Beispiel 3.1 ist festgelegt, dass ein <-Operator einen Term der Sorte BOOL bildet und zwei Terme der Sorte ARITH verknüpft. 1 ist ein Term der Sorte ARITH und hat keine Operanden. Die Terme

$1 < 1$ $\quad\quad$ $1 < 1 + 1$

erfüllen obige Anforderungen; aber die Terme

$1 \wedge \text{true}$ $\quad\quad$ $+ 1$

verletzen sie: 1 ist ein Term der Sorte ARITH, aber der linke Operand von ∧ muss der Sorte BOOL angehören. Der Operator + muss zwei Operanden haben.

Definition 3.2: Stelligkeit

Ein Operator ist ***n-stellig*** *mit* $n \geq 0$*, wenn er n Operanden hat.* ***0-stellige*** *Operatoren sind* ***Konstanten****.* ■

Den hier für Terme definierten Begriff der Stelligkeit haben wir schon mit gleicher Bedeutung in Kapitel 2 für Funktionen und Relationen verwendet.

Eine Menge von Strukturbeschreibungen für Operatoren fasst man mit den darin vorkommenden Sorten zu einer Signatur zusammen:

Definition 3.3: Signatur

Eine ***Signatur*** $\Sigma := (S, F)$ *ist ein Paar aus einer Menge von Sorten S und einer Menge von Strukturbeschreibungen F. Eine Strukturbeschreibung aus F beschreibt ein n-stelliges Operatorsymbol op und hat die Form:*

$$op: \quad s_1 \times \ldots \times s_n \to s_0 \text{ mit } s_i \in S$$

Sein i-ter Operand muss ein Term der Sorte s_i *sein. Der mit op gebildete Term gehört der Sorte* s_0 *an.* ■

Wir können das Beispiel 3.1 zu einer Signatur $\Sigma_{3.1} := (S_{3.1}, F_{3.1})$ vervollständigen. Dabei ist

$S_{3.1}$:= {ARITH, BOOL}

und $F_{3.1}$ enthält die in Beispiel 3.1 angegebenen Operatorbeschreibungen.

Eine Signatur mit ausschließlich Booleschen Operatorsymbolen kommt mit einer einzigen Sorte aus:

Beispiel 3.2: Signatur

Signatur $\Sigma_{Bool} = (S_{Bool}, F_{Bool})$ mit
S_{Bool} = {BOOL} und

F_{Bool} = {	true:		→	BOOL,
	false:		→	BOOL,
	∧:	BOOL × BOOL	→	BOOL,
	∨:	BOOL × BOOL	→	BOOL,
	¬:	BOOL	→	BOOL}

Das Beispiel 3.2 definiert zwei *Konstante*, zwei *2-stellige* und einen *1-stelligen Operator*. Alle Terme gehören der einzigen Sorte BOOL an.

Leider wird der Begriff Signatur mit unterschiedlichen Bedeutungen verwendet: Einerseits gemäß Definition 3.3 zur Strukturierung von Termen, andererseits aber auch, um für eine einzelne konkrete Funktion oder einen Operator festzulegen, aus welchem Wertebereich die Parameter und das Ergebnis stammen, siehe Abschnitt 2.7.

Wir können nun die Menge korrekter Terme, die mit den Operatoren einer Signatur erzeugt werden können, induktiv definieren.

Definition 3.4: Korrekte Terme

Sei eine Signatur $\Sigma = (S, F)$ gegeben. Dann enthält die Menge τ der ***korrekten Terme*** *zu Σ den Term t der Sorte $s \in S$, wenn gilt,*

a) $t = v$ und v ist ein Name einer Variablen der Sorte s, der verschieden ist von allen Operatorsymbolen in F, oder

b) $t = op\ (t_1, t_2, \ldots, t_n)$ die Anwendung eines Operators op auf Terme t_i mit $n \geq 0$ und $i \in \{1, \ldots, n\}$, wobei F eine Strukturbeschreibung für op enthält:

$op: s_1 \times s_2 \times \ldots \times s_n \rightarrow s_0$

und jedes t_i ein korrekter Term der Sorte s_i ist. ■

Definition 3.5: Grundterm

Ein korrekter Term, der keine Variablen enthält, heißt ***Grundterm***. ■

Nach Definition 3.4 ist

¬ (∧ (a, true))

ein korrekter Term zur Signatur Σ_{Bool}. Wir überprüfen das, indem wir den Term rekursiv gemäß Definition 3.4 in seine Unterterme zerlegen und dabei die korrekte Anwendung der Operatorbeschreibungen prüfen. Wenn wir annehmen, dass *a* eine *Variable* der *Sorte* BOOL ist, ist der Term korrekt.

Wir können die Definition 3.4 auch benutzen, um die Menge τ der *korrekten Terme* zur *Signatur* Σ_{Bool} zu konstruieren:

Wir setzen

τ_0 := {a | a ist eine Variable oder eine Konstante der Sorte BOOL}

$\tau_{i+1} := \tau_i \cup$ { f (t_1, t_2, ... t_n) | f ist ein Operator aus F und die t_j sind Terme aus τ_k, mit k≤i, deren Sorte zur Beschreibung von f passt}

τ_i enthält dann alle Terme der Schachtelungstiefe *i*.

In Definition 3.4 werden die Terme notiert, indem man das Operatorsymbol der geklammerten Folge der Teilterme voranstellt:

¬ (∧ (a, true))

Bisher hatten wir das Operatorsymbol bei 2-stelligen Operatoren zwischen seine Operanden geschrieben:

¬ (a ∧ true)

Im folgenden Abschnitt definieren wir verschiedene Notationen von Termen und untersuchen ihre Eigenschaften.

3.1.2 Notationen für Terme

In diesem Abschnitt definieren wir vier textuelle und eine grafische Darstellung von Termen. Wir zeigen, welche Eigenschaften die Notationen haben und wie man Terme von einer in eine andere umformen kann.

Definition 3.6: Termnotationen

Ein n-stelliger Term mit der Operation f und den Termen t_1, t_2, ..., t_n als Operanden wird notiert in der

a) ***Funktionsform*** *als f (t_1, t_2, ..., t_n), wobei die t_i auch in der* ***Funktionsform*** *notiert sind;*
b) ***Präfixform*** *als f t_1 t_2 ... t_n, wobei die t_i auch in der* ***Präfixform*** *notiert sind;*
c) ***Postfixform*** *als t_1 t_2 ... t_n f, wobei die t_i auch in der* ***Postfixform*** *notiert sind;*
d) ***Infixform*** *als (t_1 f t_2) für zweistellige Operatoren f, wobei die t_i auch in der* ***Infixform*** *notiert sind. Bei höherer Stelligkeit als 2 kann der Operator f auch aus mehreren Teilen f_1... f_{n-1} bestehen: (t_1 f_1 t_2 ... f_{n-1} t_n)*
Wenn die Zuordnung der Operanden zu den Operatoren eindeutig ist, kann

die Klammerung entfallen. Die hier definierte Form heißt ***vollständig geklammert.*** ■

Als Beispiel notieren wir folgenden Term zu Σ_{Bool} in allen vier Formen

Funktionsform:	$\vee (\neg\, a, \wedge\, (\text{true}, b))$
Präfixform:	$\vee \neg\, a \wedge \text{true}\ b$
Postfixform:	$a \neg\, \text{true}\ b \wedge \vee$
Infixform:	$((\neg\, a) \vee (\text{true} \wedge b))$

In der *Funktionsform* kann man die Operanden eines Operators leicht in der geklammerten Folge nach dem Operator erkennen.

In der *Präfixform* und der *Postfixform* werden keine Klammern verwendet. Wenn man die Stelligkeit der Operatoren kennt, kann man die Operanden ihren Operatoren einfach von innen nach außen zuordnen:

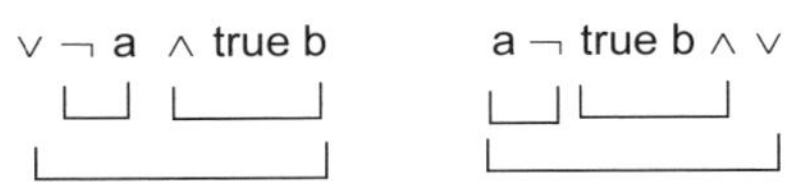

Die *Infixform* benötigt im Allgemeinen Klammern, um Operanden ihren Operatoren eindeutig zuzuordnen. Würde man sie in obigem Beispiel weglassen, also

$\neg\, a \vee \text{true} \wedge b$

dann könnte man die Operanden auch völlig anders an die Operatoren binden und erhielte einen anderen Term mit anderer Struktur, z. B.

$((\neg\, (a \vee \text{true})) \wedge b)$

Man kann auch Eindeutigkeit der Termstruktur in der Infixnotation erreichen, wenn man den Operatoren unterschiedliche *Bindungsstärken (Präzedenzen)* zuordnet. Konkurrieren zwei Operatoren um einen Operanden, so gewinnt der mit höherer Präzedenz. In logischen Formeln hat vereinbarungsgemäß $\neg$ höhere Präzedenz als $\wedge$, und dessen Präzedenz ist höher als $\vee$. Damit wäre der Term

$\neg\, a \vee \text{true} \wedge b$

gleich mit

$((\neg\, a) \vee (\text{true} \wedge b))$

Man muss dann außerdem noch regeln, ob beim Konkurrieren von Operatoren gleicher Präzedenz der linke oder der rechte gewinnt, also ob sie ihre Operanden *links-* oder *rechtsassoziativ* binden, z. B. bedeutet $a \vee b \vee c$

linksassoziativ	$(a \vee b) \vee c$	und
rechtsassoziativ	$a \vee (b \vee c)$	(linksassoziativ ist gebräuchlicher)

Eine Infixform mit mehrteiligen Operatorsymbolen, wie in Definition 3.6 zugelassen, ist recht ungebräuchlich. Ein Beispiel dafür ist etwa der Operator für bedingte Ausdrücke in der Programmiersprache C. Er ist 3-stellig, und seine Infixform hat die beiden Teile *?* und *:* , z. B.

```
i > = 0 ? a [i] : 0
```

Man beachte, dass all diese Regelungen zu Bindungsstärken, Assoziativität und mehrteiligen Operatorsymbolen nur die Infixform betreffen. Die anderen drei Formen kommen ohne sie aus.

Schließlich kann man die Struktur von Termen auch sehr anschaulich grafisch durch Bäume darstellen.

Definition 3.7: Baumdarstellung

*Ein n-stelliger Term mit der Operation f und den Untertermen $t_1, t_2, ..., t_n$ wird als **Baum** durch*

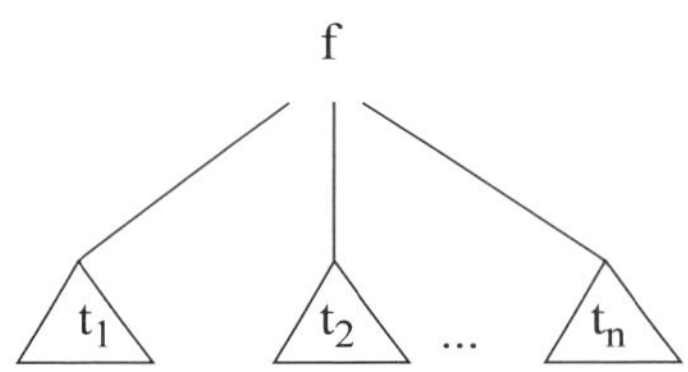

dargestellt, wobei die 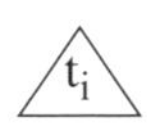 *die Baumdarstellung von t_i ist.* ■

Man nennt solche Bäume, deren Knoten mit den Operatoren markiert sind, auch *Kantorowitsch-Bäume*. Das Beispiel zu Definition 3.6 wird dann durch folgenden Baum dargestellt.

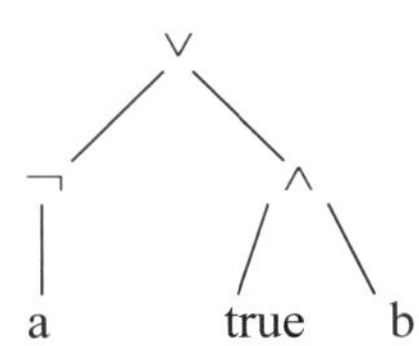

Diese Darstellung gibt die Struktur des Terms natürlich ohne weitere Festlegungen eindeutig wieder. Die Baumdarstellung kann man auch gut verwenden, um daraus systematisch die Textformen zu erzeugen. Dazu durchläuft man den Baum *links-abwärts*. Das bedeutet:

- besuche den Wurzelknoten,
- durchlaufe jeden Unterbaum links-abwärts und besuche dann jeweils wieder den Wurzelknoten.

Die Abb. 3.1 gibt solch einen Durchlauf an, die Besuche der Knoten sind als Punkte gekennzeichnet.

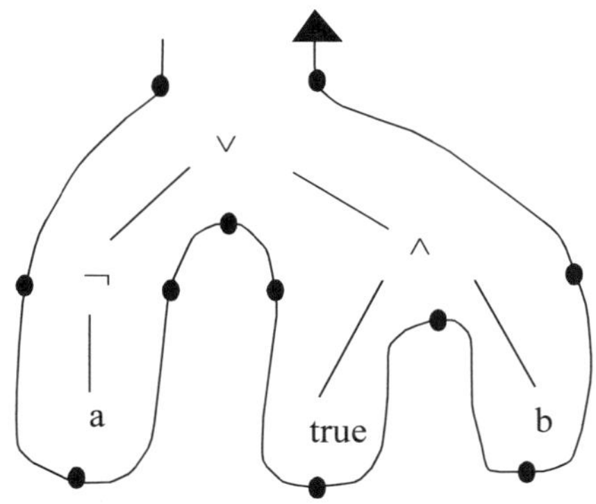

Abbildung 3.1: Links-abwärts-Durchlauf durch einen Baum

Die *Präfixform (Postfixform)* erhält man, wenn man die Inschrift des Knotens beim ersten (letzten) Besuch eines Knotens ausgibt. Die *Funktionsform* erhält man wie die Präfixform, wenn man zusätzlich Klammern und Kommata einfügt.

Die *Infixform* erhält man, wenn man bei mehrstelligen Operatoren beim ersten Besuch die öffnende, beim letzten die schließende Klammer ausgibt und bei den dazwischen liegenden Besuchen die Operatorteile. Bei einstelligen Operatoren gibt man die öffnende Klammer und den Operator beim ersten Besuch und die schließende Klammer beim letzten Besuch aus. Bei 0-stelligen Operatoren wird das geklammerte Symbol bei dem einzigen Besuch ausgegeben. Variablenknoten werden bei dem einzigen Besuch ohne Klammern ausgegeben.

An diesem Verfahren wird auch deutlich, dass die Reihenfolge der Variablen und Konstanten in allen Notationsformen übereinstimmt, im Beispiel: *a true b*.

3.2 Substitution und Unifikation

Eine Variable in einem korrekten Term kann man durch einen Term passender Sorte ersetzen und erhält dann wieder einen korrekten Term. Solche Umformungen sind auch mit Formeln intuitiv bekannt. Eine einfache Rechenregel wie

a + a = 2 ∗ a

gilt natürlich auch, wenn man für die Variable *a* die Konstante *3* einsetzt:

3 + 3 = 2 ∗ 3

Solche elementaren Operationen auf Termen heißen *Substitutionen*. Im Folgenden definieren wir Regeln und Schreibweise für ihre Anwendung.

Häufig werden Terme mit Variablen als ein Muster für konkretere Terme angesehen, etwa $a + a$ als Muster für $3 + 3$. Die Frage, ob ein Term wie $a + a$ als Muster auf einen Term wie *3 + 3* passt, kann man präziser formulieren: Gibt es eine Substitution von Variablen, die die beiden Terme gleich macht? Dies führt zum Begriff der *Unifikation*, den wir im zweiten Teil dieses Abschnittes einführen.

3.2.1 Substitution

Eine Substitution beschreibt, wie in einem Term vorkommende Variable durch Terme ersetzt werden.

Definition 3.8: Einfache Substitution

*Eine **einfache Substitution** σ = [v / t] ist ein Paar aus einer Variablen v und einem Term t zur Signatur Σ. v und t gehören beide zu derselben Sorte s.* ■

Beispiele für einfache Substitutionen sind

[a / 3] [a / 5 ∗ b] [a / 5 ∗ b] [x / 2 ∗ x]

Substitutionen werden auf Terme angewandt und liefern als Ergebnisse wieder Terme, in denen einige Variablen ersetzt sind. Die Regeln dafür gibt folgende Definition an.

Definition 3.9: Anwendung einer Substitution

*Die **Anwendung einer einfachen Substitution [v / t]** auf einen **Term** u schreibt man u [v / t]. Ihr Ergebnis ist ein Term, der durch einen der drei folgenden Fälle bestimmt ist:*

a) u [v / t] = t, falls u die zu ersetzende Variable v ist,
b) u [v / t] = u, falls u eine Konstante oder eine andere Variable als v ist,
c) u [v / t] = f (u₁ [v / t], u₂ [v / t], ..., uₙ [v / t]),
falls u = f (u₁, u₂, ..., uₙ) ■

Wir wenden die Definition 3.9 in allen Schritten einzeln auf das Beispiel

x + x - 1 [x / 2 ∗ b]

in Funktionsform notiert an:

- (+ (x, x), 1) [x / ∗ (2, b)] =
- (+ (x, x) [x / ∗ (2, b)] , 1 [x / ∗ (2, b)]) =
- (+ (x, x) [x / ∗ (2, b)], 1) =
- (+ (x[x / ∗ (2, b)], x [x / ∗ (2, b)]), 1) =
- (+ (∗ (2, b), ∗ (2, b)), 1)

Insbesondere der dritte Fall in Definition 3.9 macht klar, dass in *u* **alle** Vorkommen der Variablen durch den *Term t* ersetzt werden. Außerdem werden die Ersetzungen in jedem Teilterm unabhängig voneinander und nur einmal ausgeführt. D.h. wenn die zu ersetzende *Variable v* auch in dem eingesetzen *Term* vorkommt, dann wird sie nicht nochmals ersetzt, sondern bleibt im Ergebnis stehen, z. B. in

(x + y) [y / y ∗ y] = (x + y ∗ y)

Wir erweitern nun die einfache zu einer mehrfachen Substitution mit entsprechender Bedeutung:

Definition 3.10: Mehrfache Substitution

*In einer **mehrfachen Substitution** $\sigma = [v_1 / t_1, \ldots, v_n / t_n]$ mit $n \geq 1$ müssen alle Variablen v_i paarweise verschieden sein. Die Paare v_i / t_i müssen jeweils zur selben Sorte s_i gehören. σ wird dann auf einen Term u angewandt:*

a) $u\,\sigma = t_i$, falls $u = v_i$ für ein $i \in \{1, \ldots, n\}$

b) $u\,\sigma = u$, falls u eine Konstante oder eine Variable ist, die nicht unter v_i, $i \in \{1, \ldots, n\}$ vorkommt.

c) $u\,\sigma = f(u_1\,\sigma, u_2\,\sigma, \ldots, u_n\,\sigma)$, falls $u = f(u_1, u_2, \ldots, u_n)$ ■

Mit einer mehrfachen Substitution werden also mehrere einfache Substitutionen gleichzeitig durchgeführt, z.B.

(x + y) [x / 2 ∗ b, y / 3] = (2 ∗ b + 3)
(x + y) [x / y, y / y ∗ y] = (y + y ∗ y)

Wiederum ist es wichtig, dass alle Unterterme unabhängig und nur einmal substituiert werden.

Da die Anwendung einer Substitution auf einen Term wieder einen Term liefert, kann man auch mehrere Substitutionen hintereinander ausführen, z.B.

(x + y) [x / y ∗ x] [y / 3] [x / a] =
(y ∗ x + y) [y / 3] [x / a] =
(3 ∗ x + 3) [x / a] =
(3 ∗ a + 3)

Das Hintereinanderausführen von Substitutionen liefert im Allgemeinen ein anderes Ergebnis als die mehrfache Substitution mit den gleichen Variablen-Term-Paaren, z.B.

(x + y) [x / y] [y / y ∗ y] = (y ∗ y + y ∗ y)
(x + y) [x / y, y / y ∗ y] = (y + y ∗ y)

Andererseits kann man aber zwei hintereinander auszuführende Substitutionen umrechnen in eine einzige Substitution mit gleicher Wirkung:

Die Hintereinanderausführung der Substitutionen $[x_1 / t_1, \ldots, x_n / t_n]$ $[y / r]$ hat auf jeden Term die gleiche Wirkung wie die Substitution

- $[x_1 / t_1 [y / r], \ldots, x_n / t_n [y / r]]$ falls $y = x_i$ für ein $i \in \{1, \ldots, n\}$
- $[x_1 / t_1 [y / r], \ldots, x_n / t_n [y / r], y / r]$ falls $y \neq x_i$ für alle $i \in \{1, .., n\}$

Damit können wir obiges Beispiel schrittweise umrechnen:

[x / y ∗ x] [y / 3] [x / a] =
[x / (y ∗ x [y / 3]), y / 3] [x / a] =
[x / 3 ∗ x, y / 3] [x / a] =
[x / (3 ∗ x [x / a]), y /(3 [x / a])] =
[x / 3 ∗ a, y / 3]

Natürlich liefert dann das Beispiel das gleiche Ergebnis wie oben

(x + y) [x / 3 ∗ a, y / 3] = (3 ∗ a + 3)

Allgemein gilt für alle Terme *u* und alle Substitutionen σ_1 und σ_2:

$(u\ \sigma_1)\ \sigma_2 = u\ (\sigma_1\ \sigma_2)$

Damit Substitutionen beim Umrechnen und Hintereinanderausführen nicht unnötig komplex werden, führen wir die leere, wirkungslose Substitution ein:

Definition 3.11: Leere Substitution

[] bezeichnet die ***leere Substitution****. Für alle Terme t gilt t [] = t. Außerdem gilt [v/v] = [] für jede Variable v.* ■

Bisher haben wir eine gegebene *Substitution* σ auf einen *Term u* angewandt und damit einen *Term v = u* σ bestimmt. Nun wollen wir stattdessen Fragen der Form untersuchen: Gibt es eine *Substitution* σ, die einen *Term u* in einen *Term v* transformiert? Solch eine Frage stellt sich z.B., wenn man Rechenregeln anwendet. Nehmen wir als Beispiel eine Formulierung des Distributivgesetzes:

a ∗ (b + c) ≡ a ∗ b + a ∗ c

Das Anwenden solcher Rechenregeln wird in Abschnitt 3.4 präzise definiert. Wenn es auf die Formel

2 ∗ (3 + 4 ∗ x)

angewandt werden soll, dann muss man eine Substitution finden, die die linke Seite der Regel auf die anzuwendende Formel transformiert. Solch eine Substitution existiert:

σ = [a/2, b/3, c/4*x]

Wenn wir sie auf die rechte Seite der Regel anwenden, erhalten wir die nach dem Distributivgesetz transformierte Formel

2 ∗ 3 + 2 ∗ 4 ∗ x

Wir können die „Anwendbarkeit" der Formel aus der Rechenregel auf eine andere Formel durch eine Relation zwischen Termen ausdrücken:

Definition 3.12: Relation umfasst

Ein ***Term s umfasst einen Term t****, wenn es eine Substitution σ gibt mit s σ = t.* ■

In unserem Beispiel gilt dann

a ∗ (b + c) umfasst 2 ∗ (3 + 4 ∗ x)

Die Relation *umfasst* hat folgende Eigenschaften: Sie ist

- transitiv, denn aus *r* umfasst *s* und *s* umfasst *t* folgt, dass es σ_1 und σ_2 gibt mit $r\ \sigma_1 = s$, $s\ \sigma_2 = t$. Also gilt $(r\ \sigma_1)\ \sigma_2 = t$ und $r\ (\sigma_1\ \sigma_2) = t$;

- reflexiv, denn es gilt immer t [x / x] = t;
- nicht antisymmetrisch, denn es gibt Terme mit *s* umfasst *t* und *t* umfasst *s*, z. B. 2 ∗ x [x / y] = 2 ∗ y und 2 ∗ y [y / x] = 2 ∗ x.

Deshalb erfüllt *umfasst* nicht die Bedingungen für eine Halbordnung, sondern nur die für eine Quasiordnung (siehe Abschnitt 2.6).

3.2.2 Unifikation

Im Beispiel der Anwendung von Rechenregeln haben wir den Term der Regel als den allgemeineren angesehen und ihn durch eine Substitution in einen konkreteren transformiert. Nun betrachten wir stattdessen die symmetrische Fragestellung: Gibt es zu zwei gegebenen Termen eine Substitution, die die Terme in dasselbe Ergebnis transformiert?

Definition 3.13: Unifikation

Die beiden ***Terme s und t sind unifizierbar,*** *wenn es eine Substitution σ gibt mit s σ = t σ. σ ist dann ein* ***Unifikator*** *von s und t.* ■

Die folgende Tabelle zeigt Beispiele für Unifikatoren, sofern sie existieren.

s	x + y	x + 3	x + x	2 ∗ x + 3
t	2 + 3	2 + y	2 + 3	z + x
σ	[x / 2, y / 3]	[x / 2, y / 3]	./.	[x / 3, z / 2 ∗ 3]
s σ = t σ	2 + 3	2 + 3	./.	2 ∗ 3 + 3

Man beachte, dass für das letzte Beispiel die Substitution [x / 3, z / 2 ∗ x] nicht die Bedingung für einen Unifikator erfüllt.

Betrachten wir folgendes Beispiel etwas genauer:

s = (x + y) t = (2 + z)

Folgende Substitutionen sind Unifikatoren für *s* und *t*:

σ_1 = [x / 2, y / z] σ_2 = [x / 2, z / y]

σ_3 = [x / 2, y/1, z/1] σ_4 = [x /2, y/2, z/2]

Es gibt noch beliebig viele weitere Unifikatoren für *s* und *t*, die dieselben Terme für *y* und *z* substituieren. Intuitiv sehen wir σ_1 und σ_2 als allgemeiner als die übrigen Unifikatoren an, denn sie legen den Ergebnisterm weniger speziell fest:

s σ_1 = 2 + z

s σ_2 = 2 + y

s σ_3 = 2 + 1

$s\,\sigma_1$ und $s\,\sigma_2$ umfassen jeweils $s\,\sigma_3$, $s\,\sigma_4$, usw. Aus jedem der Unifikatoren σ_1 und σ_2 kann man auch alle übrigen erzeugen, z.B.

σ_1 [z / y] = [x / 2, y / y, z / y] = [x / 2, z / y] = σ_2

σ_1 [z / 1] = [x / 2, y / 1, z / 1] = σ_3

Daher sind wir bei der Unifikation nur an den allgemeinsten Unifikatoren wie hier σ_1 und σ_2, interessiert.

Definition 3.14: Allgemeinster Unifikator

*Ein Unifikator σ_a heißt **allgemeinster Unifikator der Terme s und t**, wenn es zu jedem Unifikator σ_i von s und t eine Substitution τ_i gibt, die σ_i aus σ_a erzeugt: $\sigma_a\,\tau_i = \sigma_i$.* ■

In obigem Beispiel sind nur σ_1 und σ_2 allgemeinste Unifikatoren. Alle übrigen Unifikatoren haben die Form

σ_r = [x / 2, y / r, z / r]

mit einem beliebigen Term *r*. Sie können aus σ_1 und σ_2 erzeugt werden:

σ_1 [z / r] = σ_2 [y / r] = σ_r

Aber aus keinem σ_r kann σ_1 oder σ_2 erzeugt werden.

Wir stellen nun ein Verfahren vor, das feststellt, ob zwei Terme unifizierbar sind, und in diesem Fall einen allgemeinsten Unifikator liefert. Zunächst definieren wir eine Funktion *Abweichungspaar*. Sie wird auf zwei verschiedene Terme *s* und *t* angewandt und liefert dann das Paar (*u, v*) von korrespondierenden Untertermen von *s* und *t*, sodass *u* und *v* verschieden sind, möglichst weit links in *s* und *t* vorkommen und möglichst klein sind. Sie ist präzise definiert durch

Abweichungspaar $(s, t) = (u, v)$ für $s \neq t$: $(u, v) = (s, t)$ falls

- $s = f(...)$ und $t = g(...)$ und $f \neq g$
- $s = f(...)$ und $t = x$
- $s = x$ und $t = f(...)$
- $s = x$ und $t = y$ und $x \neq y$

sonst ist $s = f(t_1, ..., t_i, ...)$ und $t = f(t_1, ..., t_i', ...)$ und *i* ist der kleinste Index, sodass $t_i \neq t_i'$; dann ist (u, v) = Abweichungspaar (t_i, t_i').

Damit lautet der Algorithmus zur Unifikation der Terme *s* und *t*:

1. Setze $\sigma = [\,]$.
2. Solange $s\,\sigma \neq t\,\sigma$ wiederhole Schritte 3 und 4:
3. Setze (u, v) = Abweichungspaar $(s\,\sigma, t\,\sigma)$.
4. Falls
   - *u* ist eine Variable *x*, die in *v* nicht vorkommt, dann ersetze σ durch $\sigma\,[x / v]$;

- v ist eine Variable x, die in u nicht vorkommt, dann ersetze σ durch σ $[x / u]$
- sonst sind diese Terme nicht unifizierbar; Abbruch des Algorithmus.

5. Bei Erfolg gilt $s\ \sigma = t\ \sigma$ und σ ist ein allgemeinster Unifikator.

Wir wenden den Algorithmus zum Beispiel auf die Terme $x + y$ und $1 + 2 * x$ an. Man findet die Abweichungspaare am einfachsten, wenn man die Terme in Funktionsform untereinander schreibt und die korrespondierenden Unterterme ausrichtet:

s [ ] = + (x, y)

t [ ] = + (1, * (2, x))

Das Abweichungspaar (x, 1) liefert [x /1].

s [ ] [x / 1] = + (1, y)

t [ ] [x / 1] = + (1, * (2, 1))

Das Abweichungspaar (y, * (2, 1)) liefert [y / * (2, 1)].

s [ ] [x / 1] [y / * (2, 1)] = + (1, * (2, 1))

t [ ] [x / 1] [y / * (2, 1)] = + (1, * (2, 1))

Ein allgemeinster Unifikator ist gefunden:

[x / 1] [y / * (2, 1)] = [x / 1, y / 2 * 1]

3.3 Algebren

Eine Algebra ist eine formale Struktur. Sie besteht aus einer Menge grundlegender Elemente (*Trägermenge*), aus Operationen über dieser Menge und aus Gesetzen, die die Operationen zueinander in Bezug setzen. Damit kann man formale Kalküle definieren, wie z. B. die Algebra der Mengenoperationen, die Boolesche Algebra oder die Arithmetik ganzer Zahlen. In der Modellierung der Informatik spezifiziert man mit Algebren auch veränderliche Datenstrukturen wie Keller und Listen oder Abläufe in dynamischen Systemen, wie die Bedienung unseres Getränkeautomaten.

Wir unterscheiden zwei Ebenen: abstrakte Algebren und konkrete Algebren. Eine abstrakte Algebra spezifiziert Eigenschaften abstrakter Operationen, die durch eine Signatur beschrieben werden. Es bleibt absichtlich offen, wie die Operatoren durch Funktionen über konkreten Wertemengen realisiert werden. Die Trägermenge einer abstrakten Algebra sind die Grundterme der Signatur. Die Gesetze der Algebra identifizieren Terme mit gleicher Bedeutung. So können Eigenschaften der Operationen oder das Verhalten des Systems abstrakt vorgegeben werden. Zu einer abstrakten Algebra kann man konkrete Algebren angeben. Ihre konkreten Funktionen passen zu den abstrakten Operationen der Signatur. Wenn man zeigen kann, dass sie alle Gesetze der abstrakten Algebra erfüllen, beschreibt die konkrete Algebra eine Realisierung oder Implementierung der abstrakten Spezifikation.

3.3.1 Abstrakte Algebra

Definition 3.15: Abstrakte Algebra

Eine ***abstrakte Algebra*** A = (τ, Σ, Q) *ist definiert durch die Signatur* Σ, *die Menge der korrekten Terme* τ *zu* Σ *und eine Menge von Axiomen (Gesetzen)* Q. *Ein Axiom hat die Form* $t_1 \rightarrow t_2$, *wobei* t_1 *und* t_2 *korrekte Terme gleicher Sorte sind und Variable enthalten können. Kommen in der Signatur mehrere Sorten vor, so sagen wir: die Algebra ist* ***heterogen****. Eine der Sorten, die auch als Ergebnissorte von Operatoren vorkommt, kann als* ***die von der Algebra definierte Sorte*** *ausgezeichnet werden.* ■

Da die Trägermenge die zu Σ gebildeten Terme sind, nennt man solche Algebren auch *Term-Algebren*.

Signatur Σ = (S, F), S = {BOOL} Operation F:

true:		→ BOOL
false:		→ BOOL
∧:	BOOL × BOOL	→ BOOL
∨:	BOOL × BOOL	→ BOOL
¬:	BOOL	→ BOOL

Axiome *Q*: für alle *x, y* der Sorte BOOL gilt

Q_1:	¬ true	→ false
Q_2:	¬ false	→ true
Q_3:	true ∧ x	→ x
Q_4:	false ∧ x	→ false
Q_5:	x ∧ y	→ ¬ (¬ x ∨ ¬ y)

Abbildung 3.2: Eine abstrakte Boolesche Algebra

Ein einfaches und grundlegendes Beispiel für eine abstrakte Algebra ist eine Boolesche Algebra. In Abb. 3.2 werden ihre Signatur und ihre Axiome definiert. Die Menge der korrekten Terme ergibt sich aus der Signatur. Man beachte, dass die Operationen definitionsgemäß abstrakt sind, obwohl die Symbole die Bedeutung logischer Verknüpfungen suggerieren. Eigenschaften der Operationen können wir nur dadurch ermitteln, dass wir die Axiome anwenden, um Terme in solche umzuformen, die im Sinne der Algebra gleichbedeutend (siehe Definition 3.19) sind. Durch Anwendung von Q_1 und Q_2 kann man z.B. folgende Terme umformen:

¬ ¬ true → ¬ false → true

¬¬ false → ¬ true → false

Wir haben in dieser Booleschen Algebra nur eine Auswahl von Axiomen als Beispiele angegeben. Um damit Terme systematisch umzuformen, müssten weitere Axiome angegeben werden, wie Kommutativ- und Assoziativgesetze.

Grundsätzlich definieren die Axiome einer Algebra, wie Terme in andere Terme umgeformt werden können.

Definition 3.16: Mit Axiomen umformen

Mit Axiomen umformen *heißt: unter Anwenden eines Axioms* $t_1 \rightarrow t_2$ *einen Term* s_1 *in einen Term* s_2 *umformen. Wir schreiben* $s_1 \rightarrow s_2$*, wenn gilt:*

1. s_1 *und* s_2 *stimmen überein bis auf einen Unterterm an entsprechender Position, d. h., es gibt einen Term s, in dem die Variable v genau einmal vorkommt, und* $s_1 = s\,[v / r_1]$, $s_2 = s\,[v / r_2]$.
2. *Es gibt eine Substitution* σ *mit* $t_1\,\sigma = r_1$ *und* $t_2\,\sigma = r_2$.

s ist in t umformbar, wenn es eine Folge von Termen $s = s_0, s_1, \ldots, s_n = t$ *mit* $s_{i-1} \rightarrow s_i$ *gibt; wir schreiben dann* $s \rightarrow t$.

$\rightarrow$ *ist transitiv. Die Axiome sollten so gewählt werden, dass* $\rightarrow$ *auch irreflexiv ist; dann ist* $\rightarrow$ *eine strenge Halbordnung.* ■

Definition 3.16 kann man auch grafisch veranschaulichen:

$$\begin{array}{llll}
\text{Term } s_1 = \ldots & r_1 \ldots \;\ldots. & r_2 \ldots = s_2 \\
 & \| & \| \\
 & t_1\,\sigma & t_2\,\sigma \\
\text{Axiom} & t_1 \;\rightarrow & t_2
\end{array}$$

Als Beispiel formen wir mit dem Axiom Q_3 der Algebra Bool den Term s_1 in s_2 um:

$$\begin{array}{llll}
s_1 = & \underline{y \vee (\text{true} \wedge (\neg\, z))} & \underline{y \vee (\neg\, z)} = s_2 \\
 & r_1 & r_2 \\
 & \| & \| \\
 & t_1\,[x / \neg\, z] & t_2\,[x / \neg\, z] \\
 & \| & \| \\
Q_3: & \text{true} \wedge x \;\rightarrow & x
\end{array}$$

3.3.2 Konkrete Algebra

Wir zeigen nun, wie man die Vorgaben einer abstrakten Algebra realisiert, indem man eine Algebra mit konkreten Funktionen über bestimmten Wertemengen angibt.

Definition 3.17: Konkrete Algebra

Einer abstrakten Algebra $A_a = (\tau, (S, F), Q)$ *lässt sich eine* ***konkrete Algebra*** $A_k = (W_k, F_k, Q)$ ***zuordnen,*** *wenn gilt:*

1. *Jeder Sorte* $s \in S$ *ist ein Wertebereich* $w \in W_k$ *zugeordnet.*
2. *Jeder Operation* $g \in F$ *ist eine Funktion* $f \in F_k$ *zugeordnet. Der Definitions- und der Bildbereich von* ***f*** *ergeben sich durch die Abbildung der Sorten von g.*
3. *Den Axiomen in Q müssen Gleichungen zwischen den Funktionstermen in den Wertebereichen entsprechen.*

A_k *nennt man auch ein Modell der abstrakten Algebra A.* ■

In der *konkreten Algebra* können außer den Q entsprechenden noch weitere Gleichungen gelten. In diesem Sinne kann A_k spezieller als A_a sein. Zu der *abstrakten Booleschen Algebra* aus Abb. 3.2 kann man natürlich als Modell eine konkrete Algebra mit den entsprechenden logischen Formen angeben. Um das Prinzip zu verdeutlichen, zeigen wir hier als Beispiel die konkrete Algebra *FSet*:

Der einzigen Sorte BOOL wird die Wertemenge $\{\emptyset, \{1\}\}$ zugeordnet. Die Funktionen ordnen wir den abstrakten Operationen zu:

konstante Funktion, die $\{1\}$ liefert	zu *true*
konstante Funktion, die $\emptyset$ liefert	zu *false*
Mengendurchschnitt $\cap$	zu $\wedge$
Mengenvereinigung $\cup$	zu $\vee$
Mengenkomplement bezüglich $\{1\}$	zu $\neg$

Wir zeigen nur beispielhaft an Q_4, dass eine entsprechende Gleichung zwischen Funktionstermen gilt:

Für alle $x \in \{\emptyset, \{1\}\}$ gilt $\emptyset \cap x = \emptyset$. Mit der Zuordnung von $\emptyset$ zu *false* entspricht das Q_4: $false \wedge x \rightarrow false$.

3.4 Algebraische Spezifikation von Datenstrukturen

Ein typisches Einsatzgebiet für algebraische Spezifikationen sind dynamisch veränderliche Datenstrukturen: Mit einer abstrakten Algebra kann man die Wechselwirkungen zwischen den Operationen präzise beschreiben, ohne etwas über deren Realisierung sagen zu müssen. Anhand der Axiome lässt sich dann die Korrektheit von Implementierungen nachweisen. Auch steht mit der Term-Notation eine gut geeignete Schreibweise für Abfolgen von Operatoren auf der Datenstruktur zur Verfügung.

Wir wollen solch eine algebraische Spezifikation am Beispiel der Datenstruktur *Keller* demonstrieren. Ein *Keller* (engl. stack) ist eine Datenstruktur, in die man Elemente einfügen und aus der man Elemente entfernen kann. Dabei wird das so genannte *Keller-Prinzip* befolgt: Was zuletzt eingefügt wurde, wird als Erstes wieder entfernt (engl. last-in-first-out, LIFO).

Anwendungen des Kellerprinzips findet man auch im Alltag, z. B. die Tellerstapel an einer Essensausgabe; frisch gespülte Teller werden oben auf den Stapel gelegt; wer einen Teller benötigt, nimmt ihn auch oben weg. In der Informatik ist das *Keller-Prinzip* Grundlage für die Lösung sehr vieler Aufgaben: z. B. der *Laufzeitkeller* für die Implementierung von Programmiersprachen; dort werden die Daten für Funktionsaufrufe untergebracht. Bei Beginn des Aufrufes werden sie gekellert, am Ende wieder entkellert; der zuletzt begonnene Aufruf wird als Erster beendet.

Bevor wir die abstrakte Algebra spezifizieren, verschaffen wir uns einen informellen Überblick über die Operationen auf einem Keller:

createStack: liefert einen leeren Keller

push: fügt ein Element in den Keller ein

pop: entfernt das zuletzt eingefügte Element

top: liefert das zuletzt eingefügte und noch nicht wieder entfernte Element

empty: gibt an, ob der Keller leer ist

Abb. 3.3 zeigt die Signatur und die Axiome der abstrakten Algebra Keller. Terme der Sorte *Keller* modellieren Inhalte bzw. Werte der spezifizierten Datenstruktur. *Element* ist eine *Hilfssorte*, die die Daten im Keller modelliert. Die zweite Hilfssorte BOOL mit den Konstanten true und false tritt als Ergebnis der als Prädikat intendierten Operation empty auf. Um uns mit der Keller-Algebra vertraut zu machen, formulieren wir einige Terme und formen sie mit den Axiomen um. Der Term

push (push (push (createStack, 1), 2), 3)

soll zum Beispiel einen Keller modellieren, in den nacheinander die Zahlen 1, 2, 3 eingefügt wurden. Entfernen wir ein Element, bevor die dritte Zahl eingefügt wird, so lautet die Operationsfolge

push (pop (push (push (createStack, 1) , 2)), 3)

Mit dem Axiom K_3 können wir sie in folgenden gleichbedeutenden Term umformen (siehe Definition 3.19):

push (push (createStack, 1), 3)

Daran erkennen wir auch, dass das Axiom *K3* das Keller-Prinzip formalisiert: Die Operation pop macht die Wirkung der letzten Anwendung einer push-Operation rückgängig.

Weiter sehen wir, dass top die einzige Operation ist, die ein Keller-Element als Ergebnis liefert – und zwar immer das zuletzt eingefügte und noch nicht wieder entfernte. Auf andere Elemente kann man mit diesen Operationen nicht zugreifen.

Definition 3.16 empfiehlt, dass die Axiome so definiert werden, dass die Relation → über Terme irreflexiv ist. Die Algebra Keller folgt der Empfehlung, denn die rechte Seite jedes Axioms enthält weniger Operationen als die entsprechende linke Seite. Also ist t → t für keinen Term t umformbar.

Am Beispiel der Keller-Algebra wollen wir weitere Eigenschaften solcher Spezifikationen herausarbeiten. Im Unterschied zur Booleschen Algebra enthält die Keller-Algebra neben der hier definierten Sorte Keller weitere Sorten, d. h. sie ist heterogen. Die Terme der Sorte Keller sollen Werte der Datenstruktur Keller modellieren. Sie wird deshalb als die *von der Algebra definierte Sorte* ausgezeichnet. Dies führt zu einer Klassifikation der Operationen der Algebra:

Signatur $\Sigma = (S, F)$

Sorten s = {Keller, Element, BOOL}

Operationen F:

CreateStack:		→ Keller
push:	Keller × Element	→ Keller
pop:	Keller	→ Keller
top:	Keller	→ Element
emtpy:	Keller	→ BOOL

Axiome Q: für beliebige Terme t der Sorte Element und k der Sorte Keller gilt:

K1: empty (createStack) → true

K2: empty (push(k, t)) → false

K3: pop (push(k, t)) → k

K4: top (push(k, t)) → t

Abbildung 3.3: Abstrakte Algebra Keller

Definition 3.18: Klassifikation von Operationen

Die Operationen einer abstrakten Algebra teilt man in disjunkte Teilmengen ein: ***Konstruktoren, Hilfskonstruktoren*** *und* ***Projektionen****. Konstruktoren und Hilfskonstruktoren haben die von der Algebra definierte Sorte als Ergebnissorte; Projektionen haben eine andere Sorte als Ergebnissorte.* ■

Konstruktoren und Hilfskonstruktoren werden nach den Rollen unterschieden, die sie in der Normalform zu der Algebra spielen:

Definition 3.19: Terme in Normalform

Ein Term einer Algebra, der keine Variablen der definierten Sorte enthält, in dem nur Konstruktoren vorkommen und auf den kein Axiom der Algebra anwendbar ist, ist in ***Normalform****. Ein Term in Normalform ist ein minimales Element bezüglich der strengen Halbordnung* $\rightarrow$.

Können zwei Terme s und t in dieselbe Normalform umgeformt werden, nennen wir sie ***gleichbedeutend****,* $s \equiv t$. ■

Für die Keller-Algebra ist eine Klassifikation der Operationen leicht zu finden: push und createStack sind Konstruktoren, pop ist ein Hilfskonstruktor und top und empty sind Projektionen. Jeder Term in Normalform hat folgende Struktur:

(push (push ... (push (createStack, n_1), ...), n_m) mit $m \geq 0$

Mit dem Axiom K_3 kann man Unterterme der Form pop (push (r, t)) in *r* umformen und so die Anwendung des Hilfskonstruktors pop entfernen. Terme, die so in dieselbe Normalform umgeformt werden können, modellieren denselben Kellerinhalt und abstrahieren von unterschiedlichen Operationsfolgen, die ihn erzeugt haben.

Durch Induktion über die Vorkommen von pop in einem Term kann man beweisen, dass alle Vorkommen durch Anwenden von K_3 eliminiert werden können, außer im Term pop (createStack). Deshalb sehen wir diesen Term als undefiniert an. Er modelliert den fehlerhaften Versuch, aus einem leeren Keller ein Element zu entfernen.

Definition 3.20: Undefinierte Terme

Jeden Term der definierten Sorte einer Algebra, der nicht durch Anwenden von Axiomen in Normalform umgeformt werden kann, sehen wir als ***undefiniert*** *an. Er modelliert eine Fehlersituation. Ein Term t = op (nf) ist ebenfalls undefiniert, wenn op eine Projektion ist, nf ein Term in Normalform und auf t kein Axiom anwendbar ist.* ■

Gemäß dem zweiten Teil der Definition 3.20 ist auch top (createStack) ein undefinierter Term der Keller-Algebra.

Für die abstrakte Algebra Bool aus Abb. 3.2 gibt es drei Möglichkeiten zur Klassifikation der Operationen: Man kann alle Operationen zu Konstruktoren erklären oder $\wedge$ oder $\vee$ jeweils zum Hilfskonstruktor machen. Nur die beiden letzten Fälle sind wegen ihrer nichttrivialen Normalformen interessant.

Bei dem Entwurf einer abstrakten Algebra ist es nützlich, die Normalform zu kennen: zur Definition von Hilfskonstruktoren und Projektionen braucht man nur solche Axiome anzugeben, sodass die Operation für jeden Term der Normalform definiert ist oder undefiniert bleibt. Die Bedeutung für alle übrigen Terme der definierten Sorte kann man durch Umformen in die Normalform herleiten. Betrachten wir dazu die Axiome der Keller-Algebra: Aus K_1 und K_2 lässt sich die Anwendung von empty für jeden Term in Normalform herleiten. Das gilt auch für K_3 und pop sowie K_4 und top. Hier ist jedoch das zu K_1 entsprechende Axiom für createStack weggelassen, weil pop (createStack) und top (createStack) als undefiniert angesehen werden sollen.

Dieses Prinzip wenden wir auch an, wenn wir eine Algebra um neue Operationen erweitern. Als Beispiel erweitern wir die Keller-Algebra um eine Operation size. Sie soll die Anzahl der Elemente im Keller liefern. Dazu fügen wir die Operationsbeschreibung in die Signatur ein:

size: Keller → NAT

size ist also eine *Projektion*. Die neue Ergebnissorte müssen wir den Sorten hinzufügen:

s = {Keller, Element, BOOL, NAT}

Und schließlich benötigen wir Axiome, die size für alle Terme in Normalform definieren:

K_5: size (createStack) → null

K_6: size (push (k, t)) → succ (size (k))

Wir setzen dabei voraus, dass folgende Algebra bekannt ist:

Sorten: S = {NAT}

Operationen: null: → NAT, succ: NAT → NAT
(succ modelliert den Nachfolger von n, also n+1.)

size, angewandt auf einen Normalform-Term,

size (push (push (createStack, a), b))

kann man dann mit K_5 und K_6 umformen in

succ (succ (null)).

Mit einer passend definierten konkreten Algebra für natürliche Zahlen kann man dem Term dann den Wert 2 zuordnen.

Wir geben nun eine konkrete Algebra zur Keller-Algebra an und zeigen, dass sie tatsächlich die abstrakte Spezifikation erfüllt. Dabei wählen wir eine Realisierung durch Funktionen über Folgen auf natürlichen Zahlen. Die Wertebereiche ordnen wir den Sorten wie folgt zu:

konkret	**abstrakt**
FSet	BOOL
$\mathbb{N}$	Element
N-Folge = $\mathbb{N}^*$	Keller

Die Funktionen werden folgendermaßen zugeordnet:

konkret			**abstrakt**
newFolge:		→ N-Folge	create Stack
append:	N-Folge × $\mathbb{N}$	→ N-Folge	push
remove:	N-Folge	→ N-Folge	pop
last:	N-Folge	→ $\mathbb{N}$	top
noElem:	N-Folge	→ FSet	empty

Die Wirkung der Funktionen wird wie folgt definiert:

newFolge ( )		liefert die leere Folge ()
append ((a_1, ..., a_n), x)		liefert (a_1, ..., a_n, x)
remove ((a_1, ..., a_{n-1}, a_n))	für $u \geq 1$	liefert (a_1, ..., a_{n-1})
last ((a_1, ..., a_n))	für $u \geq 1$	liefert a_n
noElem (f)		liefert {1}, falls f = ( ), sonst ∅

Nun zeigen wir, dass die Axiome der Keller-Algebra auch für unsere Realisierung gelten:

Axiom K_1: empty (createStack) → true

Setzen wir statt der abstrakten Operationen die zugeordneten Funktionen ein, so erhalten wir als Gleichung über Funktionsterm:

noElem (newFolge()) = {1}.

Mit der Definition der Funktionen noElem und newFolge gilt also die K_1 entsprechende Gleichung. Ebenso zeigt man die Gültigkeit der K_3 entsprechenden Gleichung:

K3: pop (push(k, t)) → k

remove (append (k, x))	= k
remove (append ((a_1, ..., a_n), x))	= k
remove ((a_1, ..., a_n, x))	= k
(a_1, ..., a_n)	= k
k	= k

Für die übrigen Axiome weist man Entsprechendes nach.

Zum Schluss der Betrachtung der Keller-Algebra wollen wir sie anwenden, um die konkrete Verwendung eines Kellers in einem Algorithmus nachzuweisen. Unser Algorithmus soll Terme aus der Infixform in die Postfixform umwandeln:

Gegeben: ein Term *t* in Infixform, nur mit 2-stelligen Operationen unterschiedlicher Präzedenz, zunächst ohne Klammern.

Gesucht: der Term *t* in Postfixform. (Die Aufgabenstellung lässt sich leicht erweitern durch Hinzunehmen von Klammern, *1*-stelligen und *n*-stelligen Operatoren.)

Als Beispiel nehmen wir an, dass + und – geringste, ∗ und / mittlere und ↑ höchste Präzedenz haben und alle linksassoziativ sind.

Der Algorithmus soll z. B. den Term

a - b * c in a b c * -

umwandeln. Dazu liest er die Symbole des Eingabeterms nacheinander und gibt sie in der benötigten Reihenfolge aus. Da die Reihenfolge der Variablen und Konstanten im Ergebnis unverändert ist und sie vor ihrem Operator stehen, werden sie sofort ausgegeben, wenn sie gelesen werden.

Wenn in der Infixform Operatoren mit steigender Präzedenz aufeinander folgen, z. B. auf ein - ein ∗ folgt, stehen sie in der Postfixform in umgekehrter Reihenfolge, also ∗ vor -.

Das Umkehren von Folgen ist eine typische Aufgabe für Keller. Bevor wir den Algorithmus aufschreiben, legen wir fest, wie wir den Keller verwenden wollen, und formulieren es durch eine Keller-Invariante:

Keller-Invariante KI:

Der Keller enthält Operatoren mit echt steigender Präzedenz, d. h. sei

push (...(push (createStack, opr_1), ...), opr),

dann gilt Präzedenz (opr_i) < Präzedenz (opr_{i+1}) für alle i = 1, ..., n - 1

An den Stellen, wo in Abb. 3.4 $\{KI\}_i$ angegeben ist, gilt die Keller-Invariante. Nur um darauf Bezug zu nehmen, haben wir sie indiziert: Für den leeren Keller gilt natürlich $\{KI\}_1$. Da in der ersten Schleife beide *falls*-Zweige wieder auf {KI} führen, gilt {KI} vor, am Anfang, am Ende und nach der ersten Schleife (eine Schleifen-Invariante). Der erste *falls*-Zweig verändert den Keller nicht, deshalb gilt $\{KI\}_3$. Im zweiten Zweig gilt nach der inneren Schleife vor der *push*-Operation: Entweder ist der Keller leer, oder die Präzedenz des anstehenden Symbols ist größer als die des obersten Kellerelementes. Deshalb kann es nun gekellert werden, ohne *KI* zu verletzen. Die letzte Schleife leert den Keller, ohne *KI* zu verletzen. Damit ist bewiesen, dass der Algorithmus elementare Operanden vor ihren Operatoren angibt und Folgen von Operatoren steigender Präzedenz umkehrt und deshalb die Postfixform erzeugt.

.

```
keller ∈ Keller
symbol ∈ Operator ∪ Variable
keller = createStack();                 {KI}1
solange Eingabe nicht leer, wiederhole {KI}2
        lies symbol;
        falls symbol ∈ Variable ∪ Konstante
                gib symbol aus          {KI}3
        falls symbol ∈ Operator
                solange not empty(keller) ∧
                                Präzedenz (top(keller)) ≥
                                Präzedenz (symbol)
                wiederhole
                        gib top(keller) aus;
                        keller = pop(keller);
                        keller = push(keller, symbol). {KI}4
                solange not empty(keller), wiederhole
                gib top(keller) aus;
                keller = pop(keller);   {KI}5
```

Abbildung 3.4: Algorithmus zum Umformen von Infix-in Postfixform

Abb. 3.5 demonstriert den Ablauf des Algorithmus anschaulich an einem Gleissystem: Der Infix-Term fährt von rechts nach links auf die Weiche zu. Variable fahren sofort geradeaus durch. Ein Operator fährt in den Keller ein, sobald dort kein Operator mit gleicher oder höherer Präzedenz steht. Solche werden über das Ausfahrtgleis in den Postfixterm entkellert.

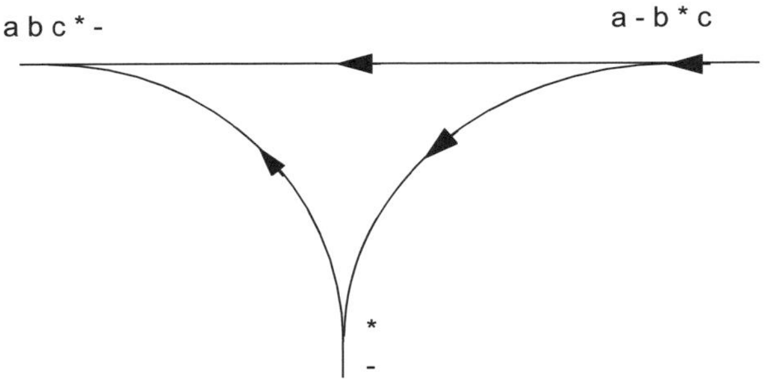

Abbildung 3.5: Gleissystem zum Rangieren von Termen

3.5 Algebraische Spezifikation für den Getränkeautomaten

Wir wollen nun zeigen, wie man einen Teilaspekt unserer Beispielaufgabe „Getränkeautomat“ mit einer abstrakten Algebra spezifiziert.

Unser Automat hat zwei Knöpfe, mit denen man auswählen kann, ob dem Getränk Zukker oder Milch oder beides zugegeben wird; wir nennen sie hier *sweet* und *white*. Eine bereits getroffene Wahl soll man zurücknehmen können, indem man den Knopf noch einmal drückt. Es soll gleichgültig sein, in welcher Reihenfolge die Knöpfe gedrückt werden. Solche Eigenschaften kann man gut algebraisch spezifizieren.

Wir definieren eine Signatur mit zwei Sorten s = {Add, Choice} und folgende Operationen:

sweet:		→ Add
white:		→ Add
noChoice:		→ Choice
press:	Add × Choice	→ Choice

press modelliert die zentrale Operation. Der schon getätigten Auswahl wird ein weiterer Tastendruck hinzugefügt. Die Sorte Choice ist die hier definierte Sorte, Add wird als Hilfssorte benutzt, um die beiden Konstanten sweet und white zusammenzufassen. noChoice modelliert eine leere, erweiterbare Folge von Tastendrücken.

Ein Term beschreibt dann eine Folge von Tastendrücken, z. B.

press (sweet, press (white, press (sweet, noChoice)))

Die beiden Anforderungen an die Bedeutung der Terme formulieren wir durch Axiome, für alle Terme a, b ∈ Add. und c ∈ Choice gilt:

Q_1: press (a, press (a, c)) → c

Q_2: press (sweet, press (white, c)) → press (white, press (sweet, c))

Q_2 identifiziert alle Terme, die sich nur in der Reihenfolge unterscheiden, in der die Tasten gedrückt wurden. Q_2 legt eine Reihenfolge für die Normalform fest: erst sweet, dann white. Q_1 drückt aus, dass sich aufeinander folgende Betätigungen derselben Taste paarweise aufheben; zusammen mit Q_2 gilt das auch für weiter auseinander liegende Betätigungen von Tasten. Den oben angegebenen Term kann man mit den Axiomen vereinfachen zu press (white, noChoice). Zu dieser Algebra gibt es nur vier verschiedene Terme, die in der Normalform sind; alle anderen können in einen davon umgeformt werden:

noChoice
press (white, noChoice)
press (sweet, noChoice)
press (white, press (sweet, noChoice))

Diese vier Wahlmöglichkeiten hatten wir ja auch intendiert.

Die Spezifikation lässt sich sehr einfach erweitern: Wenn eine zukünftige Luxus-Variante des Automaten auch die Beigabe von Rum und eine Auswahltaste dafür anbietet, brauchen wir die Signatur nur um eine Operation rum: → Add zu erweitern. Q_1 bleibt unverändert, da Operationen mit der Ergebnissorte Add nicht explizit vorkommen. Zu Q_2 müssen wir Axiome ergänzen, die rum hinter white und sweet in die Normalform einordnet:

Q_3: press (sweet, press (rum, c)) → press (rum, press (sweet, c))

Q_4: press (white, press (rum, c)) → press (rum, press (white, c))

Übungen

3.1 Notation von Termen

Gegeben sei der in Infixnotation dargestellte Term a + (x ∗ (x + 5) - (y + z)). Geben Sie den Term in Postfix- und Präfixnotation an.

3.2 Korrekte Terme zur Signatur

Gegeben sei die folgende Signatur *Σ= (S, F)* mit

Sorten S := {Add, Choice}

F := {	sweet:		→	Add,
	white:		→	Add,
	noAdd:		→	Add,
	noChoice:		→	Choice,
	press:	Add × Choice	→	Add
}				

Geben Sie jeweils zwei korrekte Terme an, welche die Schachtelungstiefen *0, 1, 2, 3* haben.

3.3 Signatur zu Operationen angeben

Auf Zeichenketten sind viele Operationen definiert. Einige davon sind:

- emptyString: eine 0-stellige Operation, die eine leere Zeichenkette erzeugt.
- addChar: liefert die Konkatenation aus einer Zeichenkette und einem Zeichen.
- length: gibt die Länge der Zeichenkette an.
- toLowerCase: wandelt alle Großbuchstaben einer Zeichenkette in Kleinbuchstaben um.
- isSubstring: überprüft, ob eine Zeichenkette in einer anderen Zeichenkette enthalten ist.
- concat: verkettet zwei Zeichenketten.

Sei die Signatur mit Σ = (S, F) mit S := { ZEICHENKETTE, ZEICHEN, NAT, BOOL } gegeben. Geben Sie F an.

3.4 Substitution

Bestimmen Sie die Ergebnisse der folgenden Substitutionen:

a) f (x, y, g (a, x)) [y / h (a,x)]

b) f (x, y, g (a, x)) [y / g (a, x)]

c) f (x, y, g (a, x)) [x / g (a, x)]

d) f (x, y, g (a, x)) [y / b, x / c)]

e) f (x, y, g (a, x)) [y / g (a, x), x/y]

3.5 Unifikation

Peter und Klaus schauen bei einem Würfelspiel zu. Es werden fünf Würfel geworfen, die zur Unterscheidung mit den Indizes {1, 2, 3, 4, 5} gekennzeichnet sind. Einen Würfelwurf beschreiben wir durch den Term

$$wurf(x_1, x_2, x_3, x_4, x_5),$$

wobei das *i-te* Argument die Augenzahl des Würfels *i* angibt.

a) Beschreiben Sie folgende Beobachtungen durch entsprechende Terme:

(1) Peter sagt: Beim letzten Wurf zeigten Würfel 1 und Würfel 3 die gleiche Augenzahl. Würfel 5 zeigte den Wert 6.

(2) Klaus sagt: Beim letzten Wurf zeigten Würfel 2 und Würfel 4 die gleiche Augenzahl. Würfel 3 zeigte den Wert 2.

Hinweis: Verwenden Sie **verschiedene** Variablen für die beiden Beobachtungen!

b) Überprüfen Sie mit Hilfe der Unifikation, ob die beiden Beobachtungen vereinbar sind bzw. ob die beiden Zuschauer falsch beobachtet haben. Geben Sie dazu gegebenenfalls einen Unifikator für die Terme nach (a1) und (a2) an.

3.6 Unifikationsverfahren nach Robinson

Es seien die beiden Terme in Funktionsnotation

$f\,(g\,(y),\, h\,(y,\, g\,(y)))$ und, $f\,(z,\, h\,(g(x),\, g\,(g\,(x))))$

mit den Variablen x, y und z gegeben.

a) Unifizieren Sie die Terme mit Hilfe des Verfahrens von Robinson. Gehen Sie dabei wie folgt vor:
   - Notieren Sie in jedem Schritt den aktuellen Wert der Substitution σ und das Ergebnis der Anwendung dieser Substitution auf die beiden Terme.
   - Kennzeichnen Sie in jedem Schritt das Abweichungspaar durch Unterstreichen.
   - Fassen Sie die einzelnen Substitutionen zu einer gemeinsamen Substitution zusammen.

b) Geben Sie einen zweiten allgemeinsten Unifikator für die beiden Terme an. Begründen Sie, warum das Verfahren von Robinson zu verschiedenen Unifikatoren führen kann.

3.7 Abstrakte Algebra Schlange

Die Datenstruktur *Schlange* verwaltet Elemente in der Reihenfolge ihres Eintreffens. Operationen auf einer Schlange erlauben es, Elemente hinten anzufügen oder vorne die am längsten wartenden Elemente zu entnehmen. Schlangen arbeiten nach dem FIFO-Prinzip (First-In-First-Out). Sie sind z. B. an der Kasse im Supermarkt als Warteschlange zu finden.

Die folgende abstrakte Algebra beschreibt eine Schlange = (τ, Σ, Q) mit der Signatur Σ = (Σ, F):

S = {Queue, Element, BOOL}				(S_1)
F = {	createQueue:		→ Queue,	(F_1)
	enqueue:	Queue × Element	→ Queue,	(F_2)
	dequeue:	Queue	→ Queue	(F_3)
	front:	Queue	→ Element	(F_4)
	empty:	Queue	→ BOOL }	(F_5)

Die Sorte Queue stellt eine Schlange dar, die Sorte Element beschreibt Elemente der Schlange. Für die Sorte BOOL sind die Konstanten true und false definiert.

createQueue bezeichnet eine *0*-stellige Operation und ist damit eine Konstante. Sie steht für die leere Schlange. Die Operation enqueue fügt ein Element am Ende der Schlange an. Die Operation front liefert das erste Element vorne in der Schlange, dequeue entfernt dieses Element aus der Schlange. Ob die Schlange leer ist oder nicht, zeigt die Operation empty an.

Für die Menge der Axiome Q seien x, y Terme der Sorte Element und q ein Term der Sorte Queue:

```
Q ={
    Q1:   dequeue (enqueue (createQueue, x))       → createQueue,
    Q2:   dequeue (enqueue (enqueue (q, y), x))    →
                  enqueue (dequeue (enqueue (q, y)), x),
    Q3:   front (enqueue (createQueue, x))         → x,
    Q4:   front (enqueue (q, x))                   → front (q),
    Q5:   empty (createQueue)                      → true,
    Q6:   empty enqueue (createQueue, x))          → false
    }
```

Hinweis: Beziehen Sie sich in Ihrer Lösung auf die oben angegebenen Namen der Axiome Q_i. Im Folgenden seien x, y, z Variable und a eine Konstante der Sorte Element.

a) **Korrekte Terme:** Prüfen Sie, ob die folgenden Terme entsprechend der Signatur korrekt sind. Zeichnen Sie die Terme als Baum, und notieren Sie an jedem Blatt und jedem inneren Knoten die entsprechende Sorte. Kennzeichnen Sie die Stellen, an denen Terme nicht korrekt gebildet wurden.

   (1) enqueue (enqueue (createQueue, x), y)
   (2) front (dequeue (enqueue (createQueue, x)))
   (3) front (createQueue, x)
   (4) enqueue (a, createQueue)

b) **Axiome anwenden:** Formen Sie die folgenden Terme mit Hilfe der Axiome so um, dass Sie als Ergebnis eine einzelne Konstante oder Variable erhalten. Notieren Sie bei jeder Umformung das benutzte Axiom.

   (1) dequeue (enqueue (createQueue, z))
   (2) empty (enqueue (createQueue, y))
   (3) front (dequeue (enqueue (enqueue (createQueue, z), x)))
   (4) front (enqueue (enqueue (createQueue, x), z))
   (5) empty (dequeue (enqueue (createQueue, x)))

3.8 Bedeutung der Axiome beschreiben

Beschreiben Sie in möglichst kurzen und präzisen Sätzen die Bedeutung der Axiome Q_1 bis Q_6.

3.9 Klassifikation von Operationen

a) Nehmen Sie an, dass createQueue und enqueue die einzigen Konstruktoren sind. Klassifizieren Sie die übrigen Operationen der Schlange als Hilfskonstruktoren oder Projektionen.

b) Wie für das Beispiel Keller (siehe Abschnitt 3.4) lässt sich auch für die Schlange eine Normalform angeben. Wie sind Terme der Sorte Queue in Normalform aufgebaut? (Hinweis: Geben Sie wie zu Definition 3.20 einen Term mit Lücken an.)

c) Formen Sie die folgenden Terme der Sorte Queue falls möglich in Normalform um. Notieren Sie bei jeder Umformung das benutzte Axiom:

(1) dequeue (enqueue (createQueue, x))
(2) enqueue (dequeue (enqueue (createQueue, x)), y)
(3) dequeue (enqueue (enqueue (createQueue, x), z))
(4) dequeue (enqueue (createQueue, front (enqueue (createQueue, y))))

3.10 Erweiterung der Schlange

Erweitern Sie die Algebra Schlange um eine zusätzliche Operation size, welche die aktuelle Anzahl der Elemente in der Schlange zurückgibt. Kopieren Sie die Definitionen der Schlange nicht, sondern vereinigen Sie die Mengen der oben angegebenen Algebra mit ihren Erweiterungen. Es wird vorausgesetzt, dass für die Sorte NAT wie zur Erweiterung der Keller-Algebra die Operationen null und succ sind.

3.11 Korrektheit einer Schlangen-Implementierung prüfen

Es sei folgende konkrete Algebra zur abstrakten Algebra Schlange gegeben:

Wertebereiche:

Bool	für die Sorte BOOL
$\mathbb{N}_0$	für die Sorte Element
N-Folge = $\mathbb{N}_0^*$	für die Sorte Queue

Funktionen:

new:		$\rightarrow$ N-Folge	für die Operation createQueue
append:	N-Folge $\times$ $\mathbb{N}_0$	$\rightarrow$ N-Folge	für die Operation enqueue
remove:	N-Folge	$\rightarrow$ N-Folge	für die Operation dequeue
first:	N-Folge	$\rightarrow \mathbb{N}_0$	für die Operation front
noElem:	N-Folge	$\rightarrow$ Bool	für die Operation empty

Die Funktionen seien folgendermaßen definiert:

new:		$\rightarrow ()$
append:	$((a_1, ..., a_n), x)$	$\rightarrow (a_1, ..., a_n, x)$
remove:	$(a_1, a_2, ..., a_n)$	$\rightarrow (a_2, ..., a_n)$
first:	$(a_1, ..., a_n)$	$\rightarrow a_1$
noElem:	$(a_1, ..., a_n)$	$\rightarrow n = 0$

Beweisen Sie, dass zu den Axiomen Q_1 und Q_2 der abstrakten Algebra entsprechende Gleichungen in dieser Implementierung gelten.

3.12 Getränkeautomat

Die folgenden abstrakten Algebren modellieren auf verschiedene Weise die Abfolge von Bedienoperationen eines Getränkeautomaten:

(1) Sorten S := {Drink}

Operationen F:=

{ none: → Drink,
tea: Drink → Drink,
coffee: Drink → Drink,
chocolate: Drink → Drink}

Axiome Q: für alle Terme x der Sorte Drink gilt:

{ tea (tea (x)) → tea (x),
tea (coffee (x)) → tea (x),
tea (chocolate (x)) → tea (x),
coffee (tea (x)) → coffee (x),
coffee (coffee (x)) → coffee (x),
coffee (chocolate (x)) → coffee (x),
chocolate (tea (x)) → chocolate (x),
chocolate (coffee (x)) → chocolate (x),
chocolate (chocolate (x)) → chocolate(x)}

(2) Sorten S := {Drink, Choice}
Operationen F:=

{ tea: → Drink,
coffee: → Drink,
chocolate: → Drink,
noChoice: → Choice,
press: Drink × Choice → Choice}

Axiome *Q*: für alle Terme *a, b* der Sorte Drink und *c* der Sorte Choice gilt

{ press (a, press (b, c)) → press (a, c)}

a) Geben Sie für beide abstrakten Algebren je zwei verschiedene Terme der Schachtelungstiefe 3 an.

b) Beschreiben Sie die Bedeutung der Axiome in Worten.

c) Welche der beiden abstrakten Algebren lässt sich leichter erweitern? Warum?

4 Logik

In diesem Kapitel befassen wir uns mit zwei klassischen Gebieten der Logik, und zwar der Aussagenlogik und der Prädikatenlogik erster Stufe. Beide Gebiete gehören zur mathematischen Logik und gehen von zwei Wahrheitswerten, dem Wert „wahr“ und dem Wert „falsch“, aus. Andere Theorien, wie zum Beispiel die Fuzzy-Logik, mit der wir vages Wissen modellieren können, die unendlich viele Wahrheitswerte besitzt und die auch bei der Modellbildung in der Informatik eine Rolle spielt, würden für eine Einführung zu weit gehen.

Das Gebiet der Logik an sich ist nicht jung. Schon in der Antike, man denke zum Beispiel an Aristoteles, wurde unter anderem versucht, zu verstehen, was eigentlich eine logisch korrekte Schlussfolgerung ist. Aber erst mit der formalen Beschreibung und dem formalen Umgang wurden die Grundlagen für die mathematische Logik gelegt. Bedeutende Beiträge wurden unter anderem von Leibniz, Frege und Boole geleistet. Lange Zeit waren die Grundlagen der Mathematik das Hauptanwendungsgebiet der Logik. Durch die Informatik mit ihrem Bedarf an formalen Werkzeugen sind neue und interessante Fragen aufgeworfen worden. Neben der Modellbildung finden sich Anwendungen der Logik zum Beispiel in der Künstlichen Intelligenz, im Gebiet der Datenbanken oder bei der Verifikation von Softwaresystemen.

Wir haben uns hier auf die für Anfänger wichtigsten Grundlagen beschränkt. So fehlen Kalküle für das logische Schließen und Sätze über die Grenzen der Prädikatenlogik.

Im Einzelnen verfolgen wir mit diesem Kapitel die folgenden Ziele:

a) die Syntax und die Semantik sowohl der Aussagenlogik wie auch der Prädikatenlogik zu vermitteln;

b) die Grundlagen für den sicheren Umgang mit den logischen Operatoren, wie zum Beispiel der „und“- und „oder“-Verknüpfung, und den Quantoren $\exists$ und $\forall$ zu vermitteln;

c) Normalformen, wie zum Beispiel die konjunktive Normalform, und Transformationsverfahren von Formeln in die verschiedenen Normalformen vorzustellen;

d) ein Grundverständnis für die Modellierung mit Hilfe der Aussagenlogik und der Prädikatenlogik erster Stufe zu vermitteln;

e) grundlegende Techniken zur Konstruktion von Beweisen zu vermitteln.

4.1 Aussagenlogik

In diesem Abschnitt stellen wir die wichtigsten Grundlagen der Aussagenlogik vor, sodass für den Leser auch das formale Rüstzeug für die Modellierung mit der Aussagenlogik bereit steht. Wir werden zuerst die Syntax der Aussagenlogik behandeln, indem wir die zu verwendenden Zeichen und die Struktur von aussagenlogischen Formeln festlegen. Daran schließt sich die Semantik an. Hier wird definiert, wie wir mit Hilfe von Bewertungen aussagenlogischen Formeln Wahrheitswerte „wahr" oder „falsch" zuordnen können. Daraus ergeben sich dann Fragen der logischen Folgerung und der logischen Äquivalenz von Formeln. Weiterhin stellen wir einige Normalformen vor, die eine bestimmte regelmäßige Struktur von aussagenlogischen Formeln verlangen. Es handelt sich dabei um die Negationsnormalform, die konjunktive Normalform und die disjunktive Normalform. Abgeschlossen wird der Abschnitt mit einem Modellierungsbeispiel.

4.1.1 Syntax der Aussagenlogik

Aussagenlogische Formeln sind aus Elementaraussagen aufgebaut, die durch aussagenlogische Variable repräsentiert werden. Diese können durch logische Operationen (Junktoren), der Konjunktion ($\wedge$), der Disjunktion ($\vee$), der Negation ($\neg$), der Implikation ($\rightarrow$), der Äquivalenz ($\leftrightarrow$) und konstanter Operationen (true und false) zu komplexen Formeln verknüpft werden. Wir definieren zunächst die Struktur aussagenlogischer Formeln.

Definition 4.1: Aussagenlogische Formeln

Die Struktur ***aussagenlogischer Formeln*** *wird induktiv definiert:*

1. *true und false sind Formeln.*
2. *Variablen sind Formeln.*
3. *Ist α eine Formel, dann ist auch $\neg\alpha$ eine Formel.*
4. *Sind α und β Formeln, dann sind $\alpha \vee \beta$, $\alpha \wedge \beta$, $\alpha \rightarrow \beta$ und $\alpha \leftrightarrow \beta$ Formeln.*
5. *Formeln werden nur mit (1) bis (4) gebildet.* ■

Aussagenlogische Formeln könnten auch algebraisch als *korrekte Terme* zu einer Signatur definiert werden (siehe Definition 3.4); dies ist im Kontext der Logik jedoch wenig gebräuchlich. Als Notation für aussagenlogische Formeln ist den in Abschnitt 3.1.2 definierten die Infix-Form die gebräuchlichste. Dafür legen wir *Präzedenzregeln* fest, um die Bindung von Operanden an Operatorsymbole und die Notwendigkeit von Klammern zu regeln:

1. $\neg$ bindet stärker als $\wedge$.
2. $\wedge$ bindet stärker als $\vee$.
3. $\vee$ bindet stärker als $\rightarrow$ und $\leftrightarrow$.

Außerdem vereinbaren wir, dass die zweistelligen Operationen als linksassoziativ angesehen werden. Mit diesen Regeln kann $((A \wedge B) \vee C)$ als $A \wedge B \vee C$ geschrieben werden, $(\neg A)$ als $\neg A$ und die Formel $((A \vee B) \rightarrow C))$ als $A \vee B \rightarrow C$.

Als Namen für Variablen (Elementaraussagen) werden Großbuchstaben mit oder ohne Indizes $A, B, C, \ldots, A_1, A_2, A_3, \ldots$ verwendet. Bei der Modellbildung werden wir später auch „sprechende Namen" für Atome zulassen, sofern keine Missverständnisse zu erwarten sind. Um aussagenlogische Formeln zu benennen, werden griechische Buchstaben α, β, λ, π, ... verwendet.

Elementaraussagen bezeichnet man auch als Atome. Für eine Formel α bezeichnen wir mit *atoms* (α) die Menge der in α auftretenden Atome. Ein *Literal* ist ein Atom A oder ein negiertes Atom $\neg A$. Ein Atom A wird auch als positives Literal und $\neg A$ als negatives Literal bezeichnet.

4.1.2 Semantik der Aussagenlogik

Bisher haben wir nur die Struktur und die Notation aussagenlogischer Formeln festgelegt. Wir wollen nun die Möglichkeit eröffnen, den Formeln eine Bedeutung zuzuordnen. In der Aussagenlogik gehen wir von zwei *Wahrheitswerten* aus, und zwar vom Wert **w** für wahr und vom Wert **f** für falsch. In der Literatur finden wir manchmal auch andere Bezeichnungen für die Wahrheitswerte, z.B. **0** oder *false* für falsch und **1** oder *true* für wahr.

Betrachten wir einmal die Behauptung „Es regnet oder es schneit.". Sollte es regnen, so ist die Behauptung wahr. Falls es aber weder regnet noch schneit, so ist die Aussage falsch. Wir haben also den einzelnen Elementaraussagen „es regnet" und „es schneit" den Wahrheitswert **f** zugeordnet und dann mit der oder-Verknüpfung geschlossen, dass die Behauptung für die angenommenen Wahrheitswerte falsch ist. Diesen Weg beschreiten wir auch in der Aussagenlogik. Wir können den einzelnen Atomen Wahrheitswerte zuordnen und dann, wenn wir wissen, wie die Konjunktion, Disjunktion, Negation, Implikation und Äquivalenz zu verrechnen sind, den Wahrheitswert einer aussagenlogischen Formel für diese feste Bewertung der Atome berechnen.

Definition 4.2: Bewertung

*Sei V eine Menge von Atomen. Eine Funktion $\Im : V \rightarrow \{\mathbf{f}, \mathbf{w}\}$ ist eine **Bewertung**. Eine Bewertung $\Im$ wird auch als **Interpretation** bezeichnet.* ■

Wir erweitern Bewertungen, die bisher nur den Atomen Wahrheitswerte zuordnen, zu Bewertungen von Formeln, um über den Wahrheitswert einer Formel für eine gegebene Bewertung der Atome sprechen zu können. Die Erweiterung basiert auf der induktiven Definition von Formeln.

Definition 4.3: Bewertung von Formeln

Sei V eine Menge von Atomen und $\Im_0$ eine Bewertung für V. Wir erweitern induktiv $\Im_0$ über den Aufbau von Formeln zu einer ***Bewertung $\Im$ von Formeln*** *mit Atomen in V durch die Regeln*

1. $\Im(\alpha)=\Im_0(\alpha)$, *falls* α *in* V
2. $\Im(\neg\alpha)=\mathbf{w}$ *genau dann, wenn* $\Im(\alpha)=\mathbf{f}$.
3. $\Im(\alpha \wedge \beta)=\mathbf{w}$ *genau dann, wenn* $\Im(\alpha)=\mathbf{w}$ und $\Im(\beta)=\mathbf{w}$.
4. $\Im(\alpha \vee \beta)=\mathbf{w}$ *genau dann, wenn* $\Im(\alpha)=\mathbf{w}$ oder $\Im(\beta)=\mathbf{w}$.
5. $\Im(\alpha \rightarrow \beta)=\mathbf{w}$ *genau dann, wenn* $\Im(\alpha)=\mathbf{f}$ oder $\Im(\beta)=\mathbf{w}$.
6. $\Im(\alpha \leftrightarrow \beta)=\mathbf{w}$ *genau dann, wenn*
   $\Im(\alpha)=\Im(\beta)=\mathbf{w}$ *oder* $\Im(\alpha)=\Im(\beta)=\mathbf{f}$
7. $\Im(true)=\mathbf{w}$ und $\Im(false)=\mathbf{f}$ ■

Die Berechnung des Wertes $\Im(\alpha)$ für eine Formel α und eine Bewertung $\Im$ orientiert sich an dem induktiven Aufbau von Formeln. Hierzu bieten sich zwei Wege an: Ausgehend von der Bewertung der Atome können wir schrittweise den Wert für jede Teilformel bestimmen, bis wir schließlich den Wahrheitswert der Formel erhalten. Diese Vorgehensweise zeigen wir im ersten Beispiel 4.1. Im zweiten Beispiel 4.1 zerlegen wir sukzessive die Formel in ihre Teilformeln, bis wir bei den Atomen angekommen sind. Aus den Bewertungen der Atome lässt sich dann der Wahrheitswert bestimmen.

Beispiel 4.1: Bewertung

1. Sei $\alpha = (A \vee B) \wedge (\neg A \vee B)$
   $\Im(\mathrm{A})=\mathbf{f}$, $\Im(\mathrm{B})=\mathbf{w}$.
   Berechnung: Von den Atomen zur Formel.
   Es gilt:
   ($\Im(A)=\mathbf{w}$ oder $\Im(B)=\mathbf{w}$) und ($\Im(A)=\mathbf{f}$ oder $\Im(B)=\mathbf{w}$)
   ($\Im(A)=\mathbf{w}$ oder $\Im(B)=\mathbf{w}$) und ($\Im(\neg A)=\mathbf{w}$ oder $\Im(B)=\mathbf{w}$)
   $\Im(A \vee B)=\mathbf{w}$ und $\Im(\neg A \vee B)=\mathbf{w}$
   $\Im((A \vee B) \wedge (\neg A \vee B))=\mathbf{w}$
   Also gilt $\Im(\alpha)=\mathbf{w}$.
2. Sei $\beta = A \wedge (A \rightarrow B) \wedge (\neg B \vee D)$
   $\Im(A)=\mathbf{w}$, $\Im(B)=\mathbf{w}$, $\Im(D)=\mathbf{w}$.
   Berechnung: Von der Formel zu den Atomen.
   Es gilt:
   $\Im(A \wedge (A \rightarrow B) \wedge (\neg B \vee D))=\mathbf{w}$
   $\Im(A)=\mathbf{w}$ und $\Im(A \rightarrow B)=\mathbf{w}$ und $\Im(\neg B \vee D)=\mathbf{w}$
   $\Im(A)=\mathbf{w}$ und ($\Im(A)=\mathbf{f}$ oder $\Im(B)=\mathbf{w}$) und ($\Im(\neg B)=\mathbf{w}$ oder $\Im(D)=\mathbf{w}$)
   Also gilt $\Im(\beta)=\mathbf{w}$.
3. Sei $\psi = A \wedge \neg A$
   $\Im(A)=\mathbf{w}$.
   $\Im(A \wedge \neg A)=\mathbf{w}$ $\Leftrightarrow$
   $\Im(A)=\mathbf{w}$ und $\Im(\neg A)=\mathbf{w}$.
   Also gilt $\Im(\psi)=\mathbf{f}$.

Ob eine Formel für eine Bewertung wahr oder falsch ist, hängt nur von den Werten der Bewertung für die Atome der Formel ab. Atome, die nicht vorkommen, können beliebige Wahrheitswerte annehmen. Da eine Bewertung für jedes Atom den Wahrheitswert wahr oder falsch annehmen kann, besitzt eine Formel über n Atomen 2^n verschiedene Bewertungen über diesen Atomen. Für die Formel $(M \vee P) \wedge (V \rightarrow A)$ gibt es also $2^4 = 16$ verschiedene Bewertungen.

Wenn wir alle möglichen Bewertungen einer Formel in einer Tabelle zusammen mit dem entsprechenden Wahrheitswert der Formel in einer Tabelle darstellen, sprechen wir von einer *Wahrheitstafel* für die Formel.

Gegeben sei die Formel $\alpha = (A \vee \neg B) \wedge (A \vee B \rightarrow C)$ mit den Atomen A, B, C. Als zusätzliche Information haben wir in der Wahrheitstafel die Werte für zwei Teilformeln aufgenommen.

A	B	C	$(A \vee \neg B)$	$(A \vee B \rightarrow C)$	α
f	f	f	w	w	w
f	f	w	w	w	w
f	w	f	f	f	f
f	w	w	f	w	f
w	f	f	w	f	f
w	f	w	w	w	w
w	w	f	w	f	f
w	w	w	w	w	w

Die vierte Zeile in der Wahrheitstafel ist dann die Bewertung $\Im(A) = \mathbf{f}$, $\Im(B) = \mathbf{w}$ und $\Im(C) = \mathbf{w}$ für die Atome und $\Im(\alpha) = \mathbf{f}$ für die Formel. Wie wir der Wahrheitstafel entnehmen können, besitzt die Formel eine Bewertung, für die die Formel wahr wird. In diesem Fall sprechen wir von einer erfüllbaren Formel. In der nachfolgenden Definition legen wir weitere Begriffe fest, die bei Aussagen über die Existenz von Bewertungen, die eine Formel wahr oder falsch machen, gebräuchlich sind.

Definition 4.4: Erfüllbar, tautologisch, widerspruchsvoll, falsifizierbar

a) Eine Formel α ist ***erfüllbar*** *genau dann, wenn es eine Bewertung $\Im$ mit $\Im(\alpha)=\mathbf{w}$ gibt.*

b) *Eine Formel α ist* ***tautologisch*** *(eine* ***Tautologie, allgemeingültig)*** *genau dann, wenn die Formel für jede Bewertung $\Im$ den Wert $\Im(\alpha)=$***w** *besitzt, also wahr ist.*

c) *Eine Formel α ist* ***widerspruchsvoll (unerfüllbar)*** *genau dann, wenn die Formel für jede Bewertung $\Im$ den Wert $\Im(\alpha)=$***f** *besitzt, also falsch ist.*

d) *Eine Formel α ist* ***falsifizierbar*** *genau dann, wenn es für die Formel eine Bewertung $\Im$ gibt, für die $\Im(\alpha)=$***f** *gilt, also die Formel falsch wird.* ■

Für jeden der Begriffe geben wir ein kleines Beispiel an:

a) Die Formel $\alpha = (A \vee B) \wedge (\neg A \vee B)$ ist erfüllbar, da z.B. für die Bewertung $\Im(A) =$ **f** und $\Im(B) =$ **w** die Formel wahr ist.

b) Die Formel $\alpha = (A \wedge \neg A)$ ist widerspruchsvoll, da sie sowohl für $\Im(A) =$ **w** und auch für die Bewertung $\Im(A) =$ **f** falsch ist.

c) Die Formel $\alpha = (A \vee \neg A)$ ist eine Tautologie und deshalb nicht falsifizierbar, da sie sowohl für $\Im(A) =$ **w** und $\Im(A) =$ **f** wahr ist.

d) Die Formel $\alpha = (A \vee B) \wedge (\neg A \vee B)$ ist falsifizierbar, da sie für $\Im(A) =$ **w** und $\Im(B) =$ **f** falsch ist.

Die eingeführten Begriffe *erfüllbar*, *widerspruchsvoll* und *tautologisch* stehen in einem engen Zusammenhang, wie das folgende Lemma zeigt.

Lemma 4.1:

Sei α eine aussagenlogische Formel, dann gilt: α ist widerspruchsvoll genau dann, wenn α nicht erfüllbar ist, genau dann, wenn $(\neg\alpha)$ tautologisch ist. ■

Wir können das Lemma einfach beweisen:

Sei α widerspruchsvoll, dann ist α für jede Bewertung falsch, d.h. $\Im(\alpha) =$ **f.** Es gibt also keine Bewertung, für die die Formel wahr ist. Deshalb ist die Formel α nicht erfüllbar. Sei nun die Formel α nicht erfüllbar. Für alle Bewertungen gilt dann $\Im(\alpha) =$ **f**. Also erhalten wir $\Im(\neg\,\alpha) =$ **w**. Da $\neg\alpha$ für alle Bewertungen wahr ist , ist $\neg\alpha$ eine Tautologie. Sei nun $\neg\alpha$ eine Tautologie. Dann gilt für jede Bewertung $\Im(\neg\alpha) =$ **w** und damit $\Im(\alpha) =$ **f**. Also ist die Formel α widerspruchsvoll.

Zu entscheiden, ob eine Formel erfüllbar (widerspruchsvoll, falsifizierbar, tautologisch) ist, ist im Allgemeinen eine schwierige Aufgabe. Eine Formel über n Atomen hat insgesamt 2^n verschiedene Bewertungen. Wir könnten beispielsweise mit Hilfe der Wahrheitstafel systematisch alle 2^n Bewertungen überprüfen. Aber selbst mit dem schnellsten Computer ist dies für große n ein hoffnungsloses Unterfangen. Es sind keine schnellen Verfahren bekannt, und man vermutet, dass es auch keine effizienten Algorithmen für das so genannte Erfüllbarkeitsproblem gibt. Das Erfüllbarkeitsproblem ist die Aufgabe, für beliebige Eingabeformeln zu entscheiden, ob es eine erfüllende Bewertung gibt.

Wir müssen noch festlegen, was wir unter einer semantischen Folgerung verstehen wollen, wann also eine Formel aus einer anderen Formel folgt.

Definition 4.5: Semantische Folgerung

*Sei M eine Menge aussagenlogischer Formeln und β eine aussagenlogische Formel. β **folgt semantisch aus** M, in Zeichen $M \models \beta$ gilt genau dann, wenn für jede Bewertung $\Im$, für die alle Formeln in M erfüllt sind, auch β wahr ist. D.h. falls $\Im(\alpha)=$**w** für alle $\alpha \in M$ gilt, dann muss auch $\Im(\beta)=$**w** gelten. Enthält M nur eine Formel α, schreibt man auch kurz $\alpha \models \beta$.* ■

Ein einfaches Verfahren, das entscheidet, ob eine Formel aus einer Menge von Formeln folgt, besteht darin, für alle Bewertungen über den Atomen der Formeln den gewünschten Zusammenhang zu überprüfen. Auch hier besteht wieder das Problem der 2^n verschiedenen Bewertungen für Formeln mit n Atomen. Ebenso wie für den Prüfung der Erfüllbarkeit ist auch für die semantische Folgerung kein schnelles Verfahren bekannt und existiert wahrscheinlich auch nicht.

Beispiel 4.2: Semantische Folgerung

Sei M = $\{(A \vee B), (\neg A \vee B)\}$ und $\beta = B$, dann gilt $M \models \beta$

$\Im(A)=$**w**, $\Im(B)=$**w**	dann gilt	$\Im(\alpha)=$**w** und $\Im(\beta)=$**w**
$\Im(A)=$**w**, $\Im(B)=$**f**	dann gilt	$\Im(\alpha)=$**f**
$\Im(A)=$**f**, $\Im(B)=$**w**	dann gilt	$\Im(\alpha)=$**f**
$\Im(A)=$**f**, $\Im(B)=$**f**	dann gilt	$\Im(\alpha)=$**f**

Wir fassen nun einige bekannte Zusammenhänge zwischen der semantischen Folgerung und tautologischen bzw. widerspruchsvollen Formeln zusammen. Die einfachen Beweise überlassen wir dem Leser.

Lemma 4.2:

Sei α eine aussagenlogische Formel, dann gilt:

1. *$\{\} \models \alpha$ genau dann, wenn α tautologisch ist*
2. *$\alpha \models \beta$ genau dann, wenn $\alpha \rightarrow \beta$ tautologisch ist*
3. *$\alpha \models \beta$ genau dann, wenn $\alpha \wedge \neg\beta$ widerspruchsvoll ist*
4. *α ist widerspruchsvoll genau dann, wenn für alle β gilt $\alpha \models \beta$.*
5. *α ist widerspruchsvoll genau dann, wenn es π mit $\alpha \models (\pi \wedge \neg\pi)$ gibt.* ■

Die dritte Aussage entspricht einem indirekten Beweis. Um zu beweisen, dass β aus α folgt, genügt es, das Komplement von β , also $\neg\beta$, zur Formel hinzuzufügen und dann die Formel $\alpha \wedge \neg\beta$ auf Widerspruch zu prüfen. Die vierte Aussage besagt, dass wir aus widerspruchsvollen Formeln alle erfüllbaren und auch alle widerspruchsvollen Formeln schließen können.

In der folgenden Definition legen wir fest, was wir unter Äquivalenz, genauer gesagt unter der logischen Äquivalenz, verstehen wollen. Es geht dabei nicht um die strukturelle Gleichheit von Formeln, sondern darum, dass zwei Formeln bezüglich ihrer logischen Folgerungen gleich sind.

Definition 4.6: Logische Äquivalenz

*Die Formeln α und β heißen **logisch äquivalent**, in Zeichen $\alpha \approx \beta$, genau dann, wenn $\Im(\alpha) = \Im(\beta)$ für alle Bewertungen $\Im$ gilt.* ■

Die logische Äquivalenz hätten wir auch mit Hilfe der semantischen Folgerung definieren können. Denn es gilt: $\alpha \models \beta$ und $\beta \models \alpha$ genau dann, wenn $\alpha \approx \beta$.

Aus der Definition 4.5 der semantischen Folgerung können wir weiterhin die folgenden Zusammenhänge ableiten:

1. $\alpha \approx \beta$ genau dann, wenn $\alpha \leftrightarrow \beta$ tautologisch ist.
2. Sind α und β widerspruchsvoll, dann gilt $\alpha \approx \beta$.
3. Sind α und β tautologisch, dann gilt $\alpha \approx \beta$.

Des Weiteren gelten die folgenden Aussagen, die auch als *Vererbungsregeln* bezeichnet werden:

4. Sei $\alpha \approx \beta$, dann gilt $\neg\alpha \approx \neg\beta$.
5. Sei $\alpha \approx \beta$, dann gilt für alle γ: $\gamma \wedge \alpha \approx \gamma \wedge \beta$ und $\gamma \vee \alpha \approx \gamma \vee \beta$.

Wir hätten bei der induktiven Definition von aussagenlogischen Formeln (Definition 4.1) auf die Implikation und die Äquivalenz verzichten können, indem wir diese Junktoren als Abkürzungen eingeführt hätten. Wie sich leicht nachprüfen lässt, gelten die logischen Äquivalenzen

$$(\alpha \rightarrow \beta) \approx (\neg\alpha \vee \beta) \text{ und } (\alpha \leftrightarrow \beta) \approx (\alpha \rightarrow \beta) \wedge (\beta \rightarrow \alpha).$$

Die logische Äquivalenz können wir zum Beispiel benutzen, um die Äquivalenz von Formalisierungen eines oder mehrerer Sachverhalte zu überprüfen. Sei beispielsweise gegeben:

Beschreibung 1: Es regnet nicht. Es regnet oder die Straße ist nass.

Beschreibung 2: Es regnet nicht und die Straße ist nass.

Wir wählen das Atom R für „es regnet" und das Atom S für „die Straße ist nass". Im ersten Fall erhalten wir die Formel $\alpha = \neg R \wedge (R \vee S)$ und im zweiten Fall die Formel $\beta = \neg R \wedge S$. Wie sich leicht nachprüfen lässt, sind die Formeln logisch äquivalent. Die Repräsentation der beiden Beschreibungen als aussagenlogische Formeln sind also logisch äquivalent.

Neben der Überprüfung, ob Sachverhalte, die wir modellieren, logisch äquivalent sind, wird die logische Äquivalenz benutzt, um Formeln zu vereinfachen oder um sie in eine leicht lesbare oder besser verarbeitbare Form zu bringen. Die nachfolgende Sammlung von sogenannten Umformungsgesetzen gibt eine Übersicht über die gebräuchlichsten logischen Äquivalenzen. Die Beweise lassen sich einfach mit der Definition der logischen Äquivalenz führen, indem wir zeigen, dass sich für alle Bewertungen die gleichen Wahrheitswerte ergeben.

Umformungsregeln

Negation	$\neg\neg\alpha \approx \alpha$
Idempotenz	$\alpha \vee \alpha \approx \alpha$ $\alpha \wedge \alpha \approx \alpha$
Kommutativität	$\alpha \vee \beta \approx \beta \vee \alpha$ $\alpha \wedge \beta \approx \beta \wedge \alpha$
Assoziativität	$(\alpha \vee \beta) \vee \sigma \approx \alpha \vee (\beta \vee \sigma)$ $(\alpha \wedge \beta) \wedge \sigma \approx \alpha \wedge (\beta \wedge \sigma)$
Distributivität	$(\alpha \wedge \beta) \vee \sigma \approx (\alpha \vee \sigma) \wedge (\beta \vee \sigma)$ $(\alpha \vee \beta) \wedge \sigma \approx (\alpha \wedge \sigma) \vee (\beta \wedge \sigma)$
De Morgan	$\neg(\alpha \wedge \beta) \approx \neg\alpha \vee \neg\beta$ $\neg(\alpha \vee \beta) \approx \neg\alpha \wedge \neg\beta$
Komplement	$\alpha \vee \neg\alpha \approx \text{true}$ $\alpha \wedge \neg\alpha \approx \text{false}$
Neutrale Elemente	$\alpha \wedge \text{true} \approx \alpha$ $\quad\alpha \wedge \text{false} \approx \text{false}$ $\alpha \vee \text{true} \approx \text{true}$ $\quad\alpha \vee \text{false} \approx \alpha$

4.1.3 Normalformen

In diesem Abschnitt stellen wir Normalformen vor. Formeln in den jeweiligen Normalformen besitzen eine gewisse Struktur, die aus verschiedenen Gründen, wie z.B. gute Übersichtlichkeit oder kompakte Darstellung, verlangt werden. Um viele Fallunterscheidungen zu ersparen, gehen wir davon aus, dass keine Implikationszeichen oder Äquivalenzzeichen in den Formeln vorkommen. Sie können, wie wir weiter oben gesehen haben, leicht durch Formeln mit den verbleibenden Junktoren ersetzt werden.

Wir beginnen mit der Negationsnormalform. Hier verlangen wir, dass die Negationszeichen direkt vor den Atomen stehen. Nehmen wir zum Beispiel die Formel $\neg(A \vee B \vee C)$. Da das Negationszeichen nicht direkt vor einem Atom steht, ist die Formel nicht in der gewünschten Form. Auch mehrfache Negationen $\neg\neg\neg\neg\, A$ sollen nicht mehr erlaubt sein.

Definition 4.7: Negationsnormalform NNF

*Eine Formel α ohne Implikationszeichen $\rightarrow$ und Äquivalenzzeichen $\leftrightarrow$ ist in **Negationsnormalform** (NNF) genau dann, wenn jedes Negationszeichen direkt vor einem Atom steht.* ■

Die in der Definition 4.7 getroffene Festlegung hätten wir auch anders formulieren können, und zwar induktiv:

1. Jedes Atom A ist in NNF.
2. Jedes negierte Atom $\neg A$ ist in NNF.
3. Sind die Formeln α und β in NNF, dann sind auch $(\alpha \vee \beta)$ und $(\alpha \wedge \beta)$ in NNF.

Ein einfaches Verfahren zur Transformation einer Formel in eine logisch äquivalente Formel in NNF, beruht auf der Anwendung der *De Morganschen Regeln* und der Regel *Negation*. Denn mit De Morgan $\neg(\alpha \wedge \beta) \approx \neg\alpha \vee \neg\beta$ und $\neg(\alpha \vee \beta) \approx \neg\alpha \wedge \neg\beta$ ziehen wir das Negationszeichen nach innen. Mit der Negationsregel $\neg\neg\alpha \approx \alpha$ können wir Schritt für Schritt mehrfach vorkommende Negationszeichen eliminieren.

Beispiel 4.3: Negationsnormalform

Gegeben sei die Formel $\neg(\neg A \wedge \neg(A \vee \neg(B \vee A)))$

$\Rightarrow$	$\approx \neg\neg A \vee \neg\neg(A \vee \neg(B \vee A))$	De Morgan
$\Rightarrow$	$\approx A \vee \neg\neg(A \vee \neg(B \vee A))$	Negation
$\Rightarrow$	$\approx A \vee (A \vee \neg(B \vee A))$	Negation
$\Rightarrow$	$\approx A \vee (A \vee (\neg B \vee \neg A))$	De Morgan

Allgemein lässt sich die folgende Aussage beweisen:

Zu jeder aussagenlogischen Formel α gibt es eine äquivalente Formel in Negationsnormalform.

Für die nächste Normalform, die konjunktive Normalform, benötigen wir den Begriff der Klausel, die nichts anderes ist als eine Disjunktion von Literalen. Eine Formel ist in konjunktiver Normalform, falls sie aus einer Konjunktion von Klauseln besteht. Eine solche Formel besteht also aus einer Aneinanderreihung relativ einfach strukturierter Teilformeln. Gerade für Aufzählungen von Eigenschaften und Abhängigkeit wird sie häufig verwendet. Neben der guten Übersichtlichkeit eignet sich diese Normalform auch für die maschinelle Verarbeitung. So verlangen viele Algorithmen, die die Erfüllbarkeit entscheiden, diese Formelstruktur.

Definition 4.8: Klausel

*Eine Formel der Form $\alpha = (L_1 \vee \ldots \vee L_n)$ mit Literalen L_i $(1 \leq i \leq n)$ bezeichnen wir als **Klausel**. Sind alle Literale einer Klausel negativ, dann ist es eine negative Klausel; sind alle Literale positiv, dann handelt es sich um eine positive Klausel. Eine Klausel, die maximal k Literale enthält, bezeichnen wir als **k-Klausel**.* ■

Beispiele von Klauseln sind $(A \vee \neg B \vee D)$, $(\neg B \vee \neg D)$ und $\neg A$. Eine mehrstellige Implikation $(A_1 \wedge A_2 \wedge \ldots \wedge A_n \rightarrow B)$, wie sie häufig vorkommt, da sie für die Aussage *wenn A_1 und A_2 und .... und A_n dann B* steht, entspricht nach dem Ersetzen des Implikationszeichens der Klausel $(\neg A_1 \vee \neg A_2 \vee \ldots \vee \neg A_n \vee B)$. Denn es gilt

$$(A_1 \wedge A_2 \wedge \ldots \wedge A_n \rightarrow B) \approx (\neg(A_1 \wedge A_2 \wedge \ldots \wedge A_n) \vee B) \approx$$
$$(\neg A_1 \vee \neg A_2 \vee \ldots \vee \neg A_n \vee B)$$

Definition 4.9: Konjunktive Normalform KNF

Für Klauseln $\alpha_1, \alpha_2, ..., \alpha_n$ ist die Formel $\alpha_1 \wedge \alpha_2 \wedge ... \wedge \alpha_n$ in ***konjunktiver Normalform.*** *Wir legen fest* ***KNF*** *= $\{\alpha \mid \alpha$ ist in konjunktiver Normalform$\}$.* ■

Beispiele für Formeln in KNF sind $(\neg A \vee B \vee \neg D) \wedge (A \vee \neg B) \wedge (E \vee \neg D) \wedge \neg D$, die Formel $(A \vee \neg B) \wedge (\neg A \vee B) \wedge (A \vee \neg B) \wedge (\neg A \vee \neg B)$ und die Formel, die nur aus einem Literal besteht, $\neg A$.

Allgemein lässt sich die folgende Aussage beweisen:

Zu jeder aussagenlogischen Formel α gibt es eine äquivalente Formel in konjunktiver Normalform.

Ein einfaches Verfahren beruht auf der Anwendung von Umformungsgesetzen:
Wir erzeugen zuerst eine äquivalente Formel in NNF. Anschließend wenden wir die Distributivgesetze $(\alpha \wedge \beta) \vee \sigma \approx (\alpha \vee \sigma) \wedge (\beta \vee \sigma)$ oder $\sigma \vee (\alpha \wedge \beta) \approx (\sigma \vee \alpha) \wedge (\sigma \vee \beta)$ so lange an, bis wir die gewünschte Form erhalten haben.

Beispiel 4.4: Konjunktive Normalform

Gegeben sei die Formel $\alpha = \neg(A \wedge (\neg B \vee \neg(\neg C \wedge E) \vee \neg A))$

$\Rightarrow \approx \neg A \vee (B \wedge (\neg C \vee E) \wedge A)$	Negationsnormalform
$\Rightarrow \approx (\neg A \vee B) \wedge (\neg A \vee ((\neg C \vee E) \wedge A)$	Distributivgesetz
$\Rightarrow \approx (\neg A \vee B) \wedge (\neg A \vee (\neg C \vee E)) \wedge (\neg A \vee A)$	Distributivgesetz
$\Rightarrow \approx (\neg A \vee B) \wedge (\neg A \vee \neg C \vee E) \wedge (\neg A \vee A)$	Klammern

Ein Problem, das bei der Transformation in eine logisch äquivalente Formel in KNF auftreten kann, ist die Länge der erzeugten Formel. Die Anzahl der in einer Formel α vorkommenden Atome sei die Länge der Formel, die wir mit $|\alpha|$ bezeichnen. Für die Formel α aus Beispiel 4.4 gilt dann $|\alpha| = 5$.

Das folgende Beispiel soll verdeutlichen, dass durch Umformen in die KNF die Länge einer Formel exponentiell wachsen kann:

Beispiel 4.5: Länge der KNF

Gegeben sei die Formel $\alpha = (A_1 \wedge A_2) \vee (A_3 \wedge A_4) \vee (A_5 \wedge A_6)$.
Eine logisch äquivalente Formel in konjunktiver Normalform ist

$$\beta = (A_1 \vee A_3 \vee A_5) \wedge (A_1 \vee A_3 \vee A_6) \wedge (A_1 \vee A_4 \vee A_5) \wedge (A_1 \vee A_4 \vee A_6) \wedge$$
$$(A_2 \vee A_3 \vee A_5) \wedge (A_2 \vee A_3 \vee A_6) \wedge (A_2 \vee A_4 \vee A_5) \wedge (A_2 \vee A_4 \vee A_6)$$

Die Länge einer Formel α sei die Anzahl der in α vorkommenden Literale. In unserem Beispiel hat α die Länge 6. Die äquivalente Formel β hat die Länge 24. Wenn wir die Anzahl der 2-Klauseln vergrößern, dann wächst die Ergebnisformel exponentiell in der Länge der Anfangsformel. Fügen wir beispielsweise zur obigen Formel noch die Klausel $(A_7 \vee A_8)$ hinzu, so hat die Ergebnisformel die Länge $2^4 \cdot 3 = 48$. Allgemein lässt sich die folgende Aussage beweisen:

Es gibt aussagenlogische Formeln α_n der Länge $2n$, zu der jede logisch äquivalente Formel in KNF mindestens die Länge 2^n besitzt.

Definition 4.10: Disjunktive Normalform DNF

Eine Formel der Form $\alpha = (L_1 \wedge \ldots \wedge L_n)$ *mit Literalen* L_i $(1 \leq i \leq n)$ *bezeichnen wir als* ***Monom****. Ein Monom, das maximal k Literale enthält, bezeichnen wir als* ***k-Monom****.*
Seien $\alpha_1, \alpha_2, \ldots, \alpha_n$ *Monome, dann ist die Formel* $\alpha_1 \vee \alpha_2 \vee \ldots \vee \alpha_n$ *in* ***disjunktiver Normalform.*** *Wir legen fest*
DNF $= \{\alpha \mid \alpha$ *ist in disjunktiver Normalform*$\}$. ■

Beispiele für Formeln in DNF sind $(\neg A \wedge \neg B) \vee (A \wedge D \wedge B) \vee \neg B$ und die Formel $(\neg D \wedge \neg A) \vee (A \wedge B)$. Eine Besonderheit sind die Formeln $(A \wedge \neg B \wedge C \wedge \neg D)$ und $(\neg A \vee B \vee \neg C \vee D)$, die beide in konjunktiver und auch in disjunktiver Normalform sind.

Wenn wir in der konjunktiven Normalform alle Vorkommen von Konjunktionszeichen „$\wedge$" durch Disjunktionszeichen „$\vee$" und die Disjunktionszeichen durch Konjunktionszeichen ersetzen, erhalten wir eine Formel in disjunktiver Normalform.

Zu jeder aussagenlogischen Formel gibt es wieder eine logisch äquivalente Formel in DNF. Bei der Transformation können wir, genau wie im Fall der konjunktiven Normalform, zuerst die Negationsnormalform generieren und dann mit dem Distributivgesetz fortfahren. Wir wenden hier die zweite Variante des Distributivgesetzes

$$(\alpha \vee \beta) \wedge \sigma \approx (\alpha \wedge \sigma) \vee (\beta \wedge \sigma) \quad \text{oder} \; \sigma \wedge (\alpha \vee \beta) \approx (\sigma \wedge \alpha) \vee (\sigma \wedge \beta)$$

an, die sich nur durch die Vertauschung der Konjunktionszeichen durch das Disjunktionszeichen und umgekehrt unterscheidet.

Zum Abschluss gehen wir noch kurz auf eine einfache Beobachtung ein. Sei die Formel $\alpha = \alpha_1 \wedge \ldots \wedge \alpha_n$ in konjunktiver Normalform. Negieren wir die Formel, so erhalten wir $\neg\alpha = \neg(\alpha_1 \wedge \ldots \wedge \alpha_n)$. Wenden wir nun die De Morganschen Regeln an, dann ergibt sich die logisch äquivalente Formel $\neg\alpha = (\neg\alpha_1 \vee \ldots \vee \neg\alpha_n)$. Schließlich wenden wir die De Morganschen Regeln auf die negierten Klauseln $\neg\alpha_i = \neg(L_{i,1} \vee \ldots \vee L_{i,n})$ an und erhalten das Monom $(\neg L_{i,1} \wedge \ldots \wedge \neg L_{i,n})$. Nach dem Entfernen mehrfacher Negationen erhalten wir eine Formel in DNF. Diese allgemeine Beobachtung verdeutlichen wir an dem nachfolgenden Beispiel.

Beispiel 4.6: Disjunktive Normalform

Gegeben sei die Formel $\alpha = (A \vee B) \wedge (\neg C \vee A) \wedge (A \vee B \vee C)$ in KNF

$$\begin{aligned}
\neg\alpha &= \neg((A \vee B) \wedge (\neg C \vee A) \wedge (A \vee B \vee C)) & \\
&\approx \neg(A \vee B) \vee \neg(\neg C \vee A) \vee \neg(A \vee B \vee C) & \text{De Morgan} \\
&\approx (\neg A \wedge \neg B) \vee (\neg\neg C \wedge \neg A) \vee (\neg A \wedge \neg B \wedge \neg C) & \text{De Morgan} \\
&\approx (\neg A \wedge \neg B) \vee (C \wedge \neg A) \vee (\neg A \wedge \neg B \wedge \neg C) & \text{Negation}
\end{aligned}$$

Normalformen spielen eine wichtige Rolle in vielen Anwendungsgebieten. So verlangen fast alle Verfahren, die eine Formel auf Erfüllbarkeit überprüfen, Eingabeformeln in konjunktiver Normalform. In der Schaltungstechnik geht man dagegen sehr häufig von der disjunktiven Normalform aus. Neben den mehr algorithmisch orientierten Anwendungen wird die konjunktive Normalform oftmals bei der Modellbildung eingesetzt, da sich eine

Sammlung von einfach strukturierten Aussagen sehr gut durch eine Konjunktion von Klauseln ausdrücken lässt.

4.1.4 Aussagenlogische Modellbildung

Die Aussagenlogik ist geeignet zur Repräsentation von statischem Wissen, welches in Elementaraussagen zerlegt und mit Hilfe der logischen Operatoren aufgebaut werden kann. Die Elementaraussagen dürfen dabei nur falsch oder wahr sein. Dynamische Systeme werden normalerweise nicht mit der Aussagenlogik formalisiert. Dies trifft auch auf Wissen zu, das mehr als zwei Wahrheitswerte annehmen kann oder mit Unsicherheit oder Vagheit behaftet ist.

Bei der Modellierung sollten wir den einzelnen Elementaraussagen Atome zuordnen, die von der Bezeichnung auf die Elementaraussagen schließen lassen. Für die Übersetzung in eine entsprechende Formel müssen wir dann die passenden Verknüpfungen aussuchen. Wie einzelne Sätze der deutschen Sprache in Formeln übersetzt werden können, zeigt die folgende Zusammenstellung:

Der Aussage „*Es regnet.*“ wird das Atom R zugeordnet und für „*Die Straße ist nass.*“ wählen wir das Atom S.

Es regnet nicht.	$\neg R$
Es regnet oder die Straße ist nass.	$R \vee S$
Es regnet und die Straße ist nass.	$R \wedge S$
Wenn es regnet, ist die Straße nass.	$R \rightarrow S$
Genau dann, wenn es regnet, ist die Straße nass.	$R \leftrightarrow S$
Die Straße ist nass genau dann, wenn es regnet.	$R \leftrightarrow S$
Die Straße ist nass dann und nur dann, wenn es regnet	$R \leftrightarrow S$
Entweder die Straße ist nass oder es regnet.	$(R \vee S) \wedge (\neg R \vee \neg S)$

Die letzte Formel $(R \vee S) \wedge (\neg R \vee \neg S)$ kann nur wahr werden, wenn R wahr und S falsch ist oder wenn R falsch und S wahr ist. Es wird also die exklusive Oder-Operation dargestellt.

Wir schließen diesen Abschnitt mit einem Beispiel, in dem eine sogenannte Logelei gelöst werden soll. Es handelt sich dabei um einen Text in deutscher Sprache, der mit einer Frage abschließt. Wir formalisieren den Text und auch die Frage mit Hilfe aussagenlogischer Formeln. Die Beantwortung der Frage, das heißt, die Lösung der Logelei, ist dann die Aufgabe zu entscheiden, ob eine Formel widerspruchsvoll ist.

Beispiel 4.7: Logelei

Ingo trifft Maria oder Petra. Wenn er Petra trifft, so trifft er Vera oder Anke. Sollte er Vera treffen, so auch Maria. Aber trifft er Vera nicht, dann trifft er auch nicht Anke. Trifft Ingo Maria?

Wir ordnen wie folgt die Atome zu:
M für „Ingo trifft Maria“, P für „Ingo trifft Petra“, A für „Ingo trifft Anke“, und V für „Ingo trifft Vera“.

Den einzelnen Sätzen ordnen wir die folgenden Formeln zu:

Ingo trifft Maria oder Petra. $(M \vee P)$

Wenn er Petra trifft, so trifft er Vera oder Anke. $P \rightarrow (V \vee A))$

Sollte er Vera treffen, so auch Maria. $(V \rightarrow M)$

Trifft er aber Vera nicht, dann trifft er auch nicht Anke. $(\neg V \rightarrow \neg A)$

Gesamtformel:

$$\alpha = (M \vee P) \wedge (P \rightarrow (V \vee A)) \wedge (V \rightarrow M) \wedge (\neg V \rightarrow \neg A)$$

äquivalente KNF Formel:

$$\beta = (M \vee P) \wedge (\neg P \vee V \vee A)) \wedge (\neg V \vee M) \wedge (V \vee \neg A)$$

Frage: Trifft Ingo Maria? D.h. folgt M aus α?

Wir transformieren die Formel α in eine äquivalente Formel in konjunktiver Normalform und erhalten dann die Formel $\beta = (M \vee P) \wedge (\neg P \vee V \vee A)) \wedge (\neg V \vee M) \wedge (V \vee \neg A)$, indem wir die Implikationen ersetzen und doppelte Negationen entfernen. Da aus einer Formel α eine Formel σ genau dann folgt, wenn $\alpha \wedge \neg\sigma$ widerspruchsvoll ist (indirekter Beweis), können wir überprüfen, ob $\beta \wedge \neg M$ widerspruchsvoll ist. Die Prüfung, ob die Formel nicht erfüllbar ist und damit Ingo Maria trifft, überlassen wir dem Leser.

Die Formalisierung einer solchen Logelei ist nicht immer so einfach wie im Beispiel, da natürlichsprachliche Texte oftmals vage Formulierungen enthalten. Neben dem Problem, zu entscheiden, ob eine Folgerungsbeziehung besteht, kommen wir natürlich schnell an die Grenzen der Aussagenlogik, wenn es sich um Sachverhalte handelt, die Relationen, Funktionen und Existenzaussagen beinhalten. Einer von ihrer Ausdruckskraft her mächtigeren Logik wenden wir uns nun im zweiten Abschnitt über die Prädikatenlogik erster Stufe zu.

4.2 Prädikatenlogik

In diesem Abschnitt werden die wichtigsten Grundlagen der Prädikatenlogik der ersten Stufe, wie wir sie für die Modellierung benötigen, vorgestellt. Zuerst gehen wir auf die Syntax ein. Anschließend behandeln wir die Semantik und diskutieren eine Reihe von Normalformen. Abgeschlossen wird der Abschnitt durch einige Beispiele der Modellbildung.

4.2.1 Syntax der Prädikatenlogik

Prädikatenlogische Formeln sind im Gegensatz zu aussagenlogischen Formeln aus gewissen parametrisierten Elementaraussagen aufgebaut. Sie können durch logische Operationen, die Junktoren, verknüpft werden. Zusätzlich können wir über Quantifizierungen Einschränkungen vornehmen. Bevor wir die Struktur prädikatenlogischer Formeln näher präzisieren, wollen wir einige Beispiele betrachten. Das erste Beispiel beschreibt die Geschwisterbeziehung. x und y sind Geschwister, falls es gemeinsame Eltern u und v gibt.

$\forall x \forall y\ (\exists u \exists v\ (Eltern(u, v, x) \wedge Eltern(u, v, y) \rightarrow Geschwister(x, y)))$

Die zweite Formel beschreibt die Eigenschaft, dass eine Relation symmetrisch ist:

$\forall x \forall y\ (R(x, y) \leftrightarrow R(y, x))$

Das Zeichen $\exists$ bezeichnen wir als *Existenzquantor* und das Zeichen $\forall$ als *Allquantor*. Die Zeichen sind die jeweils gespiegelten Großbuchstaben E(xistiert) und A(lle).

Das letzte Beispiel ist eine Formel, die die Terme $f(z)$ und a enthält, wobei P ein Symbol für Relationen, f ein Funktionssymbol, a ein Symbol für eine Konstante und x, y und z Variable sind.

$\forall x \exists y\ P(x, y) \wedge \forall z\ (P(z, z) \vee P(z, f(z))) \wedge \neg P(a, a)$

Wir führen nun den Begriff der *prädikatenlogischen Formel* ein. Zur Definition der Terme, die in prädikatenlogischen Formeln enthalten sind, verwenden wir den Begriff der *korrekten Terme* aus Definition 3.4 in Kapitel 3. Da wir nur an der Stelligkeit der Funktionssymbole in den Termen interessiert sind, hat die definierende Signatur nur eine einzige Sorte T. (Häufig wird auch darauf verzichtet, zu fordern, dass Funktionssymbole hinsichtlich ihrer Stelligkeit konsistent verwendet werden. Dann entfällt die Beschränkung auf korrekte Terme zu einer Signatur.) Ebenso wie in den Definitionen in Kapitel 3 sind hier die Funktionssymbole, die in Kapitel 3 Operatorsymbole heißen, völlig abstrakt und noch nicht mit Bedeutungen belegt. Bei der Benennung von Funktionen werden wir die 0-stelligen durch spezielle Namen als Konstante hervorheben.

Definition 4.11: Prädikatenlogische Formeln

*Sei $(\{T\}, F)$ eine Signatur, die für jedes $f \in F$ dessen Stelligkeit zu $n >= 0$ festlegt: $f\colon s_1 \times s_2 \times ... \times s_n \rightarrow s_0$. Sei τ die Menge der korrekten Terme mit Variablen zu dieser Signatur. Damit wird die Struktur **prädikatenlogischer Formeln** induktiv definiert:*

1. *Sind $t_1, ..., t_n$ Terme aus τ und ist P ein Prädikatssymbol, dann ist $P(t_1, ..., t_n)$ eine Formel. Wir bezeichnen $P(t_1, ..., t_n)$ auch als **Primformel**.*
2. *Sind t_1 und t_2 Terme aus τ, dann ist $t_1 = t_2$ eine Formel. Die Formel $t_1 = t_2$ ist auch eine Primformel.*
3. *Ist α eine Formel, dann ist auch $\neg\, \alpha$ eine Formel.*
4. *Sind α und β Formeln, dann sind $\alpha \vee \beta$ und $\alpha \wedge \beta$ Formeln.*
5. *Sei x ein Variablensymbol und α eine Formel, dann sind $\exists x\, \alpha$ und $\forall x\, \alpha$ Formeln.*
6. *Formeln werden nur mit (1) bis (5) gebildet.* ■

In dieser Definition wird auf die Junktoren $\rightarrow$ und $\leftrightarrow$ verzichtet, um hier und auch später nicht zu viele Fallunterscheidungen durchführen zu müssen. Wir erlauben trotzdem, sie zu verwenden, indem wir die Implikation $(\alpha \rightarrow \beta)$ als Abkürzung für $(\neg\alpha \vee \beta)$ und die Äquivalenz $(\alpha \leftrightarrow \beta)$ als Abkürzung für $(\alpha \rightarrow \beta) \wedge (\beta \rightarrow \alpha)$ festlegen.

Die Junktoren in prädikatenlogischen Formeln werden meist in Infix-Form notiert. Deshalb erlauben wir, jede Formel zu klammern, übernehmen die Präzedenzregeln der Aussagenlogik und ergänzen sie um die Regel

$\exists$ und $\forall$ binden stärker als alle aussagenlogischen Junktoren.

Auch wenn man auf manche Klammerung wegen der Präzedenzregeln verzichten kann, so ist dies nicht immer zu empfehlen: Die Formel $\forall x\, P(x) \vee Q(x)$ kann schnell zu Missverständnissen führen, wohingegen in der Formel $(\forall x\, P(x)) \vee Q(x)$ unmittelbar klar wird, dass der Quantor sich nicht auf die Teilformel $Q(x)$ bezieht.

Vorerst vereinbaren wir, dass wir nur die folgenden Prädikatssymbole $P, Q, R, \ldots, P_1, P_2, \ldots.$ benutzen. Später werden wir dann wieder „sprechende Namen" zulassen. Entsprechendes gilt für die Variablen, die wir zunächst nur $x, y, z, \ldots, x_1, x_2, x_3, \ldots$ nennen und für Funktionen, die wir zunächst nur $f, g, h, \ldots, f_1, f_2, \ldots.$ nennen. 0-stellige Funktionen wollen wir als Konstante hervorheben und zunächst nur $a, b, c, \ldots, a_1, a_2, a_3, \ldots$ nennen. Für Formeln verwenden wir im Weiteren die griechischen Buchstaben α, β, σ,....

Wir geben nun einige Beispiele von Formeln an.

Beispiel 4.8: Prädikatenlogische Formeln

Beispiele von Formeln sind:

1. $\forall x\ (P(x) \wedge Q(x)) \wedge \exists y\, (S(y) \wedge \forall z\, R(x, z))$
2. $\forall x\ (P(x) \vee \exists x\, Q(x))$ mit den Primformeln $P(x)$ und $Q(x)$.
3. $\forall x\ P(f(x, y, a), z) \wedge \exists y\, S(h(f(y)))$ mit Termen $f(y)$, $h(f(y))$ und $f(x, y, a)$.
4. $\forall x \exists y \forall z\ (R(x, z, y) \wedge R(x, f(f(z)), x))$
5. $\forall x\, (x = f(x) \vee \neg P(x, x))$ mit den Termen x und $f(x)$

Die *Quantoren* beziehen sich nur auf die Variablen. Wir sprechen deshalb von der *Prädikatenlogik erster Stufe*. In der Prädikatenlogik zweiter Stufe, die wir hier nicht behandeln werden, sind auch Funktions- und Prädikatsvariablen erlaubt. Da wir hier nur die erste Stufe betrachten und deshalb keine Missverständnisse auftreten können, sprechen wir im Weiteren nur noch von der Prädikatenlogik.

Betrachten wir die Formel $(\forall x\ Q(x, y)) \wedge \exists z\, P(z)$, so sehen wir, dass es keinen Quantor mit einer Variablen y gibt. Die Variablen x und z sind dagegen jeweils durch einen Quantor gebunden.

In der Formel $(\forall x\ (Q(x) \wedge \exists x\, P(x))$ kommt der Name x in verschiedenen Rollen vor. In der Teilformel $\exists x\, P(x)$ ist das Vorkommen von x in $P(x)$ durch den vor $P(x)$ stehenden Quantor gebunden. Deshalb bezieht sich der Name x in $P(x)$ auf eine andere Variable als die des führenden Allquantors. Der Allquantor mit der Variable x hat keine direkten Auswirkungen auf die letzte Teilformel $\exists x\, P(x)$. Zur Präzisierung dieser Beobachtungen führen wir den Begriff des Wirkungsbereiches eines Quantors ein.

In der Formel $\exists x\, \alpha$ oder $\forall x\, \alpha$ *bindet der Quantor alle Vorkommen der Variable mit Namen* x in der Formel α, außer den Vorkommen von x, die durch einen weiteren Quantor innerhalb von α gebunden sind. x ist die Variable des Quantors, und der *Wirkungsbereich des Quantors* ist die Formel α.

Ein Vorkommen einer Variable x heißt *frei*, wenn es nicht im Wirkungsbereich eines Quantors für x liegt. Wir sagen auch, dass die Variable *x frei vorkommt*. Ein Vorkommen einer Variable x heißt *gebunden*, wenn es im Wirkungsbereich eines Quantors für x liegt. Man beachte, dass in einer Formel verschiedene Variable sowohl frei als auch gebunden vorkommen können, die alle den Namen x haben. Ein Beispiel ist die Formel $(\forall x\ P(x)) \vee Q(x)$. Da der Wirkungsbereich des Allquantors nur die Formel $P(x)$ ist, liegt das letzte Vorkommen von x nicht im Wirkungsbereich eines Quantors.

Beispiel 4.9: Wirkungsbereich, freie, gebundene Variable

Gegeben: $\forall x\ (P(x) \wedge Q(x)) \wedge \exists y\ (S(y) \wedge \forall z\ R(x, z))$

Der Wirkungsbereich des ersten Allquantors ist $(P(x) \wedge Q(x))$, der des Existenzquantors ist $(S(y) \wedge \forall z\ R(x, z))$ und der des letzten Allquantors ist $R(x, z)$. Bis auf das letzte Vorkommen von x sind alle Vorkommen von Variablen gebunden.

Gegeben: $\forall x\ (P(x) \wedge \exists x\ Q(x))$.

Der Wirkungsbereich des Allquantors ist $(P(x) \wedge \exists x\ Q(x))$ und der des Existenzquantors ist $Q(x)$. Das Vorkommen von x in $P(x)$ ist durch den Allquantor gebunden. Dagegen ist das Vorkommen von x in $Q(x)$ nicht durch diesen Quantor, sondern durch den Existenzquantor gebunden.

Enthält eine Formel keine freien Variablen, so bezeichnen wir diese Formel als eine *geschlossene Formel*. Ein Beispiel für eine geschlossene Formel ist die Formel

$$\forall y\ (P(y) \wedge \forall x\ (Q(x) \wedge \exists z\ S((z))),$$

aber auch die Formel $P(a)$, die keine Variable enthält.

Für spätere Anwendungen, wie z.B. die Transformation einer Formel in eine der Normalformen, müssen Variable so umbenannt werden, dass das Ergebnis der Umbenennung eine logisch äquivalente Formel ist. Wir führen deshalb die konsistente Umbenennung wie folgt ein: Wir sagen, eine Formel ist ***konsistent umbenannt***, falls

1. es nicht zugleich eine freie Variable und eine gebundene Variable mit Namen x gibt;
2. die Variablen verschiedener Vorkommen von Quantoren verschiedene Variablennamen besitzen.

Wir geben nun ein einfaches *Verfahren für die konsistente Umbenennung* von Formeln an:

a) Solange ein Variablenname x sowohl frei als auch gebunden vorkommt,wähle einen neuen Variablennamen z und ersetze alle freien Vorkommen von x durch z.

b) Solange es zwei Quantoren mit einer Variable gleichen Namens gibt, wähle einen der Quantoren und einen neuen Variablennamen z. Ersetze im Wirkungsbereich des

Quantors alle Vorkommen von x durch z, außer den Vorkommen von x, die durch einen weiteren Quantor in diesem Wirkungsbereich gebunden sind.

Beispiel 4.10: Umbenennung

Gegeben sei: $R(x) \wedge \forall x \ (P(x) \wedge \forall x \ (Q(x) \wedge \exists x \ S(x)))$

x kommt frei in $R(x)$ und gebunden in der zweiten Teilformel vor, wähle den neuen Namen z und ersetze gemäß (a):

$$R(z) \wedge \forall x \ (P(x) \wedge \forall x \ (Q(x) \wedge \exists x \ S(x)))$$

Der erste und der zweite Allquantor binden x; wähle den ersten Allquantor; wähle y als neuen Namen; da alle Vorkommen von x in $\forall x \ (Q(x) \wedge \exists x \ S(x)))$ im Wirkungsbereich des führenden Allquantors liegen, wird nur das Vorkommen von x in $P(x)$ ersetzt. Ergebnis mit (b):

$$R(z) \wedge \forall y \ (P(y) \wedge \forall x \ (Q(x) \wedge \exists x \ S(x)))$$

Der zweite und der dritte Quantor binden x; wähle den neuen Namen y_1 und ersetze x in $Q(x)$. Ergebnis mit (b):

$$R(z) \wedge \forall y \ (P(y) \wedge \forall y_1 \ (Q(y_1) \wedge \exists x \ S(x)))$$

4.2.2 Semantik der Prädikatenlogik

Bisher haben wir nur die syntaktische Struktur von Formeln festgelegt und nicht über die Bedeutung der Formeln gesprochen. In der Prädikatenlogik wird die Semantik über Interpretationen festgelegt, die den einzelnen Symbolen eine Bedeutung in Form von konkreten Objekten zuordnen. Sei beispielsweise die Formel $\forall x \ P(x, a, f(x))$ gegeben. Zuerst müssen wir sagen, welchen Grundbereich wir betrachten. Dann können wir dem Prädikatssymbol P eine konkrete Relation P_1 und dem Funktionssymbol f eine konkrete Funktion f_1 und dem Konstantensymbol a eine Konstante a_1 aus diesem Grundbereich zuordnen. Wir könnten z. B. den Grundbereich der natürlichen Zahlen wählen und vereinbaren: $f_1(n)$ ist die Nachfolgerfunktion $n+1$, a_1 sei 1 und die Relation P_1 bestehe aus allen Tupeln (x, y, z) mit $x+y = z$. Mit dieser Interpretation ist die Formel wahr, denn für alle natürlichen Zahlen n gilt $n+1 = f_1(n)$.

Die Semantik des Gleichheitsprädikats $t_1 = t_2$ wird so festgelegt, dass für jede Interpretation $\Im$ gelten soll: $\Im(t_1 = t_2)$ ist wahr genau dann, wenn die Interpretation für beide Terme die gleichen Ergebnisse liefert, d.h. wenn $\Im(t_1) = \Im(t_2)$ gilt.

Die Mengen der Konstantensymbole, der Funktionssymbole und der Prädikatssymbole einer Formel, denen wir durch eine Interpretation eine Bedeutung zuordnen, können wir können wir zu einem Tripel zusammenfassen: $\Sigma = (K, F, R)$ mit K, die Menge der Konstantensymbole, F die Menge der Funktionssymbole und R die Prädikatssymbole. In der Logik wird das Tripel Σ ebenfalls als *Signatur* bezeichnet.

Die durch eine Formel α *induzierte Signatur* $\Sigma(\alpha)$ besteht aus der Menge der in der Formel α vorkommenden Konstantensymbole, der Menge der vorkommenden Funktionssymbole und der Menge der auftretenden Prädikatssymbole. Wir gliedern die Definition der Interpretation prädikatenlogischer Formeln in zwei Teile. Im ersten Teil wird festgelegt, dass alle Symbole der Signatur an konkrete Werte gebunden werden.

Definition 4.12: Interpretation

Eine zu einer Signatur Σ syntaktisch passende Interpretation besteht aus

1. *einer beliebigen, aber nicht leeren Menge U, dem Grundbereich;*
2. *einer Abbildung, die den verschiedenen Symbolen aus Σ konkrete Objekte über dem Grundbereich U wie folgt zuordnet:*
   a) *jeder Variablen x einen Wert $x_U \in U$*
   b) *jedem Konstantensymbol a aus Σ eine Konstante $a_I \in U$*
   c) *jedem n-stelligen Funktionssymbol f aus Σ eine Funktion f_I: $U^n \rightarrow U$*
   d) *jedem n-stelligen Prädikatssymbol P aus Σ eine Relation $P_I \subseteq U^n$.* ■

Bevor wir die Interpretation auf Formeln erweitern, führen wir eine modifizierte Interpretation ein. Sei $\Im$ eine gegebene Interpretation über dem Grundbereich U und ein Wert $x_U \in U$. Dann bezeichnet eine Interpretation $\Im[x/x_U]$, die mit $\Im$ völlig übereinstimmt bis auf die Bindung eines Wertes an die Variable *x*, die unter $\Im$ den Wert $\Im(x)$, unter $\Im[x/x_U]$ jedoch den Wert x_U erhält. Es wird also *x* der Wert x_U zugeordnet. Die restlichen Zuweisungen bleiben bestehen.

Der Wahrheitswert wahr wird wieder durch das Zeichen **w** und der Wahrheitswert falsch durch das Zeichen **f** repräsentiert.

Definition 4.13: Interpretation (Fortsetzung)

Wir erweitern die Interpretation auf prädikatenlogische Formeln, deren Variable konsistent umbenannt sind: Für jeden Term $f(t_1, ..., t_n)$ legen wir fest $\Im(f(t_1, ..., t_n)) = \Im(f)(\Im(t_1), ..., \Im(t_n))$.

Für Formeln gilt

1. $\Im(P(t_1, ..., t_n)) = \Im(P)(\Im(t_1), ..., \Im(t_n))$;
2. $\Im(t_1 = t_2) = \mathbf{w}$ *genau dann, wenn* $\Im(t_1) = \Im(t_2)$;
3. $\Im(\neg\alpha) = \mathbf{w}$ *genau dann, wenn* $\Im(\alpha) = \mathbf{f}$;
4. $\Im(\alpha \wedge \beta) = \mathbf{w}$ *genau dann, wenn* $\Im(\alpha) = \mathbf{w}$ *und* $\Im(\beta) = \mathbf{w}$;
5. $\Im(\alpha \vee \beta) = \mathbf{w}$ *genau dann, wenn* $\Im(\alpha) = \mathbf{w}$ *oder* $\Im(\beta) = \mathbf{w}$;
6. $\Im(\exists x\, \alpha) = \mathbf{w}$ *genau dann, wenn es ein* $x_U \in U$ *gibt mit* $\Im[x/x_U](\alpha) = \mathbf{w}$;
7. $\Im(\forall x\, \alpha) = \mathbf{w}$ *genau dann, wenn für jedes* $x_U \in U$ *gilt* $\Im[x/x_U](\alpha) = \mathbf{w}$. ■

Sei *M* eine Menge von Formeln, $\Sigma(M)$ die durch die Formelmenge induzierte Signatur und $\Im$ eine Interpretation. Wir bezeichnen dann $\Im$ als eine zur Formelmenge *M* syntaktisch passende Interpretation.

Beispiel 4.11: Interpretation

$\alpha = \forall x \exists y\, P(x, y) \wedge \forall x \forall y\, (x{=}y \rightarrow P(x, f(y)))\,) \wedge \neg P(a, a)$

Eine zu α syntaktisch passende Interpretation $\Im$ ist dann

$U = \{3, 4\}$ der Grundbereich

$\Im(a) = a_1 = 3$

$\Im(f) = f_1$ mit $f_1(3)=4$ und $f_1(4)=3$

$\Im(P) = P_1$, der Relation $P_1 = \{(3, 4), (4, 3)\}$

Wir wenden diese Interpretation schrittweise an, um den Wahrheitswert der Formel aus Beispiel 4.11 zu berechnen. Dazu bestimmen wir für jede der durch die Konjunktionszeichen abgegrenzten Teilformeln den Wahrheitswert. Ist jede der Teilformeln für die Interpretation wahr, dann ist die ganze Formel für diese Interpretation wahr.

Bei der Berechnung des Wahrheitswertes können wir mit der Formel beginnen und gemäß der induktiven Definition von Interpretationen schrittweise bis zu den Eigenschaften der Relationen und Funktionen gelangen. Diese Vorgehensweise demonstrieren wir an der ersten Teilformel.

$\Im(\forall x \exists y\, P((x, y)) = \mathbf{w}$.

Für alle $x_U \in \{3, 4\}$ gilt: $\Im_{[x/xU]}(\exists y\, P(x, y)) = \mathbf{w}$.

Für alle $x_U \in \{3, 4\}$ gibt es ein $y_U \in \{3, 4\}$ mit $\Im_{[x/xU][y/yU]}(P(x, y)) = \mathbf{w}$.

Für alle $x_U \in \{3, 4\}$ gibt es ein $y_U \in \{3, 4\}$ mit $(x_U, y_U) \in P_1$.

Weiterhin gilt für die zweite Teilformel, wobei wir hier umgekehrt vorgehen:

Für alle $x_U, y_U \in \{3, 4\}$ gilt mit $x_U = y_U$ auch $(x_U, f(y_U)) \in P_1$.

Für alle $x_U, y_U \in \{3, 4\}$ gilt $\Im_{[x/xU][y/yU]}(\, x = y \rightarrow P(x, f(y))\,) = \mathbf{w}$.

$\Im(\forall x \forall y\, (x = y \rightarrow P(x, f(y)))) = \mathbf{w}$.

Da auch noch $(3, 3) \notin P_1$ gilt, sind alle drei Teilformeln für die Interpretation wahr. Insgesamt erfüllt die Interpretation $\Im$ also die prädikatenlogische Formel α.

Ein weiteres Beispiel sei die Formel $\alpha = \forall x\, P(x, f(x)) \wedge \forall z\, Q(g(a, z))$ mit

- P ist ein zweistelliges und Q ein einstelliges Prädikatensymbol.
- f ist ein einstelliges und g ein zweistelliges Funktionssymbol.
- a ist ein Konstantensymbol.

Eine zu α syntaktisch passende Interpretation $\Im$ ist: Grundbereich $U = \{0, 1, 2, ...\} = \mathbb{N}$

$\Im(a) = a_2$ mit $a_2 = 2$

$\Im(f) = f_2$ mit der Nachfolgerfunktion $f_2(n) = n + 1$

$\Im(g) = g_2$ mit der Additionsfunktion $g_2(n, m) = n{+}m$

$\Im(P) = P_2$ mit $P_2 = \{(m, n) \mid m, n \in U \text{ und } m < n\}$, der Kleiner-Relation

$\Im(Q) = Q_2$ mit $Q_2 = \{n \in U \mid n \text{ ist Primzahl}\}$

Für die Interpretation ist die Formel falsch, denn es gilt $\Im(\forall z\, Q(g(a, z))) = \mathbf{f}$, da $g_2(2, 4)=6$ und 6 keine Primzahl ist.

Die in der Aussagenlogik eingeführten Begriffe erfüllbar, widerspruchsvoll und tautologisch sind auch in der Prädikatenlogik gebräuchlich. Wir können die Definition 4.4 übernehmen. Eine Formel ist also *erfüllbar*, falls es eine Interpretation gibt, die für die Formel den Wert wahr liefert. Sie ist *widerspruchsvoll* (bzw. *tautologisch*), falls sie für jede Bewertung falsch (bzw. wahr) wird. Eine Interpretation $\Im$ mit $\Im(\alpha) = \mathbf{w}$, also eine Interpretation, die die Formel α erfüllt, wird manchmal auch als Modell der Formel bezeichnet.

Um zu beweisen, dass eine Formel erfüllbar ist, genügt es, eine erfüllende Interpretation zu konstruieren. Im Allgemeinen gibt es aber zu einer Formel unendlich viele verschiedene syntaktisch passende Interpretationen, die wir natürlich nicht alle überprüfen können. Sollte die Formel widerspruchsvoll sein, so wüssten wir nicht, wann wir mit dem Prüfen aufhören können. Die Frage, ob es nicht doch einen Algorithmus gibt, der die Erfüllbarkeit entscheidet, hat dazu geführt, dass man die Unentscheidbarkeit der Prädikatenlogik bewiesen hat. Ohne näher darauf einzugehen, halten wir fest, dass es keinen Algorithmus für das Erfüllbarkeitsproblem gibt.

Es gibt zwar keinen Algorithmus für das Erfüllbarkeitsproblem, es lässt sich aber die Menge aller zu betrachtenden Interpretationen relativ stark einschränken.

Satz 4.1: Löwenheim/Skolem

Jede erfüllbare Formel der Prädikatenlogik erster Stufe besitzt eine erfüllende Interpretation mit einem abzählbaren Grundbereich. ■

Wir brauchen also *nur* Interpretationen mit einem endlichen oder einem abzählbaren – zu $\mathbb{N}$ isomorphen – Grundbereich zu betrachten.

Definition 4.14: Semantische Folgerung

Sei M eine Menge prädikatenlogischer Formeln und β eine prädikatenlogische Formel. β ***folgt semantisch aus M****, in Zeichen $M \models \beta$ gilt genau dann, wenn für jede Interpretation $\Im$, für die alle Formeln in M erfüllt sind, auch β wahr ist. D.h. wenn $\Im(\alpha)=\mathbf{w}$ für alle $\alpha \in M$ gilt, dann muss auch $\Im(\beta)=\mathbf{w}$ gelten. Enthält M nur eine Formel α, schreibt man auch kurz $\alpha \models \beta$.* ■

Wenn wir in Lemma 4.1 und in Abschnitt 4.1 über die Aussagenlogik aussagenlogische Formeln durch prädikatenlogische Formeln ersetzen, gelten die Sätze auch für die Prädikatenlogik. Die zentralen Zusammenhänge sind:

α ist widerspruchsvoll genau dann, wenn α nicht erfüllbar ist genau dann, wenn $(\neg\alpha)$ tautologisch ist.

$\alpha \models \beta$ genau dann, wenn $\alpha \wedge \neg\beta$ widerspruchsvoll ist.

Die logische Äquivalenz zwischen prädikatenlogischen Formeln ist wie im aussagenlogischen Fall definiert. Anstelle der Bewertungen der Atome verwenden wir hier die Interpretationen.

Definition 4.15: Logische Äquivalenz

*Die Formeln α und β heißen **logisch äquivalent**, in Zeichen $\alpha \approx \beta$, genau dann, wenn $\Im(\alpha) = \Im(\beta)$ für alle Interpretationen $\Im$ gilt.* ■

Auch für prädikatenlogische Formeln α und β gilt, wie in der Aussagenlogik:

$\alpha \approx \beta$ genau dann, wenn $\alpha \models \beta$ und $\beta \models \alpha$.

Neben den Umformungsgesetzen, die wir schon für die Aussagenlogik kennengelernt haben und die weiterhin gelten, gibt es nun weitere Gesetze, die sich auf die Quantoren beziehen. Außerdem liefert das Verfahren der konsistenten Umbenennung aus Abschnitt 4.2.1 eine logisch äquivalente Formel. Die Beweise für die einzelnen Gesetze sind einfach und werden mit der Definition der logischen Äquivalenz geführt.

Umformungsregeln (Fortsetzung):

Quantorwechsel	$\neg(\exists x\, \alpha) \approx \forall x\, (\neg\alpha)$ und $\neg(\forall x\, \alpha) \approx \exists x\, (\neg\alpha)$
Quantortausch	$\exists x \exists y\, \alpha \approx \exists y \exists x\, \alpha$ und $\forall x \forall y\, \alpha \approx \forall y \forall x\, \alpha$
Quantoren-zusammenfassung	$\exists x\, \alpha \vee \exists x\, \beta \approx \exists x\, (\alpha \vee \beta)$ und $\forall x\, \alpha \wedge \forall x\, \beta \approx \forall x\, (\alpha \wedge \beta)$
Quantor-elimination	Sei x keine freie Variable in α, dann gilt: $\exists x\, \alpha \approx \alpha$ und $\forall x\, \alpha \approx \alpha$
Quantifizierung	Sei x keine freie Variable in β, dann gilt: $\exists x\, \alpha \wedge \beta \approx \exists x\, (\alpha \wedge \beta)$ $\exists x\, \alpha \vee \beta \approx \exists x\, (\alpha \vee \beta)$ $\forall x\, \alpha \wedge \beta \approx \forall x\, (\alpha \wedge \beta)$ $\forall x\, \alpha \vee \beta \approx \forall x\, (\alpha \vee \beta)$

Die folgenden Beispiele sollen die logisch äquivalenten Umformungen verdeutlichen.

Beispiel 4.12: Umformungsregeln

Quantorenwechsel:

$$\neg\exists y \forall x\; P(x, y) \;\approx\; \forall y \neg\forall x\, P(x, y) \;\approx\; \forall y \exists x\, \neg P(x, y)$$

Quantorenzusammenfassung:

$$\forall x \exists y\, P(x, y) \wedge \forall x\, R(x) \;\approx\; \forall x\, (\exists y\, P(x, y) \wedge R(x))$$

Quantorenelimination:

x ist keine freie Variable in $\forall y\, P(y) \wedge \exists x\, R(x)$

$\exists x\,(\forall y\, P(y) \wedge \exists x\, R(x)) \approx \forall y\, P(y) \wedge \exists x\, R(x)$

Quantifizierung:

x ist keine freie Variable in $\exists y\, S(y)$.

$\exists x\, P(x) \wedge \exists y\, S(y) \approx \exists x\,(P(x) \wedge \exists y\, S(y))$

Konsistente Umbenennung:

$\exists x\,(P(x) \wedge \exists x\, S(x)) \approx \exists y\,(P(y) \wedge \exists x\, S(x))$

Neben der logischen Äquivalenz benötigen wir für die Behandlung von Normalformen prädikatenlogischer Formeln die so genannte Erfüllbarkeitsäquivalenz. Sie besagt, dass zwei Formeln erfüllbarkeitsäquivalent sind, wenn sie beide erfüllbar oder beide widerspruchsvoll sind. Im Unterschied zur logischen Äquivalenz können erfüllbarkeitsäquivalente Formeln für eine Interpretation durchaus verschiedene Wahrheitswerte annehmen.

Definition 4.16: Erfüllbarkeitsäquivalenz

Zwei Formeln α *und* β *sind* ***erfüllbarkeitsäquivalent****, in Zeichen* $\alpha \approx_{sat} \beta$*, falls gilt:* α *ist erfüllbar genau dann, wenn* β *erfüllbar ist.* ■

Für Anwendungen, bei denen man zum Beispiel nur wissen will, ob ein Sachverhalt widerspruchsvoll oder tautologisch ist, genügt es vollkommen, eine erfüllbarkeitsäquivalente Formel zu konstruieren.

4.2.3 Normalformen

Im Weiteren behandeln wir nur geschlossene Formeln, d.h. Formeln ohne freie Variablen. Wir stellen zuerst die Negationsnormalform, dann die pränexe Normalform und schließlich die Skolem-Normalform vor.

Die Negationsnormalform für aussagenlogische Formeln verlangt, dass Negationszeichen direkt vor den Atomen stehen. In der Prädikatenlogik stehen die Primformeln $P(t_1, \ldots, t_n)$ für aussagenlogische Atome. So verlangen wir hier, dass die Negationszeichen unmittelbar vor den Primformeln stehen müssen.

Definition 4.17: Negationsnormalform

Eine Formel α *ist in* ***Negationsnormalform (NNF)*** *genau dann, wenn jedes Negationszeichen direkt vor einer Primformel steht.* ■

Wir erweitern das Verfahren zur Erzeugung einer Negationsnormalform prädikatenlogischer Formeln gegenüber der aussagenlogischen Transformation um Regeln, die Negationszeichen über die Quantoren ziehen. Die entsprechende Regel finden wir in der Liste der prädikatenlogischen Umformungsgesetze. Es handelt sich dabei um den Quantorenwechsel $\neg(\exists x\, \alpha) \approx \forall x\, \neg\alpha$ und $\neg(\forall x\, \alpha) \approx \exists x\, \neg\alpha$, der ebenso wie die De Morganschen Regeln die Negationszeichen nach innen zieht.

Ein Verfahren zur Erzeugung einer logisch äquivalenten Negationsnormalform beruht auf der De Morganschen Regel, der Elimination doppelter Negationszeichen und dem Quantorenwechsel. Wir führen die folgenden Schritte aus, solange sie anwendbar sind.

1. Ersetze $\neg(\alpha \wedge \beta)$ durch $\neg\alpha \vee \neg\beta$
2. Ersetze $\neg(\alpha \vee \beta)$ durch $\neg\alpha \wedge \neg\beta$
3. Ersetze $\neg\neg\alpha$ durch α
4. Ersetze $\neg(\exists x\ \alpha)$ durch $\forall x\ \neg\alpha$
5. Ersetze $\neg(\forall x\ \alpha)$ durch $\exists x\ \neg\alpha$

Mit Hilfe dieses Verfahrens lässt sich die folgende allgemeine Aussage beweisen.

Zu jeder prädikatenlogischen Formel α gibt es eine logisch äquivalente Formel in Negationsnormalform.

Bevor wir auf die nächste Normalform eingehen, geben wir ein Beispiel, das die Transformation in eine NNF demonstriert.

Beispiel 4.13: Negationsnormalform

	$\neg(\forall x\ (P(x) \vee \exists y\ S(x,y)) \wedge \neg\exists z\ S(z,z))$	
$\approx$	$\neg\forall x\ (P(x) \vee \exists y\ S(x,y)) \vee \neg\neg\exists z\ S(z,z)$	De Morgan
$\approx$	$\neg\forall x\ (P(x) \vee \exists y\ S(x,y)) \vee \exists z\ S(z,z)$	Negation
$\approx$	$\exists x\ \neg(P(x) \vee \exists y\ S(x,y)) \vee \exists z\ S(z,z)$	Quantorwechsel
$\approx$	$\exists x\ (\neg P(x) \wedge \neg\exists y\ S(x,y)) \vee \exists z\ S(z,z)$	DeMorgan
$\approx$	$\exists x\ (\neg P(x) \wedge \forall y\ \neg S(x,y)) \vee \exists z\ S(z,z)$	Quantorwechsel

Bisher können die Quantoren noch verstreut in einer Formel, wie z. B. $\exists x\ P(x) \vee \forall y\ P(y)$, vorkommen, was bei vielen Formeln die Lesbarkeit und die Übersichtlichkeit erschwert. Wenn dagegen alle Quantoren am Anfang der Formel stehen und dann eine quantorenfreie Formel folgt, so sprechen wir von einer *pränexen Normalform*. Enthält eine Formel β keine Quantoren und sind Q_i Quantoren, dann hat die Formel $Q_1x_1 \ldots Q_nx_n\ \beta$ die gewünschte Form. Beispielsweise ist die Formel $\exists x\forall y\ (P(x) \vee P(y))$ in pränexer Normalform.

Definition 4.18: Pränexe Normalform, PNF

Eine Formel α ist in ***pränexer Normalform****, falls sie die Form $Q_1x_1 \ldots Q_nx_n\ \beta$ hat, wobei $Q_i \in \{\exists, \forall\}$ für $1 \leq i \leq n$ und β quantorenfrei ist. β wird als Kern der Formel bezeichnet.* ■

Die Quantorenfolge vor dem quantorenfreien Kern β wird als *Präfix* der Formel bezeichnet.

Wir legen jetzt ein Transformationsverfahren zur Erzeugung einer logisch äquivalenten pränexen Normalform fest:

Die Eingabe ist Formel in NNF. Sollte die Formel nicht in Negationsnormalform vorliegen, so transformieren wir zuerst die Formel in eine logisch äquivalente Formel in NNF.

1. Führe eine konsistente Umbenennung durch, sodass verschiedene Quantoren sich auf verschiedene Variablen beziehen und keine Variable sowohl gebunden als auch frei vorkommt.
2. Wende folgende Ersetzungsregeln so lange wie möglich an:
   - Ersetze $(\forall x\alpha) \wedge \beta$ durch $\forall x(\alpha \wedge \beta)$
   - Ersetze $(\exists x\alpha) \wedge \beta$ durch $\exists x(\alpha \wedge \beta)$
   - Ersetze $(\forall x\alpha) \vee \beta$ durch $\forall x(\alpha \vee \beta)$
   - Ersetze $(\exists x\alpha) \vee \beta$ durch $\exists x(\alpha \vee \beta)$

An einem Beispiel demonstrieren wir das Verfahren. Im ersten Schritt wird umbenannt. Dann wird der Existenzquantor $\exists y$ über den ganz rechts stehenden Teilausdruck gezogen und schließlich im dritten Schritt über die restlichen Prädikate.

Beispiel 4.14: Pränexe Normalform

$$\begin{aligned} & \forall x \neg P(x) \wedge \forall x\,(P(x) \vee R(x)) \wedge \forall x\,(Q(x) \wedge \exists y\, R(y)) \\ \approx\; & \forall x_1 \neg P(x_1) \wedge \forall x_2(P(x_2) \vee R(x_2)) \wedge \forall x_3(Q(x_3) \wedge \exists y\, R(y)) \\ \approx\; & \forall x_1 \neg P(x_1) \wedge \forall x_2(P(x_2) \vee R(x_2)) \wedge \forall x_3 \exists y(Q(x_3) \wedge R(y)) \\ \approx\; & \forall x_1 \forall x_2 \forall x_3 \exists y\,(\neg P(x_1) \wedge (P(x_2) \vee R(x_2)) \wedge Q(x_3) \wedge R(y)) \end{aligned}$$

Allgemein lässt sich zeigen, dass das Verfahren eine logisch äquivalente Formel in PNF erzeugt:

> *Zu jeder prädikatenlogischen Formel α gibt es eine logisch äquivalente Formel in pränexer Normalform.*

An die Struktur des quantorenfreien Kerns einer Formel in PNF haben wir bisher keine Anforderungen gestellt. Wir könnten beispielsweise verlangen, dass der Kern in *konjunktiver Normalform* vorliegen muss. Für quantorenfreie Formeln ist die konjunktive Normalform wie in der Aussagenlogik definiert. Primformeln spielen dabei die Rolle aussagenlogischer Atome. Ein Literal ist dann eine Primformel oder eine negierte Primformel. Eine Klausel ist wieder eine Disjunktion von Literalen, und eine Konjunktion von Klauseln ist eine konjunktive Normalform. Die Menge der Formeln in konjunktiver Normalform wird wieder mit KNF bezeichnet.

Das Verfahren, welches eine aussagenlogische Formel in eine logisch äquivalente Formel in KNF transformiert, kann dann direkt auf quantorenfreie Formeln angewendet werden.

Das Ziel der nächsten Normalform, der *Skolem-Normalform (SKNF),* ist die Elimination aller Existenzquantoren, sodass wir schließlich eine Formel in pränexer Normalform erhalten, die nur führende Allquantoren besitzt, aber keine Existenzquantoren mehr enthält. Es gelingt nicht immer, eine logisch äquivalente Formel in SKNF zu konstruieren, aber zumindest eine erfüllbarkeitsäquivalente Formel. Für viele Anwendungen ist dies aber völlig ausreichend.

Definition 4.19: Skolem-Normalform, SKNF

Eine Formel α ist in ***Skolem-Normalform****, falls sie die Form* $\forall x_1 \ldots \forall x_n\ \beta$ *hat, wobei β quantorenfrei ist. Der Präfix von α enthält also keine Existenzquantoren.* ■

Die Formel $\forall x \exists y\ P(x, y)$ ist offensichtlich erfüllbar, zum Beispiel mit dem Grundbereich der natürlichen Zahlen und der Relation „x beliebig und y gerade". Es genügt, für die Erfüllbarkeit zu jedem x ein y zu finden, für die die Relation zutrifft. Damit haben wir einen funktionalen Zusammenhang, nämlich abhängig von x einen Wert für y zu bestimmen. Wenn wir für ein neues Funktionssymbol f die Formel $\forall x\ P(x, f(x))$ bilden, indem wir den Existenzquantor entfernen und das Vorkommen von y durch $f(x)$ ersetzen, dann ist die veränderte Formel ebenso erfüllbar. Die resultierende Formel enthält nun nur noch einen Allquantor.

Steht der Existenzquantor, wie bei der Formel $\exists x \forall y\ P(x, y)$, am Anfang der Formel, so ist die Formel erfüllbar, falls es einen Wert für x gibt, für den die Formel wahr wird. Der Wert hängt dabei nicht von anderen Variablen ab. Hier genügt es, die führende Existenzvariable überall durch ein neues Konstantensymbol a zu ersetzen und den Existenzquantor zu streichen. Das Ergebnis ist dann die Formel $\forall y\ P(a, y)$.

Die beschriebene Ersetzung der Existenzquantoren liefert im Allgemeinen nur eine erfüllbarkeitsäquivalente Formel, aber nicht eine logisch äquivalente Formel.

Verfahren zur Erzeugung einer Skolem-Normalform

1. Erstelle eine pränexe Normalform der Formel.
2. Die existenzquantifizierten Variablen werden eliminiert durch:
   - Variable y von führenden Existenzquantoren werden durch neue Konstantensymbole a_y ersetzt: $[y/a_y]$
   - Jede existenzquantifizierte Variable y im Bindungsbereich der allquantifizierten Variablen $x_1, \ldots, x_n$ wird durch einen Term $f_y(x_1, \ldots, x_n)$ ersetzt mit einem neuen Funktionssymbol f_y: $[y/f_y(x_1, \ldots, x_n)]$

Für verschiedene Variablen y sind auch die a_y bzw. f_y verschieden. Die Existenzquantoren werden eliminiert. Die Ergebnisformel ist erfüllbar genau dann, wenn die Ausgangsformel erfüllbar ist.

Allgemein lässt sich zeigen, dass das Verfahren immer zu einer erfüllbarkeitsäquivalenten Formel in SKNF führt:

> *Zu jeder prädikatenlogischen Formel α gibt es eine erfüllbarkeitsäquivalente Formel in Skolem-Normalform (SKNF).*

Nach Durchführung des Verfahrens besitzt die Formel nur noch Allquantoren oder, falls die Anfangsformel nur Existenzquantoren enthielt, keine Quantoren mehr. Im letzteren Fall, da wir von geschlossenen Formeln ausgegangen sind, treten in der Ergebnisformel keine Variablen mehr auf. So wird aus der Formel $\exists x \exists y\ P(x, y)$ die Formel $P(a, b)$ für Konstantensymbole a und b.

Beispiel 4.15: Skolemisierung

Sei $\alpha = \exists x_1 \forall x_2 \forall x_3 \exists y\ (\neg P(x_1) \wedge (P(x_2) \vee S(g(y,\ x_1, x_2)) \wedge Q(x_3) \wedge R(y))$

Ersetze x_1 durch ein neues Konstantensymbol a,
streiche den Existenzquantor $\exists x_1$:

$\alpha \approx_{sat} \forall x_2 \forall x_3 \exists y\ (\neg P(a)\ \wedge (P(x_2) \vee S(g(y, a, x_2))) \wedge Q(x_3) \wedge R(y))$.

Ersetze y durch ein neues Funktionssymbol f mit $f(x2, x3)$,
streiche den Existenzquantor $\exists y$:

$\alpha \approx_{sat} \forall x_2 \forall x_3\ (\neg P(a) \wedge (P(x_2) \vee S(g(f(x_2, x_3), a, x_2))) \wedge Q(x_3) \wedge R(f(x_2, x_3)))$

Einige resolutionsbasierte Theorem-Beweiser, das sind Algorithmen, die versuchen, zu beweisen, dass eine Formel widerspruchsvoll ist, verlangen als Eingabe Formeln in Skolem-Normalform. Wollen wir beweisen, dass $\alpha \models \beta$ gilt, so genügt es zu zeigen: $\alpha \wedge \neg\beta$ ist widerspruchsvoll. Wir transformieren nun die Formel $\alpha \wedge \neg\beta$ in eine erfüllbarkeitsäquivalente Formel γ in Skolem-Normalform und wenden den Theorem-Beweiser auf die Formel γ an. Wegen der Erfüllbarkeitsäquivalenz wissen wir, dass γ widerspruchsvoll ist genau dann, wenn die Formel $\alpha \wedge \neg\beta$ widerspruchsvoll ist. Sollte also γ widerspruchsvoll sein, so gilt die Beziehung $\alpha \models \beta$.

4.2.4 Modellbildung mit der Prädikatenlogik

In diesem Abschnitt werden wir einige Modellierungsbeispiele vorstellen. Zuerst zeigen wir, wie mit Hilfe des Gleichheitsprädikats „=“ Anzahleigenschaften modelliert werden können. Das zweite Beispiel befasst sich dann mit Eigenschaften von Relationen. Im dritten Beispiel demonstrieren wir, wie durch Festlegung des Grundbereichs und durch eine feste Wahl von Funktionen Eigenschaften über diesem Grundbereich beschrieben werden können. Abgeschlossen wird der Abschnitt durch eine Modellierung von Geschwisterbeziehungen.

Mit Hilfe der Gleichheit lässt sich ziemlich einfach beschreiben, dass eine Formel nur über Grundbereichen mit mindestens, genau oder maximal n Elementen erfüllt werden kann. Möchten wir z.B. ausdrücken, dass der Grundbereich mindestens drei Elemente besitzen muss, dann nehmen wir die Formel

$$\beta_3 = \exists x_1 \exists x_2 \exists x_3\ (\neg\ x_1{=}x_2\ \wedge \neg\ x_1{=}x_3 \wedge \neg\ x_2{=}x_3\ ).$$

Wie sehr leicht nachzuprüfen ist, kann β_3 nur wahr werden über einem Grundbereich mit mindestens drei Elementen.

Soll der Grundbereich mindestens n Elemente enthalten, so wählen wir die Formel

$$\beta_n = \exists x_1 \ldots \exists x_n\ (\neg\ x_1{=}x_2 \wedge \ldots \wedge \neg\ x_1{=}x_n \wedge \neg\ x_2{=}x_3\ \wedge \ldots\ldots \wedge \neg\ x_{n-1}{=}x_n)$$

und fügen sie unserer Ursprungsformel hinzu. Besteht die Forderung nach maximal n Elementen, dann wählen wir die Formel

$$\gamma_n = \exists x_1 \ldots \exists x_n \forall y\ \ (y{=}x_1 \vee \ldots . \vee y{=}x_n)$$

Fassen wir beide Formeln zusammen, so erhalten wir die Forderung nach genau n Elementen, d.h. für $\beta_n \wedge \gamma_n$ besitzt jede erfüllende Interpretation einen Grundbereich mit genau n Elementen.

Das nächste Beispiel zeigt, wie wir verschiedene Eigenschaften von Relationen, wie die Reflexivität, die Irreflexibilität, die Symmetrie und Ordnungsaspekte mit Hilfe prädikatenlogischer Formeln beschreiben können.

Beispiel 4.16: Eigenschaften von Relationen

$\alpha_1 = \forall x\, R(x, x)$	reflexiv
$\alpha_2 = \forall x\, \neg R(x, x)$	irreflexiv
$\alpha_3 = \forall x \forall y\, (R(x, y) \rightarrow R(y, x))$	symmetrisch
$\alpha_4 = \forall x \forall y \forall z\, (R(x, y) \wedge R(y, z) \rightarrow R(x, z))$	transitiv
$\alpha_5 = \forall x \forall y\, (R(x, y) \wedge R(y, x) \rightarrow x{=}y)$	antisymmetrisch
$\alpha_6 = \forall x \forall y\, (R(x, y) \vee R(y, x))$	total

Die Formel $\alpha_1 \wedge \alpha_3 \wedge \alpha_4$ beschreibt dann eine Äquivalenzrelation. Ein Beispiel für eine Äquivalenzrelation ist die Gleichheit „=“. Das heißt, für jede Interpretation mit $\Im(\alpha_1)=\mathbf{w}$ und $\Im(R)=R_I$ ist die zweistellige Relation R_I eine Äquivalenzrelation.

Die Kleiner-Relation „<“ für natürliche Zahlen ist ein Beispiel für eine Relation mit dem Grundbereich $\mathbb{N}$, die $\alpha_2 \wedge \alpha_4 \wedge \alpha_6$ erfüllt. Da sie irreflexiv und transitiv ist, ist sie gemäß Definition 2.12 eine strenge Halbordnung.

Die Kleiner-gleich-Relation über $\mathbb{N}$ erfüllt außer $\alpha_1 \wedge \alpha_4$ auch $\alpha_5 \wedge \alpha_6$. Denn für Zahlen n und m gilt $n \leq m$ oder $m \leq n$ und aus $n \leq m$ oder $m \leq n$ folgt $n=m$. Sie ist damit eine totale Ordnung.

Im nächsten Beispiel 4.17 wollen wir einige Eigenschaften über den natürlichen Zahlen beschreiben. Neben dem oben eingeführten Gleichheitsprädikat wollen wir die übliche Addition für die natürlichen Zahlen verwenden. Dazu legen wir fest, dass $x + y$ als die Addition über den natürlichen Zahlen interpretiert werden muss.

Beispiel 4.17: Zahleneigenschaften

$$\alpha = \forall x \forall y\ \ (Kl(x, y) \leftrightarrow \exists z\, (x+z = y\ \wedge \neg\, z = 0))$$

$$\beta = \forall x \forall y\, (m(x, 0) = 0 \wedge m(x, y+1) = m(x, y)+x)$$

$$\sigma = \forall x\, (Prim(x) \leftrightarrow (Kl(1, x) \wedge \neg \exists y \exists z\, (m(y, z) = \mathrm{x}\ \wedge \neg y = x\ \wedge \neg\, z = \mathrm{x}))$$

Gehen wir nun davon aus, dass $\mathbb{N}$ der Grundbereich der Interpretationen, 0 und 1 die Zahlen sind und „+“ als die übliche Addition interpretiert wird.

Die erste Formel α beschreibt gerade die Kleiner-Relation für natürliche Zahlen. Denn $Kl(x, y)$ gilt genau dann, wenn eine natürliche Zahl größer 0 zu x addiert die Zahl y ergibt. Die zweite Formel enthält als einzigen frei interpretierbaren Teil das zweistellige Funktionssymbol m. Die Formel β ist eine rekursive Beschreibung der Multiplikation. Denn $m(x, 0) = 0$ beschreibt gerade den Rekursionsanfang, dass eine Zahl x mit 0 multipliziert wieder 0 ergibt. $m(x, y+1) = m(x, y)+x$ ist der Rekursionsschritt, der besagt, dass ein x mit y+1 multipliziert gerade x mit y multipliziert plus x ist. Über dem Grundbereich $\mathbb{N}$ und „+" als Addition ist für jede erfüllende Interpretattion *m* gerade die Multiplikation.

Wie man sofort sieht, modelliert die Formel $\alpha \wedge \beta \wedge \sigma$ die Primzahleigenschaft. Denn mit *Kl* als Kleiner-Relation und *m* als Multiplikation ist σ mit dem einstelligen Prädikat *Prim* nichts anderes als eine Definition von Primzahlen.

Im letzten Beispiel 4.18 wollen wir Verwandtschaftsbeziehungen zwischen Personen modellieren. Unter den vielen Verwandtschaftverhältnissen betrachten wir nur einen kleinen Ausschnitt, und den auch nicht vollständig. Als Ausgangsbasis ist ein kurzer Text gegeben, der einige Informationen über Mütter und Väter enthält. Stillschweigend, und das kann durchaus kritisch sein, gehen wir davon aus, dass jedem klar ist, was Eltern und was Geschwister sind.

Beispiel 4.18: Verwandtschaft

Gegeben sei der folgende Text:

Eva ist die Mutter von Paul und Maria.
Egon ist der Vater von Vera. Hans ist der Vater von Maria und Paul.
x und y sind die Eltern von z, falls x der Vater von z und y die Mutter von z ist.
Es handelt sich um Geschwister, falls beide dieselben Eltern haben.

Formalisierung:
Für die Repräsentation der Mutter- bzw. Vaterbeziehung wählen wir das zweistellige Prädikat *Mutter* bzw. *Vater*. Für jede Person wählen wir ein Konstanten(symbol): eva für Eva, paul für Paul, hans für Hans, egon für Egon und vera für Vera.

1. Fakten:
   (a) Mutterbeziehung:
   $Mutter(eva, paul) \wedge Mutter(eva, maria)$
   (b) Vaterbeziehungen:
   $Vater(hans, paul) \wedge Vater(hans, maria) \wedge Vater(egon, vera)$
2. Axiomatisierung (d. h. Modellbildung) der Eltern:
   $\forall x \forall y \forall z\ ((Vater(x, z) \vee Mutter(y, z)) \rightarrow Eltern(x, y, z))$
3. Axiomatisierung (d. h. Modellbildung) der Geschwister:
   $\forall x \forall y(\exists u \exists v(Eltern(u, v, x) \wedge Eltern(u, v, y)) \rightarrow Geschwister(x, y))$
4. α sei die Konjunktion der Teilformeln.

Die Formel, die die Geschwisterbeziehung beschreibt, hätten wir auch wie folgt formulieren können:

$$\forall x \forall y \forall u \forall v\ (Eltern(u, v, x) \wedge Eltern(u, v, y) \rightarrow Geschwister(x, y))$$

Denn es gilt:

$$\forall x \forall y\ (\exists u \exists v\ (Eltern(u, v, x) \wedge Eltern(u, v, y)) \rightarrow Geschwister(x, y))$$

$\approx \quad \forall x \forall y\, (\neg \exists u \exists v\, (Eltern(u, v, x) \wedge Eltern(u, v, y)) \vee Geschwister(x, y))$

$\approx \quad \forall x \forall y\, (\forall u \forall v\, \neg(Eltern(u, v, x) \wedge Eltern(u, v, y)) \vee Geschwister(x, y))$

$\approx \quad \forall x \forall y \forall u \forall v\, (\neg(Eltern(u, v, x) \wedge Eltern(u, v, y)) \vee Geschwister(x, y))$

$\approx \quad \forall x \forall y \forall u \forall v\, (Eltern(u, v, x) \wedge Eltern(u, v, y) \rightarrow Geschwister(x, y))$

Ohne Verwendung der prädikatenlogischen Formel schließen wir aus dem Text, dass Eva und Paul Geschwister sind, denn beide haben dieselben Eltern. Ob z.B. Vera und Paul Geschwister sind, wissen wir nicht, da keine Informationen über die Mutter von Vera vorliegen.

Wir untersuchen nun, was aus der Formel α folgt:

1. Aus der Formel α folgt *Geschwister* (*paul*, *maria*). Denn sei $\Im$ eine Interpretation, für die α wahr ist, dann ist für $\Im$ auch
(*Mutter* (*eva, paul*), *Mutter* (*eva, maria*), *Vater* (*hans, paul*) und *Vater* (*hans, maria*)) wahr. Deshalb gilt auch
$\Im$(*Eltern* (*hans, eva, paul*))= $\Im$(*Eltern* (*hans, eva, maria*))=**w**.
Mit der vierten Teilformel gilt $\Im$(*Geschwister* (*paul*, *maria*))=**w**.
2. ¬*Geschwister* (*paul*, *vera*) folgt nicht aus der Formel α. Sei $\Im$ eine Interpretation, die über einem (beliebig gewählten) Grundbereich *Mutter*, *Vater*, *Geschwister* und *Eltern* die Relationen zuordnen, die für alle Tupel zutreffen. Offensichtlich erfüllt die Interpretation die Formel, aber nicht die Formel ¬*Geschwister* (*paul*, *vera*). Da die Interpretation auch für die Formel $\exists x \exists y\, \neg Geschwister\,(x, y)$ den Wert falsch liefert, ist auch diese Formel keine Folgerung.

Auch wenn wir eine vollständige Liste aller Mutter- und Vaterbeziehungen vorliegen hätten, könnten wir nicht aus der obigen Formel folgern, dass für irgendwelche Personen keine Geschwisterbeziehung vorliegt. Da sich aber alle Geschwisterbeziehungen aus der Formel folgern ließen, könnten wir guten Gewissens annehmen, dass „alles, was nicht folgt, auch nicht gilt". Diese Annahme wird auch als Closed World Assumption bezeichnet. Sie ist aber im Allgemeinen unzulässig. Für die Modellbildung von Anwendungen in der Informatik ist sie aber durchaus gebräuchlich. Eine Reihe von Systemen der Künstlichen Intelligenz aber auch von relationalen Datenbanken benutzen dieses Konzept.

4.3 Elementare Beweistechniken

Durch formale Kalküle, wie sie z.B. in diesem Buch eingeführt werden, sind wir in der Lage, Eigenschaften von Modellen und Systemen zu beweisen. Dies betrifft nicht nur die theoretische Informatik, sondern auch die anwendungsorientierten Gebiete der Informatik. Beispielsweise sind Hard- und Softwaresysteme zu verifizieren und die Sicherheit von Programmen zu gewährleisten. Auf der Grundlage der in den vorherigen Abschnitten eingeführten Aussagenlogik und Prädikatenlogik werden wir einige grundlegende Techniken und Beweisstrukturen vorstellen. Der sichere Umgang mit diesem Handwerkszeug gehört neben dem Verständnis des Gebietes, in dem man etwas beweisen will, zu den notwendigen Kompetenzen für die Entwicklung und die Präsentation von Beweisen. An weiterer Literatur empfehlen wir das Buch *Velleman 2006* [41].

4.3.1 Formaler Rahmen und Grundlagen

In diesem Abschnitt werden wir einen formalen Rahmen für Sätze und deren Beweise vorstellen und neben einigen wichtigen Grundlagen die Methode des indirekten Beweises erklären. Aussagen, die wir beweisen wollen, bringen wir erst einmal in eine Form, aus der klar ersichtlich ist, welche Voraussetzungen gegeben sind und was eigentlich bewiesen werden soll. Nehmen wir dazu den Satz des Pythagoras: Für jedes rechtwinkelige Dreieck ist das Quadrat der Hypothenuse gleich der Summe der Quadrate der Katheten. Der Satz besteht aus einer Voraussetzung, der Prämisse, und einer Behauptung, der Konklusion.

Beispiel 4.19: Satzform

Satz: (Pythagoras)

Voraussetzung: Gegeben sei ein beliebiges rechtwinkeliges Dreieck, die Länge der Hypothenuse sei c und die Längen der anderen Seiten seien a und b.

Behauptung: Dann gilt $c^2 = a^2 + b^2$.

Nach der Formulierung des Satzes muss deutlich zu erkennen sein, wo der Beweis anfängt. Dies geschieht durch das Wort *Beweis*. Da Beweise im Allgemeinen nicht nur für den Verfasser selber geschrieben werden, sondern von anderen gelesen und nachvollzogen werden sollen, ist es außer bei trivialen Beweisen sinnvoll, die Idee, die Struktur und die Methode des Beweises kurz, aber verständlich anzugeben.

Je nach Vorlieben werden verschiedene Kennzeichnungen für das Beweisende verwendet, beispielsweise eine Box oder die Abkürzung **q.e.d.**, die für *quod erat demonstrandum* steht. Ein Satz und der Beweis haben also den folgenden Rahmen:

Beispiel 4.20: Satz-Beweisform

Satz: Name des Satzes

Voraussetzung: P.

Behauptung: Q.

Beweis: kurzer Hinweis auf die Idee, Methode, Struktur des Beweises

Beweistext.

q.e.d.

Eine wichtige Beweismethode ist der *indirekte Beweis*. Er beruht auf dem schon in Abschnitt 4.1 über die Aussagenlogik bekannten Zusammenhang: Aus P folgt Q genau dann, wenn $P \wedge \neg Q$ widerspruchsvoll ist. D.h. ein Satz der Form *Voraussetzung P und Behauptung Q* gilt genau dann, wenn P zusammen mit dem Gegenteil von Q, also $\neg Q$, widerspruchsvoll ist. Fehlt die Prämisse P, dann gilt Q genau dann, wenn $\neg Q$ widerspruchsvoll ist.

Beispiel 4.21: Schema für indirekten Beweis

Satz: Name

Voraussetzung: P.

Behauptung: Q.

Beweis: (indirekter Beweis, durch Widerspruch)

Nimm das Gegenteil an von Q, also $\neg Q$;

führe $\neg Q$ zu einem Widerspruch;

hierbei darf die Voraussetzung P verwendet werden.

q.e.d.

Die Anwendung des indirekten Beweises wollen wir jetzt an einem Beispiel verdeutlichen:

Beispiel 4.22: Primzahlen

Satz: Unendlich viele Primzahlen.

Voraussetzung:

Behauptung: Es gibt unendlich viele Primzahlen.

Beweis: (durch Widerspruch)

Wir nehmen das Gegenteil an: Es gibt nur endlich viele Primzahlen, sagen wir $p_1, \ldots, p_n$.
Sei $m = p_1 * p_2 * \ldots * p_n + 1$. m ist nicht durch p_1 teilbar, denn m dividiert durch p_1 ergibt $p_2 * \ldots * p_n$ mit Rest 1. Aus demselben Grund ist m auch nicht durch $p_2, p_3 \ldots$ oder p_n teilbar.

Wir verwenden nun die Tatsache, dass eine Zahl, die größer als 1 ist, entweder eine Primzahl ist, oder als ein Produkt von Primzahlen geschrieben werden kann. m ist größer als 1. Deshalb fahren wir mit einer **Fallunterscheidung** fort:

Fall 1: *m ist eine Primzahl.* Da m größer als jede der Primzahlen $p_1, .., p_n$ ist, haben wir eine weitere Primzahl gefunden. Das ist ein Widerspruch zur Annahme, dass nur $p_1, .., p_n$ Primzahlen sind.

Fall 2: *m ist ein Produkt von Primzahlen.* Sei q eine dieser Primzahlen, die m teilt. Da $p_1, .., p_n$ nicht Teiler von m sind, muss q verschieden von $p_1, .., p_n$ sein. Das ist ein Widerspruch zur obigen Annahme. Damit haben wir die Annahme, also das Gegenteil der Behauptung des Satzes, zum Widerspruch geführt. Also gilt die Behauptung.

q.e.d.

In dem Beweis des Satzes haben wir außer der Beweismethode des indirekten Beweises noch eine weitere Methode benutzt, und zwar die Fallunterscheidung: m ist entweder eine

Primzahl oder m ist ein Produkt von Primzahlen. Bei der Fallunterscheidung ist es hilfreich, die einzelnen Fälle deutlich zu kennzeichnen. Später werden wir noch einmal sowohl auf den indirekten Beweis wie auch auf die Fallunterscheidung eingehen.

Wir haben in dem obigen Beispiel einen Beweis vorgestellt, ohne zu sagen, was eigentlich ein Beweis ist. Um diese Frage beantworten zu können, müssten wir tief in die Grundlagen und in die Logik einsteigen. Da wir in diesem Abschnitt aber nur das Handwerkszeug für das Erstellen von Beweisen ansprechen wollen, werden wir uns auf wenige Aspekte beschränken. Die Mathematik als die formale Wissenschaft an sich beruht auf Axiomen, die als wahr angenommen werden, und auf logischen Schlussregeln, mit denen aus den Axiomen Schritt für Schritt weitere Aussagen abgeleitet werden.

Definitionen sind nur Abkürzungen für komplexe Konstrukte, um einfacher und eleganter über Aussagen sprechen und Beweise kompakter führen zu können. So ist beispielsweise der Begriff der Halbordnung für Relationen definiert. Immer wenn wir ausdrücken wollen, dass eine Relation diese Eigenschaft hat, benutzen wir den Begriff der Halbordnung, um die Eigenschaft nicht in den definierten Einzelheiten angeben zu müssen.

Wie schon gesagt, sind logische Schlussregeln dazu da, um aus einer Menge von Aussagen eine neue Aussage abzuleiten. Schlussregeln sind in diesem Sinne lokale Operationen zur Erzeugung neuer logisch korrekter Aussagen. Ohne dies explizit zu erwähnen, haben wir in dem Beweis über Primzahlen verschiedene Schlussregeln benutzt, die wir schon aus den Abschnitten 4.1 und 4.2 kennen. So können wir aus der Implikation *Ist m keine Primzahl, dann ist m das Produkt von Primzahlen* und der Annahme *m ist keine Primzahl* schließen, dass *m das Produkt von Primzahlen* ist. Dieser Schluss wird *Modus Ponens* genannt. Er besitzt als Prämisse Aussagen der Form P und $(P \rightarrow R)$ und liefert dann die Schlussfolgerung R.

In einem Beweis können wir alle schon früher bewiesenen Sätze und auch die bekannten Definitionen als Voraussetzung benutzen, ohne diese explizit in die Voraussetzung des Satzes aufzunehmen. So haben wir in dem obigen Beispiel von Primzahlen gesprochen, ohne ihre Definition noch einmal anzugeben. Weiterhin haben wir den Satz verwendet, dass sich jede natürliche Zahl, die größer als 1 ist, als Produkt von Primzahlen darstellen lässt. Nicht immer gehört ein solcher Satz zum Allgemeinwissen. Um die Korrektheit eines Beweises überprüfen zu können, muss dann angegeben werden, wo der Beweis eines solchen Satzes zu finden ist. Üblicherweise wird dann das entsprechende Buch oder die entsprechende Literaturstelle zitiert.

Nehmen wir einmal an, dass wir eine Aussage über eine symmetrische Relation R beweisen wollen und schon wissen, dass $x\,R\,y$ gilt. Dann folgt daraus, dass auch $y\,R\,x$ gilt. In einem Beweis würde man dann schreiben: Es gilt $x\,R\,y$. Gemäß der Definition 2.10 von symmetrischen Relationen gilt dann auch $y\,R\,x$.

4.3.2 Elementare Beweisstrukturen

Die Grobstruktur eines Beweises lässt sich oftmals schon aus der Struktur der zu beweisenden Aussage ableiten, wobei wir davon ausgehen, dass die Aussage als Satz oder innerhalb eines Satzes bewiesen werden soll. Aussagen sind häufig zusammengesetzt aus einzelnen Bestandteilen, die durch logische Junktoren und Quantoren verknüpft sind. Wir werden zuerst abhängig von den auftretenden Junktoren und anschließend abhängig von den führenden Quantoren verschiedene Beweisschemata vorstellen.

1. Form Konjunktion ($P \wedge R$)

Ein Satz $P \wedge R$ gilt, falls sowohl P als auch R gelten. Somit müssen in einem Beweis beide Teilaussagen gezeigt werden. Das Beweisschema sieht dann wie folgt aus:

Beispiel 4.23: Konjunktion

Satz:

Behauptung: ($P \wedge R$)

Beweis:

Teil 1: Zeige P.

Teil 2: Zeige R.

q.e.d.

2. Form Disjunktion ($P \vee R$)

Eine Aussage ($P \vee R$) gilt, falls mindestens eine der Aussagen P und R gilt. Für einen Beweis bedeutet dies, dass wir eine Fallunterscheidung vornehmen können. Wir unterscheiden die Fälle *P gilt* und *P gilt nicht*. Im ersten Fall, dass P gilt, haben wir nichts zu zeigen. Also bleibt nur der Fall, dass P nicht gilt. Dann müssen wir R zeigen und können dabei verwenden, dass P nicht gilt:

Beispiel 4.24: Disjunktion

Satz:

Behauptung: ($P \vee R$)

Beweis:

Fall 1: *P gilt*: fertig.

Fall 2: *P gilt nicht*. Nimm $\neg P$ an. Zeige, dass R gilt.

q.e.d.

3. Form Implikation ($P \rightarrow R$)

Eine Implikation ($P \rightarrow R$) ist äquivalent zu ($\neg P \vee R$), siehe Abschnitt 4.1, und kann somit mit dem obigen Schema für die Disjunktion bewiesen werden. Im Beweisschema wird also P angenommen und damit R gezeigt.

Implikationen treten häufig innerhalb eines Beweises auf und können mit dem *Kettenschluss* zu neuen Implikationen führen. Sei beispielsweise $(P \rightarrow R)$ und $(R \rightarrow S)$ gegeben, dann folgt daraus die Implikation $(P \rightarrow S)$. Der Kettenschluss verknüpft also zwei Implikationen, wobei die Konklusion einer der gegebenen Implikationen die Prämisse der anderen ist.

Bevor wir nun ein Beweisschema angeben, wollen wir als Vorbereitung die einzelnen Schritte diskutieren. Als Voraussetzung sei gegeben P, $(P \rightarrow T)$, $(T \rightarrow S)$, und wir wollen R beweisen. Wir können mit dem Kettenschluss von $(P \rightarrow T)$ und $(T \rightarrow S)$ auf $(P \rightarrow S)$ schließen und dann mit der Voraussetzung P die Ausssage S folgern. Es fehlt nun noch die Verbindung zu R. Diese könnte hergestellt werden, indem wir die Implikation $(S \rightarrow R)$ beweisen und dann mit S auf R schließen.

Beispiel 4.25: Ketten

Satz:

Voraussetzung: P, $(P \rightarrow T)$, $(T \rightarrow S)$.

Behauptung: R.

Beweis:

Schließe aus der Voraussetzung $(P \rightarrow T)$ und $(T \rightarrow S)$ auf $(P \rightarrow S)$.

Schließe aus der Voraussetzung P und aus $(P \rightarrow S)$ auf S.

Beweise als Zwischenschritt die Implikation $(S \rightarrow R)$.

Schließe mit Hilfe von S und $(S \rightarrow R)$ auf R.

q.e.d.

4. Form Komplexe Implikation $(P_1 \vee \ldots \vee P_n) \rightarrow Q$

Die zu beweisende Aussage besteht nicht immer aus nur einer einfachen Konjunktion. Sie kann durchaus eine komplexere Struktur aufweisen. Ein Beispiel ist der Satz: *Sei $x \in [3, 5]$ oder $x \in [7, 9]$ oder $x \in [22, 34]$, dann gilt $f(x) = g(x)$.* Der Satz hat im Kern die Form $(P_1 \vee \ldots \vee P_n) \rightarrow Q$. Hier ist $n=3$, $P_1 = (x \in [3, 5])$, $P_2 = (x \in [7, 9])$, $P_3 = (x \in [22, 34])$ und Q ist $f(x) = g(x)$.

Die oben beschriebene Beweisstruktur für die Implikation kann auch hier angewendet werden. Denn eine Aussage $(P_1 \vee \ldots \vee P_n) \rightarrow Q$ ist logisch äquivalent zu $(P_1 \rightarrow Q) \wedge \ldots \wedge (P_n \rightarrow Q)$. Wir können den Beweis so konstruieren, dass wir die einzelnen Implikationen zeigen. Wir führen also eine Fallunterscheidung durch, wobei jedem der P_i ein Fall zugeordnet wird. In dem Beweis kennzeichnen wir zur besseren Lesbarkeit die einzelnen Fälle. Diese Überlegung ergibt dann das folgende Beweisschema:

Beispiel 4.26: Komplexe Implikation

Satz:

Behauptung: $(P_1 \vee \ldots \vee P_n) \rightarrow Q$

Beweis: (durch Fallunterscheidung)

Fall 1: Zeige ($P_1 \rightarrow Q$).

...

Fall n: Zeige ($P_n \rightarrow Q$).

q.e.d.

Wir werden später im Zusammenhang mit Quantoren noch näher auf die Beweismethode der Fallunterscheidung eingehen.

5. Form Komplexe Strukturen

Die Behauptung eines Satzes kann recht komplexe Kombinationen von Konjunktionen, Disjunktionen, Negationen, aber auch von Quantoren enthalten. Um einen Beweis zu finden und nachvollziehbar aufzuschreiben, wird oftmals die Behauptung umgeformt und in eine übersichtlichere Struktur gebracht. Diese Umformungen beruhen im Allgemeinen auf der Anwendung von Umformungsregeln oder Umformungsgesetzen, die aus Abschnitt 4.1 bekannt sind. Wir wollen an dieser Stelle nicht zu tief auf die verschiedenen Varianten eingehen, sondern nur an einem Beispiel die Vorgehensweise demonstrieren.

Sei die Aussage $\neg(P \vee R)$ als Satz oder innerhalb eines Beweises zu beweisen. Es soll also gezeigt werden, dass nicht gilt *P oder R*. Die Aussage $\neg(P \vee R)$ ist logisch äquivalent zu $\neg P \wedge \neg R$. Für den Beweis von $\neg(P \vee R)$ könnte somit das obige Beweisschema für die Konjunktion benutzt werden. Dann ist im ersten Fall $\neg P$ und im zweiten Fall $\neg R$ zu zeigen.

An einem weiteren Beispiel wollen wir das Prinzip noch einmal erklären.

Beispiel 4.27: Ordnungen

Satz:

Voraussetzung: Sei R eine zweistellige Relation über der Menge M und sei $a,b \in M$ mit a ungleich b.

Behauptung: R ist weder eine Halbordnung, noch eine strenge Halbordnung, noch eine totale Ordnung.

Beweis: Die Struktur des Satzes hat die Form $Z \rightarrow (\neg HO \wedge \neg sHO \wedge \neg tO)$, wobei Z für die Voraussetzung steht, HO und sHO für Halbordnung und strenge Halbordnung und tO für totale Ordnung. Der Beweis könnte dann wie folgt gegliedert werden:

Nimm Z an {siehe Schema für die Implikation} und zeige die Konklusion $(\neg HO \wedge \neg sHO \wedge \neg tO)$.

Beweis von $(\neg HO \wedge \neg sHO \wedge \neg TO)$

Teil 1: Zeige $\neg HO$

Teil 2: Zeige $\neg sHO$

Teil 3: Zeige $\neg TO$

q.e.d.

4.3.3 Quantoren

Bisher haben wir noch keine quantifizierten Aussagen betrachtet. Viele Aussagen in der Informatik und der Mathematik beinhalten aber Variable, die wiederum aus verschiedenen Wertebereichen stammen können. Sei der Grundbereich D, eine nicht-leere Menge von Elementen, und E eine Eigenschaft für Elemente aus D. Im wesentlichen werden wir in diesem Abschnitt Beweisschemata für Aussagen der Form $\exists x \in D: E(x)$ und $\forall x \in D: E(x)$ vorstellen. Nicht immer werden Aussagen, die eigentlich quantifizierte Ausdrücke enthalten, mit *für alle* ($\forall x$) oder *es gibt* ($\exists x$) formuliert. So ist beispielsweise die Aussage *Seien n und m natürliche Zahlen, dann gilt* $(n+m)^2 = n^2 + 2mn + m^2$ eine quantifizierte Aussage über natürliche Zahlen n und m. Wir könnten sie auch schreiben als $\forall n \in \mathbb{N}\ \forall m \in \mathbb{N} : (n+m)^2 = n^2 + 2mn + m^2$.

1. Form $\exists x \in D: E(x)$

Der Beweis einer Behauptung der Form $\exists x \in D: E(x)$ kann auf verschiedene Art und Weise geführt werden. Eine Möglichkeit ist es, ein x_1 aus der Menge D zu bestimmen und dann $E(x_1)$ zu zeigen. So ist z. B. die Behauptung *Es gibt eine Primzahl p mit* $10 \leq p \leq 15$ einfach zu zeigen, indem wir $p=11$ setzen und nachweisen, dass 11 eine Primzahl ist. Ein solches Element zu finden, kann schwierig oder auch praktisch unmöglich sein. In einem solchen Fall bietet sich der indirekte Beweis an. Die Negation von $\exists x \in D: E(x)$ ist äquivalent zu $\forall x \in D: \neg E(x)$; siehe dazu die Umformungsregeln aus Abschnitt 4.2. Diese Aussage müsste dann zu einem Widerspruch geführt werden.

2. Form $\forall x \in D: E(x)$

Für diese Form der Behauptung wollen wir drei Vorgehensweisen vorstellen, und zwar den indirekten Beweis, den Beweis durch Fallunterscheidung und schließlich den Beweis durch Induktion.

Indirekter Beweis

In einem indirekten Beweis nehmen wir das Gegenteil der Behauptung an und zeigen dann einen Widerspruch. Das Gegenteil der Aussage $\forall x \in D: E(x)$ ist $\neg(\forall x \in D: E(x))$, was wiederum äquivalent ist zu $\exists x \in D: \neg E(x)$. An dem Beweis des nächsten Satzes wollen wir die Vorgehensweise verdeutlichen.

Beispiel 4.28: Indirekter Beweis für Allaussagen

Satz:

Behauptung: Für alle natürlichen Zahlen $n > 1$ gilt $n^3 > n^2$.

Beweis: (Indirekter Beweis)

Wir nehmen an, es gelte das Gegenteil der Behauptung, also
$\neg(\forall n \in \mathbb{N}: (n>1 \rightarrow n^3 > n^2))$.

Mit der Umformung erhalten wir dann $\exists n \in \mathbb{N}: (n>1 \wedge n^3 \leq n^2)$.
Sei n_0 eine solche Zahl mit $n_0{}^3 \leq n_0{}^2$. Wir teilen nun beide Seiten der Unglei-

chung durch n_0^2 und erhalten die Ungleichung $n_0 \leq 1$. Das widerspricht der Voraussetzung $n_0 > 1$.

q.e.d.

Beweis durch Fallunterscheidung

Ein weiteres Beispiel führt uns zu Beweisen mit Fallunterscheidungen. Nehmen wir an, wir wollen zeigen, dass für alle ganzen Zahlen ungleich 0 die Aussage $n^2 > n$ gilt. Die Menge der ganzen Zahlen ungleich 0 lässt sich aufteilen in die Zahlen, die größer als 0 sind, und die Zahlen, die kleiner als 0 sind. Wir können den Beweis in diese beiden Fälle aufteilen:

Beispiel 4.29: Fallunterscheidung der Menge

Satz:

Behauptung: Für alle ganzen Zahlen ungleich 0 gilt $n^2 > n$.

Beweis: (Beweis durch Fallunterscheidung)

Wir zerlegen die Menge der ganzen Zahlen in $M_< = \{n|\ n < 0\}$ und $M_> = \{n|\ n > 0\}$.

Fall 1: *Es gelte* $n \in M_<$. Dann zeigen wir $n^2 > n$.

Fall 2: *Es gelte* $n \in M_>$. Dann zeigen wir $n^2 > n$.

Die Idee des Beweises durch Fallunterscheidung ist es, die Grundmenge D in endlich viele Mengen $D_1 \cup ... \cup D_r = D$ aufzuteilen und dann für jede der einzelnen Mengen D_i die Aussage $\forall x \in D_i$: $E(x)$ zu zeigen. Das Schema sieht dann wie folgt aus:

Beispiel 4.30: Fallunterscheidung

Satz:

Behauptung: $\forall x \in D : E(x)$

Beweis: (Beweis durch Fallunterscheidung)

Wir zerlegen die Menge D in endlich viele Mengen $D_1 \cup ... \cup D_r = D$.

Fall 1: *Menge* D_1. Zeige $\forall x \in D_1$: $E(x)$.

...

Fall r: *Menge* D_r. Zeige $\forall x \in D_r$: $E(x)$.

q.e.d.

Im Fall einer endlichen Menge $D = \{a_1, .., a_m\}$ können wir soweit gehen, dass wir jedem Element a_i einen Fall i zuordnen. Eine solche Zuordnung ist natürlich nur bei kleinen Mengen sinnvoll, da sonst zu viele Fälle in dem Beweis auftreten würden. Weitere Gründe für eine Fallunterscheidung können sein: das Abspalten von Sonderfällen, z. B. bei Zahlen $x = 0$ und $x > 0$ oder z. B. bei Mengen $m = \emptyset$ und $m \neq \emptyset$ oder Teilmengen von m, wenn m schon als Vereinigung von Mengen gegeben ist. Die Fallunterscheidung kann auch als Zwischenschritt und auch geschachtelt in einem Beweis auftreten. Dazu geben wir nun ein Beispiel an.

Wir wollen die folgende Aussage beweisen: *Seien A und B zweistellige, symmetrische Relationen über der Menge M. Dann ist $C = A \cup B$ auch eine symmetrische Relation.* Der Satz ist eigentlich eine quantifizierte Aussage, denn er besagt, dass für alle zweistelligen, symmetrischen Relationen A und B die Vereinigung $C = A \cup B$ symmetrisch ist. Wir können hier z. B. unterteilen in den Fall, dass A und B leer sind, und den Fall, dass mindestens eine Relation nicht leer ist. Da C die Vereinigung von A und B ist, können wir wiederum unterteilen in den Fall, dass für $x\ C\ y$ gilt $x\ A\ y$ oder $x\ B\ y$, und dann die einzelnen Teilziele beweisen. Damit ergibt sich der folgende Beweis:

Beispiel 4.31: Fallunterscheidung symmetrische Relation

Satz:

Behauptung: Seien A und B zweistellige, symmetrische Relationen über der Menge M. Dann ist $C = A \cup B$ auch eine symmetrische Relation.

Beweis: (geschachtelte Fallunterscheidung)

Fall 1: A und B seien leer. Dann ist auch C leer und gemäß der Definition der Symmetrie auch symmetrisch.

Fall 2: A oder B seien nicht leer. Dann ist auch C nicht leer. Es sei $x\ C\ y$ für bestimmte Elemente x und y.

Fallunterscheidung über $x\ A\ y$:

> **Fall 2.1:** Gelte $x\ A\ y$. Dann gilt auch $y\ A\ x$, da A symmetrisch ist, und damit gilt $y\ C\ x$.
>
> **Fall 2.2:** Gelte nicht $x\ A\ y$. Wegen $x\ C\ y$ muss dann $x\ B\ y$ gelten. Da B symmetrisch ist, erhalten wir $y\ B\ x$ und damit $y\ C\ x$.

Ende der inneren Fallunterscheidung.

Es folgt also, dass für $x\ C\ y$ auch $y\ C\ x$ gilt. Deshalb ist C eine symmetrische Relation.

q.e.d.

Beweis durch Induktion

Eine wichtige Beweismethode ist die Induktion über den natürlichen Zahlen und insbesondere in der Informatik über induktiv aufgebaute Mengen. Bevor wir auf diese Beweismethode näher eingehen, wollen wir zuerst die induktive Definition von Mengen ansprechen.

Die natürlichen Zahlen lassen sich recht kanonisch wie folgt einführen: Wir beginnen mit dem Anfangselement 0 und legen fest, 0 ist in der Menge M. Dann geben wir eine Regel an, mit der man aus schon erzeugten Elementen ein neues Element generiert. Dies sei etwa die Regel: Ist n in der Menge M, dann ist auch $n+1$ in der Menge M. Diese Regel angewendet auf 0, ergibt dann die Zahl 1. Wiederum angewendet erhalten wir die Zahl 2, usw. Schließlich legen wir noch fest, dass ein Element nur zu M gehört, wenn es mit Hilfe des Anfangselementes 0 und der Regel erzeugt werden kann. Diese Struktur einer Definition wird als induktive Definition bezeichnet. Die allgemeine Struktur auf endlich viele Anfangselemente und endlich viele Regeln erweitert sieht dann wie folgt aus, wobei die $f_i\,(x_1,\dots, x_m)$ die Vorschriften zur Bildung neuer Elemente sind:

Definition 4.20: Induktive Definition einer Menge M

1. *Lege die Anfangselemente fest; z. B.* $a_1,\dots, a_n$ *ist in M.*
2. *Regel 1: Seien* $x_1,\dots, x_m$ *in M, dann ist auch* $f_1(x_1,\dots, x_m)$ *in M.*

   ...

   Regel r: Seien $x_1, .., x_m$ *in M, dann ist auch* $f_r(x_1, .., x_m)$ *in M.*
3. *Nur die mit (1) und den Regeln 1 bis r erzeugten Elemente sind in M.* ■

Wenn man nun eine Eigenschaft E für eine solche induktiv definierte Menge M beweisen will, so kann man dies vornehmen, indem man zuerst überprüft, ob die Eigenschaft für die Anfangselemente gilt. Anschließend betrachtet man die Elemente, die mit Hilfe der Regeln gebildet worden sind. Gegeben sei beispielsweise die Regel: Sind $x_1,\dots, x_m$ in M, dann ist auch $f(x_1,\dots, x_m)$ in M. Dann zeigt man, dass $f(x_1,\dots, x_m)$ die Eigenschaft besitzt, unter der Voraussetzung, dass schon x_1 bis x_m die Eigenschaft besitzen; wir nennen dies die *Induktionsvoraussetzung*.

Hierzu ist es nicht nötig, konkrete Elemente zu betrachten, sondern dies im Sinne von Variablen als beliebige, aber feste x_i zu behandeln. Die gerade beschriebene Vorgehensweise wird als *induktiver Beweis* bezeichnet. In der allgemeinen Form besitzt ein induktiver Beweis für eine induktiv definierte Menge M die folgende Struktur:

Beispiel 4.32: Schema für induktive Beweise

Satz:

Behauptung: $\forall x \in M : E(x)$

Beweis: Induktion über den Aufbau von M.

Induktionsanfang: Zeige die Behauptung für die Anfangselemente, also beweise $E(a_i)$ für $1 \leq i \leq n$.

Induktionsschritt:

Regel 1: Zeige für beliebige, aber feste $x_1,\dots, x_m$ aus M unter Ausnutzung der Induktionsvoraussetzungen $E(x_1), .., E(x_m)$, dass $E(f_1(x_1, .., x_m))$ gilt.

...

Regel r: Zeige für beliebige, aber feste $x_1,\dots, x_m$ aus M unter Ausnutzung der Induktionsvoraussetzungen $E(x_1),\dots, E(x_m)$, dass $E(f_r(x_1,\dots, x_m))$ gilt.

q.e.d.

Wir wollen dieses Schema auf eine kleine Aussage über natürliche Zahlen anwenden.

Beispiel 4.33: Induktion über natürliche Zahlen

Satz:

Behauptung: Für alle natürlichen Zahlen $n > 0$ gilt $n \leq 2^n$.

Beweis: Induktion über natürlichen Zahlen *n*.

Induktionsanfang: Wir zeigen die Behauptung für $n = 1$. Offensichtlich gilt $1 \leq 2 = 2^1$.

Induktionsschritt: (von *n* auf $n+1$) Sei *n* eine natürliche Zahl größer 0. Wir zeigen nun $n+1 \leq 2^{n+1}$. Es gilt $2^{n+1} = 2^n 2$. Wir nutzen nun die Induktionsvoraussetzung $n \leq 2^n$ aus und erhalten damit $2n \leq 2^{n+1}$. Da weiterhin $n+1 \leq 2n$ für $n > 0$ gilt, haben wir die Behauptung bewiesen.

q.e.d.

In dem obigen Beweis haben wir vermerkt, um welche Art des Beweises es sich handelt, wo der Induktionsanfang und der Induktionsschritt beginnen und an welcher Stelle die Induktionsvoraussetzung ausgenutzt wird.

Wie schon erwähnt, lässt sich diese Beweismethode auf beliebige induktiv definierte Mengen anwenden. Dazu stellen wir jetzt ein Beispiel über Mengen von Worten vor.

Sei die Menge *ab-Worte* wie folgt induktiv definiert: *a* und *b* sind zwei Buchstaben.

1. Anfangselemente sind die Worte *aa* und *aba*, also die Zeichenfolgen *aa* und *aba*.
2. 1: Ist *w* ein Wort aus *ab-Worte*, dann ist auch *awb* ein Wort der Menge.
   2: Ist *w* ein Wort aus *ab-Worte*, dann ist auch *aawab* ein Wort der Menge.
3. Nur so gebildete Worte gehören zu *ab-Worte*.

Beispiel 4.34: Induktion über Wortmengen

Satz:

Behauptung: In jedem Wort aus *ab-Worte* kommen mehr Buchstaben *a* als Buchstaben *b* vor.

Beweis: Induktion über den Aufbau der Menge *ab-Worte*.

Induktionsanfang: Es gibt zwei Anfangselemente. Wir betrachten zuerst das Anfangselement *aa*. Da kein *b* vorkommt, gilt offensichtlich die Behauptung. Das zweite Anfangselement *aba* enthält zwei Buchstaben *a*, aber nur ein *b*. Also gilt auch hier die Behauptung.

Induktionsschritt Regel 1: Sei *w* ein Wort in *ab-Worte* und *awb* ein Wort, welches gemäß der ersten Regel gebildet worden ist. Nach der Induktionsvoraussetzung wissen wir, dass in *w* der Buchstabe *a* häufiger vorkommt. Da in *awb* genau ein *a* und genau ein *b* zu *w* hinzugefügt worden sind, bleibt das Verhältnis der Vorkommen erhalten, und somit gilt die Behauptung.

Induktionschritt Regel 2: Sei w ein Wort in *ab-Worte* und *aawab* ein Wort welches gemäß der zweiten Regel gebildet worden ist. Die Induktionsvoraussetzung ist wieder, dass die Behauptung schon für *w* gilt. Wie man sieht, werden mit der zweiten Regel mehr Buchstaben *a* als Buchstaben *b* zum Wort *w* hinzugefügt. Damit gilt dann auch für *aawab* die Behauptung.

Ende der Induktionsschritte.

Da wir nun für die Anfangselemente und für die Bildungsregeln unter Ausnutzung der Induktionsvoraussetzung die Behauptung bewiesen haben, gilt die Aussage für alle Elemente aus *ab-Worte.*

q.e.d.

An dem Beispiel der Fibonacci-Funktion wollen wir nun zeigen, dass in einem induktiven Beweis noch mehr ausgenutzt werden kann. Die Fibonacci-Funktion $F(n)$ ist wie folgt für natürliche Zahlen definiert:

1. Es gilt $F(0) = 0$ und $F(1) = 1$, dies sind die Anfangselemente.
2. Sei n eine natürliche Zahl größer gleich 2, dann soll gelten $F(n) = F(n-1) + F(n-2)$.

Beispiel 4.35: Fibonacci

Satz:

Behauptung: Für alle natürlichen Zahlen n gilt: $F(n) \leq 2^n$.

Beweis: Induktion über n.

Induktionsanfang: Sei $n = 0$, dann gilt $F(0) = 0 \leq 2^0 = 1$.

Induktionsschritt: Sei n eine natürliche Zahl. Wir zeigen nun die Behauptung für $n + 1$. Es gilt nach Definition $F(n+1) = F(n) + F(n-1)$. Wir nutzen nun die Induktionsvoraussetzung nicht nur für n sondern auch für n-1 aus, also für die schon früher in der Definition erzeugten Zahlen. Nach Induktionsvoraussetzung gilt also $F(n) \leq 2^n$ und $F(n-1) \leq 2^{n-1}$. Wir erhalten dann
$F(n+1) \leq 2^n + 2^{n-1} \leq 2^2 2^{n-1} \leq 2^{n+1}$.
Damit haben wir den Induktionsbeweis abgeschlossen.

q.e.d.

3. Form $\exists!\, x \in D: E(x)$

Der Quantor $\exists$ verbunden mit dem Ausrufezeichen ! ist nicht ganz so gebräuchlich. Wir wollen ihn aber der Vollständigkeit halber hier vorstellen. Der Quantor $\exists!\, x \in D$ soll ausdrücken *Es gibt* ***genau ein*** *x aus D mit der Eigenschaft E(x)*. Es ist also die Existenz mindestens eines Elementes x mit $E(x)$ zu zeigen, aber auch, dass dies das einzige Element ist. Hat man explizit ein solches Element gefunden, sagen wir x_0 , dann kann man anschließend daran gehen, zu zeigen, dass $\forall x \in D - \{x_0\}: \neg E(x)$ gilt. Ist das Element x_0 nicht explizit bekannt, dann bleibt zu zeigen, dass es keine zwei verschiedenen Elemente in D mit der Eigenschaft E gibt.

Beispiel 4.36: Ein Element

Satz:

Behauptung: $\exists!\, x \in D: E(x)$

Beweis:

Schritt 1 (mindestens ein Element): Zeige $\exists x_0 \in D: E(x_0)$.

Schritt 2 (x_0 explizit bekannt): Zeige $\forall x \in D - \{x_0\}: \neg E(x)$.

(Alternative für Schritt 2: Zeige $\forall x \in D\ \forall y \in D: ((E(x) \wedge E(y)) \rightarrow x=y)$.)

q.e.d.

4. Form $\forall x \in A\ \exists y \in B: E(x,y)$

Aussagen der Form $\forall x \in A\ \exists y \in B: E(x,y)$ können bewiesen werden, indem man den Ausdruck $\exists y \in B: E(x, y)$ als $E'(x)$ auffasst und dann zuerst das Beweisschema für $\forall x \in A: E'(x)$ anwendet. Innerhalb des Beweises muss $E'(x)$ bewiesen werden, was dann mit dem Beweisschema für den Existenzquantor durchgeführt werden kann.

Wir können die Quantorenfolge $\forall x \in A\ \exists y \in B$ aber auch aus eher funktionaler Sicht behandeln. Denn zu jedem $x \in A$ muss es mindestens ein $y \in B$ mit der Eigenschaft $E(x, y)$ geben. Die Zuordnung eines y abhängig von x kann man daher als eine Funktion betrachten.

Sei beispielsweise $\forall n \in \mathbb{N}\ \exists m \in \mathbb{N}: (n > 2 \rightarrow (n^2 < m < n^3))$.

Wir wählen jetzt zu jedem $n > 2$ ein m; sei $m = n^2+1$. Jetzt müssen wir noch überprüfen, ob für diese Wahl von m die Eigenschaft $n^2 < m < n^3$ gilt. Es bleibt also zu beweisen, dass $n^2 < n^2 + 1 < n^3$ gilt.

Ein Beweisschema enthält als ersten Schritt die Aufgabe, jedem x ein y zuzuordnen. Für den Beweis reicht die Angabe eines y aus, obwohl es mehrere y mit den gewünschten Eigenschaften geben kann. Die Zuordnung kann als Funktion $f: A \rightarrow B$ aufgefasst werden. Die Funktion ist erst einmal eine Vermutung und muss noch verifiziert werden. Es muss also für alle x die Eigenschaft $E(x, f(x))$ bewiesen werden. Das Beweisschema sieht dann wie folgt aus.

Beispiel 4.37: Funktionale Abhängigkeit

Satz:

Behauptung: $\forall x \in A\ \exists y \in B: E(x, y)$

Beweis: Konstruiere zu jedem $x \in A$ ein $y \in B$. Dies kann durch die Angabe einer Funktion $f: A \rightarrow B$ geschehen, also $y = f(x)$.

Beweise für das gewählte f die Eigenschaft $\forall x \in A\ E(x, f(x))$.

q.e.d.

Die obige Vorgehensweise ist für konstruktive Beweise gedacht, in denen eine solche Funktion explizit angeben werden kann. Techniken für nicht-konstruktive Beweise sind im Allgemeinen wesentlich komplizierter und werden deshalb hier nicht weiter erörtert.

Übungen

4.1 Wahrheitstafel

Gegeben seien die aussagenlogischen Formeln α und β. Überprüfen Sie mit Hilfe von Wahrheitstafeln, ob $\alpha \approx \beta$ gilt. Führen Sie jeweils mindestens 2 Teilformeln in den Wahrheitstafeln auf.

$\alpha = (A \vee \neg B) \leftrightarrow (\neg C \rightarrow \neg A)$ $\qquad$ $\beta = (C \wedge A) \vee \neg B \wedge (C \vee \neg A)$

4.2 Bewertungen

Überprüfen Sie, ob die folgenden Formeln erfüllbar, widerspruchsvoll, falsifizierbar oder tautologisch sind.

a) $(((A \rightarrow B) \rightarrow A) \rightarrow A)$

b) $(((A \rightarrow B) \wedge (B \rightarrow C)) \vee ((C \rightarrow B) \wedge (B \rightarrow A)))$

c) $\neg(((A \rightarrow B) \rightarrow A) \rightarrow A)$

4.3 Logische Äquivalenz

α und β seien aussagenlogische Formeln. Beweisen Sie die folgenden logischen Äquivalenzen:

a) $\alpha \models \beta \quad \Leftrightarrow \quad \alpha \wedge \neg\beta$ widerspruchsvoll

b) $\alpha \models \beta \quad \Leftrightarrow \quad \alpha \approx \alpha \wedge \beta$

4.4 Märchen

Nachdem Hänsel und Gretel die Hexe in den Ofen gestoßen haben, wollen sie sich über das Knusperhäuschen hermachen. Doch wie allgemein bekannt ist, muss man beim Verspeisen eines solchen Hauses sehr vorsichtig sein, da diese Häuser zur Instabilität neigen. Die beiden Kinder wenden sich zunächst einer Wand zu, die aus drei Lebkuchen besteht. Da Hänsel erfolgreich Knusperhäuschenarchitektur studiert hat, erkennt er, dass folgende Regeln aus Sicherheitsgründen unbedingt einzuhalten sind:

1. Man darf höchstens einen der drei Lebkuchen entfernen.
2. Wenn man den dritten entfernt, muss man auch den zweiten entfernen.
3. Wenn man den zweiten entfernt und den ersten nicht, dann darf man den dritten nicht entfernen.

Da Gretel in Logik aufgepasst hat, weiß sie, dass man vom dritten Lebkuchen besser die Finger lässt.

a) Formalisieren Sie die drei Regeln als aussagenlogische Formeln α, β und γ. Verwenden Sie hierzu folgende Abkürzungen für die Teilaussagen:
   A = „ersten Lebkuchen entfernen"
   B = „zweiten Lebkuchen entfernen"
   C = „dritten Lebkuchen entfernen"

b) Zeigen Sie, dass Gretels Wissen eine semantische Folgerung aus den drei Regeln ist.

4.5 Semantische Folgerung

Tragen Sie in die Felder der nachfolgenden Tabelle ein, ob aus der Formel in der aktuellen Zeile die Formel in der aktuellen Spalte semantisch folgt. Verwenden Sie die Einträge |= für semantische Folgerung (Zeilenformel |= Spaltenformel) und X für keine Folgerung (Spaltenformel folgt nicht aus der Zeilenformel).

	$Q \rightarrow \neg P$	$P \vee \neg Q$	$P \vee Q$	$\neg(Q \wedge \neg Q)$
P				
$P \rightarrow \neg Q$				
$P \wedge \neg P$				
$P \wedge Q$				
$\neg(P \vee Q)$				

4.6 Normalformen

Bringen Sie folgende aussagenlogische Formeln zuerst in Negationsnormalform, dann in konjunktive Normalform. Geben Sie Zwischenschritte bei der Umformung an und benennen Sie die angewandten Umformungsgesetze. Kennzeichnen Sie die NNF und KNF.

a) $\alpha = \neg((A \rightarrow (B \wedge \neg C)) \rightarrow \neg(\neg A \vee (B \wedge C)))$

b) $\beta = (A \leftrightarrow B) \leftrightarrow C$

c) $\gamma = (A \rightarrow B) \rightarrow ((A \rightarrow \neg B) \rightarrow \neg A)$

4.7 Modellierung Aussagenlogik versus Prädikatenlogik

Jeder weiß: Nur alte Narren und Kinder sagen die Wahrheit.

Anna sagt: „Mark lügt."

Mark sagt: „Lisa lügt."

Lisa sagt: „Anna und Mark lügen."

Was lässt sich über das Alter der drei Personen sagen?

a) Formalisieren Sie diese drei Aussagen mit Hilfe der Aussagenlogik.

b) Stellen Sie eine Wahrheitstafel auf, anhand der Sie überprüfen, ob es jemanden gibt, der lügt.

c) Formalisieren Sie die drei Aussagen mit Hilfe der Prädikatenlogik.

d) Wie würden Sie anhand der prädikatenlogischen Formalisierung überprüfen, ob eine der drei Personen lügt?

4.8 Syntax der Prädikatenlogik

Betrachten Sie die folgenden prädikatenlogischen Formeln:

a) $\forall x \exists y\, P(y,x,z)$

b) $\exists y\, (P(y) \wedge \exists y\, (R(y,z)) \wedge Q(y))$

c) $\forall x\, P(x) \rightarrow \forall x\, P(x) \rightarrow \forall x\, Q(x,y)$

d) $\exists x\, (\exists y\, (\exists z\, (P(x,y) \wedge Q(x,y))))$

Lösen Sie damit folgende Aufgaben:

- Kennzeichnen Sie alle freien Vorkommen von Variablen.
- Kennzeichnen Sie alle gebundenen Vorkommen von Variablen.
- Zeichnen Sie eine Linienverbindung ausgehend von jeder gebundenen Variable bis zur Variable des bindenden Quantors.

4.9 Pränexe Normalform

Bilden Sie zu den folgenden prädikatenlogischen Formeln eine zugehörige pränexe Normalform.

a) $\alpha = \exists x\, (P(x) \vee \forall y\, Z(y, x)) \wedge \exists x\, (H(x) \vee \neg\exists z\, F(z, y, x))$

b) $\beta = \exists x\, (A(x) \wedge (\forall x\, B(x) \vee \forall y\, C(x))) \rightarrow (\exists y\, D(y) \wedge \neg\forall y\, E(y))$

c) $\gamma = \exists w(\exists y\, (P(x) \rightarrow \forall v\, (\neg\exists x\, (H(x,y) \vee \exists z\, (F(z, y, x))))) \rightarrow D(v))$

d) $\delta = \exists x\, (\neg A(x) \rightarrow (\forall x\, B(x) \wedge \forall x\, C(x))) \wedge \neg(\forall y\, \neg D(x) \vee \neg E(y))$

4.10 Logische Äquivalenz der Prädikatenlogik

Zeigen Sie, dass folgende Formelpaare jeweils nicht logisch äquivalent sind. Wählen Sie für P und Q möglichst einfache Interpretationen und möglichst einfache Grundbereiche.

a) $\forall x\, \exists y\, P(x, y)$ und $\exists y\, \forall x\, (P(x, y))$

b) $\forall x\, (P(x) \vee \neg Q(x))$ und $(\forall x\, P(x)) \vee (\forall x\, \neg Q(x))$

c) $\exists x\, P(x) \wedge \exists x\, Q(x)$ und $\exists x\, (P(x) \wedge Q(x))$

4.11 Umformungsregeln Prädikatenlogik

Überprüfen Sie die Korrektheit der folgenden logischen Äquivalenzen mit Hilfe der Quantorenregeln. Benennen Sie jeweils alle nötigen Regeln.

a) $\forall x\, P(x) \wedge \exists x\, Q(x) \approx \forall x\, \exists x_1\, (P(x) \wedge Q(x_1))$

b) $\exists x\, Q(x) \wedge \forall y\, P(z) \wedge \forall y\, P(y) \approx \exists x\, \forall y\, (Q(x) \wedge P(z) \wedge P(y))$

c) $\exists x\, \forall z\, (\neg P(x) \vee \exists y\, Q(y)) \approx \exists x\, \neg\forall y\, (P(x) \wedge \neg Q(y))$

d) $\forall x\, (P(x) \wedge \neg(\exists y\, Q(y) \wedge P(y))) \approx \forall x\, \forall z\, (P(x) \wedge \neg(Q(z) \wedge P(y)))$

4.12 Erfüllbarkeit Prädikatenlogik

Überprüfen Sie die Erfüllbarkeit der angegebenen prädikatenlogischen Formeln anhand der gegebenen Interpretationen mit der Menge der natürlichen Zahlen $\mathbb{N}$ als Grundbereich.

a) Es sei $\Im(P)$ leer und $\Im(f) = id_{\mathbb{N}}$ (Identitätsfunktion) über $\mathbb{N}$.
$\alpha = \forall x\, \forall y\, (P(x, y) \rightarrow P(f(x), f(y)))$

b) Es sei $\Im(P) = \{(x, y) \in \mathbb{N}^2 \mid x<y\}$. $\beta = \forall x\, \neg P(x, x) \wedge \exists x\, \forall y\, P(x, y)$

c) Es sei $\Im(P) = \{(x, y) \in \mathbb{N}^2 \mid x \leq y\}$.
$\gamma = \forall x\, P(x, x) \wedge \forall x\, \forall y\, \forall z\, (P(x, y) \wedge P(y, z) \rightarrow P(x, z))$

Ändern sich die Ergebnisse, wenn der Grundbereich auf die Menge $\{1, 2, ..., 10\}$ beschränkt wird, wobei die Interpretation der Prädikate und Funktionen entsprechend angepasst ist?

4.13 Interpretation

Ergänzen Sie für die Formel $\alpha = \exists x \forall y\, (P(x, f(y)) \wedge \neg P(f(x), y))$

die folgende nur teilweise gegebene Interpretation zu einer erfüllenden Interpretation für α.

Teilbewertung: Grundbereich $U=\{1,2\}$, $f_1: U^2 \rightarrow U$ mit $f_1(1)=2$, $f_1(2)=1$

4.14 Skolem-Normalform

Die folgende prädikatenlogische Formel sei gegeben:

$\neg\forall x \exists y\, \forall z (P(x, a) \rightarrow Q(y, f(x, z)))$

- Bestimmen Sie eine erfüllende Bewertung für diese Formel.
- Bestimmen Sie eine Skolem-Normalform für diese Formel.

4.15 Modellierung Prädikatenlogik

Es seien folgende Prädikate gegeben:

- Person(x) bedeutet, dass x eine Person ist.
- Bar(x) bedeutet, dass x sich in der Bar befindet.
- bestellt(x, y) bedeutet, dass x y bestellt.
- Karte(x) bedeutet, dass x auf der Getränkekarte steht.

Formalisieren Sie die folgenden umgangssprachlichen Aussagen mit Hilfe prädikatenlogischer Formeln:

a) Nicht alle Personen befinden sich in der Bar.

b) Jeder Gast bestellt ein Mineralwasser.

c) Manche Besucher bestellen alles, was in der Bar angeboten wird.

d) Wenn in der Bar ein Mineralwasser und ein Bier angeboten werden, bestellt Stefan beide Getränke.

Bestimmen Sie zwei Formeln, die semantische Folgerungen Ihrer Formalisierung sind.

4.16 Modellierung Prädikatenlogik

Benutzen Sie folgende Prädikate, um die Behauptungen der nachstehenden Sätze prädikatenlogisch auszudrücken.

- friday_13(x) bedeutet, dass das mit x bezeichnete Objekt ein Freitag der 13. ist.
- accident(y) bedeutet, dass das mit y bezeichnete Objekt ein Unglück ist.
- person(z) bedeutet, dass am Tag x der Person z das Unglück y zustößt.
- happens(x, y, z) bedeutet, dass am Tag x der Person z das Unglück y zustößt.

a) An irgendeinem Freitag den 13. gibt es ein Unglück, das jemandem zustößt.

b) An jedem Freitag den 13. gibt es ein Unglück, das niemandem zustößt.

c) An keinem Freitag den 13. stoßen jemandem alle Unglücke zu.

5 Modellierung mit Graphen

Der Kalkül der Graphen eignet sich in vielen Aspekten außerordentlich gut zum Modellieren von Aufgaben und Systemen. Modelle beschreiben meist Objekte und Beziehungen zwischen ihnen. Genau das leistet ein Graph als Abstraktion aus Knoten und Kanten: Die Knoten repräsentieren eine Menge gleichartiger Objekte; jede der Kanten repräsentiert eine Beziehung zwischen je zwei Objekten, die sie verbindet. Solche Graphen sind also 2-stellige Relationen über der Knotenmenge.

Als Graphen formulierte Modelle sind leicht verständlich und haben anschauliche Darstellungen. Als Beispiel zeigt Abb. 5.1 einen Graphen, der Autobahnverbindungen in der Umgebung von Paderborn modelliert. Die Knoten repräsentieren Städte und jede Kante die Existenz einer Autobahn zwischen zwei Städten. Die Kanten dieses Graphen sind ungerichtet, um auszudrücken, dass die Autobahnen in beiden Richtungen befahren werden können. In dieser Hinsicht unterscheidet sich der Graph in Abb. 5.2. Er modelliert Abläufe von Telefongesprächen. Seine Knoten repräsentieren Zustände und die Kanten repräsentieren Aktionen, die von einem Zustand in einen anderen oder in denselben überführen. Hier müssen die Kanten natürlich eine Richtung haben.

Durch Graphen formulierte Modelle sind mathematisch präzise, da sie auf Relationen basieren. Es können daraus viele tief gehende Eigenschaften formal abgeleitet und zur Analyse des Modells genutzt werden: So kann man z. B. mit dem Begriff des Weges ausdrükken, dass es in Abb. 5.1 Autobahnverbindungen von Paderborn nach Unna über mehrere Städte hinweg gibt. Auch kann man leicht erkennen, dass es in diesem Graphen keinen Rundweg gibt, bei dem jedes Autobahnteilstück genau einmal befahren wird. Gäbe es einen solchen Rundweg, dann würde er jede Stadt genauso oft verlassen, wie er sie erreicht. Das ist aber nicht möglich, da in Bielefeld und Wünnenberg jeweils eine ungerade Anzahl von Autobahnverbindungen existieren. In dem Ablaufgraphen von Abb. 5.2 kann man z. B. erkennen, dass von jedem Knoten alle Knoten erreichbar sind. Dies ist eine typische und wichtige Eigenschaft von Graphen, die zyklische Abläufe modellieren.

Graphen können auch sehr systematisch als Datenstrukturen implementiert werden. Es gibt einen großen Fundus an Algorithmen, die Berechnungen auf Graphen durchführen.

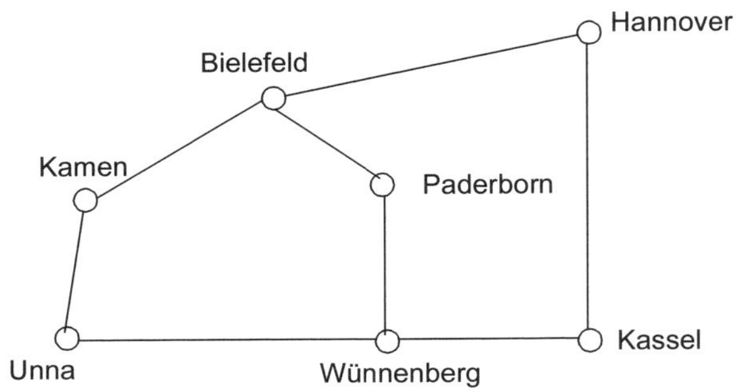

Abbildung 5.1: Ungerichteter Graph modelliert Autobahnverbindungen

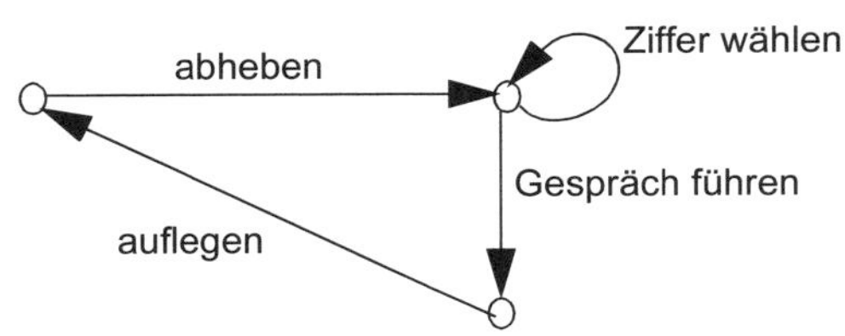

Abbildung 5.2: Gerichteter Graph modelliert Ablauf von Telefongesprächen

Wir führen zunächst die Grundbegriffe des Graphenkalküls in Abschnitt 5.1 ein. Dann zeigen wir, dass Graphen außerordentlich vielfältig zur Modellierung unterschiedlicher Themen eingesetzt werden können: In Abschnitt 5.2 zeigen wir die Modellierung von Wegeproblemen. Die Frage, welche Objekte des Modells miteinander direkt oder indirekt verbunden sind, untersuchen wir in Abschnitt 5.3. Bäume sind eine spezielle Art von Graphen, mit denen man z. B. geschachtelte Strukturen oder Folgen von Entscheidungen modellieren kann (Abschnitt 5.4). In Abschnitt 5.5 betrachten wir Zuordnungsprobleme. So kann man z. B. den Staaten auf einer Landkarte (Knoten des Graphen) Farben so zuordnen, dass zwei Staaten, die eine gemeinsame Grenze haben (repräsentiert durch eine Kante) verschieden gefärbt werden. Schließlich zeigen wir in Abschnitt 5.6, wie gerichtete Graphen eingesetzt werden, um Abhängigkeiten, Anordnungen und Abläufe zu modellieren. Aufbauend auf den Begriffen aus Abschnitt 4.1 führen wir weitere Begriffe des Graphenkalküls mit den Themen ein, für die sie benötigt werden.

5.1 Grundlegende Definitionen

In diesem Abschnitt führen wir grundlegende Begriffe des Graphenkalküls ein, die notwendig sind, um Graphen als Modelle anzugeben. Weitergehende Begriffe zur Formulierung von Eigenschaften von Graphen definieren wir in den nachfolgenden Abschnitten, dort wo das Modellierungsthema diese Eigenschaft benötigt. Außerdem stellen wir hier die wichtigsten Verfahren vor, um Graphen zu repräsentieren.

Definition 5.1: Gerichteter Graph

*Ein **gerichteter Graph** ist ein Paar $G = (V, E)$ mit einer endlichen Menge von Knoten V und einer Menge von Kanten $E \subseteq V \times V$.* ■

Die Adjektive *gerichtet* oder *ungerichtet* lassen wir häufig weg, wenn die Eigenschaft aus dem Kontext klar oder die Unterscheidung unwichtig ist. Die Kantenmenge E ist also eine 2-stellige Relation über V. Als Beispiel geben wir einen gerichteten Graphen $G_1 = (V_1, E_1)$ an:

V_1 = {a, b, c, d}

E_1 = {(a, b,), (a, c), (a, d), (b, b), (b, c), (d, b), (d, c)}

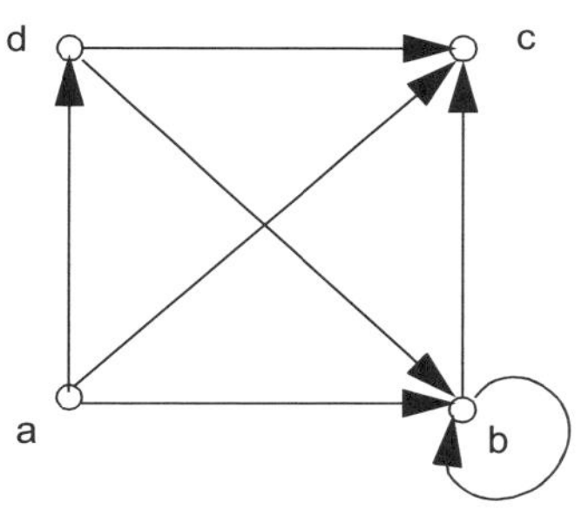

Abbildung 5.3: Gerichteter Graph G_1

Abb. 5.3 zeigt den Graphen G_1 in grafischer Darstellung: Knoten werden als benannte Punkte und Kanten als Pfeile dargestellt. Eine einzelne gerichtete Kante wird wie in der Relation durch *(u, v)* oder in Anlehnung an die Grafik durch $u \rightarrow v$ notiert. In der englischen Terminologie heißt ein Knoten *vertex* oder *node* und eine Kante *edge* oder *arc*, wenn betont werden soll, dass sie gerichtet ist.

Kanten *(v, v)*, die im selben Knoten münden, von dem sie ausgehen, heißen *Schleife* oder *Schlinge*. Der Graph G_1 enthält die Schleife *(b, b)*. Für manche Überlegungen muss gefordert werden, dass ein Graph schleifenfrei ist, also keine Schleife enthält.

Die Definition 5.1 fordert, dass die Menge der Knoten endlich ist – und dadurch auch die Menge der Kanten. Das schränkt den Graphenbegriff zwar ein, ist für unsere Zwecke aber ausreichend.

Da die Kanten eines Graphen als Menge definiert sind, kann es zwischen zwei Knoten *u* und *v* nur eine Kante *(u, v)* geben. Für manche Modellierungen ist das zu einschränkend, z. B. wenn in Abb. 5.2 eine Kante *„Daten übertragen"* ergänzt werden sollte, die dieselben Knoten wie die Kante *„Gespräch führen"* verbindet. In der Grafik wäre das einfach anzugeben, als Kantenmenge könnte es jedoch nicht formuliert werden. Wir zeigen später, wie man trotzdem die Anzahl der Kanten zwischen zwei Knoten angeben kann.

Schließlich sind die Graphen auch dadurch eingeschränkt, dass eine Kante nur zwei Knoten miteinander verbinden kann. Anwendungen wie die Modellierung von Leitungssystemen lassen sich so nicht unmittelbar angeben; man müsste zusätzliche Knoten einfügen, um komplexe Kanten zu gliedern. Solche Beschränkungen sind ein Preis für die Einfachheit des Kalküls.

Mit gerichteten Graphen können wir prinzipiell auch Beziehungen zwischen Objekten modellieren, die nicht in einer Richtung orientiert sind. So sind die Autobahnverbindungen in Abb. 5.1 in beiden Richtungen nutzbar. Wollten wir sie mit einem gerichteten Graphen modellieren, so müssten wir jede Verbindung durch zwei entgegengesetzt orientierte Kanten repräsentieren, z. B. *(Paderborn, Bielefeld)* und *(Bielefeld, Paderborn)*. Die Kantenmenge eines solchen gerichteten Graphen wäre eine symmetrische Relation: aus $(a, b) \in E$ folgt $(b, a) \in E$. Die Tatsache, dass die Richtung der Verbindung zweier Knoten nicht festgelegt ist, kann auch direkt durch ungerichtete Kanten ausgedrückt werden. Man fasst in der symmetrischen Kantenrelation alle Paare (x, y), (y, x) zu einer ungerichteten Kante $\{x, y\}$ zusammen. $\{x, y\}$ ist die Menge der Knoten, die diese Kante verbindet, im Gegensatz zu den Elementen der Paare sind die Elemente der Menge nicht geordnet.

In der Graphentheorie und in der Modellierung haben ungerichtete und gerichtete Graphen jeweils eigenständige Bedeutung. Deshalb werden ungerichtete Graphen direkt definiert. Die obigen Überlegungen zur Herleitung aus gerichteten Graphen soll nur den Zusammenhang zwischen beiden Graphenarten verdeutlichen.

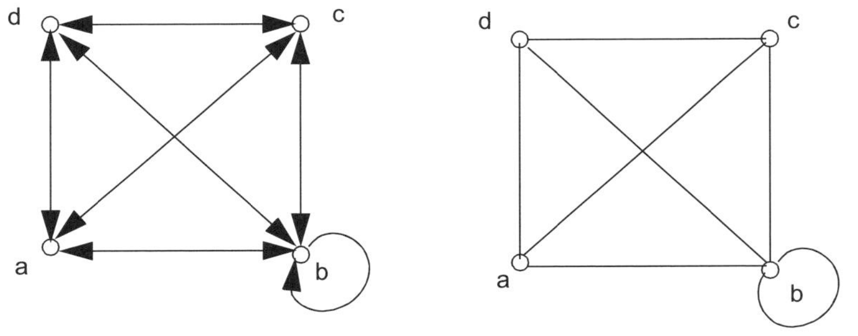

Abbildung 5.4: Gerichteter Graph mit symmetrischer Kantenrelation modelliert ungerichteten Graphen

Abb. 5.4 zeigt einen gerichteten Graphen mit symmetrischer Kantenrelation und den zugehörigen ungerichteten Graphen.

Definition 5.2: Ungerichteter Graph

*Ein **ungerichteter Graph** ist ein Paar $G = (V, E)$ mit einer endlichen Menge von Knoten V und einer Menge E von ungerichteten Kanten: $E \subseteq \{ \{x, y\} \mid x, y \in V\}$* ■

Der ungerichtete Graph aus Abb. 5.4 wird dann als Paar von Mengen wie folgt angegeben:

V = {a, b, c, d}

E = { {a, b,}, {a, c}, {a, d}, {b}, {b, c}, {d, b}, {d, c} }

Man beachte, dass eine Schleife im ungerichteten Graphen als 1-elementige Menge angegeben wird, z. B. *{b}*. Alle Kanten, die nicht Schleifen sind, werden durch 2-elementige Mengen angegeben. In der symmetrischen Kantenrelation des zugehörigen gerichteten Graphen wird eine Schleife durch eine einzige Kante, wie *(b, b)*, angegeben; alle anderen Kanten treten in Paaren *(a, b), (b, a)* auf.

Wir wollen nun die vier wichtigsten Arten der Darstellung von Graphen vorstellen.

V = {a, b, c, d}

E = { (a, b), (a, c), (a, d),
(b, b), (b, c),
(d, b), (d, c)}

a) Mengen V und E

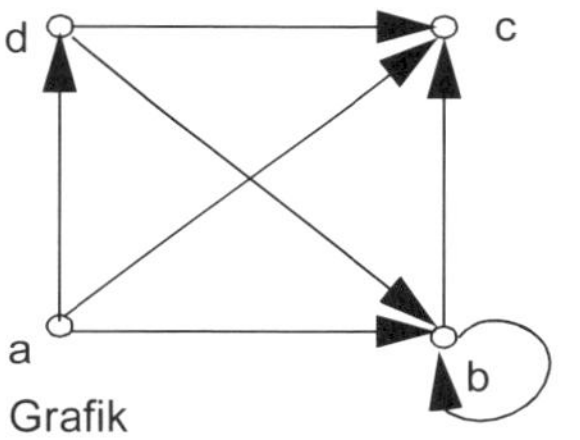

b) Grafik

	a	b	c	d
a	f	w	w	w
b	f	w	w	f
c	f	f	f	f
d	f	w	w	f

c) Adjazenzmatrix AM

a	(b, c, d)
b	(b, c)
c	( )
d	(b, c)

d) Adjazenzlisten

Abbildung 5.5: Darstellung von gerichteten Graphen

In Abb. 5.5 haben wir sie für den Graphen G_1 zusammengefasst: Die *abstrakte Angabe der Mengen V und E* (Abb. 5.5a) ist in den Definitionen 5.1 und 5.2 eingeführt worden. Die *grafische Darstellung* mit Pfeilen für gerichtete und Linien für ungerichtete Kanten (Abb. 5.5b) wird wegen ihrer Anschaulichkeit für den menschlichen Leser am häufigsten verwendet. Hinzu kommen zwei Darstellungsarten, die insbesondere als Datenstrukturen für Algorithmen auf Graphen benutzt werden. Sie setzen voraus, dass die Knotenmenge *V* als Indexmenge verwendet und ihre Elemente linear geordnet werden können. Eine Adjazenzmatrix *AM* (Abb. 5.5 c) ist eine quadratische Matrix, deren Zeilen und Spalten jeweils mit Knoten indiziert werden. Die Matrixelemente sind Wahrheitswerte *w* und *f*. Es gilt

AM [i, j] = ((i, j) ∈ E).

Jedes *w* in der Matrix steht für eine gerichtete Kante. Will man einen ungerichteter Graphen dargestellen, so muss er durch einen gerichteten mit symmetrischer Kantenrelation repräsentiert werden. Die Matrix-Darstellung erlaubt, durch direkten Zugriff auf *AM [i, j]* zu entscheiden, ob *E* die Kante *(i, j)* enthält. Außerdem kennzeichnen die Spaltenindizes der *w*-Elemente in der *i*-ten Zeile, zu welchen Knoten vom Knoten *i* eine Kante führt. Entsprechend geben die Zeilenindizes der *w*-Elemente in der *j-ten* Spalte an, von welchen Knoten eine Kante in den Knoten *j* mündet. Allerdings benötigt diese Darstellung immer Speicherplatz für n^2 Wahrheitswerte, wenn *n* die Anzahl der Knoten des Graphen ist.

Die *Adjazenzlisten* (Abb. 5.5d) repräsentieren Graphen kompakter als die Matrixdarstellung: Zu jedem Knoten *i* gibt es eine Folge (Liste) von Knoten, zu denen von *i* ausgehend eine Kante führt. Diese Darstellung benötigt gerade so viele Listenelemente, wie *E* Kanten enthält. Die Menge der Knoten, zu denen von Knoten *i* eine Kante führt, kann man leicht aufzählen, indem man die *i*-te Folge durchläuft. Allerdings muss man auch die *i*-te Folge durchlaufen, wenn man feststellen will, ob *E* die Kante *(i, j)* enthält. Das Aufzählen aller Knoten, von denen eine Kante in den Knoten *j* mündet, erfordert sogar, dass alle Folgen nach dem Element *j* durchsucht werden. Soll ein ungerichteter Graph dargestellt werden, so muss wie im Falle der Adjazenzmatrix eine symmetrische Relation von gerichteten Kanten angegeben werden.

Da wir häufig Graphen zerlegen und die Teile separat betrachten, führen wir den Begriff des Teilgraphen formal ein:

Definition 5.3: Teilgraph

Der Graph G' = (V', E') ist ein ***Teilgraph*** *des Graphen G = (V, E), wenn gilt V' ⊆ V und E' ⊆ E. G' heißt* ***durch V' induzierter Teilgraph von G****, wenn E' alle Kanten aus E enthält, deren beide Enden in V' liegen. G und G' sind entweder beide gerichtet oder beide ungerichtet.* ■

Sei *G* der Graph aus Abb. 5.5. Dann ist z. B.

G' = ({a, d, c}, { (a, d), (d, c) })

ein Teilgraph von *G*. Er wird aber nicht durch seine Knotenmenge induziert. Das gilt für den folgenden Teilgraphen, der zusätzlich die Kante *(a, c)* enthält:

G' = ({a, d, c}, { (a, d), (a, c), (d, c) }

Eine elementare und wirksam verwendbare Eigenschaft von Graphen ist ihr *Knotengrad*. Er macht Aussagen über die Zahl der Kanten, die mit einem Knoten verbunden sind.

Definition 5.4: Grad in ungerichteten Graphen

Sei G = (V, E) ein ungerichteter Graph. Dann ist der ***Grad eines Knotens*** *v die Anzahl der Kanten {x, v} ∈ E, die in v enden. Der* ***Grad des Graphen*** *G ist der maximale Grad seiner Knoten.* ■

In Abb. 5.6 ist ein ungerichteter Graph mit seinen Knotengraden angegeben. Insgesamt hat der Graph den Grad 4. Man beachte, dass die Schleife zwar mit ihren beiden Enden mit dem Knoten verbunden ist, aber nur einmal zur Zählung der Kanten des Knotens beiträgt.

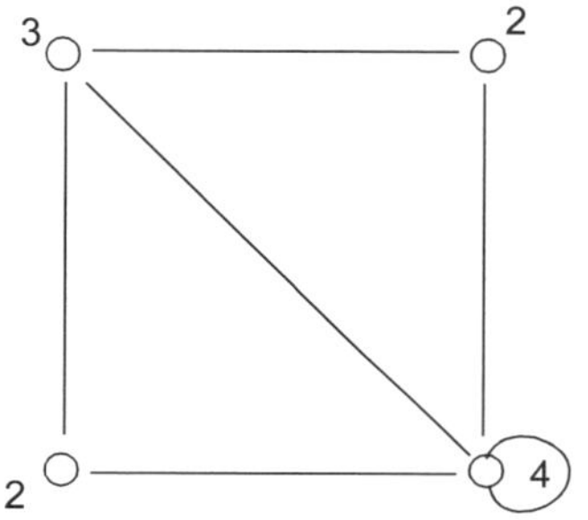

Abbildung 5.6: Knotengrade im ungerichteten Graphen

Definition 5.5: Grad in gerichteten Graphen

Sei G = (V, E) ein gerichteter Graph. Dann ist der ***Eingangsgrad eines Knotens*** *v die Anzahl der Kanten (x, v) ∈ E, die in v münden. Der* ***Ausgangsgrad eines Knotens*** *v ist die Anzahl der Kanten (v, x) ∈ E, die von v ausgehen. Der* ***Grad eines Knotens*** *v ist die Summe seines Eingangs- und Ausgangsgrades. Der* ***Eingangs-, Ausgangsgrad oder Grad des Graphen*** *G ist der entsprechende maximale Wert seiner Knoten.* ■

In Abb. 5.7 sind für ein Beispiel eines gerichteten Graphen Eingangs-, Ausgangsgrad und Grad der Knoten angegeben. Man beachte, dass die Schleife sowohl zur Zählung des Eingangsgrades als auch des Ausgangsgrades und deshalb zweimal zur Zählung des Grades ihres Knotens beiträgt.

Beim Einsatz eines Graphen *G = (V, E)* zur Modellierung beschreibt *V* die Existenz einer Menge verschiedener Objekte und *E* die Existenz bzw. Abwesenheit einer bestimmten Beziehung zwischen je zwei Objekten. Dies ist meist nur der Kern der modellierten Information, wie im Beispiel der Städteverbindungen von Abb. 5.1. Viele Modellierungsaufgaben erfordern jedoch, dass den Knoten oder den Kanten weitere Informationen zugeordnet werden. Dies leisten Markierungsfunktionen für Knoten oder für Kanten. In Abb. 5.8 haben wir die Städteverbindungen aus Abb. 5.1 ergänzt um Angaben der Einwohnerzahl in Tausend zu den Städten und der Entfernung in Kilometern zu den Autobahnverbindungen.

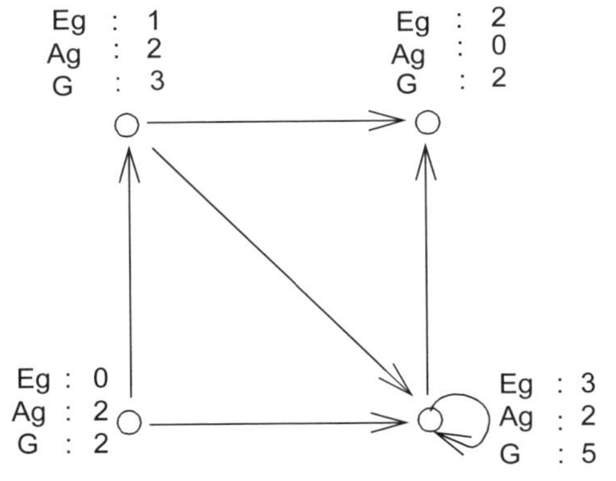

Abbildung 5.7: Eingangsgrad (Eg), Ausgangsgrad (Ag) und Grad (G) im gerichteten Graphen

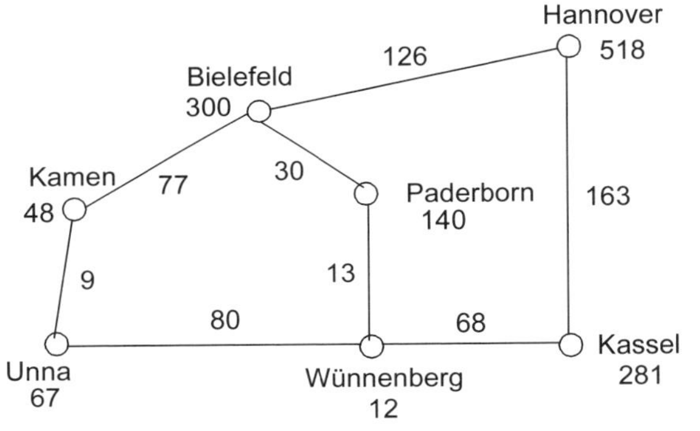

Abbildung 5.8: Graph mit Knoten- und Kantenmarkierungen

Eine *Knotenmarkierung MV* ist eine Funktion mit der Signatur *MV: V* → *WV*, wobei *WV* ein geeigneter Wertebereich ist. In unserem Beispiel ist *Einwohnerzahl: V* → ℕ eine Knotenmarkierung. In der grafischen Darstellung annotieren wir einfach die Werte der Funktion an den Knoten. Wenn mehrere Knotenfunktionen eingesetzt werden, geben wir zusätzlich die Funktionsnamen an, wie in Abb. 5.7.

Entsprechend ist eine *Kantenmarkierung ME* eine Funktion mit der Signatur *ME: E*→*WE,* wobei *WE* ein geeigneter Wertebereich ist. In dem Beispiel von Abb. 5.8 ist *Entfernung: E* → ℕ eine Kantenmarkierung. In der grafischen Darstellung annotieren wir die Werte der Funktion an den Kanten.

Abb. 5.9 zeigt weitere Anwendungen von Knoten- und Kantenmarkierungen in einem Kantorowitsch-Baum: Die Knoten sind mit Symbolen markiert, die die Operatoren und Variablen angeben. Die Markierung der Kanten legt eine Reihenfolge der Kanten fest.

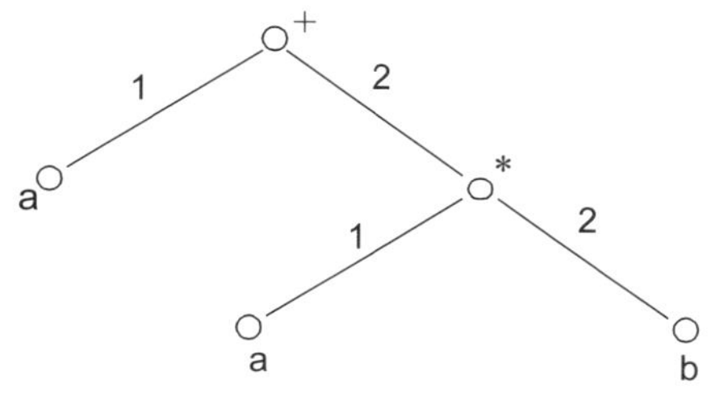

Abbildung 5.9: Beispiel für Knoten- und Kantenmarkierungen

Mit einer Kantenmarkierung kann man auch ausdrücken, dass es zwischen zwei Knoten mehr als eine Kante gibt. Die Markierungsfunktion gibt dann an, für wie viele Verbindungen die eine Kante des Graphen steht.

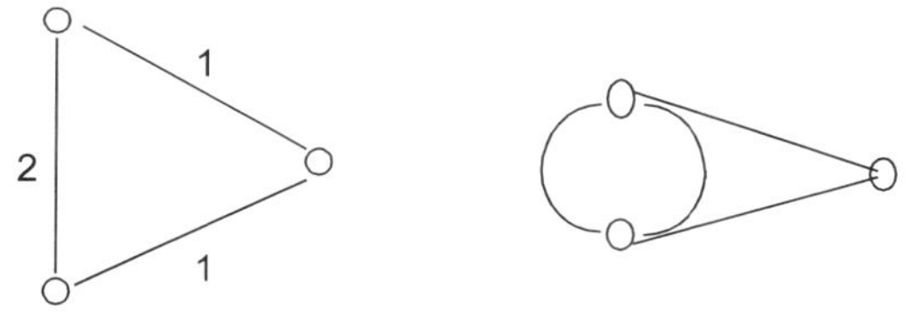

Abbildung 5.10: Multigraph mit Mehrfachkanten

Definition 5.6: Multigraph

Sei $G = (V, E)$ ein gerichteter oder ungerichteter Graph und $m: E \rightarrow \mathrm{IN}$ eine Kantenmarkierung, die angibt, dass die Kante $(u, v) \in E$ ggf. mehrere $m(u, v) = n$ Kanten repräsentiert. Wir nennen G mit m dann einen ***Multigraph****. Die Definition der Knotengrade wird auf Multigraphen übertragen unter Berücksichtigung der durch m angegebenen Vielfachheit der Kanten.* ■

Abb. 5.10 zeigt einen Multigraphen, links mit Angabe der Kantenfunktion *m*. Rechts ist stattdessen die doppelte Kante zweimal gezeichnet. Da diese Graphik anschaulicher ist als die Angabe der Vielfachheit für die Kantenfunktion, verwenden wir sie meist zur Darstellung von Multigraphen.

5.2 Wegeprobleme

Die Kanten eines Graphen bilden eine Relation, die angibt, welche Knoten direkt verbunden sind. Setzt man die Relation transitiv fort, so erhält man eine, die angibt, ob zwei Knoten ggf. über mehrere Kanten hinweg verbunden sind. Viele Modellierungen geben den Kanten eines Graphen eine räumliche Bedeutung: Zwei Objekte sind z. B. durch eine Straße, Brücke oder Tür verbunden. Die transitive Fortsetzung der Kantenrelation gibt dann an, ob es einen Weg zwischen zwei Objekten gibt. Viele Fragestellungen bei der Modellierung mit Graphen lassen sich auf die Existenz von Wegen mit bestimmten Eigenschaften zurückführen. In diesem Abschnitt führen wir die Grundbegriffe zur Formulierung von Wegeproblemen ein und geben einige typische Modellierungen an, die diese Begriffe verwenden.

Als einführendes Beispiel für Wegeprobleme zeigen wir das so genannte Königsberger Brückenproblem: Der Schweizer Mathematiker Leonhard Euler formulierte und löste es 1736 und gilt damit als Begründer der Graphentheorie. Zu seiner Zeit gab es in der Stadt Königsberg sieben Brücken über den Fluss Pregel, die die Ufer und zwei Inseln miteinander verbanden. Abb. 5.11 skizziert ihren Verlauf.

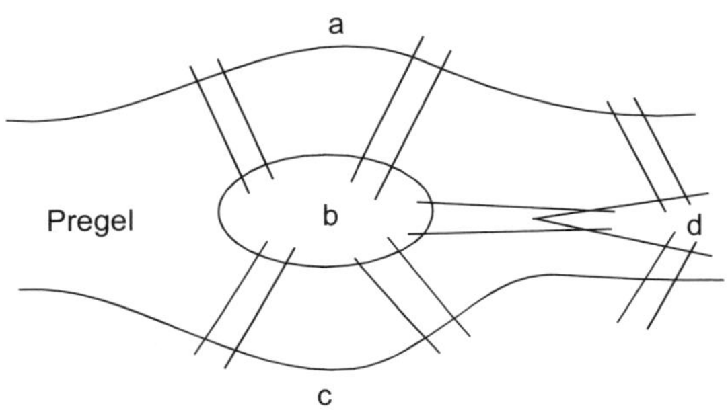

Abbildung 5.11: Skizze der Königsberger Brücken um 1736

Euler formulierte zwei Fragen dazu:

a) Gibt es einen Weg, der jede der sieben Brücken genau einmal überquert und zum Ausgangspunkt zurückkehrt?

b) Gibt es einen Weg, der jede der sieben Brücken genau einmal überquert?

Die Modellierung der Aufgabe liegt nahe: Jedes zusammenhängende Gebiet, das nicht durch einen Flussarm geteilt wird, wird durch einen Knoten repräsentiert. In Abb. 5.11 sind das die Ufer *a* und *c* und die Inseln *b* und *d*. Die Brücken werden durch Kanten modelliert. Da *a* und *b* sowie *b* und *c* durch jeweils zwei Kanten verbunden werden, liegt ein Multigraph vor (Abb. 5.12).

Man könnte nun geneigt sein, die obigen Fragen (a) und (b) zum Königsberger Brückenproblem zu beantworten, indem man Wege mit diesen Eigenschaften sucht. Findet man einen, lautet die Antwort „ja", findet man keinen und hat alle Möglichkeiten geprüft, so lautet die Antwort „nein". Euler hat jedoch ein deutlich einfacheres Verfahren zur Prüfung angegeben. Es kann die Entscheidungen an den Knotengeraden ermitteln: Bewegt sich jemand auf einem Rundweg durch einen Graphen, dann kommt er an jedem Knoten genauso oft an, wie er von dort weggeht. Da dieses in unserem Fall auf unterschiedlichen Kanten geschehen soll, muss der Grad jedes Knotens gerade sein, wenn es einen Rundweg wie in (a) gefordert geben soll. Bei der Berechnung des Knotengrades werden gemäß

Definition 5.8 die Mehrfachkanten des Multigraphen entsprechend ihrer Anzahl gezählt. Die Knoten des Multigraphen in Abb. 5.10 haben die Grade

a : 3, b : 5, c : 3, d : 3

Deshalb kann es den gesuchten Rundweg nicht geben.

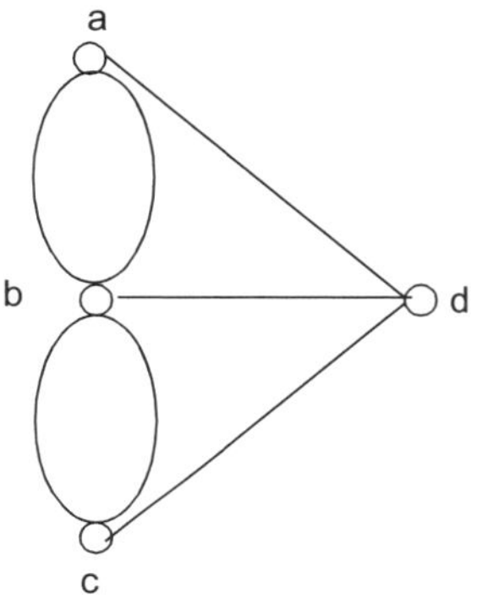

Abbildung 5.12: Multigraph modelliert die Königsberger Brücken

Für die Anwort auf Frage (b) brauchen wir nur noch zu untersuchen, ob es einen solchen Weg gibt, der nicht zum Ausgangspunkt zurückführt. Nach der gleichen Überlegung wie oben würde man den Ausgangspunkt einmal öfter verlassen, als man dort ankommt, und am Endpunkt einmal öfter ankommen, als man ihn verlassen hat. Solch einen Weg gibt es genau dann, wenn der Grad zweier Knoten ungerade und der aller übrigen Knoten gerade ist (siehe Satz 5.1 am Ende dieses Abschnittes). Das trifft auf das Königsberger Brückenmodell nicht zu. Deshalb gibt es dort auch solch einen Weg (b) nicht.

Dies ist wieder ein Beispiel, wo man sehr einfach die Existenz einer Lösung erkennen kann, ohne nach Lösungsinstanzen, d. h. Wegen durch den Graphen, suchen zu müssen.

Wir führen nun Grundbegriffe ein, um Wegeprobleme formal zu beschreiben und zu lösen.

Definition 5.7: Weg

*Sei $G = (V, E)$ ein ungerichteter Graph. Eine Folge von Knoten $(v_0, v_1, ..., v_n)$ mit $\{v_i, v_{i+1}\} \in E$ für $0 \leq i \leq n-1$ und $n \geq 0$ heißt ein **Weg von v_0 nach v_n**. Er hat die **Länge n**. Entsprechend sind Wege in gerichtete Graphen mit den Kanten $(v_i, v_{i+1}) \in E$ definiert.* ∎

Die Länge eines Weges gibt also gerade an, wie viele Kanten auf dem Weg passiert werden. Dabei können einige Kanten auch mehrfach vorkommen. Definition 5.7 lässt auch Wege der *Länge 0* zu, damit beim Umgang mit dem Wege-Begriff unnötige Sonderfälle vermieden werden. Abb. 5.13 zeigt einige Wege in einem ungerichteten und einem gerichteten Graphen.

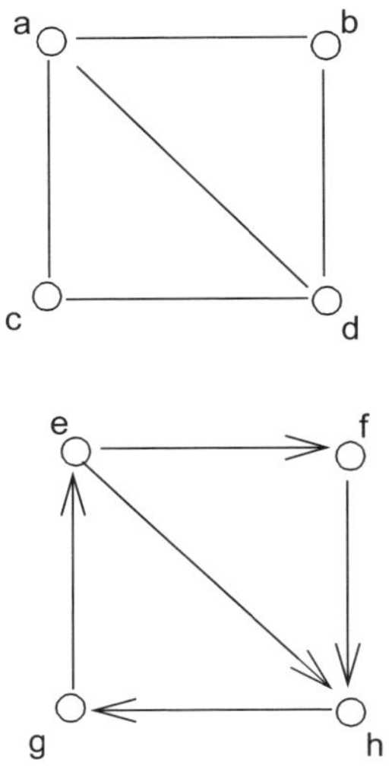

Weg	Länge
(c, a, b)	2
(a, b)	1
(a, b, d, a)	3
(a, b, d, a, b, d)	5
(a)	0
(e, h, g)	2
(e, h, g, e)	3
(e)	0

Abbildung 5.13: Wege in Graphen

Definition 5.8: Kreis und Zyklus

Ein Weg $(v_0, v_1, ..., v_n)$ *mit* $n \geq 1$ *und* $v_0 = v_n$, *dessen Kanten alle paarweise verschieden sind, heißt* ***Kreis im ungerichteten Graphen*** *und* ***Zyklus im gerichteten Graphen****.* ■

Kreise und Zyklen sind also geschlossene Wege, deren Kanten nicht mehrfach vorkommen. Von den in Abb. 5.13 angegebenen Wegen ist *(a, b, d, a) ein Kreis* und *(e, h, g, e) ein Zyklus*. Die Wege *(a)*, *(a, b, a)* und *(a, b, d, a, b, d, a)* erfüllen die Bedingung für Kreise jedoch nicht.

Einige Modellierungen unterlegen gerichteten Graphen eine Bedeutung, die die Existenz von Zyklen ausschließt, z. B. Abhängigkeiten von Aktionen. Diese Eigenschaft wird in folgender Definition benannt.

Definition 5.9: Azyklischer Graph

Ein gerichteter Graph, der keinen Zyklus enthält, heißt ***azyklischer Graph*** *(engl.* ***directed acyclic graph, DAG****).* ■

Manche Graphen bestehen aus Teilgraphen, die nicht miteinander durch Kanten verbunden sind oder mit Kanten, die nur in eine Richtung verlaufen. Abb.5.14 zeigt Beispiele für solche Graphen, in denen Knoten eines Teilgraphen aus einem anderen Teilgraphen nicht erreichbar sind. Dieser *Zusammenhang von Graphen* ist eine wichtige Eigenschaft für Wege- und Verbindungsprobleme, für die Zerlegung von Graphen sowie für viele Algorithmen auf Graphen.

Definition 5.10: Zusammenhang

*Ein ungerichteter Graph G = (V, E) heißt **zusammenhängend**, wenn es für beliebige Knoten v, w ∈ V einen Weg von v nach w gibt. Ein gerichteter Graph G = (V, E) heißt unter derselben Bedingung **stark zusammenhängend**.* ■

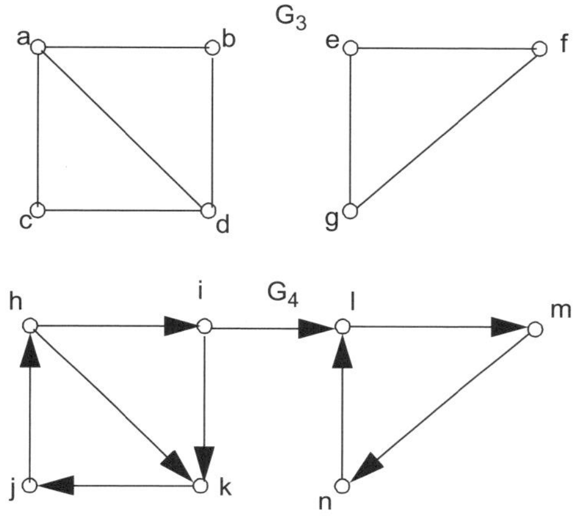

Abbildung 5.14: Zwei nicht-zusammenhängende Graphen

Die Graphen in Abb. 5.13 erfüllen beide die Bedingung aus Definition 5.10; beide Graphen in Abb. 5.14 erfüllen sie nicht. Man beachte, dass auch ein Graph $G = (\{a\}, \varnothing)$ die Bedingung erfüllt, denn für $v = w = a$ *gilt (a)* ist ein *Weg von a nach a.*

Insbesondere für systematische Zerlegungen von Graphen benötigt man folgenden Begriff.

Definition 5.11: Zusammenhangskomponente

*Ein Teilgraph G' = (V', E') des ungerichteten bzw. gerichteten Graphen G = (V, E) heißt **Zusammenhangskomponente** bzw. **starke Zusammenhangskomponente**, wenn folgende Bedingungen beide gelten:*

a) G' ist zusammenhängend bzw. stark zusammenhängend.

b) G hat keinen anderen Teilgraphen G'', der zusammenhängend bzw. stark zusammenhängend ist und G' als Teilgraph enthält. ■

Man beachte, dass in Definition 5.11 die Bedingung (b) dafür sorgt, dass Zusammenhangskomponenten maximale (stark) zusammenhängende Teilgraphen sind. In Abb. 5.14 hat G_3 zwei Zusammenhangskomponenten. Sie werden durch *{a, b, c, d}* und *{e, f, g}* induziert. Der durch *{a, c, d}* induzierte Teilgraph ist zwar zusammenhängend, aber nicht Zusammenhangskomponente. G_4 hat auch zwei Zusammenhangskomponenten. Sie werden durch *{h, i, j, k}* und *{l, m, n}* induziert. Der durch *{h, j, k}* induzierte Teilgraph ist zwar stark zusammenhängend, aber nicht Zusammenhangskomponente.

Wir kommen nun auf das Königsberger Brückenproblem vom Anfang des Abschnittes zurück und definieren die dafür charakteristischen Eigenschaften präzise.

Definition 5.12: Euler-Weg, Euler-Kreis

Sei G = (V, E) ein ungerichteter, zusammenhängender Graph ohne Schleifen. Dann heißt ein Weg w ***Euler-Weg*** *bzw. ein Kreis k heißt* ***Euler-Kreis****, wenn w bzw. k jede Kante aus E genau einmal enthält.* ■

Beispiele für einen Euler-Weg und einen Euler-Kreis sind in Abb. 5.15 angegeben. Die Entscheidung über die Existenz solcher Wege könnten wir als Satz formulieren:

Satz 5.1: Existenz von Euler-Wegen und Euler-Kreisen

Sei G = (V, E) ein ungerichteter, zusammenhängender Graph ohne Schleifen.

a) G hat einen Euler-Kreis genau dann, wenn alle Knoten geraden Grad haben.

b) G hat einen Euler-Weg, der kein Kreis ist, genau dann, wenn genau zwei Knoten ungeraden Grad haben. ■

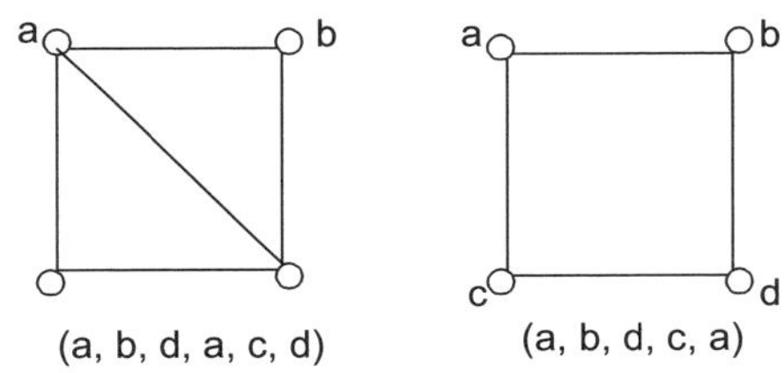

Abbildung 5.15: Graphen mit Euler-Weg und Euler-Kreis

Der Beweis des Satzes ist recht einfach und anschaulich: Wir beginnen mit (a):

Sei $w = (v_0, v_1, \ldots, v_n)$ ein Euler-Kreis. Bilden wir daraus eine Menge gerichteter Kanten $\{(v_0, v_1), \ldots, (v_{n-1}, v_n)$, dann kommt jeder von *w* berührte Knoten darin genauso oft an erster wie an zweiter Position der Paare vor. Da *w* alle Kanten aus *E* genau einmal berührt, haben alle Knoten aus *w* geraden Grad. Da *G* zusammenhängend ist, berührt *W* alle Knoten aus *V*. Für die Gegenrichtung des Beweises nehmen wir an, dass alle Knoten einen geraden Grad haben. Ausgehend von einem beliebigen Knoten konstruieren wir einen Euler-Kreis: Wir fügen eine noch nicht benutzte Kante in den bisher konstruierten Weg ein. Solange der Euler-Kreis noch nicht vollständig ist, gibt es eine solche Kante: Denn der bisher letzte Knoten auf dem Weg wurde auf dem Weg n-mal erreicht und *(n–1)*-mal verlassen. Da sein Grad gerade ist, gibt es noch eine Kante, mit der wir den Weg verlängern können. Da der Graph zusammenhängend ist, endet das Verfahren erst, wenn der Kreis geschlossen ist und alle Kanten auf dem Weg vorkommen. Den Beweis für Teil (b) führt man entsprechend.

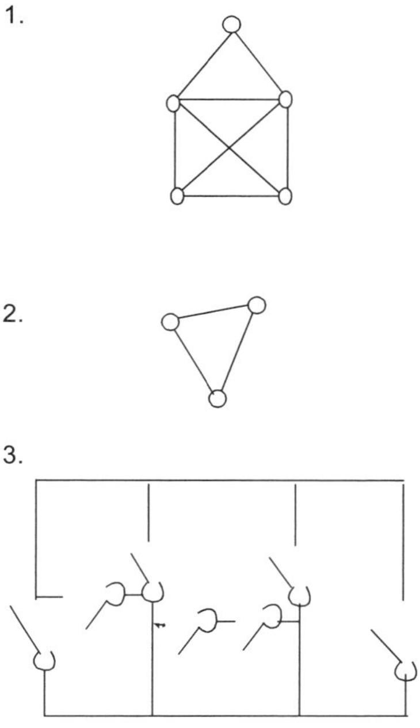

Abbildung 5.16: Wegeprobleme mit Euler-Wegen

Wir betrachten nun drei typische Aufgaben, deren Lösung auf dem Prinzip der Euler-Kreise und -Wege beruht.

1. Kann man die Figur in Abb. 5.16 (1) in einem Zuge nachzeichnen? Das ist möglich, wenn es einen Euler-Weg oder einen Euler-Kreis gibt. Wir ermitteln deshalb die Knotengrade: Die beiden unteren Knoten haben den Grad 3, der Knoten an der Spitze den Grad 2, die beiden dazwischen den Grad 4. Also können wir Euler-Wege finden, deren Endknoten jeweils die beiden unteren Knoten sind. Euler-Kreise gibt es aber nicht.
2. Für eine Inselgruppe, die aus $n \geq 3$ Inseln besteht, sollen Schiffsverbindungen organisiert werden. Jede Insel soll mit jeder anderen direkt verbunden sein. Es steht nur ein einziges Schiff zur Verfügung, um diese Verbindungen wahrzunehmen. Kann es auf einer Tour alle Verbindungen abfahren? Für welche n ist das möglich? Abb. 5.16 (2) zeigt als Beispiel einen Graphen, der 3 Inseln modelliert, von denen jede mit jeder anderen verbunden ist. Alle Knoten dieses Graphen haben den Grad 2. Deshalb gibt es einen Euler-Kreis, der hier ganz offensichtlich ist. Er kann als Plan für die Schiffsverbindung verwendet werden. Man kann leicht zeigen, dass in solchen Graphen mit beliebiger Knotenzahl $n \geq 3$ jeder Knoten den Grad $n - 1$ hat. Deshalb gibt es Euler-Kreise genau dann, wenn die Knotenzahl ungerade ist.

3. Ein Gruselkabinett für den Jahrmarkt soll geplant werden: Das ist ein Haus, das $n \geq 1$ Räume hat, eine Eingangstür und eine Ausgangstür sowie beliebig viele Türen jeweils in der Wand zwischen zwei Räumen. Die Türen werden so manipuliert, dass sie zum Entsetzen der Besucher endgültig verriegeln, sobald jemand durchgegangen ist. Jeder Besucher wird einzeln in das Haus geschickt. Die Türen sollen so angeordnet werden, dass sich der Besucher nicht einsperren kann. Erst wenn er erleichtert das Haus verlassen hat, werden alle Türen für den nächsten Besucher wieder freigegeben. Abb. 5.16 (3) zeigt ein Beispiel für solch ein Haus.
   Wir modellieren die Aufgabe mit einem ungerichteten Graphen. Jeder Raum sowie der Eingangsbereich (E) und der Ausgangsbereich (A) werden durch einen Knoten repräsentiert, jede Tür zwischen zwei Räumen durch eine Kante zwischen den entsprechenden Knoten. Im Allgemeinen entsteht auf diese Weise ein Multigraph. Wir untersuchen ihn, ob er einen Euler-Weg von E nach A hat. Das ist der Fall, wenn der Grad der Knoten E und A ungerade und der aller übrigen Knoten gerade ist. Dann kann eine Person auf dem Euler-Weg von E nach A gehen und dabei jede Tür genau einmal passieren. Immer, wenn sie in einen Raum gelangt, steht noch mindestens 1 Tür offen, durch die sie ihn wieder verlassen kann. Man kann also nicht eingesperrt werden. Eventuell könnte der Besucher den Weg abkürzen, indem er den Ausgang benutzt, bevor er alle Türen passiert hat.

Modellierungen von Räumen mit Verbindungstüren, wie im Beispiel 3, kommen häufig und in unterschiedlichen Kontexten vor. Es kann dasselbe Prinzip angewandt werden: Knoten repräsentieren Räume, Kanten repräsentieren Türen. Wenn zwei Räume durch mehr als eine Tür direkt verbunden sind, ist das Modell ein Multigraph.

Während die Euler-Kreise und -Wege durch einmaliges Vorkommen von Kanten charakterisiert sind, definieren wir nun *Hamilton-Kreise* so, dass die Knoten des Graphen genau einmal vorkommen.

Definition 5.13: Hamilton-Kreis und -Weg

Ein Weg $w = (v_0, v_1, ..., v_n)$ in einem Graphen $G = (V, E)$ heißt ***Hamilton-Weg****, wenn jeder Knoten aus V in w genau einmal vorkommt. w heißt* ***Hamilton-Kreis****, wenn w ein Kreis ist und jeder Knoten aus V in $v_0, v_1, ..., v_{n-1}$ genau einmal vorkommt.* ■

Zu entscheiden, ob ein Graph einen Hamilton-Kreis enthält, ist um Größenordnungen schwieriger, als die Frage für Euler-Kreise zu entscheiden: Für Hamilton-Kreise ist das Entscheidungsproblem NP-vollständig, d. h. ein effizientes Verfahren ist nicht bekannt; für Euler-Kreise kann man die Entscheidung durch Untersuchen der Knotengrade mit linearem Aufwand fällen.

Der Graph G_1 in Abb. 5.17 hat Hamilton-Kreise, z. B. *(a, b, e, d, c, a)*.

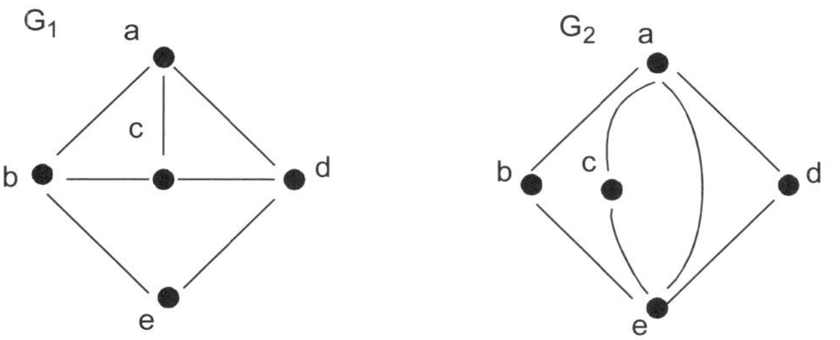

Abbildung 5.17: Hamilton-Kreise in Graphen

Der Graph G_2 hat keine Hamilton-Kreise, aber einen Hamilton-Weg. Wir können dies für diesen speziellen Graphen nachweisen: Nehmen wir an, G_2 hätte einen Hamilton-Kreis *w*. Weil *b, c, d* auf *w* liegen müssen und alle den Grad 2 haben, müssen beide Kanten, die jeweils zu *b, e* und *d* führen, auf w liegen. Also liegen *{a, b}*, *{a, c}* und *{a, d}* auf *w*. Es ist aber nicht möglich, dass ein Hamilton-Kreis mehr als zwei Kanten enthält, die mit demselben Knoten verbunden sind. Also ist *w* kein Hamilton-Kreis.

Auch Hamilton-Kreise werden zur Modellierung vieler Aufgaben verwendet. Die bekannteste Aufgabe, die mit Hamilton-Kreisen modelliert wird, ist die des Handlungsreisenden (engl.: Travelling Salesman's Problem): *n* Städte sind mit Straßen bestimmter Länge verbunden. Gesucht ist eine kürzeste Rundreise durch alle Städte. Für diese Aufgabe wird eine Kantenmarkierung eingeführt, die die Länge der Straßenverbindungen modelliert. Diese Angaben können auch verallgemeinert werden zu einem Maß für die Kosten, die entstehen, wenn man diese Kante in einen Weg aufnimmt. Dadurch wird die Aufgabe zu einer Optimierungsaufgabe: Es wird ein Hamilton-Kreis gesucht, der bezüglich dieser Kosten minimal ist. In Abb. 5.18 ist ein Graph mit einer Kantenmarkierung angegeben. Ein minimaler Hamilton-Kreis darin ist (a, c, d, b, a) mit den Kosten 157.

Als zweites Beispiel betrachten wir folgende Aufgabe: In einem Parallelrechner seien die Prozessoren als $n * n$-Gitter verbunden. Abb. 5.19 zeigt dies für $n = 4$. Eine Botschaft soll von einem Prozessor zu einem anderen weitergegeben werden, jeden Prozessor erreichen und schließlich zum Initiator zurückkehren. Für welche *n* ist das möglich? Es wird also nach der Existenz eines Hamilton-Kreises gefragt.

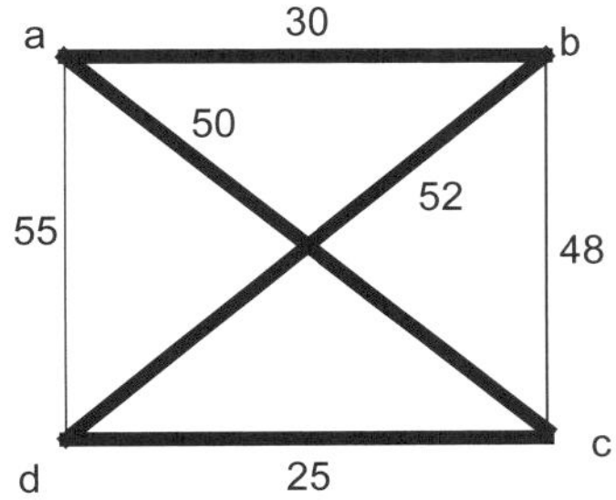

Abbildung 5.18: Minimaler Hamilton-Kreis

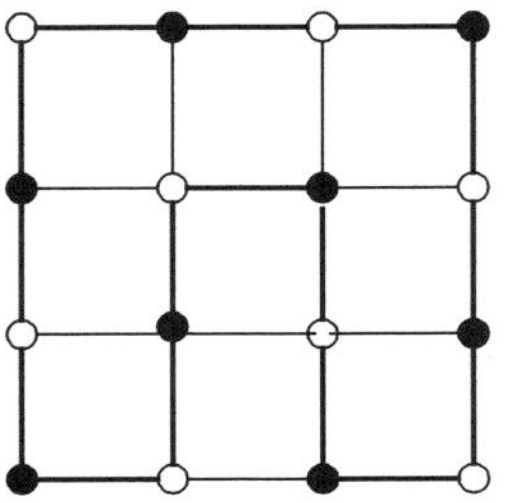

Abbildung 5.19: Hamilton-Kreis im Gitter

Für diese spezielle Klasse von Graphen (Gitter), können wir die Frage mit einfachen Überlegungen beantworten. Wir stellen uns vor, die Knoten des Gitters seien abwechselnd schwarz und weiß gefärbt, sodass zwei Knoten, die verbunden sind, unterschiedliche Farben haben. Dann werden wir auf jedem Weg durch den Graphen die Farben alternieren. Ein Hamilton-Kreis muss daher ebenso viele schwarze wie weiße Knoten berühren. Das ist genau dann möglich, wenn die Anzahl der Knoten $n * n$ und damit auch die Kantenlänge n des Gitters gerade ist.

5.3 Verbindungsprobleme

Wir wenden uns nun einer weiteren Klasse von Aufgaben zu, die auch mit ungerichteten Graphen modelliert werden. Während wir zur Beschreibung von Wegeproblemen Wege mit bestimmten Eigenschaften gesucht haben, interessieren uns bei Verbindungsproblemen die Existenz von Verbindungen (Wegen) zwischen Knoten und die Erreichbarkeit von Knoten. Das bedeutet, dass der Zusammenhang von Graphen auch für diese Aufgabenklasse eine zentrale Eigenschaft ist. Häufig möchte man auch die Verbindungen in einem Modell so minimieren, dass die Anzahl der Kanten oder ihre Kosten möglichst klein sind.

Für die Modellierung von Verbindungen sind die folgenden Begriffe grundlegend:

Definition 5.14: Ungerichteter Baum

*Sei $G = (V, E)$ ein ungerichteter, zusammenhängender Graph. Wenn G keine Kreise enthält, ist es ein **ungerichteter Baum**. Alle Knoten in V, die den Grad 1 haben, nennen wir dann Blätter des Baumes.* ■

Abb. 5.20 gibt drei Beispiele für ungerichtete Bäume an.

Satz 5.2: Anzahl von Knoten und Kanten

Für die Anzahl von Knoten und Kanten in einem ungerichteten Baum $G = (V, E)$ gilt $|E| = |V| - 1$. ■

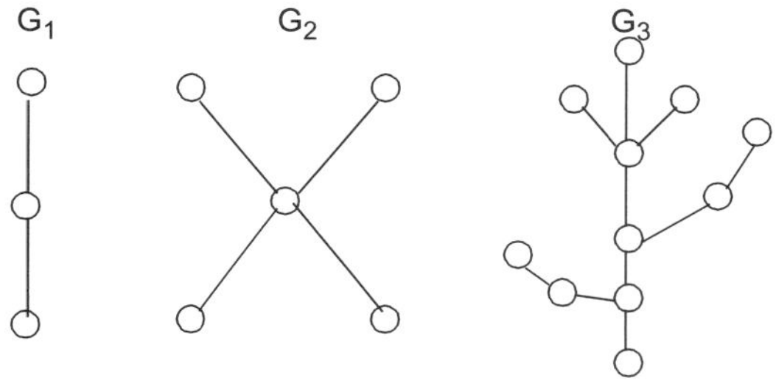

Abbildung 5.20: Ungerichtete Bäume

Diesen Satz beweist man induktiv:

Induktionsanfang: Ein ungerichteter Graph, der nur einen Knoten und keinen Kreis hat, kann nach Definition 5.8 keine Kante haben, d. h. $|V| = 1$ und $|E| = 0$. Also gilt $|E| = |V|-1$.

Induktionsschritt: Sei $G = (V, E)$ ein ungerichteter Baum mit $|V| = n \geq 1$. Wir bilden $V' = V \cup \{x\}$ durch Zufügen eines neuen Knotens x. Wir verbinden x mit einem beliebigen Knoten y aus V über die Kante $\{x, y\}$. Dann ist $E' = E \cup \{\{x, y\}\}$ und $|E'| = |E|+1$, weil x ein neuer Knoten ist. Weil G ein Baum ist, ist auch $G' = (V', E')$ zusammenhängend und kreisfrei, also ein Baum. Wegen $|E| = |V|-1$ gilt $|E|+1 = |V|+1-1$, also $|E'| = |V'|-1$ für den ungerichteten Baum G'.

Induktionsschluss: Die Formel gilt also für jeden ungerichteten Baum mit $|V| \geq 1$.

Da ein ungerichteter Baum zusammenhängend ist, gibt es einen Weg zwischen je zwei beliebigen Knoten; da er auch kreislos ist, sind je zwei beliebige Knoten durch genau einen Weg verbunden. Für eine gegebene Knotenmenge erzeugt deshalb der ungerichtete Baum Zusammenhang unter Aufwendung einer kleinstmöglichen Anzahl von Kanten. Diese Eigenschaft führt zum folgenden Begriff:

Definition 5.15: Spannbaum

*Sei $G = (V, E)$ ein ungerichteter, zusammenhängender Graph und $G' = (V', E')$ ein ungerichteter Baum, der Teilgraph von G ist, und $V = V'$. Dann ist G' ein **Spannbaum** von G.*

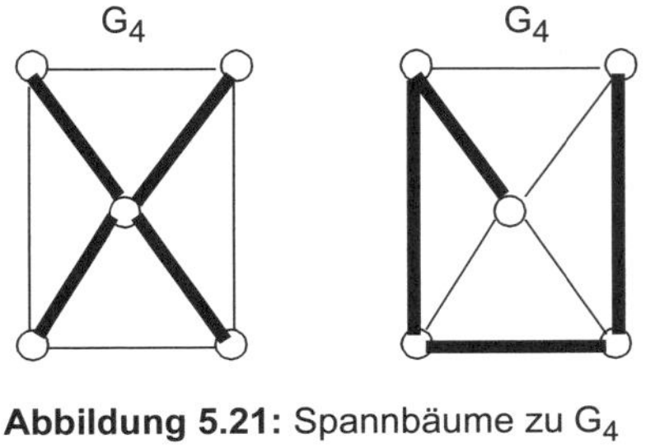

Abbildung 5.21: Spannbäume zu G_4

Geht man vom Graphen G zu einem seiner Spannbäume über, heißt das auch, dass man die Kantenmenge von G auf $|V| - 1$ Kanten verkleinert, ohne den Zusammenhang der Knoten aufzugeben. In Abb. 5.21 werden zwei verschiedene Spannbäume zu demselben Graphen G_4 angegeben.

Mit dem Begriff des Spannbaums wird also ein bezüglich der Kanten kostengünstiger Zusammenhang modelliert. Manche Modellierungen beziehen die Kosten auf die Anzahl der Kanten; dann ist jeder Spannbaum gleich günstig. Andere streben ein Minimum bezüglich der Kantenmarkierungen an; dann werden unter den Spannbäumen günstigste gesucht. Für jede der beiden Aufgabenklassen geben wir ein Beispiel an:

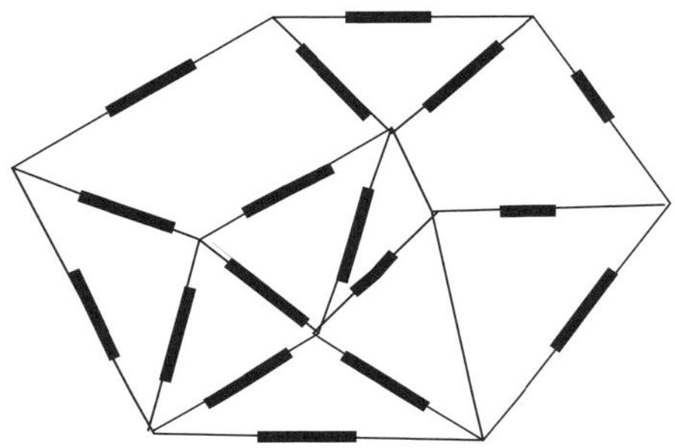

Abbildung 5.22: Gefängnis mit Türen — Wege in die Freiheit

Abb. 5.22 zeigt den Grundriss eines mittelalterlichen Gefängnisses. Die Gefangenen werden in verwinkelten Räumen gehalten, deren Verbindungstüren (breite Linien) verschlossen sind. Sie haben einen Gebäudeplan ergattert und planen einen Massenausbruch. Dazu wollen sie gerade so viele Türen sprengen, dass aus jedem Raum die Gefangenen entkommen können. Wir modellieren die Aufgabe nach dem Schema „Räume mit Türen" (siehe Ende des vorigen Abschnittes). Dabei wird die Umgebung des Gefängnisses als ein Knoten repräsentiert. Wir benötigen einen Graph, der alle Knoten (Räume und Umgebung) enthält. Seine Kanten repräsentieren gesprengte Türen. Sie sollen gerade von jedem Raum einen einzigen Weg in die Freiheit der Umgebung liefern. Das heißt, wir suchen einen Spannbaum zu dem Graphen, der die verschlossenen Türen repräsentiert.

Die zweite Aufgabe ist der Organisation von Nachrichtendiensten nachempfunden. Abb. 5.23 beschreibt den ursprünglich hoch-geheimen Plan eines Agentenringes. Die Knoten A bis H repräsentieren Agenten. Sie sollen alle direkt oder indirekt miteinander kommunizieren. Dafür stehen die als Kanten angegebenen direkten Verbindungen zur Verfügung. Jede davon ist mit einem Wert markiert, der das Risiko charakterisieren soll, dass die Verbindung aufgedeckt wird. Die Planer suchen für das Kommunikationssystem ein Netz mit geringstmöglichem Risiko. Sie benötigen also einen Spannbaum des Graphen, so dass die Summe der Kantenwerte minimal ist.

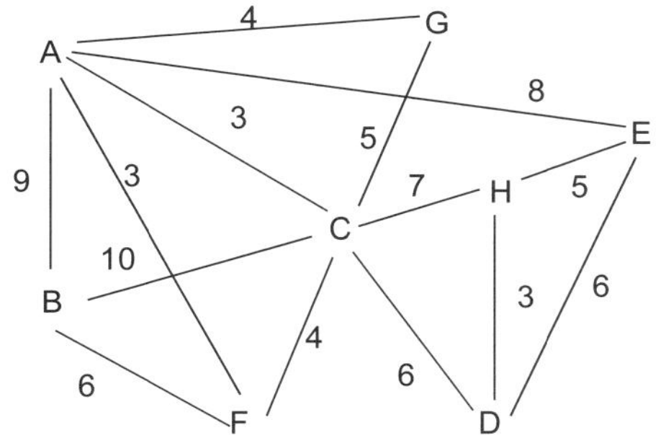

Abbildung 5.23: Agentenverbindungen mit Risikofaktoren

Da der Zusammenhang in Graphen für Verbindungsprobleme entscheidend ist, wollen wir nun drei weitere Begriffe einführen, die die Bedeutung bestimmter Knoten und Kanten für den Zusammenhang hervorheben.

Definition 5.16: Schnittknoten

*Sei $G = (V, E)$ ein ungerichteter, zusammenhängender Graph. Dann ist $v \in V$ ein **Schnittknoten** in G, wenn der Teilgraph, der durch Entfernen von v aus G entsteht, nicht zusammenhängend ist.* ■

Definition 5.17: Brückenkante

*Sei $G = (V, E)$ ein ungerichteter, zusammenhängender Graph. Dann ist $e \in E$ eine **Brückenkante**, wenn der Teilgraph, der durch Entfernen von e aus G entsteht, nicht mehr zusammenhängend ist.* ■

Definition 5.18: Orientierbar

*Ein ungerichteter, zusammenhängender Graph $G = (V, E)$ heißt **orientierbar**, wenn man für jede Kante $e \in E$ eine Richtung so festlegen kann, dass der entstehende gerichtete Gaph stark zusammenhängend ist.* ■

Abb. 5.24 zeigt einen Graphen mit einer Brückenkante und drei Schnittknoten. Entfernt man die Brückenkante oder einen der Schnittknoten, so zerfällt der Graph in zwei Zusammenhangskomponenten. Es ist auch sofort klar, dass dieser Graph nicht orientierbar ist: Legt man die Orientierung der Brückenkante in der einen oder der anderen Richtung fest, so wird ein Teilgraph vom anderen unerreichbar. Diese Konsequenz gilt sogar in beiden Richtungen:

Satz 5.3: Orientierbarkeit

Ein ungerichteter, zusammenhängender Graph ist genau dann orientierbar, wenn er keine Brückenkante hat. ■

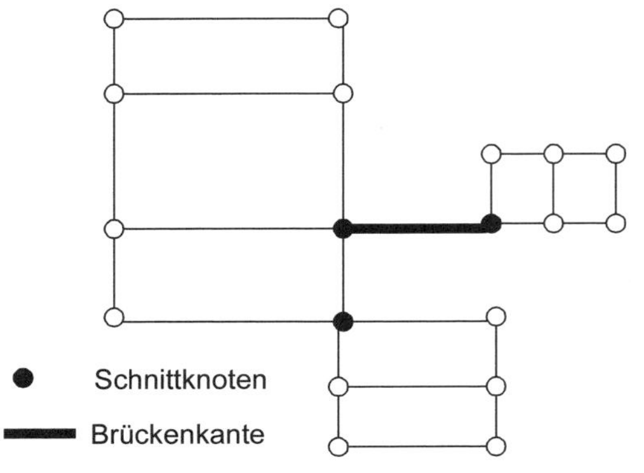

Abbildung 5.24: Schnittknoten und Brückenkante

Die Begriffe *Brückenkante, Schnittknoten* und *Orientierbarkeit* können durch folgende Modellierung illustriert werden:

In einer Stadt sollen einzelne Straßen zur Reparatur gesperrt werden. Bleiben nach einer Sperrung noch alle Plätze der Stadt erreichbar? Wir modellieren die Plätze als Knoten und die Straßen als Kanten eines ungerichteten Graphen, der zusammenhängend sein muss. Ein Beispiel ist der Graph in Abb. 5.24. Die Frage übersetzt man dann in das Modell: Wird eine Straße gesperrt, die durch eine Brückenkante repräsentiert wird, dann gibt es Teile des Graphen, die von anderen nicht mehr erreichbar sind.

Wir variieren nun die Aufgabe etwas: Im Zentrum einer Großstadt sollen zur Hauptverkehrszeit alle Straßen zu Einbahnstraßen erklärt werden. Bleiben dann alle Plätze von überall her erreichbar? Die Frage übersetzt man dann in das Modell: Ist der Graph orientierbar? Sie wird beantwortet, indem man feststellt, ob der Graph Brückenkanten hat.

Eine letzte Variante: In einer Stadt soll ein Platz für eine Demonstration gesperrt werden. Das Ordnungsamt will den Antrag nur genehmigen, wenn während der Demonstration alle anderen Plätze von überall her erreichbar bleiben. Im Modell muss man prüfen, ob der Platz durch einen Schnittknoten repräsentiert wird.

5.4 Modellierung mit Bäumen

In diesem Abschnitt führen wir den Begriff des *gerichteten Baumes* ein. Solche Bäume spielen eine besondere und wichtige Rolle in der Modellierung: Sie können vielfältige Arten von schrittweiser oder rekursiver Verfeinerung repräsentieren, z. B. die hierarchische Organisationsstruktur einer Firma, die Gliederung eines komplexen Gerätes in seine Komponenten und deren Einzelteile oder die Alternativen, die sich aus einer Folge von Entscheidungen ergeben.

Definition 5.19: Gerichteter Baum

Ein gerichteter, azyklischer Graph $G = (V, E)$ ist ein ***gerichteter Baum****, wenn alle Knoten einen Eingangsgrad von 1 oder 0 haben und es genau einen Knoten w mit Eingangsgrad 0 gibt. w ist die* ***Wurzel*** *von G. G heißt auch gewurzelter Baum.* ■

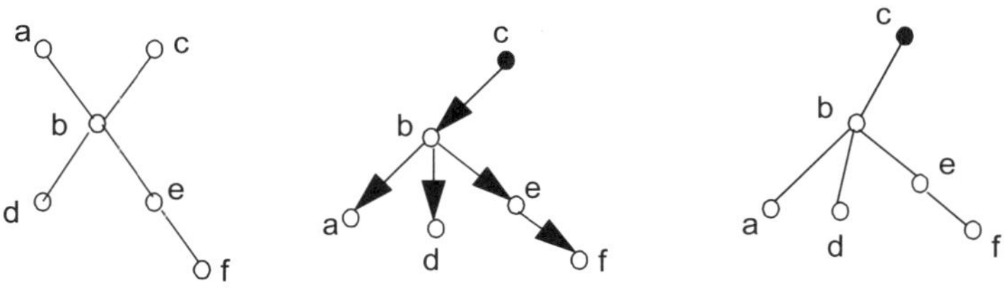

Abbildung 5.25: Ungerichteter und gerichteter Baum

Abb. 5.25 zeigt in der Mitte einen gerichteten Baum. Seine Wurzel ist der Knoten c. In c mündet keine Kante, in alle anderen Knoten mündet eine Kante.

Wir blicken noch einmal zurück auf ungerichtete Bäume, die im vorigen Abschnitt definiert wurden. Darin gibt es zwischen je zwei beliebigen Knoten genau einen Weg. In einem gerichteten Baum gibt es genau einen Weg von der Wurzel zu jedem anderen Knoten. Man kann aus einem ungerichteten Baum einen gerichteten Baum machen. Dazu bestimmt man einen beliebigen Knoten als Wurzel und orientiert dann die Kanten so, dass die Wege von der Wurzel zu den übrigen Knoten führen. Wenn man dieses Verfahren auf den linken Graphen in Abb. 5.25 anwendet und c als Wurzel bestimmt, erhält man den gerichteten Baum in der Mitte der Abbildung. Hiermit ist klar, dass auch für gerichtete Bäume gilt $|E| = |V| - 1$. Häufig wird beim Zeichnen eines gerichteten Baumes die Kantenrichtung nicht angegeben. Wenn die Wurzel bekannt ist, kann sie eindeutig konstruiert werden. Der Wurzelknoten wird meist oben oder oben-links gezeichnet. Wir werden gerichtete Bäume nun meist so, ohne Angabe der Kantenrichtung, zeichnen.

In einem gerichteten Baum unterscheiden wir drei Arten von Knoten: die *Wurzel* mit Eingangsgrad 0, die *Blätter* mit Ausgangsgrad 0 und *innere Knoten* mit Eingangsgrad 1 und Ausgangsgrad > 0. Alternativ zu Definition 5.19 können wir gerichtete Bäume auch induktiv definieren:

Definition 5.20: Gerichteter Baum, Höhe

Der Graph $G_0 = (\{a\}, \emptyset)$ ist ein ***gerichteter Baum der Höhe*** *0. Seien $G_1 = (V_1, E_1), \ldots, G_n = (V_n, E_n)$ gerichtete Bäume, deren Knotennamen alle paarweise verschieden sind. Die Knoten $v_i \in V_i$ seien die Wurzeln von G_i. Der Baum G_i habe die Höhe k_i. w sei ein neuer Knoten. Dann ist $G = (V, E)$ ein gerichteter Baum mit der Wurzel w, $V = \{w\} \cup V_1 \cup V_2 \cup \ldots \cup V_n$ und $E = E_1 \cup E_2 \cup \ldots \cup E_n \cup \{(w, v_1), (w, v_2), \ldots, (w, v_n)\}$. Der Baum G hat die Höhe $h = maximum\ (h_1, \ldots, h_n)+1$. Wir nennen die G_i auch* ***Teilbäume*** *von G.* ■

Die Höhe eines Baumes ist auch gleich der Länge des längsten Weges von der Wurzel zu einem Blatt.

Eine besondere Rolle in der Modellierung spielen Bäume, die auf allen Ebenen höchstens zwei Teilbäume haben. Mit ihnen beschreibt man z. B. Kaskaden von Ja-nein-Entscheidungen oder Binär-Codierungen.

Definition 5.21: Binärbaum

Ein gerichteter Baum heißt ***Binärbaum****, wenn seine Knoten einen Ausgangsgrad von höchstens 2 haben. Ein Binärbaum heißt* ***vollständig****, wenn kein Knoten den Ausgangsgrad 1 hat und die Wege von der Wurzel zu jedem Blatt gleich lang sind.* ■

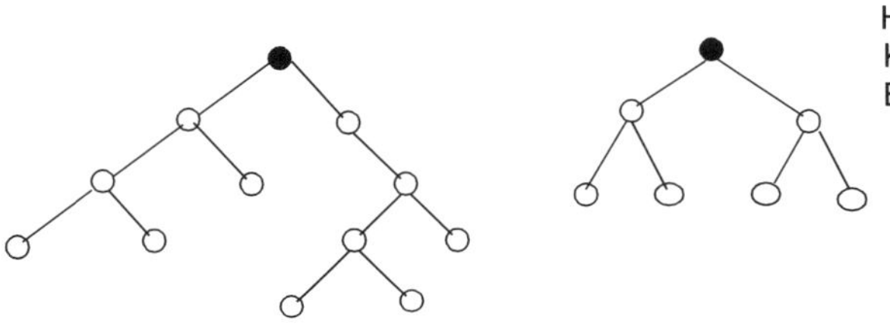

Abbildung 5.26: Unvollständiger und vollständiger Binärbaum

Abb. 5.26 zeigt einen unvollständigen und einen vollständigen Binärbaum.Es gibt einen wichtigen Zusammenhang zwischen der Höhe, der Anzahl der Knoten und der Blätter eines vollständigen Binärbaumes:

Satz 5.4: Höhe vollständiger Binärbäume

Ein vollständiger Binärbaum der Höhe h hat 2^h *Blätter und* $2^{h+1} - 1$ *Knoten.* ■

Der Satz kann leicht induktiv bewiesen werden:

Induktionsanfang: Ein vollständiger Binärbaum der Höhe 0 hat nach Definition 5.20 einen Knoten, der ein Blatt ist. D.h. er hat 2^h Blätter und 2^{h+1}-1 Knoten.

Induktionsschritt: Seien $G_1 = (V_1, E_1)$ und $G_2 = (V_2, E_2)$ vollständige Binärbäume der Höhe h mit 2^h Blättern und $2^{h+1}-1$ Knoten mit den Wurzeln w_1 und w_2. Dann ist $G = (V_1 \cup V_2 \cup \{w\}, E_1 \cup E_2 \cup \{(w, w_1), (w, w_1)\})$ ein vollständiger Binärbaum. Er hat die Höhe h+1 und hat $2 \cdot 2^h = 2^{h+1}$ Blätter und $2 \cdot (2^{h+1}-1)+1 = 2^{h+2}-1$ Knoten.

Induktionsschluss: Also gelten die Formeln für alle $h \geq 0$.

Wir betrachten nun einige Modellierungen, die typisch sind für die Anwendung von gerichteten Bäumen:

In vielen Zusammenhängen können Folgen von Entscheidungen durch einen gerichteten Baum modelliert werden, wir sprechen dann von einem *Entscheidungsbaum*. Abb. 5.27 zeigt einen Entscheidungsbaum zum Morse-Alphabet.

Man kann ihn verwenden, um Meldungen im Morse-Code zu entschlüsseln. In diesem Code wird jeder Buchstabe durch ein Folge von kurzen und langen Signalen verschlüsselt. Man entschlüsselt eine eingehende Meldung, indem man an der Wurzel des Baumes beginnt und bei einem kurzen Signal nach links, bei einem langen nach rechts verzweigt. Eine längere Pause zeigt an, dass ein Buchstabe vollständig übermittelt ist.

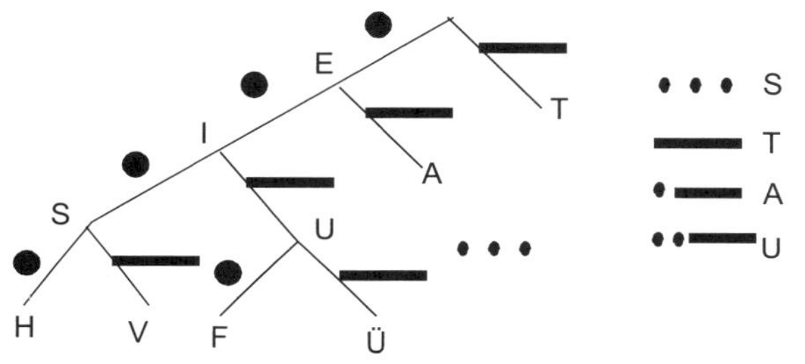

Abbildung 5.27: Entscheidungsbaum zum Morsealphabet

In jedem Entscheidungsbaum modellieren die Knoten einen Zwischenstand bei der Entscheidungsfindung. Sie können entsprechend markiert sein, z. B. mit dem codierten Buchstaben im Baum zum Morse-Code. Die Kanten, die von einem Knoten ausgehen, modellieren die Alternativen, aus denen in diesem Zustand eine ausgewählt werden kann. Das ist im Morse-Code ein kurzes oder langes Signal, das als Kantenmarke angegeben wird.

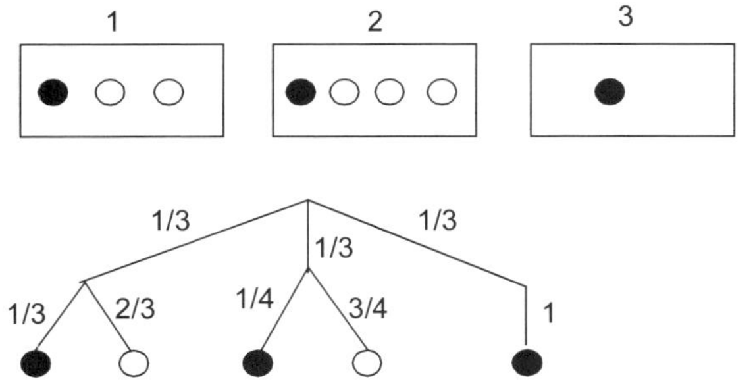

Abbildung 5.28: Wahrscheinlichkeiten im Entscheidungsbaum

Wir können mit einem Entscheidungsbaum auch sehr anschaulich zusammengesetzte Wahrscheinlichkeiten modellieren: Abb. 5.28 zeigt drei Behälter mit einigen schwarzen und weißen Kugeln. Es wurde nun erst ein Behälter ausgewählt und dann daraus eine Kugel gezogen. Die Kantenmarken des Baumes geben an, mit welcher Wahrscheinlichkeit die zugehörige Entscheidung getroffen wird. Multipliziert man die Wahrscheinlichkeiten auf dem Wege von der Wurzel zu einem Blatt, dann erhält man den Wahrscheinlichkeitswert für die Entscheidungsfolge, die das Blatt repräsentiert. So zeigt der Baum, dass mit der Wahrscheinlichkeit 2/9 eine weiße Kugel aus Behälter 1 gezogen wird. Addieren wir die Wahrscheinlichkeiten aller Wege zu weißen Blättern, erhalten wir die Wahrscheinlichkeit, dass eine weiße Kugel aus irgendeinem Behälter gezogen wird:

2/9 + 3/12 = 17/36.

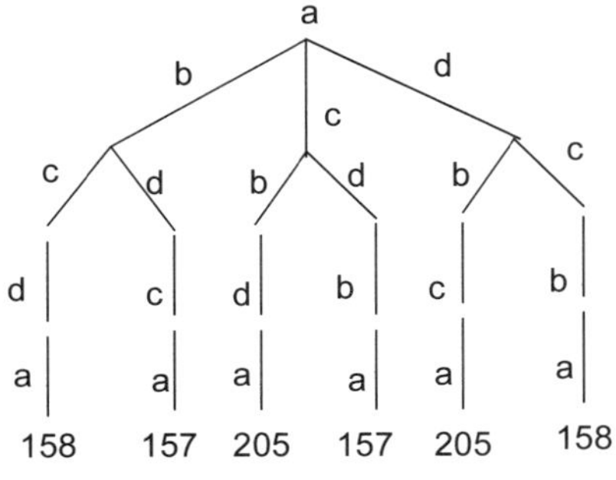

Abbildung 5.29: Lösungsraum zum Handlungsreisenden-Problem von Abb. 5.18

Das dritte Beispiel (Abb. 5.29) modelliert den Lösungsraum eines kombinatorischen Problems. Ein Baum spannt alle potenziellen Lösungen einer Aufgabe auf; sie werden durch die Blätter charakterisiert. Der Weg zu einem Blatt beschreibt die Folge der Entscheidungen, die getroffen werden, um diese Lösung zu erhalten. Diese Abbildung stellt den Lösungsraum zum Problem des Handlungsreisenden mit dem Graphen aus Abb. 5.18 dar. Jeder Weg von der Wurzel des Baumes zu einem Blatt repräsentiert einen Rundweg im Graphen der verbundenen Städte, der bei dem Knoten a beginnt, z. B. *(a, b, c, d, a)*. Die Marken an den Kanten, die von einem Baumknoten ausgehen, geben an, wohin der Rundweg fortgesetzt werden kann, ohne ein Ziel ein zweites Mal zu besuchen. Die Blätter sind mit den Kosten des Rundweges markiert. Daran können wir ablesen, dass es im Lösungsraum zwei Rundwege mit minimalen Kosten 157 gibt: *(a, b, d, c, a)* und *(a, c, d, b, a)*. Natürlich kommen die Rundwege immer in symmetrischen Paaren vor.

Nach dem gleichen Schema werden auch Zugfolgen in Spielen modelliert: Jeder Knoten des Entscheidungsbaumes modelliert einen Spielzustand. Die von dort ausgehenden Kanten geben an, welche Möglichkeiten für den nächsten Zug bestehen. Solche Darstellungen werden z. B. in Schachprogrammen verwendet, um die Folgen der ausstehenden Entscheidung zu analysieren und zu bewerten.

Gerade bei der Modellierung von Spielabläufen können manche Spielzustände, die auf unterschiedlichen Wegen erreicht werden, im Sinne des Spieles denselben Zustand beschreiben. Dann könnte man auch im Entscheidungsbaum die zugehörigen Knoten identifizieren. Damit geht allerdings die Baum-Eigenschaft verloren. Es entsteht dann ein allgemeiner, gerichteter Graph, der sogar Kreise enthalten kann. Sie modellieren, dass eine

Folge von Spielzügen in einen Zustand des Spieles zurückführt, der früher schon einmal durchlaufen wurde.

Gerichtete Bäume werden auch zur *Modellierung von Strukturen* aus ganz unterschiedlichen Anwendungsgebieten mit unterschiedlichen Bedeutungen eingesetzt, z. B. Objektbäume, Typ- und Klassenhierarchien, Ausdrucksbäume und Strukturbäume. Gemeinsam ist diesen Modellen, dass ein Knoten einen abstrakten oder konkreten Gegenstand modelliert und mit den Kanten Beziehungen wie *„besteht aus"*, *„enthält"* oder *„wird spezialisiert zu"* dargestellt werden.

Schon in Kapitel 3 haben wir die Struktur von Termen durch Bäume dargestellt, wie z. B. in Abb. 5.30. Die Knoten repräsentieren Variable, Konstanten und Operatoren, die Kanten verbinden sie mit ihren Operanden. Formeln bzw. Ausdrücke können ebenso dargestellt werden. Wir nennen die Darstellungsform auch Kantorowitsch-Baum. Er beschreibt, wie ein Term aus Untertermen bzw. ein Ausdruck aus Teilausdrücken zusammengesetzt ist.

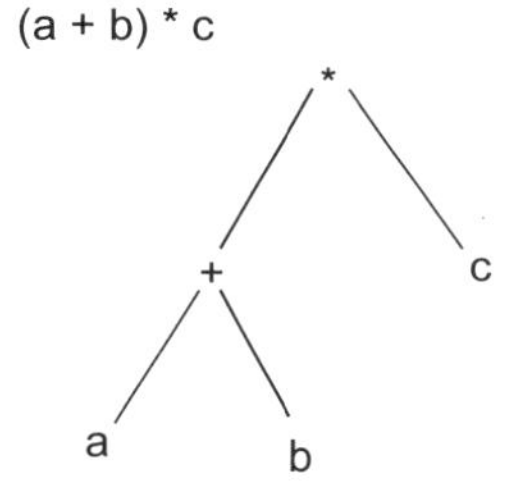

Abbildung 5.30: Kantorowitsch-Baum für einen Term bzw. Ausdruck

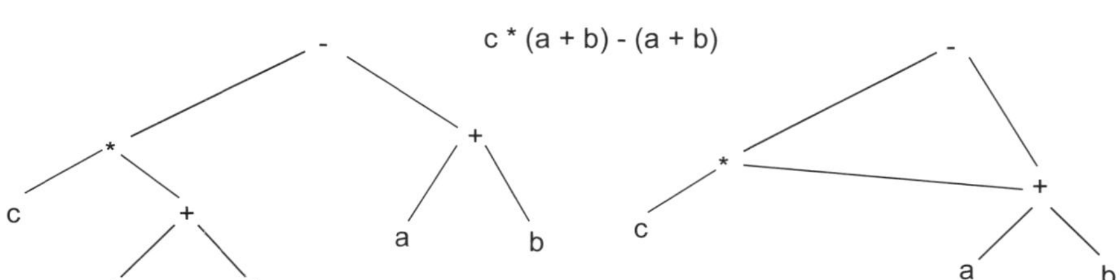

Abbildung 5.31: Identifikation gleicher Teilbäume

In Abb. 5.31 ist ein Ausdruck dargestellt, in dem der Teilausdruck (a + b) zweimal auftritt. In dem rechten Graphen ist diese Eigenschaft dadurch repräsentiert, dass die entsprechenden Knoten identifiziert wurden: Die rechten Operanden des Subtraktions- und des Multiplikationsoperators führen auf denselben Teilgraphen. Hierdurch wird der gerichtete Baum zu einem gerichteten, azyklischen Graphen. (Natürlich müssen wir die im Baum implizit angenommene Kantenrichtung beibehalten.) Solch eine Transformation wird

z. B. von Übersetzern vorgenommen, um Code zu erzeugen, der gleiche Teilausdrücke nur einmal auswertet.

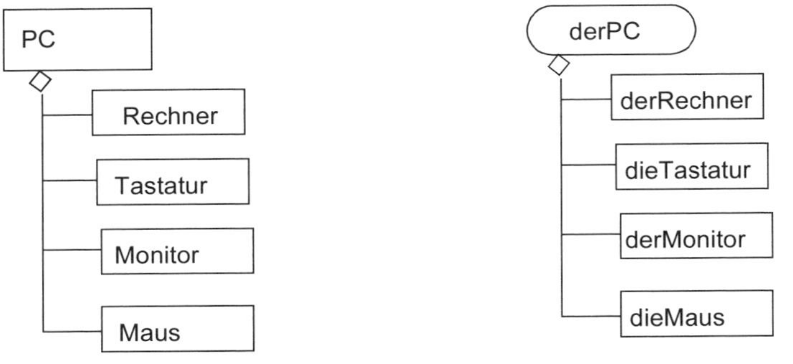

Abbildung 5.32: Klassen- und Objektdiagramm

Auch Klassen- und Objekthierarchien werden häufig durch gerichtete Bäume modelliert. So werden z. B. in Klassendiagrammen der UML-Notation (Abschnitt 6.4) unter anderem Kompositionsbeziehungen modelliert. Die Knoten in einem Klassendiagramm, wie im linken Teil von Abb. 5.32, beschreiben Klassen, die Kompositionskanten geben an, aus Objekten welcher Klassen ein Objekt dieser Klasse bestehen kann. Hier wird also ausgesagt, dass ein PC-Objekt aus einem Rechner-Objekt, einem Tastatur-Objekt, einem Monitor-Objekt und einem Maus-Objekt bestehen kann. Der rechte Graph der Abb. 5.32 ist ein Objekt-Baum. Er modelliert ein bestimmtes PC-Objekt, das aus vier bestimmten Objekten besteht, die jeweils Klassen angehören, wie es das Klassendiagramm vorschreibt.

Solche Objektdiagramme müssen konzeptionell Bäume sein. Denn ein bestimmtes Objekt kann nicht gleichzeitig Teilobjekt mehrerer verschiedener Objekte im engen Sinne einer *„besteht-aus"*-Beziehung sein. Für die Modellierungsebene der Klassen gilt das natürlich nicht: Ein Klassendiagramm kann durchaus modellieren, dass Objekte einer Klasse mehrfach und an verschiedenen Stellen in Objektbäumen vorkommen können. Klassendiagramme können auch Zyklen haben und dadurch Objektstrukturen rekursiv beschreiben, wie z. B. in Abb. 5.33 die Binärbäume, die aus einem Wert und bis zu zwei Unterbäumen bestehen.

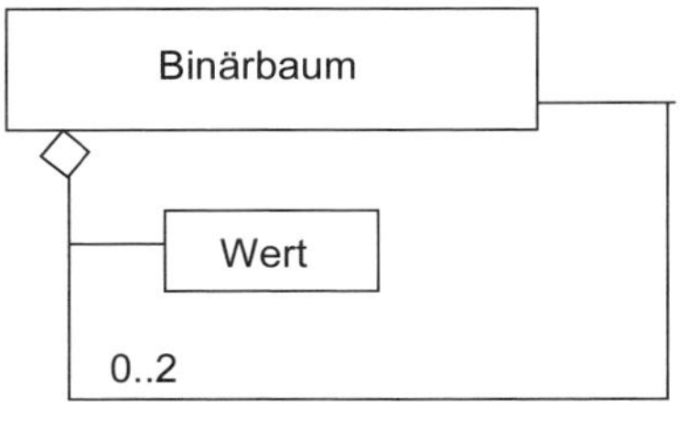

Abbildung 5.33: Rekursive Definition im Klassendiagramm

Als letztes Beispiel für die Darstellung von Strukturen durch gerichtete Bäume betrachten wir Programme und strukturierte Texte oder Daten. Ihre Struktur kann durch eine kontextfreie Grammatik formal definiert werden. In Kapitel 7 führen wir kontextfreie Grammatiken als formalen Kalkül ein. Hier zeigen wir im Vorgriff darauf nur, wie dort Bäume eingesetzt werden.

Die Regeln einer kontextfreien Grammatik beschreiben z. B. für eine Programmiersprache, aus welchen Teilen ein Programmkonstrukt besteht.

```
WhileStatement ::= Expression Statement
Assignment ::= Variable Expression
Statement ::= Assignment
```

Von den obigen Regeln bedeutet z. B. die erste

Ein WhileStatement besteht aus einem Expression, gefolgt von einem Statement.

Die *„besteht aus“*-Relation einer einzelnen Regel kann man auch als Baum darstellen. Abb. 5.34 zeigt dies für die drei angegebenen Regeln.

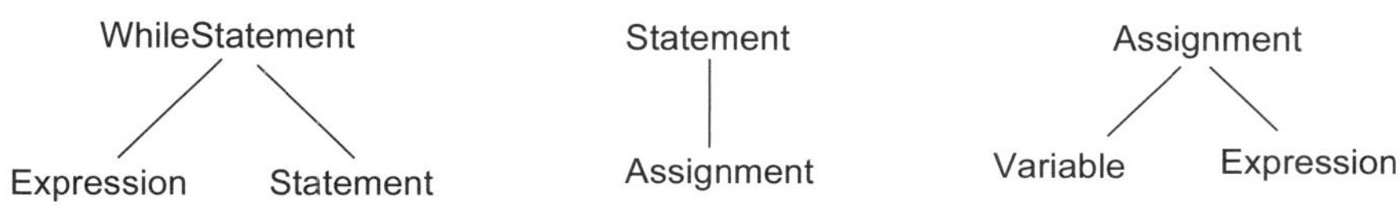

Abbildung 5.34: Bäume repräsentieren Regeln einer kontextfreien Grammatik

Die Regeln einer kontextfreien Grammatik definieren die Struktur jedes syntaktisch korrekten Programmes. Sie wird durch einen Strukturbaum dargestellt. In Abb. 5.35 haben wir einen Strukturbaum für eine while-Schleife angegeben, die eine Zuweisung als Rumpf hat.

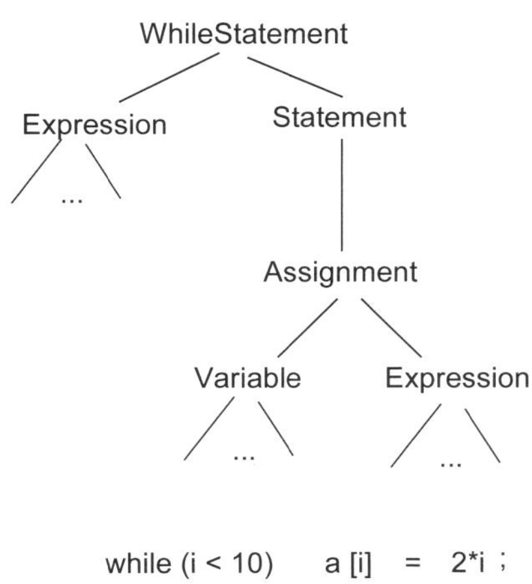

Abbildung 5.35: Strukturbaum zu einer while-Schleife

Die Knoten des Strukturbaumes sind Symbole der Grammatik und repräsentieren hier Programmkonstrukte. Die Kanten, die jeweils von einem Knoten ausgehen und zu Unterbäumen führen, beschreiben die Anwendung einer Regel, wie die Beispiele in Abb. 5.34. Der Baum stellt dar, wie Programmkonstrukte aus kleineren Konstrukten zusammengesetzt sind. In den Grammatikregeln und im Strukturbaum sind die Symbole weggelassen, die für die Struktur nicht wichtig sind, z. B. *while* und *;*. Deshalb wird die Grammatik auch *abstrakte Syntax* genannt, und der zugehörige Baum stellt die abstrakte Struktur des Programms dar.

5.5 Zuordnungsprobleme

Zuordnungsprobleme erfordern, dass Objekte einander so zugeordnet werden, dass bestimmte Randbedingungen erfüllt sind. Solche Aufgaben werden durch ungerichtete Graphen modelliert. Die folgenden Beispiele charakterisieren unterschiedliche Varianten dieses Aufgabentyps:

a) In einem Tennisverein sollen die Vereinsmitglieder für ein Tunier zu Doppelpaarungen zusammengestellt werden. Dabei möchte man nur befreundete Personen miteinander spielen lassen.

b) Eine Gruppe unterschiedlich ausgebildeter Piloten soll so auf Flugzeuge verteilt werden, dass jeder sein Flugzeug fliegen kann.

c) Die Gäste einer Party sollen so an Tischen platziert werden, dass Personen, die sich nicht ausstehen können, an verschiedenen Tischen sitzen.

In jedem der drei Beispiele werden die Randbedingungen durch eine zweistellige Relation über den Objekten repräsentiert, die einander zugeordnet werden sollen:

a) Zwei Personen sind miteinander befreundet.

b) Ein Pilot kann ein bestimmtes Flugzeug fliegen.

c) Zwei Personen können sich nicht ausstehen.

Diese Relation wird durch einen ungerichteten Graphen modelliert. In den Beispielen (a) und (b) werden paarweise Zuordnungen gesucht, während in der Aufgabe (c) die Anzahl der Personen, die an demselben Tisch sitzen, zunächst nicht vorgegeben ist. Das Beispiel (b) unterscheidet sich von (a) dadurch, dass es zwei unterschiedliche Arten von Objekten gibt, Piloten und Flugzeuge, und die Paare aus jeweils einem jeder Art gebildet werden. In allen drei Varianten sucht man nach möglichst günstigen Lösungen: viele befreundete Doppelpaarungen, viele passend bemannte Flugzeuge, wenige Tische, auf die die Gäste verteilt werden müssen.

Als Erstes betrachten wir die Aufgabenvariante der *paarweisen Zuordnungen* (engl.: *matching*). Die Beispiele (a) und (b) gehören dieser Variante an. Ein ungerichteter Graph $G = (V, E)$ modelliert die Randbedingungen. Dabei gibt V die Menge der zuzuordnenden

Objekte an, d. h. in Beispiel (a) die Mitglieder des Tennisvereins. Jede Kante $\{a, b\} \in E$ modelliert „*a und b passen zueinander*“, d. h. hier: a und b sind befreundet.

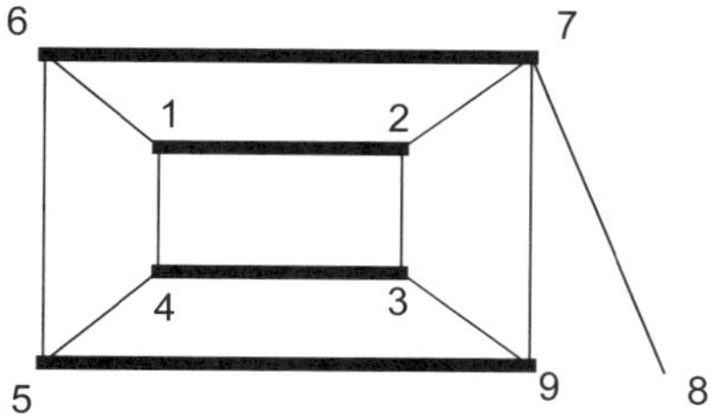

Abbildung 5.36: Matching im ungerichteten Graphen

In Abb. 5.36 gibt ein solcher Graph die Freundschaftsbeziehungen zwischen neun Vereinsmitgliedern an. Als Lösung dieser Zuordnungsaufgabe suchen wir eine möglichst große Zahl von Kanten aus E, die keine Knoten gemeinsam haben. Das sind dann die Doppelpaarungen. Wir definieren dafür folgenden Begriff:

Definition 5.22: Maximale Menge unabhängiger Kanten

Sei $G = (V, E)$ ein ungerichteter Graph und $M = (V, E')$ ein Teilgraph von G, dessen Kantenmenge E' möglichst groß ist und dessen Knoten alle höchstens den Grad 1 haben. M ist dann eine ***maximale Menge unabhängiger Kanten*** *oder kurz ein* ***Matching****.* ■

Die stark gezeichneten Kanten in Abb. 5.36 sind ein solches Matching im gesamten Graph. In diesem Beispiel kann man sehr leicht zeigen, dass der Graph aus diesen Kanten die Bedingungen aus Definition 5.22 erfüllt: Es ist ein Teilgraph mit allen Knoten; Knoten 8 hat den Grad 0, alle anderen den Grad 1. Bei insgesamt 9 Knoten kann es höchstens 4 unabhängige Kanten geben.

Die Aufgabenklasse zum Beispiel (b) wird dadurch charakterisiert, dass zwei verschiedene Arten von Objekten, Piloten und Flugzeuge, jeweils einander paarweise zugeordnet werden. Die zugehörigen Graphen nennt man *bipartit*.

Definition 5.23: Bipartiter Graph

Ein Graph $G = (V, E)$ heißt ***bipartit****, wenn V in zwei disjunkte Teilmengen $V = V_1 \cup V_2$ zerlegt werden kann, sodass jede Kante zwei Knoten aus verschiedenen Teilmengen verbindet.* ■

Abb. 5.37 zeigt einen bipartiten Graphen mit $V = \{1, 3, 7, 5\} \cup \{2, 4, 6, 8, 9\}$ und einem Matching darin. In Aufgabe (b) würde dann die eine der beiden Mengen die Piloten, die andere die Flugzeuge modellieren. Bei dieser Aufgabenvariante geht man schon von bipartiten Graphen in der Aufgabenstellung aus; man nennt sie auch Heiratsprobleme. Wir geben weitere Beispiele für Paare von Objektarten an, die in solchen Zuordnungsproblemen vorkommen:

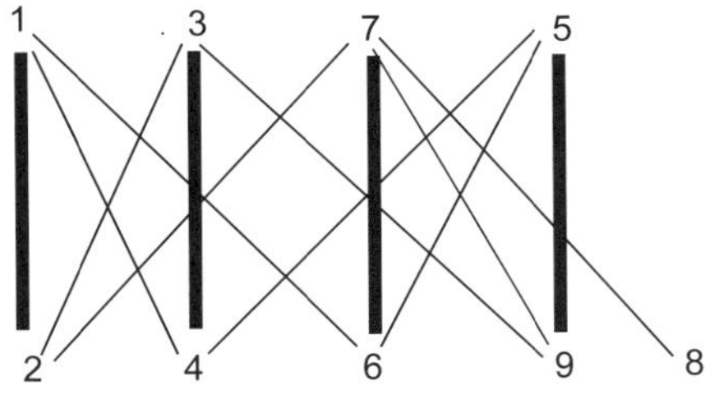

Abbildung 5.37: Bipartiter Graph mit einem Matching

- Mann – Frau
- Aufgabe – Bearbeiter
- Verbraucher – Produkt.

Gemäß Definition 5.23 wird ein Graph schon bipartit genannt, wenn seine Knotenmenge V wie angegeben zerlegt werden *kann.* Sie braucht nicht von vornherein durch unterschiedliche Objektklassen vorgegeben zu sein. Dies wird durch die Abb. 5.36 und 5.37 illustriert: sie zeigen denselben Graphen mit unterschiedlicher Anordnung der Kanten und Knoten. Mit der angegebenen Aufteilung der Knotenmenge ist gezeigt, dass der Graph bipartit ist. Würde man den Graphen z. B. um die Kante *{1, 3}* erweitern, dann gäbe es eine solche Zerlegung der Knotenmenge nicht; der so erweiterte Graph wäre nicht bipartit.

Das dritte Beispiel (c), die Platzierung von Partygästen an Tischen, führt zu einer weiteren wichtigen Variante von Zuordnungsproblemen. Der Graph modelliert wieder eine zweistellige Relation zwischen den Objekten, die einander zugeordnet werden sollen. Anders als in den vorigen Beispielen drückt eine Kante *{a, b}* hier meistens aus, dass *a* und *b nicht einander zugeordnet* werden dürfen. Außerdem werden in dieser Klasse die Objekte zu möglichst wenigen Gruppen zusammengefasst, deren Größe nicht vorgegeben ist. Wir modellieren deshalb das Ergebnis der Zuordnung durch eine Markierung jedes Knotens mit der Nummer der Gruppe, der er zugeordnet wird. In unserem Beispiel (c) ist das dann die Nummer des Tisches, an dem der Partygast platziert wird.

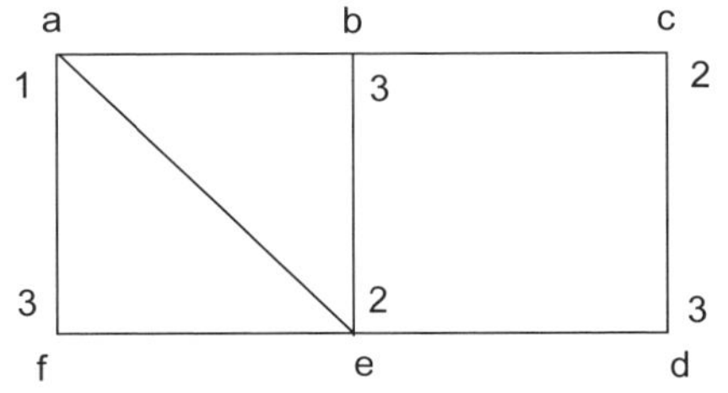

Abbildung 5.38: Konfliktfreie Knotenmarkierung

Abb. 5.38 zeigt einen Graphen, dessen Kanten angeben, welche Partygäste *a, ... , f* sich jeweils nicht ausstehen können. Die Knotenmarkierung gibt an, wie man sie an den Tischen 1, 2, 3 platzieren kann, um Streit zu vermeiden.

Definition 5.24: Konfliktfreie Knotenmarkierung

Sei G = (V, E) ein ungerichteter Graph, der eine Unverträglichkeitsrelation modelliert: {a, b} ∈ E bedeutet „a und b sind miteinander unverträglich". Eine totale Funktion M : V → ℕ heißt ***konfliktfreie Knotenmarkierung,*** *wenn für jede Kante {a, b} ∈ E gilt M (a) ≠ M (b).* ■

Man überzeugt sich leicht, dass die Markierung in Abb. 5.38 konfliktfrei ist. Man kann auch zeigen, dass man eine konfliktfreie Markierung mit weniger als 3 Zahlen nicht finden kann. Denn schon in dem Dreieck *a, b, e* dürfen gleiche Marken nicht vorkommen.

Die berühmteste Aufgabe dieser Klasse ist das so genannte Vier-Farben-Problem. Es bezeichnet die Hypothese, dass vier verschiedene Farben ausreichen, um eine beliebige Staatenkarte so einzufärben, dass zwei Staaten, die ein Stück gemeinsamer Grenze haben, durch unterschiedliche Farben dargestellt werden. Erst 1976 wurde diese Hypothese bewiesen, und zwar durch eine Fallunterscheidung mit mehr als 1000 Fällen, die von einem Computerprogramm entwickelt wurde.

Abb. 5.39 zeigt eine kleine abstrakte Karte mit den Staaten *a, b, c, d* und einen Graphen dazu, dessen Kanten *{x, y}* die Eigenschaft modellieren; *x* und *y* haben eine gemeinsame Grenze.

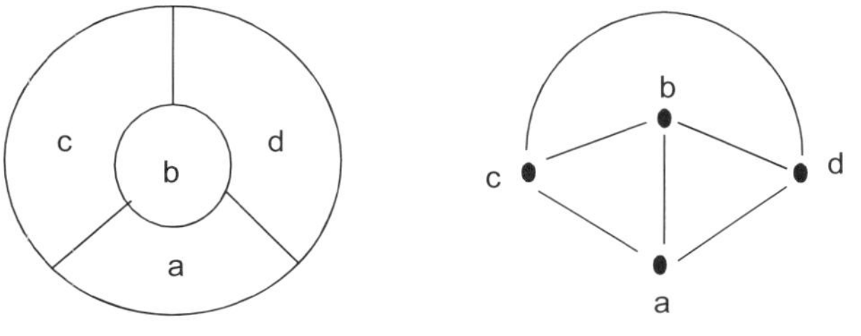

Abbildung 5.39: Staatenkarte mit Unverträglichkeitsgraph

Man kann sich leicht davon überzeugen, dass den vier Staaten (Knoten) vier unterschiedliche Farben zugeordnet werden müssen, da jeder Knoten mit jedem der drei übrigen Knoten verbunden ist.

Das Vierfarbenproblem ist zwar mit dem Einfärben solcher Staatenkarten motiviert, es wird jedoch für die Klasse der *planaren Graphen* formuliert.

Definition 5.25: Planarer Graph

Graph G heißt ***planar,*** *wenn er in der Ebene so gezeichnet werden kann, dass seine Kanten sich nicht kreuzen.* ■

Modelliert man eine Staatenkarte, sodass eine Kante *{a, b}* die Eigenschaft „*Die Staaten a und b haben eine gemeinsame Grenze*" beschreibt, so ist der resultierende Graph immer planar.

Das Vierfarbenproblem hat die Untersuchung dieser Grapheigenschaften stark geprägt. Deshalb bezeichnet man die konfliktfreie Markierung häufig auch als *Färbung*, auch wenn sie etwas anderes modelliert, wie z. B. die Tische der Partygäste. Die Anzahl verschiedener Farben, die mindestens nötig sind, um die Knoten eines Graphen konfliktfrei zu markieren, nennt man auch *chromatische Zahl* des Graphen.

Mit der folgenden Tabelle wollen wir zeigen, dass das Prinzip der Färbung von Unverträglichkeitsgraphen ein breites Spektrum an Anwendungen hat:

Knoten	**Kante zwischen a und b**	**Farbe bzw. Marke**
Staat auf der Karte	haben gemeinsame Grenze	Farbe
Partygast	sind unverträglich	Tisch
Kurs	haben gemeinsame Teilnehmer	Termin
Prozess	benötigen dieselben Ressourcen	Ausführungstermin
Variable im Programm	ihre Werte werden gleichzeitig benötigt	Registerspeicher

5.6 Abhängigkeiten

Mit gerichteten Graphen können Abhängigkeiten zwischen Operationen modelliert werden. Jeder Knoten modelliert eine Operation. Er ist häufig mit der Ausführungsdauer markiert. Eine Kante *(a, b)* gibt an, dass die Ausführung von *a* Vorbedingung ist für die Ausführung von *b*. Dafür kann es unterschiedliche Gründe geben:

- *b* benutzt ein Ergebnis von *a*;
- *a* schreibt in eine Speicherstelle, bevor *b* den Wert an der derselben Stelle überschreibt;
- *a* liest von einer Speicherstelle, bevor *b* den Wert an der Stelle überschreibt.

Wenn die Kanten Abhängigkeiten in solch engem Sinne modellieren, müssen die gerichteten Graphen natürlich azyklisch sein. Abb. 5.40 zeigt oben ein Beispiel für einen Abhängigkeitsgraphen. Er modelliert die Operationen von *a* bis *e* und einige Abhängigkeiten zwischen ihnen.

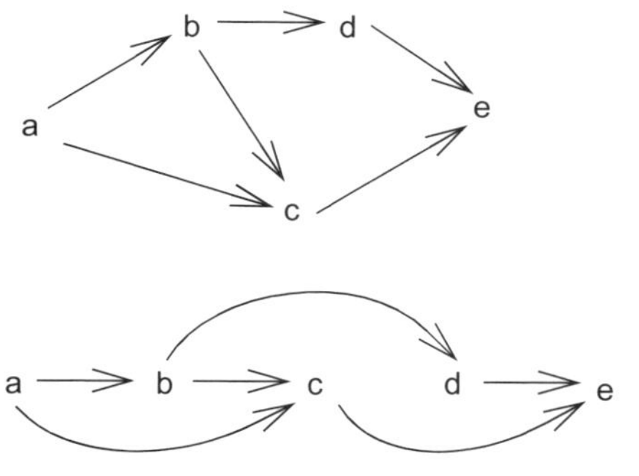

Abbildung 5.40: Abhängigkeitsgraph und lineare Anordnung

Abhängigkeiten zwischen Operationen müssen beachtet werden, wenn man eine Reihenfolge für deren Ausführung bestimmt. Eine solche Ausführungsreihenfolge kann man modellieren, indem man die Knoten des Abhängigkeitsgraphen so anordnet, dass alle Kanten vorwärts, in Ausführungsrichtung zeigen. Die lineare Anordnung der Knoten des Graphen im unteren Teil von Abb. 5.40 modelliert eine sequentielle Ausführung der Operationen.

Im Allgemeinen hat man dabei Freiheiten der Entscheidung, die zur Optimierung zusätzlicher Kriterien genutzt werden können. Hier hätten die Knoten *c* und *d* in der Anordnung vertauscht werden können. Es gibt ein breites Spektrum solcher *Anordnungsaufgaben* (engl. *scheduling*), die sich durch Randbedingungen und Ziefunktionen für die Optimierung unterscheiden. Auch Algorithmen für die Lösung von Scheduling-Aufgaben sind tiefgehend untersucht. Solche Aufgaben kommen in unterschiedlichen Anwendungskontexten vor, z. B.

- Projektplanung mit abhängigen Teilaufgaben;
- abhängige Transaktionen in Datenbanken;
- Anordnung von Code für die parallele Ausweitung von Ausdrücken.

An einem abstrakten Beispiel wollen wir einige wichtige Eigenschaften solcher Abhängigkeitsgraphen und der damit modellierten Aufgaben zeigen.

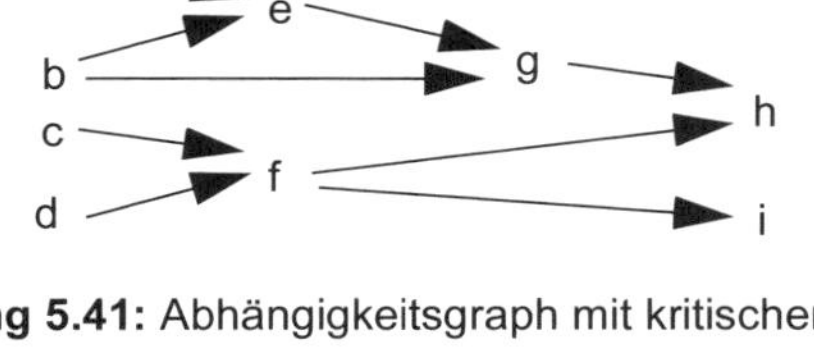

Abbildung 5.41: Abhängigkeitsgraph mit kritischen Pfaden

Abb. 5.41 zeigt einen Abhängigkeitsgraphen mit den Operationen *a* bis *i*. Er könnte z. B. die Abhängigkeiten bei der Auswertung zweier arithmetischer Ausdrücke modellieren:

$(a + b) * b - (c / d)$ und $(c / d)^2$

Die Operationen *a, b, c, d* stehen für das Laden der Werte von vier Variablen aus dem Speicher. *e* repräsentiert die Addition, *g* die Multiplikation, *f* die Division, *h* die Subtraktion und *i* das Quadrieren. Die Teilausdrücke *b* und *(c / d)* kommen jeweils zweimal vor; deshalb werden ihre Ergebnisse von zwei anderen Operationen benutzt. Die Operationen verknüpfen die Werte ihrer Operanden und liefern ein Ergebnis, das von anderen Operationen benutzt wird. Diese Abhängigkeiten modelliert der Graph.

Es ist eine elementare Aufgabe des Scheduling, herauszufinden, in wie vielen Schritten die Operationen solch eines Abhängigkeitsgraphen abgearbeitet werden können. Dabei nehmen wir vereinfachend an, dass eine Operation in einem Zeitschritt erledigt werden kann und dass beliebig viele Bearbeiter (hier Prozessoren) eingesetzt werden können, damit mehrere Operationen gleichzeitig ausgeführt werden. Dann können die Operationen dieses Graphen trotzdem nicht in weniger als vier Schritten bearbeitet werden. Der Grund dafür ist die Existenz von Pfaden der Länge *4 : (a, e, g, h)* und *(b, e, g, h)*. Sie werden durch folgenden Begriff charakterisiert:

Definition 5.26: Kritischer Pfad

Sei G ein gerichteter, azyklischer Graph. Dann heißen Wege maximaler Länge ***kritische Pfade*** *von G.* ■

Kritische Pfade führen immer von einem Anfangsknoten, mit Eingangsgrad 0, zu einem Ausgangsknoten mit Ausgangsgrad 0.

Die Abarbeitung der Operationen des Graphen durch Bearbeiter kann man grafisch modellieren, indem man die Knoten in einem zweidimensionalen Raster auslegt: die Zeitachse horizontal, die Bearbeiter vertikal. In Abb. 5.42 ist unser Beispielgraph für die Ausführung durch drei Bearbeiter ausgelegt.

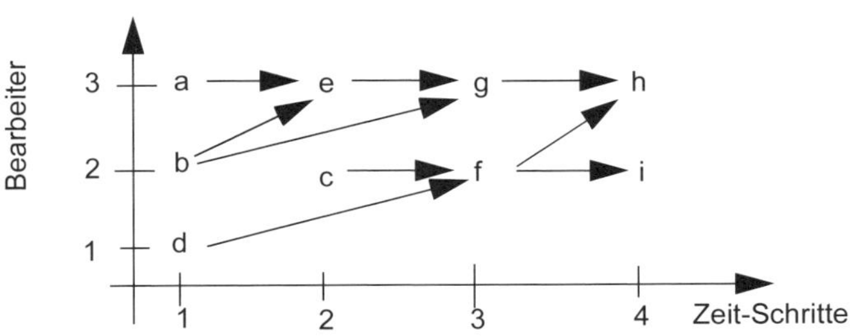

Abbildung 5.42: Anordnung für maximal 3 Bearbeiter

Die Kanten weisen alle in die Richtung der Zeitachse. Knoten, die übereinander am gleichen Zeitpunkt angeordnet sind, werden gleichzeitig von verschiedenen Bearbeitern ausgeführt. Knoten, die nebeneinander in gleicher Höhe angeordnet sind, werden nacheinander von demselben Bearbeiter ausgeführt. Wir stellen fest, dass diese Anordnung insgesamt vier Zeitschritte erfordert. Sie lässt sich nicht verkürzen, da die kritischen Pfade die Länge vier haben. Es gibt auch andere Anordnungen desselben Graphen für 3 Bearbeiter, die 4 Schritte erfordern: z. B. könnte man die Operation *d* auch in den zweiten Schritt verschieben. Wir können Abb. 5.42 als einen Plan verstehen, den ein Übersetzer aufgestellt hat, um Code für die beiden Ausdrücke so zu erzeugen, dass er von einem Prozessor mit 3 Funktionseinheiten in vier Schritten ausgeführt wird.

Abb. 5.43 zeigt zwei verschiedene Anordnungen unseres Beispielgraphen für sequentielle Ausführung durch einen Bearbeiter. Sie benötigen natürlich genauso viele Schritte, wie der Graph Knoten hat.

Häufig produzieren die Operationen, wie in unserem Beispiel der Ausdrucksauswertung, Ergebnisse, die von anderen Operationen benutzt werden. Dann muss jedes Zwischenergebnis so lange gespeichert werden, bis es nicht mehr gebraucht wird. In unserem Beispiel werden solche Werte in Registern des Prozessors gespeichert. Die Anordnung des Graphen modelliert auch, wie viele Register für diesen Zweck benötigt werden: Legt man einen Schnitt durch den Graphen zwischen zwei Operationen, dann gibt die Zahl der geschnittenen Kanten an, wie viele Werte zur weiteren Verwendung in Registern gespeichert werden müssen. In Abb. 5.43 sind nur die Schnitte mit dem maximalen Speicherbedarf angegeben. Wir erkennen, dass man für die obere Anordnung des Graphen 4 Register benötigt, während man bei der unteren Anordnung mit 3 Registern auskommt.

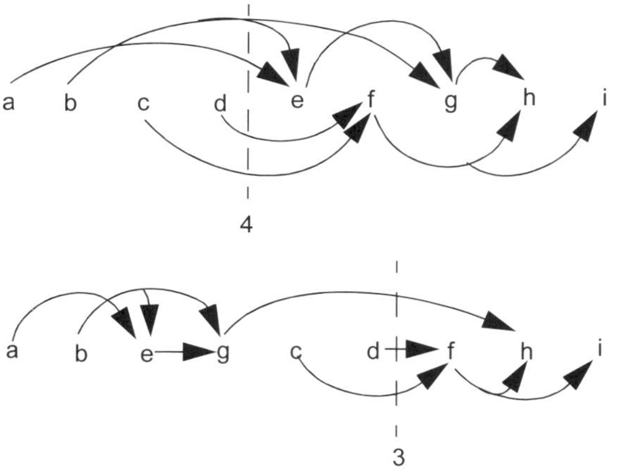

Abbildung 5.43: Sequentielle Anordnung mit Ressourcenbedarf

Es gibt Scheduling-Verfahren, die solche Ressourcenbedarfe minimieren. Solche Modelle können auch für andere Anwendungen eingesetzt werden, z. B. für Produktionsanlagen, wo eine oder mehrere Maschinen Zwischenprodukte in unterschiedlichen Arbeitsgängen weiterverarbeiten.

In vielen praktischen Anwendungen ist die Annahme, dass die Ausführung aller Operationen gleich lange dauert, nicht haltbar: Die Produktionsschritte können je nach Komplexität unterschiedlich lange dauern; auch die Ausführung von Additionen und Multiplikationen benötigt unterschiedlich viele Taktzyklen des Prozessors. Wir können unser Modell verfeinern, indem wir zwei Knotenmarkierungen für die Operation ergänzen:

- Dauer der Operation und
- frühester Abschlusstermin der Operation, berechnet als Dauer der Operation plus spätester Abschlusstermin aller Vorgängerknoten.

Wir haben unseren Beispielgraphen in Abb. 5.44 entsprechend erweitert. Für Graphen mit unterschiedlicher Operationsdauer müssen wir den Begriff des kritischen Pfades neu formulieren:

> *Ein Pfad in einem gerichteten Graphen ist ein **kritischer Pfad**, wenn kein anderer Pfad eine größere Summe der Dauer seiner Operationen hat.*

In Abb. 5.44 ist (c, f, i) der einzige kritische Pfad; seine Operationen dauern insgesamt 10 Einheiten.

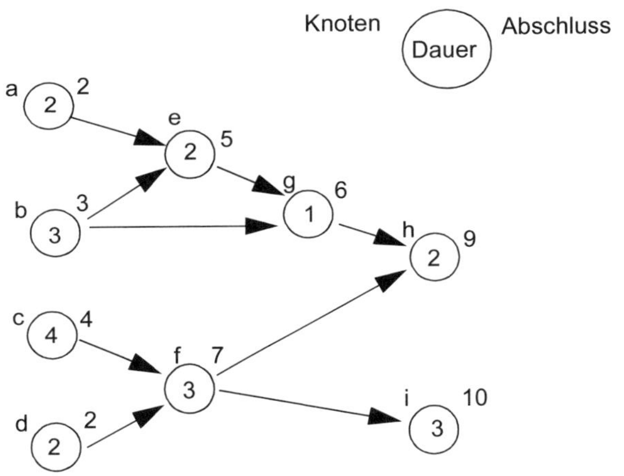

Abbildung 5.44: Operationen mit unterschiedlicher Dauer

Schließlich wollen wir noch darauf hinweisen, dass man bei der Modellierung von Abhängigkeiten auch die Rollen von Knoten und Kanten vertauschen kann. In solch einer *dualen Modellierung* beschreibt ein Knoten das Ereignis, das anzeigt, dass alle Operationen abgeschlossen sind, die Voraussetzung für das Ereignis sind. Wir markieren jeden Knoten mit dem frühest möglichen Abschlusstermin. Eine Kante beschreibt eine Operation mit einer bestimmten Ausführungsdauer. Sie wird als Kantenmarkierung zugeordnet. In Abb. 5.45 haben wir unsere Beispielgraphen in diesem Sinne modelliert.

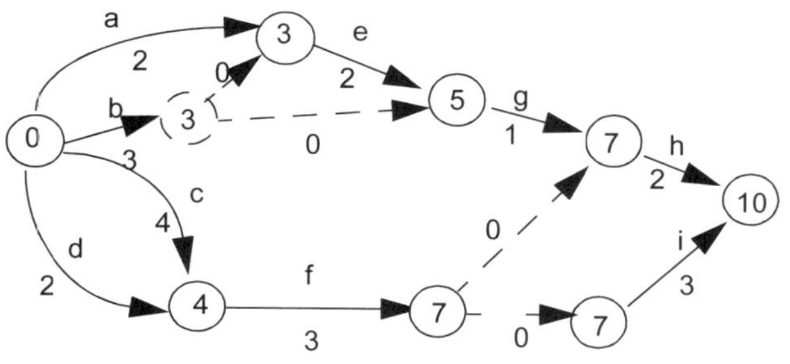

Abbildung 5.45: Duale Modellierung

Für die Transformation eines Abhängigkeitsgraphen in diese duale Modellierung reicht es nicht aus, aus jedem Knoten (jeder Kante) des ursprünglichen Modells eine Kante (einen Knoten) im dualen Modell zu machen: Außerdem müssen im dualen Modell ein Anfangs- und ein Endknoten eingeführt werden. Wenn es im ursprünglichen Modell einen Knoten v gibt, von dem mehrere Kanten zu Knoten w_i ausgehen, dann führen wir im dualen Modell einen neuen Knoten ein. In ihn mündet nun die Kante v und geht je eine neue Kante zu jeder Vorbedingung von w_i aus. Diese neuen Kanten haben die Dauer 0. In Abb. 5.45 sind die beiden neuen Knoten und die vier neuen Kanten gestrichelt gezeichnet. Sie drücken aus, dass die Operation *b* Voraussetzung der beiden Operationen *e* und *g* ist sowie die Operation *f* Voraussetzung für *h* und *i*. Bei dieser Art der dualen Modellierung entstehen im Allgemeinen Multigraphen.

Zum Schluss wollen wir einen Typ von Anwendungen der Modellierung mit Graphen vorstellen, bei denen Abläufe beschrieben werden. Da Abläufe insgesamt oder in Teilen zyklisch sein können, kommen hier allgemeine, gerichtete Graphen zum Einsatz. Ein Knoten modelliert einen Zustand, von dem aus der Ablauf zu unterschiedlichen Nachfolgezuständen fortgesetzt werden kann. Eine Kante *(a, b)* gibt an, dass ein Ablauf vom Zustand *a* in den Nachfolgezustand *b* übergehen kann. Die Entscheidung, zu welchem von mehreren Nachfolgezuständen übergegangen wird, kann im Modell offen bleiben oder z. B. durch Kantenmarkierungen bestimmt werden. Jeder Weg durch solch einen Graphen beschreibt einen potenziellen Ablauf des modellierten Systems. Mit Hilfe des Modells kann man dann Eigenschaften und Aussagen herleiten, die für alle Abläufe gelten. Im Folgenden geben wir Beispiele zu diesem Aufgabentyp an.

Die Abläufe eines Programms oder einer Funktion modelliert man mit so genannten *Programmablaufgraphen*. Sie werden von Übersetzern und Werkzeugen der Software-Technik zur Analyse von Programmeigenschaften benutzt. Abb. 5.46 zeigt ein Programmstück und Abb. 5.47 den zugehörigen Programmablaufgraphen. Jeder Knoten des Graphen repräsentiert einen Grundblock. Das ist eine maximal lange Anweisungsfolge, die eine Sprungmarke nur am Anfang und eine Verzweigung (Sprung) nur am Ende enthalten darf. Die Kanten geben die potenziellen Nachfolger-Blöcke im Ablauf an. Das Modell enthält keine Informationen darüber, wie beim Ablauf über Verzweigungen entschieden wird.

```
ug = 0 ;
og = obereGrenze;                           A

while (ug < = og)                           B
{ mitte = (ug + og) / 2;                    C
   if (a[mitte] == x)
          return Mitte;                     H
   else if (a[mitte] < x)                   D
             ug = mitte + 1;                E
  else       og = mitte - 1;                F
}
return nichtGefunden;                       G
```

Abbildung 5.46: Programmstück mit Angabe der Grundblöcke

In Abb. 5.47 repräsentiert der Knoten *A* den Grundblock, der aus den ersten beiden Zuweisungen besteht. Der Grundblock *B* ist die Schleifenbedingung. Je nach Ergebnis ihrer Auswertung kann auf *C* in den Schleifenrumpf oder *G* hinter die Schleife verzweigt werden. Ein zusätzlicher Knoten *Exit* modelliert den Ausgang aus dem Programmstück, der durch Ausführung der Grundblöcke *H* oder *G* mit den return-Anweisungen erreicht wird.

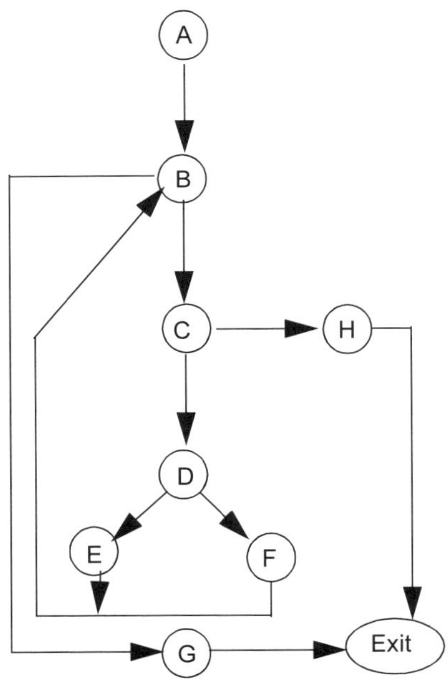

Abbildung 5.47: Programmablaufgraph zu Abb. 5.46

Aus diesem Graphen kann man z. B. die Aussage herleiten: „Jeder Ausführung eines der Grundblöcke *C, D, E, F* geht eine Ausführung von *B* voran.“ Dies ist eine wichtige und grundlegende Eigenschaft von Programmschleifen. Mit Verfahren der Datenflussanalyse werden z. B. Fragen wie „Gibt es einen Weg vom Knoten *k* zum Knoten *Exit*, auf dem die Variable *x* benutzt wird?“ beantwortet. Lautet die Antwort „nein“, dann wäre z. B. eine Zuweisung an *x* am Ende von *k* überflüssig und könnte gestrichen werden. Programmablaufgraphen werden auch zum systematischen Testen von Software eingesetzt: Man versucht eine Menge von Testfällen so zu konstruieren, dass alle Kanten oder alle Knoten beim Ausführen der Tests überdeckt werden.

Ein anderes Modell für Programme sind *Aufrufgraphen*. Sie modellieren Aufrufbeziehungen zwischen Funktionen in Programmen und werden zu ähnlichen Zwecken eingesetzt wie die Programmablaufgraphen. Abb. 5.48 zeigt einen Aufrufgraphen für die Funktionen *a* bis *e*. Die Knoten modellieren die Funktionen des Programms.

Eine Kante *(a, b)* bedeutet, dass die Funktion *a* einen Aufruf der Funktion *b* enthält. *a* könnte also *b* aufrufen. Unter welchen Bedingungen das geschieht, wird nicht modelliert. Wieder kann man aus dem Modell Aussagen ableiten, z. B.

- *e* und *c* sind Funktionen, die sich rekursiv aufrufen können; *a, b, d* sind nicht rekursiv.
- Alle Funktionen sind von *a* aus erreichbar.
- Nehmen wir an, nur in *e* würde eine globale Variable *x* verändert. Dann lassen Aufrufe von *b* und *d* die Variable garantiert unverändert; für *a* und *c* gilt das nicht.

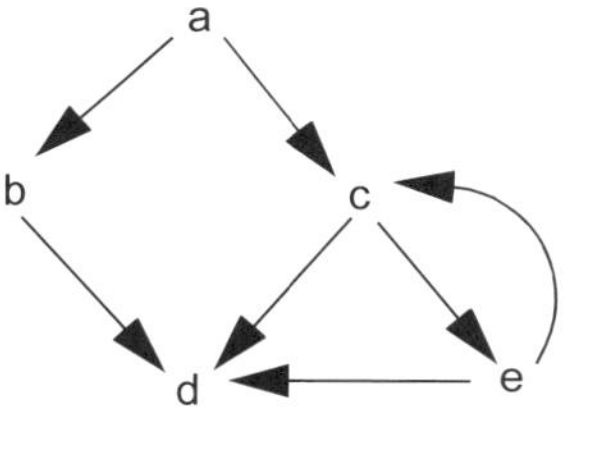

Abbildung 5.48: Aufrufgraph

Solche Aussagen können wichtig sein zum Verstehen, Warten und Optimieren von Programmen.

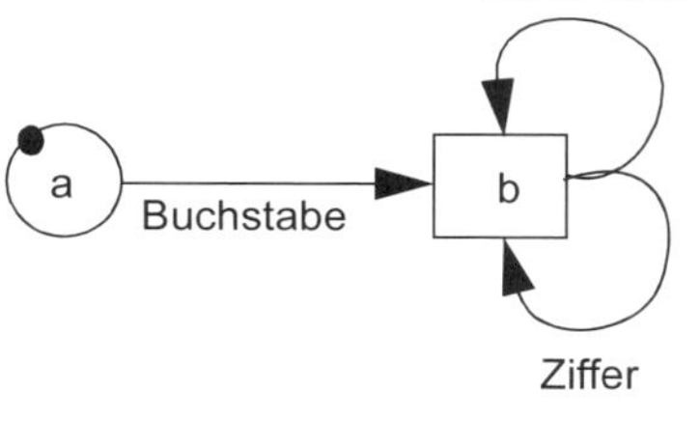

Abbildung 5.49: Endlicher Automat für Bezeichner

Der Graph in Abb. 5.49 stellt einen endlichen Automaten dar. Der Kalkül der endlichen Automaten dient zur Modellierung von Abläufen und zur Definition von Sprachen. Er wird in Kapitel 7 besprochen. Wir betrachten hier nur einen speziellen endlichen Automaten als Beispiel zur Modellierung von Abläufen mit gerichteten Graphen. Jeder Knoten des Graphen modelliert einen Zustand des Automaten. Eine Kante *(a, b)* modelliert einen Übergang von *a* in den Zustand *b*. Die Kanten sind mit Zeichen markiert. Der Automat liest beim Ausführen von Übergängen Zeichen aus der Eingabe: Wenn sich der Automat im Zustand *a* befindet, in der Eingabe ein Zeichen *x* ansteht und eine Kante *(a, b)* existiert, die mit *x* markiert ist, entnimmt der Automat das *x* aus der Eingabe und geht in den Zustand *b* über. Der Automat beginnt seine Abläufe in dem speziell gekennzeichneten Anfangszustand *a*. Sie müssen in einem Endzustand enden, hier der Zustand *b*. Solche endlichen Automaten akzeptieren Folgen der Zeichen, mit denen die Kanten markiert sind. Dieser Automat akzeptiert Folgen aus Buchstaben und Ziffern, die mit einem Buchstaben beginnen. Das ist eine einfache Form von Bezeichnern, wie sie z. B. in der Programmiersprache Pascal verwendet werden.

Übungen

5.1 Knobeleien mit Graphen

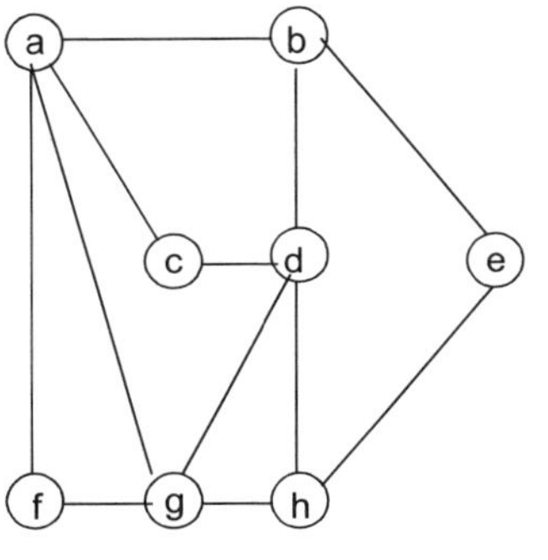

Abbildung 5.50: Ungerichteter Graph

Betrachten Sie den ungerichteten Graphen G in Abb. 5.50.

a) Geben Sie einen Euler-Weg an.

b) Geben Sie einen Hamilton-Kreis an.

c) Zeigen Sie, dass der Graph *G* orientierbar ist.

d) Geben Sie einen Spannbaum von *G* an, den man so wurzeln kann, dass der gewurzelte Baum die Höhe 2 hat. Kennzeichnen Sie die Wurzel in Ihrer Lösung.

e) Geben Sie einen Spannbaum von *G* an, der den Grad 2 besitzt.

f) Geben Sie den Kanten von G Richtungen, sodass der entstehende gerichtete Graph genau zwei Zusammenhangskomponenten besitzt. Geben Sie die Knotenmengen der Zusammenhangskomponenten an.

Geben Sie die Wege zu (a) und (b) als Folge von Knoten an. Zeichnen Sie zu den Teilaufgaben (d) bis (f) jeweils einen eigenen Graphen und verwenden Sie die gleiche Knoten-Anordnung wie in der Abbildung.

5.2 Modellierung von Wegen

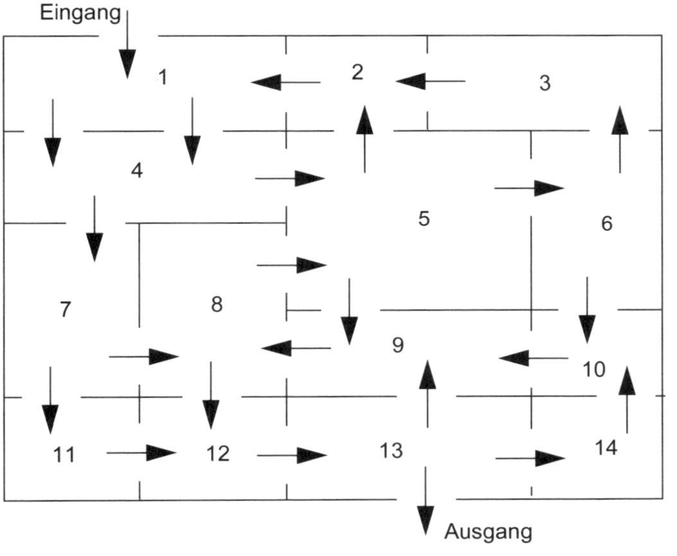

Abbildung 5.51: Ein Irrgarten

Abb. 5.51 stellt den Grundriss eines Irrgartens auf einem Rummelplatz dar. Die Türen in diesem Irrgarten schwingen nur zu einer Seite auf und haben keine Klinken o. ä. Nachdem also ein Besucher die Eingangstür oder eine nachfolgende Tür durchschritten hat und die Tür hinter ihm zugefallen ist, kann der Besucher nicht mehr durch diese Tür zurück. Im Gegensatz zum Beispiel in Abb. 5.16 bleibt die Tür für weitere Durchgänge in der ursprünglichen Richtung benutzbar. Die allgemeinen Sicherheitsbestimmungen für Irrgärten schreiben vor, dass jeder Besucher, der den Irrgarten betritt, wieder den Ausgang erreichen kann.

a) Modellieren Sie den Irrgarten als einen Graphen (Zeichnung des Graphen).
b) Formulieren Sie die allgemeinen Sicherheitsbestimmungen für Irrgärten mit Begriffen der Graphentheorie.
c) Überprüfen Sie anhand der Formulierungen aus (b), ob der angegebene Irrgarten den allgemeinen Sicherheitsbestimmungen entspricht.

5.3 Modellierung von Rechnernetzen

Sie bekommen die Aufgabe, *n* Rechner zu vernetzen. Ihr Auftraggeber verlangt folgende Eigenschaften des Netzwerkes:

E0: Von jedem Rechner aus muss jeder andere Rechner über einen Leitungsweg erreichbar sein.

E1: Auch wenn genau eine Leitung zwischen zwei Rechnern ausfällt, muss jeder Rechner über einen Weg mit jedem anderen Rechner verbunden sein.

E2: An jedem Rechner können maximal 4 Leitungen angeschlossen werden.

Ein Netzwerk lässt sich leicht als Graph darstellen: ein Knoten repräsentiert einen Rechner, eine Kante eine Leitung.

a) Formulieren Sie die Eigenschaften E0, E1 und E2 mit Begriffen der Graphentheorie.

b) Untersuchen Sie die Graphen G_1, G_2 und G_3 auf ihre Tauglichkeit bezüglich der Eigenschaften E0, E1 und E2.

(1) $G_1 = (V, E_1)$ mit $V = 0, ..., n - 1$ und $E_1 = \{\{0, i\} \mid 1 \leq i \leq n - 1\}$

(2) $G_2 = (V, E_2)$ mit $E_2 = \{\{i, i + 1\} \mid 0 \leq i \leq n - 2\}$

(3) $G_3 = (V, E_3)$ mit $E_3 = \{\{i, (i + 1) \bmod n\} \mid 0 \leq i \leq n - 1\}$

5.4 Entscheidungsbaum

Christian und Heike spielen folgendes Spiel: Heike wählt eine Zahl aus der Menge $\{1, 2\}$. Danach wählen beide Spieler abwechselnd eine Zahl aus der Menge $\{1, 2, 3\}$ mit der Einschränkung, dass die vom Gegner zuvor gewählte Zahl nicht wählbar ist. Ein Spieler gewinnt, wenn durch seine Wahl die Summe aller gewählten Zahlen den Wert 6 annimmt. Übersteigt die Summe 6, verliert der Spieler.

a) Beschreiben Sie das Spiel durch einen Entscheidungsbaum.

b) Wer gewinnt, wenn beide Spieler optimal spielen?

5.5 Modellierung mit Graphen, Graphfärbung

Beschaffen Sie sich eine Karte mit den Staaten Europas.

a) Modellieren Sie zu dieser Karte einen Graphen, welcher die direkten Autoverbindungen zwischen den einzelnen Ländern darstellt. Zusätzlich zu den normalen Landverbindungen existiert noch
   - eine Autobrücke zwischen Dänemark und Schweden,
   - ein Autotunnel zwischen Großbritanien und Frankreich,
   - eine Autofähre zwischen Großbritanien und Irland

b) Kennzeichnen Sie vorkommende Schnittknoten und Brückenkanten.

c) Wie viele unterschiedliche Farben benötigt man mindestens, um diese Karte so einzufärben, dass so verbundene Länder nicht die gleiche Farbe haben?

5.6 Zuordnungsprobleme

Claudia veranstaltet eine Cocktailparty und hat als Begrüßung unter anderem 7 verschiedene Cocktails vorbereitet: Bloody Mary, Daiquiri, Green Spider, Harvey Wallbanger, Ladykiller, Tequila Sunrise und Whiskey Sour Madison. Zu ihrer Party lädt sie ihre 6 Freunde Andrea, Bernd, Christiane, Dennis, Elizabeth und Frank ein. Diese haben jedoch in puncto Cocktails spezielle Vorlieben:

- Andrea mag Bloody Mary und Daiquiri.
- Bernd mag Green Spider, Bloody Mary und Harvey Wallbanger.
- Christiane mag Daiquiri, Harvey Wallbanger und Green Spider.
- Dennis mag Ladykiller, Bloody Mary, Tequila Sunrise und Daiquiri.
- Elizabeth mag Harvey Wallbanger, Daiquiri, Bloody Mary und Green Spider.
- Frank mag Daiquiri, Green Spider und Bloody Mary.

a) Stellen Sie die Vorlieben der einzelnen Gäste mit Hilfe eines Graphen dar.

b) Können alle Gäste eines ihrer Lieblingsgetränke bekommen? Modellieren und lösen Sie die Aufgabe mit einem bipartiten Graphen.

5.7 Abhängigkeitsgraph für eine Kaffeemaschine

Von einem Knopfdruck zur Bestellung bis zur Ausgabe von Kaffee in einen Becher geschieht einiges intern bei einer Kaffeemaschine. Für diesen Vorgang werden einige Aktionen in der Kaffeemaschine vordefiniert. Die Aktionen werden in einer bestimmten Reihenfolge ausgeführt, bis der Vorgang abgeschlossen ist.

Die für eine Luxus-Kaffeemaschine benötigten Aktionen seien wie folgt definiert.

- A_1: Kaffebohnen mahlen, Dauer: 20 Sekunden
- A_2: Wasser kochen, Dauer: 30 Sekunden
- A_3: Kaffeepulver in Filterfach füllen, Dauer: 2 Sekunden
- A_4: Kochwasser eintropfen, Dauer: 60 Sekunden
- A_5: Becher aufstellen, Dauer: 2 Sekunden
- A_6: Kaffee ausgeben, Dauer: 2 Sekunden
- A_7: gebrauchtes Pulver wegwerfen, Dauer: 1 Sekunde.

a) Modellieren Sie die Abhängigkeiten zwischen den Aktionen und ihre Ausführungsreihenfolgen durch einen Graphen. Benutzen Sie dazu die zwei Knotenmarkierungen. Dauer der Aktion und frühester Abschlusstermin wie in Abb. 5.44.

b) Geben Sie zu dem Graphen aus Teil (a) einen kritischen Pfad als Folge von Knoten an.

c) Wie sieht der Graph aus, wenn die Knoten sequentiell angeordnet werden, sodass alle Kanten vorwärts zeigen?

6 Modellierung von Strukturen

In diesem Kapitel führen wir zwei grundlegende Kalküle ein, die sich besonders zur Modellierung struktureller Eigenschaften von Systemen eignen: Kontextfreie Grammatiken und das Entity-Relationship-Modell. Beide Kalküle werden *regelbasiert* angewandt, d. h. man formuliert Regeln mit den Konstrukten des Kalküls. Sie beschreiben, wie alle Ausprägungen der so modellierten Systeme aufgebaut sind. Die Regeln werden zur systematischen Konstruktion und auch zur Überprüfung von Systemen eingesetzt.

Kontextfreie Grammatiken eignen sich besonders zur Modellierung beliebig tief geschachtelter, rekursiver Strukturen. Einfache Anwendungsbeispiele sind etwa die Regeln zum Aufbau von strukturierten und markierten Texten oder von Menüstrukturen. Kontextfreie Grammatiken können gleichzeitig hierarchische Baumstrukturen und Sprachen und deren textuelle Notation spezifizieren. Letzteres ist z. B. für die Definition komplexer Protokollstrukturen nützlich. Für die formale Definition von Sprachen sind kontextfreie Grammatiken ein grundlegender Kalkül.

Mit dem Entity-Relationship-Modell formuliert man Regeln, nach denen Systeme in Mengen gleichartiger Objekte mit bestimmten Eigenschaften gegliedert sind und Relationen dazwischen bestehen. Charakteristisch ist das zugrunde liegende Objektmodell und die Möglichkeit, beliebige Relationen zu formulieren. Typische Anwendungsbeispiele sind Organisationsstrukturen von Firmen oder die Belegung von Räumen durch Kurse. Die grafische Notation macht solche Modellierungen besonders anschaulich. Das Entity-Relationship-Modell ist Grundlage sowohl für die Schemata objektorientierter Datenbanken als auch für die Spezifikationen von Strukturen und Beziehungen in Software-Systemen. Die Klassendiagramme der Spezifikationssprache UML basieren auf dem Entity-Relationship-Modell.

```
Datei
        + Laden
        + Speichern
        + Exportieren als
                + Text
                + Postscript
Bearbeiten
        + Kopieren
        + Einfügen
```

Abbildung 6.1: Die Struktur eines Menüs

Abb. 6.1 zeigt ein Menü, wie man es vielfach zur Bedienung von Software-Systemen verwendet. Es ist nach wenigen sehr einfachen Regeln aufgebaut:

1. Ein Menü besteht aus einem Menünamen und einer Folge von Einträgen.
2. ein Eintrag besteht aus
   a) einem Operationsnamen oder
   b) einem Menü.

Da die Regel (2b) *rekursiv* ist, kann man mit diesen Regeln beliebig tief geschachtelte Menüs beschreiben. Wir können die Strukturbeschreibung auch weiter verfeinern und z. B. gliedernde Linien als dritte Variante von Einträgen einführen oder dem Operationsnamen noch ein Tastenkürzel hinzufügen. Im Kalkül *kontextfreier Grammatiken*, den wir in Abschnitt 6.1 einführen, kann man solche Regeln formal angeben. Mit einer Grammatik für Menüstrukturen kann man definieren, wie alle Menü-Bäume aufgebaut sein sollen, spezielle davon erzeugen und prüfen. Mit kontextfreien Grammatiken kann man neben Baumstrukturen auch deren *textuelle Notation* als Sprache definieren. Wir zeigen das an einer Sprache für Terme.

Im Abschnitt 6.2 stellen wir Grundelemente und die Notation der Sprache XML (Extensible Markup Language) vor. Wir zeigen, wie man anwendungsspezifische XML-Sprachen für Baum-strukturierte Daten entwickelt und stellen den Bezug zur Modellierung mit kontextfreien Grammatiken her.

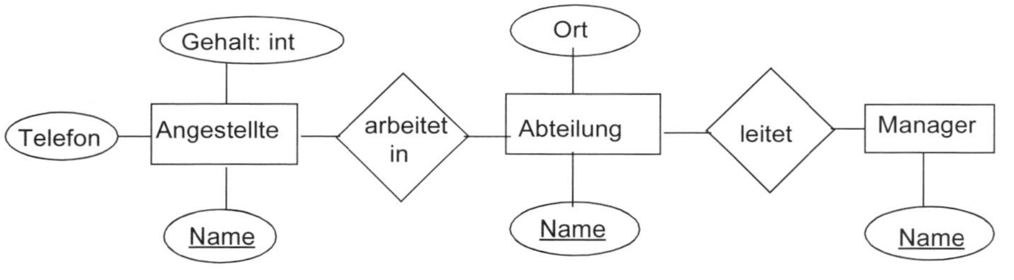

Abbildung 6.2: Ausschnitt aus dem Modell einer Firmenorganisation

Abb. 6.2 zeigt eine Spezifikation eines Ausschnittes einer Firmenorganisation im Entity-Relationship-Modell. Es definiert zwei Relationen zwischen den Objektmengen Angestellte, Abteilung und Manager und ordnet diesen Eigenschaften wie Name, Gehalt und Ort zu. Wir führen diesen Kalkül in Abschnitt 6.3 ein.

Im Abschnitt 6.4 zeigen wir, wie die Klassendiagramme der Spezifikationssprache UML (Unified Modeling Language) auf Konzepten und Notationen des Entity-Relationship-Modells aufgebaut sind.

6.1 Kontextfreie Grammatiken

Kontextfreie Grammatiken (KFGn) sind spezielle Ersetzungssysteme. Ihre Regeln geben an, wie man ein Symbol durch eine Folge von Symbolen ersetzen kann. Auf diese Weise definiert eine *KFG* eine *Sprache* als Menge von Sätzen, die mit den Regeln erzeugt werden können. Gleichzeitig definiert sie die *Baumstruktur* jedes Satzes, die sich durch die Anwendung der Regeln zu seiner Erzeugung ergibt. Der letzte Aspekt interessiert uns hier besonders für die Modellierung von Strukturen. Aber es ist häufig sehr nützlich, wenn derselbe Kalkül auch gleichzeitig eine textuelle Notation für die Strukturen liefern kann und Eigenschaften der Sprache untersucht werden können.

KFGn werden angewandt zur Definition von

- Programmen einer Programmiersprache und deren Struktur, z. B. Java, C, Pascal;
- Sprachen als Schnittstelle zwischen Software-Werkzeugen, Datenaustauschformate, z. B. HTML, XML;
- Bäumen zur Repräsentation strukturierter Daten, z. B. XML;
- Strukturen von Protokollen beim Austausch von Nachrichten zwischen Prozessen oder Geräten.

Definition 6.1: Kontextfreie Grammatik

*Eine **kontextfreie Grammatik G = (T, N, P, S)** besteht aus den endlichen Mengen*

T ***Terminalsymbole*** *(kurz:Terminale),*
N ***Nichtterminalsymbole*** *(kurz: Nichtterminale),*
P ***Produktionen***

*und dem **Startsymbol** $S \in N$. T und N sind disjunkt. $V = T \cup N$ heißt auch **Vokabular**; die Elemente von V nennt man auch **Symbole**. Die Produktionen haben die Form $P \subseteq N \times V^*$. Für eine Produktion $(A, x) \in P$ schreibt man auch $A ::= x$.* ■

Man sagt auch: „*In der Produktion A ::= x steht A auf der linken Seite und x auf der rechten Seite.*“ Häufig gibt man den Produktionen unterschiedliche Namen, wie p_1: $A ::= x$. In Symbolfolgen werden die Elemente nur durch Zwischenräume getrennt, z. B. $A ::= B\ c\ D$. Terminale, die Sonderzeichen sind oder enthalten, z. B. die Klammern *(* und *)*, kann man beim Auftreten in Produktionen in Apostrophe einschließen, wie '('und ')', um sie von Zeichen der KFG-Notation zu unterscheiden.

Als erstes Beispiel definieren wir eine kleine Grammatik für geschachtelte Klammerstrukturen.

Beispiel 6.1: Klammergrammatik G_1

T = { (,)}

N = { Klammerung, Liste}
S = Klammerung,
P = { Klammerung ::= '(' Liste ')',
Liste ::= Klammerung Liste,
Liste ::=
}

Jede Produktion einer KFG, etwa *A ::= x,* kann man als *Strukturregel* mit der Bedeutung „*Ein A besteht aus x*" auffassen oder als *Ersetzungsregel* mit der Bedeutung „*A kann man durch x ersetzen*". Ersteres betont die *Definition von Strukturen*, Letzteres die *Definition von Sätzen einer Sprache*. In diesem Sinne können wir einige Produktionen aus verschiedenen Grammatiken als Beispiele betrachten:

DeutscherSatz ::= Subjekt Prädikat Objekt

kann man verstehen als:

Ein DeutscherSatz besteht aus Subjekt Prädikat Objekt.

Entsprechende Bedeutung haben die Produktionen

```
Klammerung   ::= '(' Liste ')'
Liste        ::= Klammerung Liste
Liste        ::=
```

Das Grundkonzept für die Anwendung von Produktionen einer KFG ist die Ableitung:

Definition 6.2: Ableitung

*Sei $G = (T, N, P, S)$ eine KFG, dann kann man mit der Produktion $A ::= x \in P$ das Nichtterminal $A \in N$ in der Symbolfolge $u\ A\ v \in V^+$ durch die rechte Seite x der Produktion zu u x v ersetzen. Das ist ein **Ableitungsschritt**. Er wird notiert als $u\ A\ v \Rightarrow u\ x\ v$. Einige Ableitungsschritte, nacheinander angewandt, heißen **Ableitung** und werden notiert als $w_o \Rightarrow w_1 \Rightarrow \ldots \Rightarrow w_n$ oder, falls die Einzelschritte nicht angegeben werden, $w_o \Rightarrow^* w_n$.* ■

Mit der Klammergrammatik aus Beispiel 6.1 können wir z. B. folgende einzelne Ableitungsschritte angeben:

(Liste) ⇒ (Klammerung Liste)
((Liste) Liste) ⇒ (( ) Liste)
Klammerung ⇒ (Liste)

Ein Beispiel für eine Folge von Ableitungsschritten ist

Klammerung
⇒ (Liste)
⇒ (Klammerung Liste)
⇒ (Klammerung Klammerung Liste)
⇒ Klammerung (Liste) Liste)
⇒ ((Liste) (Liste) Liste)
⇒ (( ) (Liste) Liste)
⇒ (( ) ( ) Liste)

⇒ (( ) ( ) ( ))

In jedem Schritt wird jeweils eine *Produktion* auf ein *Nichtterminal* der vorangehenden Symbolfolge angewandt. Wir können diese Ableitung auch kurz schreiben:

Klammerung $\Rightarrow^*$ (( ) ( ) ( )))

Es ist eine spezielle Eigenschaft dieser Ableitung, dass sie vom Startsymbol ausgeht und eine Folge von Terminalsymbolen erreicht. Letztere ist dann ein Satz der Sprache der KFG:

Definition 6.3: Sprache der KFG

Sei G= (T, N, P, S) eine KFG, dann definiert G eine ***Sprache L (G)****. Das ist eine Menge von Sätzen, jeder Satz ist eine Folge von Terminalen, die aus S ableitbar ist, also* $L(G) := \{w \mid w \in T^* \text{ und } S \Rightarrow^* w\}$. ■

Die Klammergrammatik aus Beispiel 6.1 definiert so geschachtelte Folgen paariger Klammern als Sprache. Einige davon sind z. B.

{( ), (( )), (( ) ( ) ( )), ((( ) ( )) (( )))} $\in L(G_1)$

Die folgende Grammatik definiert eine noch einfachere Sprache:

Beispiel 6.2: Grammatik G_2

N = {A},

T = {a},

S = A,

P = {A ::= A a, A ::= a}

$L(G_2) = \{a^n \mid n \geq 1\}$, wobei a^n eine Folge von *a* der Länge *n* bedeutet.

Die Ableitung eines Satzes definiert auch dessen Struktur durch einen Baum. Wir nennen ihn den *Ableitungsbaum* des Satzes.

Definition 6.4: Ableitungsbaum

Eine ***Ableitung*** *zu einer KFG kann man als* ***gewurzelten Baum*** *darstellen: Seine Knoten mit ihren Marken repräsentieren Vorkommen von Symbolen. Ein Knoten mit seinen Kanten zu den Nachbarn in Richtung der Blätter repräsentiert die Anwendung einer Produktion. Die Wurzel ist mit dem Startsymbol markiert. Terminale kommen nur an den Blättern vor.* ■

Um solche Ableitungsbäume zu konstruieren, notiert man jede Produktion als einen Baum mit der linken Seite als Wurzel und Kanten zu jedem Symbol der rechten Seite.

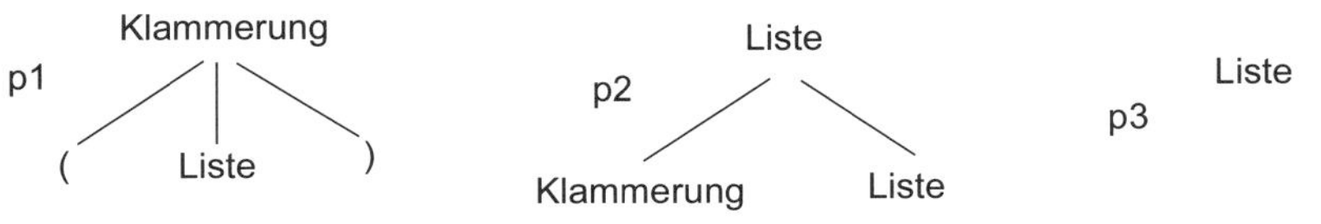

Abbildung 6.3: Drei Produktionen, als Bäume dargestellt

Abb. 6.3 zeigt die Bäume für die drei Produktionen der Klammergrammatik. Dort haben wir auch Namen *p1, p2, p3* für die Produktionen eingeführt. Einen Ableitungsbaum stellt man her, indem man für jeden Ableitungsschritt eine Kopie des Baumes der angewandten Produktion an den Knoten der Anwendungsstelle heftet.

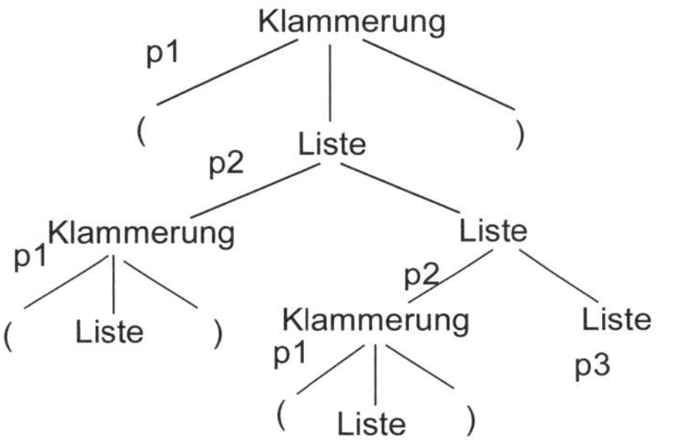

Abbildung 6.4: Ableitungsbaum für die Ableitung des Satzes (( ) ( ))

Abb. 6.4 zeigt einen Ableitungsbaum für die Ableitung des Satzes (( ) ( )) , die wir oben angegeben haben.

Zu jedem Ableitungsbaum erhält man den zugehörigen Satz der Sprache, wenn man den Baum links-abwärts durchläuft und die Terminale in der Reihenfolge ausgibt, in der ihre Knoten besucht werden.

Wenn wir Ableitungen und zugehörige Ableitungsbäume vergleichen, stellen wir fest, dass ein Ableitungsbaum durchaus verschiedene Ableitungen desselben Satzes repräsentieren kann. Sie unterscheiden sich in der Reihenfolge, in der die Ableitungsschritte durchgeführt werden. So hätte man in der oben angegebenen Ableitung von (( ) ( )) schon im vierten Schritt die Produktion *p3: Liste::=* auf die ganz rechts stehende Liste anwenden können, statt erst im letzten Schritt.

Im Ableitungsbaum wird von der Reihenfolge, in der er konstruiert wurde, abstrahiert.

Diese Beobachtung führt uns zu einer wichtigen Eigenschaft kontextfreier Grammatiken. Häufig ist es erwünscht, dass die Struktur jedes Satzes der Sprache eindeutig bestimmt ist, d. h. dass es zu jedem Satz der Sprache nur einen Ableitungsbaum gibt.

Definition 6.5: Mehrdeutigkeit

Eine kontextfreie Grammatik ist ***mehrdeutig****, wenn es einen Satz ihrer Sprache gibt, der zwei verschiedene Ableitungsbäume hat.* ■

Für die oben angegebene Klammergrammatik kann man durch strukturelle Induktion über die Höhe der Bäume nachweisen, dass sie nicht mehrdeutig ist. Den Nachweis der Mehrdeutigkeit führt man, indem man einen Satz angibt, der mehrere verschiedene Ableitungsbäume hat. Als Beispiel konstruieren wir eine mehrdeutige Klammergrammatik, indem wir zu den Produktionen von G_1 noch

p4: Liste ::= Klammerung

hinzunehmen. Nun können wir für den Satz (( ) ( )) einen weiteren Ableitungsbaum angeben (Abb. 6.5), der sich von dem in Abb. 6.3 unterscheidet. Es gibt allerdings auch KFGn, für die es nicht entscheidbar ist, ob sie mehrdeutig sind. Für die Praxis ist das jedoch kein Problem.

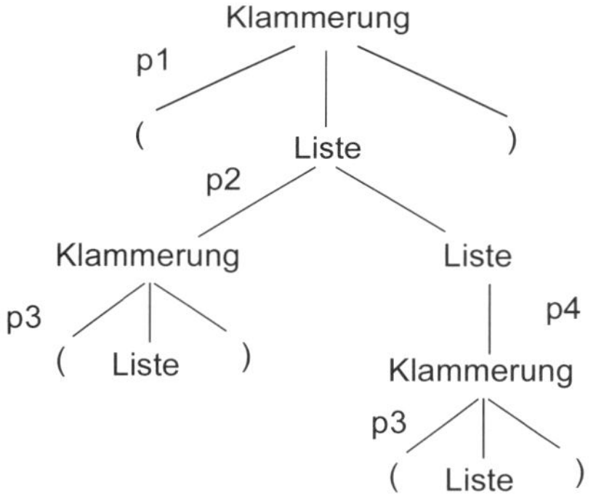

Abbildung 6.5: Weiterer Ableitungsbaum für den Satz (( ) ( ))

Wir wenden uns nun wieder dem Beispiel der Menü-Strukturen vom Anfang dieses Abschnittes zu. Wir können die verbale Beschreibung unmittelbar in die Produktionen einer KFG umsetzen:

Beispiel 6.3: Menü-Grammatik

Die oben skizzierte Menü-Struktur wird durch folgende KFG spezifiziert:
T = {MenüName, OperationsName},
N = {Menü, EintragsFolge, Eintrag},
S = Menü,
P = { Menü ::= MenüName EintragsFolge,
EintragsFolge ::= Eintrag,
Eintrag ::= OperationsName,
Eintrag ::= Menü
}

Der Zweck dieser Grammatik ist es, die Struktur von Menüs zu spezifizieren. Deshalb interessieren wir uns besonders für die Ableitungsbäume, die man bilden kann, und weniger für die Sprache zur Grammatik.

Abb. 6.6 zeigt einen Ableitungsbaum, der die Struktur des Menüs aus Abb. 6.1 repräsentiert. Natürlich können wir auch Sätze zu den Ableitungsbäumen der Menügrammatik angeben. Man erhält einen Satz der Sprache, wenn man – wie oben – die Terminale des Ableitungsbaumes in einem Links-abwärts-Durchgang ausgibt. Solch ein Satz ist eine Folge von Menü- und Operationsnamen, angeordnet in *Präfixform*.

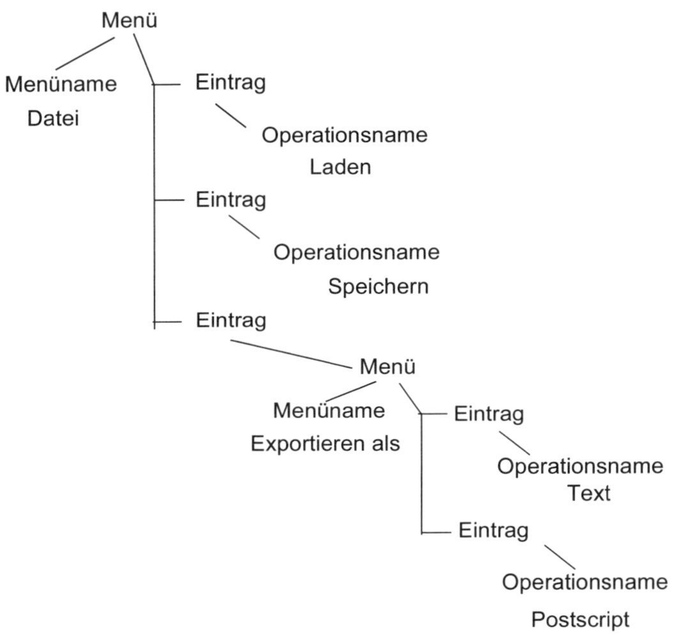

Abbildung 6.6: Ableitungsbaum für das Menü in Abb. 6.1

In Kapitel 3 haben wir den Begriff der *Signatur* eingeführt: Sie definiert *Operatoren* und deren *Operanden-* und *Ergebnissorten*. Damit ist auch die Menge der korrekten Terme zur Signatur definiert. Wir können jede Signatur systematisch in eine KFG umschreiben, sodass deren Ableitungsbäume die korrekten Terme repräsentieren. Wir zeigen das am Beispiel der abstrakten Booleschen Algebra aus Kapitel 3 (Beispiel 6.4):

Beispiel 6.4: Boolesche Term-Bäume

T = { true, false, $\wedge$, $\vee$, $\neg$, Variable}
N = { BOOL}
S = BOOL
P = { BOOL::= Variable,
BOOL::= true,

BOOL::= false,
BOOL::= '∧' BOOL BOOL,
BOOL::= '∨' BOOL BOOL,
BOOL::= '¬' BOOL
}

Wir haben die Grammatik nach folgenden Regeln aus der Signatur erzeugt:

1. Die Operatoren werden Terminale.
2. Die Sorten werden Nichtterminale.
3. Die definierte Sorte wird das Startsymbol.
4. Jede Operatorbeschreibung der Form

   opr: $S_1 \times S_2 \times \ldots \times S_n \rightarrow S_o$

   wird zu einer Produktion der Form

   S_o ::= opr S_1 S_2 ... S_n
5. Wir fügen eine Produktion *S ::= Variable*
   hinzu, wobei *S* die *definierte Sorte* und *Variable* ein *weiteres Terminal* ist.

Ein Ableitungsbaum zu dieser Grammatik ist z. B. der in Abb. 6.7:

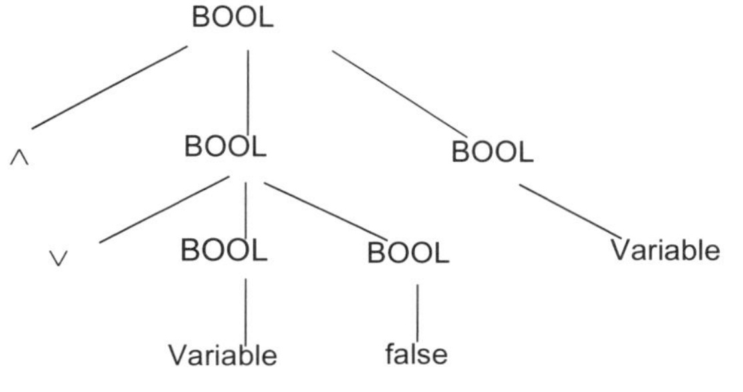

Abbildung 6.7: Ein Boolescher Term-Baum

Die Sätze der Sprache dieser KFG sind die Terme, notiert in *Präfixform,* da in den Produktionen die Operatoren den Nichtterminalen für ihre Operanden vorangestellt sind. Der Satz zu obigem Ableitungsbaum lautet:

∧ ∨ Variable false Variable

Oder mit zwei Variablennamen eingesetzt:

∧ ∨ a false b

Wir können durch Variation der Stellung der Operatoren in den Produktionen auch *Postfix-* und *Infix-Form* erzeugen. Ersetzen wir die Produktionen aus Beispiel 6.4 durch die folgenden, so erhalten wir *Termnotationen* in *Infixform* als Sätze:

BOOL ::= Variable

```
BOOL    ::= true
BOOL    ::= false
BOOL    ::= BOOL '∧' BOOL
BOOL    ::= BOOL '∨' BOOL
BOOL    ::= '¬' BOOL
```

Die Menge der Ableitungsbäume in dieser Grammatik repräsentiert die Menge der korrekten Terme zur ursprünglichen Signatur – ebenso wie die Bäume der KFG des Beispiels 6.4. Betrachten wir aber die textuellen Sätze dazu, erkennen wir, dass es Sätze gibt, die man jeweils aus verschiedenen Ableitungsbäumen erzeugen kann. Die Grammatik ist mehrdeutig. Z. B. zu dem Satz

a ∨ false ∧ b

kann man zwei verschiedene Ableitungsbäume angeben, Abb. 6.8.:

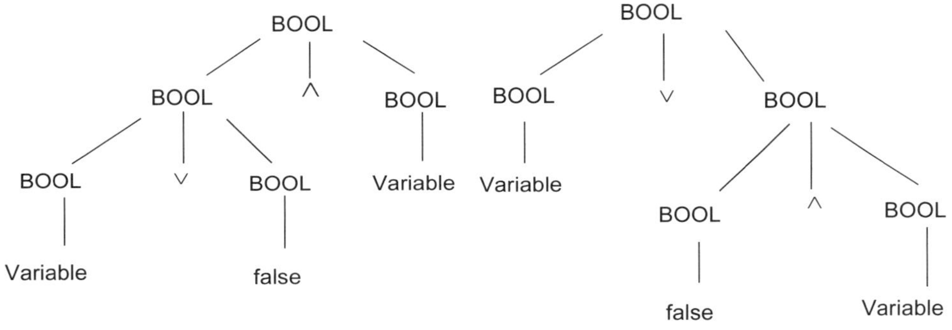

Abbildung 6.8: Zwei Ableitungsbäume zu demselben Satz

In der Grammatik für die Präfixform ist das nicht möglich, sie ist eindeutig. Wir können die Mehrdeutigkeit der Infixform beseitigen, indem wir den Operatoren unterschiedliche Präzedenzen zuordnen.

In der folgenden Produktionsmenge haben wir die Mehrdeutigkeit beseitigt:

```
BOOL    ::= BOOL '∨' BOOL1
BOOL    ::= BOOL1
BOOL1   ::= BOOL1 '∧' BOOL2
BOOL1   ::= BOOL2
BOOL2   ::= '¬' BOOL2
BOOL2   ::= Variable
BOOL2   ::= true
BOOL2   ::= false
BOOL2   ::= '(' BOOL ')'
```

Zu jedem Satz gibt es genau einen Ableitungsbaum. Zu dem Satz

a ∨ false ∧ b

gehört der Ableitungsbaum in Abb. 6.9.

Seine Struktur entspricht dem rechten der beiden Ableitungsbäume, die wir für den Satz oben angegeben haben. Diese Grammatik ordnet dem Operator $\neg$ höchste, $\lor$ geringere und $\lor$ geringste Präzedenz zu. Beide zweistelligen Operatoren sind durch die Produktionen *linksassoziativ* definiert. Schließlich mussten noch geklammerte Terme durch die letzte Produktion eingeführt werden. Die Struktur des linken der beiden Ableitungsbäume zu dem mehrdeutigen Satz erhält man nun durch Klammerung:

(a ∨ false) ∧ b

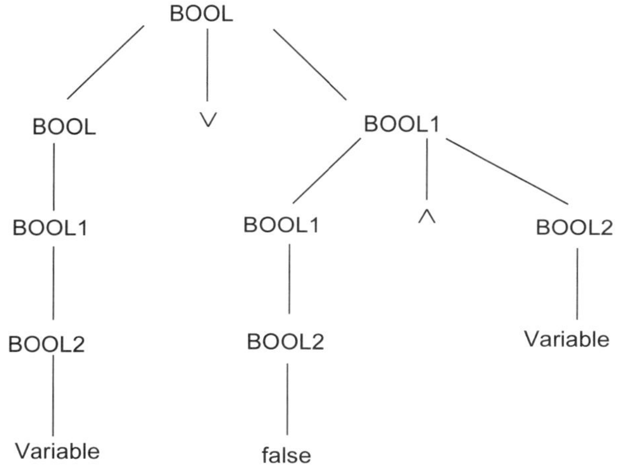

Abbildung 6.9: Ableitungsbaum zur Grammatik mit Operatoren unterschiedlicher Präzedenzen

Für die Repräsentation von verzeigerten Dokumenten, insbesondere im World Wide Web, haben Sprachen wie HTML und XML grundlegende Bedeutung. Die Sätze dieser Sprachen repräsentieren Bäume durch Texte, die durch spezielle Klammern strukturiert sind. Solch ein Paar öffnender und schließender Klammern hat die Form

<x> ... </x>

wobei *x* für eine Marke mit bestimmter Bedeutung steht, z. B. *table* für eine Tabelle, *tr* für eine Tabellenzeile, *td* für ein Datenelement einer Tabelle. Wir geben nun eine KFG für Tabellen in HTML-Notation an:

Beispiel 6.5: HTML Tabellen

Die folgenden Produktionen definieren eine vereinfachte Form von geschachtelten Tabellen in der Notation von HTML:

Table	::=	'<table>' Rows '</table>'
Rows	::=	Row*
Row	::=	'<tr>' Cells '</tr>'
Cells	::=	$Cell^*$
Cell	::=	'<td>' Text '</td>'

Cell ::= '<td>' Table '</td>'

Die Angabe von *Row** auf der rechten Seite der zweiten Produktion steht für eine Folge von beliebig vielen (auch keinem) Auftreten von *Row*. Der Stern hat dieselbe Bedeutung wie bei der Angabe von Folgen im Kapitel 2. Er vereinfacht eine ausführlichere Schreibweise, die wir auch in der Menü-Grammatik verwendet haben. Die Produktion

Rows ::= Row*

ist gleichbedeutend zu

Rows ::= Y
Y ::= Y Row
Y ::=

unter der Annahme, dass *Y* sonst nicht in der Grammatik vorkommt. Allerdings drückt das Konstrukt *Row** in der Baumstruktur deutlicher aus, dass es sich um eine Folge von *Row* auf gleicher Ebene handelt, während die Produktionen für *Y* eine tiefe, rekursive Struktur erzeugen, siehe Abb. 6.10.

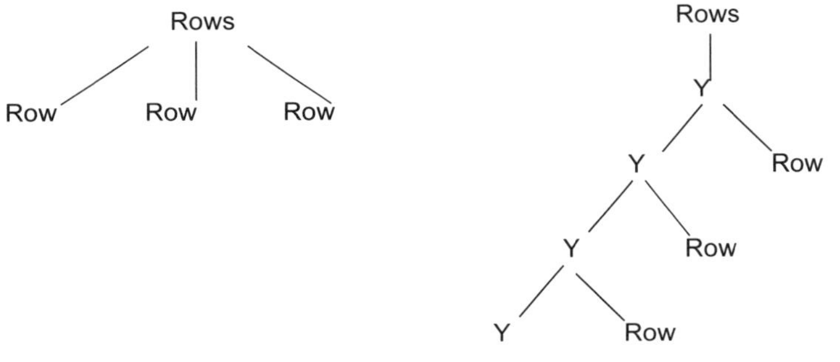

Abbildung 6.10: Eine Folge in flacher und tiefer Baumstruktur

```
<table>
        <tr>    <td>Tag</td>
                <td>Zeit</td>
                <td>Raum</td></tr>
        <tr>    <td>Mo</td>
                <td>11:00-12:30</td>
                <td>AM</td></tr>
        <tr>    <td>Fr</td>
                <td>9:15-10:45</td>
                <td>AM</td></tr>
</table>
```

Abbildung 6.11: Satz der Tabellen-Grammatik

Abb. 6.11 zeigt einen Satz zur Tabellen-Grammatik, Abb. 6.12 den Ableitungsbaum dazu und Abb. 6.13 die formatierte Darstellung der dreizeiligen Tabelle.

In Beispiel 6.5 haben wir nur die Produktionen der KFG angegeben. Die drei übrigen Komponenten einer KFG kann man daraus entnehmen:

1. Alle Symbole, die auf der linken Seite einer Produktion vorkommen, sind Nichtterminale.

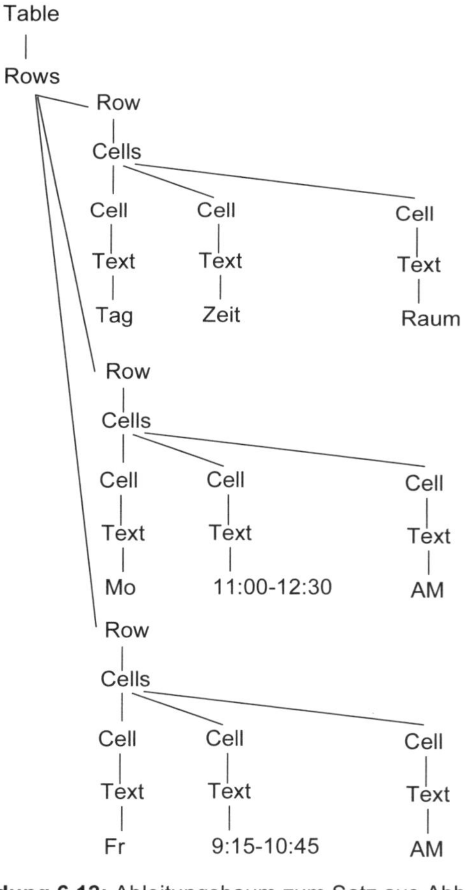

Abbildung 6.12: Ableitungsbaum zum Satz aus Abb. 6.11

Tag	Zeit	Raum
Mo	11:00-12:30	AM
Fr	9:15-10:45	AM

Abbildung 6.13: Formatierte Darstellung des Satzes aus Abb. 6.11

2. Alle übrigen Symbole sind Terminale.
3. Ein Nichtterminal, das in keiner Produktion auf der rechten Seite vorkommt, ist das Startsymbol. (Wenn alle Nichtterminale auch auf rechten Seiten vorkommen, muss das Startsymbol explizit bestimmt werden.)

KFGn werden daher meist nur durch eine Folge von Produktionen angegeben.

6.2 Baumstrukturen in XML

XML ist zurzeit die wichtigste Sprache, um strukturierte Dateien Werkzeug-unabhängig zu repräsentieren. Besonders durch seinen Einsatz im *World Wide Web (WWW)* hat XML enorme Verbreitung erlangt. Das *World Wide Web Consortium (W3C)*, das die Entwicklung der Techniken des WWW koordiniert, hat XML 1996 definiert und seitdem weiterentwickelt. XML steht für *Extensible Markup Language*, also Erweiterbare Auszeichnungssprache. Die Texte von Markup- oder Auszeichnungssprachen enthalten Markierungen, die bestimmte Eigenschaften der Textelemente kennzeichnen, z. B. geschachtelte Strukturen in XML oder Layoutangaben in HTML. Vorbild für das Prinzip ist die Auszeichnung von Texten für den Drucksatz.

XML ist orientiert an der *Standardized Generalized Markup Language (SGML)* von 1986. XML ist, wie auch schon SGML, eine Meta-Sprache, d. h. ein Schema, aus dem man für prinzipiell beliebige Zwecke jeweils eine spezielle XML-Sprache definieren kann. Das *Extensible* im Namen von XML deutet auf diese Eigenschaft hin. Für alle XML-Sprachen ist die Notation, insbesondere der Auszeichnungen, festgelegt. Die syntaktische Struktur wird dann für jede XML-Sprache individuell definiert. Auf diese Weise kann man mit XML für spezielle Zwecke modellieren. Es gibt viele XML-Sprachen, die recht breit eingesetzt werden, wie *SVG* zur Notation skalierbarer Vektorgrafiken, *MathML* zur Notation mathematischer Formeln, *SMIL* zur Synchronisation und Integration von multimedialen Daten und *RDF* zur Bereitstellung von Daten im WWW. Man kann aber auch eine XML-Sprache entwerfen, um die Speicherung von Daten eines einzelnen Software-Werkzeuges zu realisieren. Es können dann allgemeine XML-Werkzeuge verwendet werden, um solche Daten z. B. zu lesen, zu schreiben und als Datenstrukturen aufzubauen. Davon wird häufig in Web-Anwendungen Gebrauch gemacht.

Der Definition von XML liegen drei sehr einfache und wirksame Prinzipien zu Grunde:

a) Auszeichnungen mit darin enthaltenen Namen werden als Klammern verwendet, um den Text zu strukturieren.
b) Jede Klammerstruktur repräsentiert einen gewurzelten Baum.
c) Eine kontextfreie Grammatik definiert spezielle Baumstrukturen.

Im Folgenden zeigen wir, dass sich XML mit diesen Prinzipien leicht verstehen und wirkungsvoll zum Modellieren einsetzen lässt.

6.2.1 XML Notation

Ein Satz in einer XML-Sprache ist ein Text, der durch Kennzeichen, sog. *Tags*, strukturiert wird. Im Folgenden verwenden wir das englische Wort *Tag*, da es als technischer Begriff im Zusammenhang mit XML besser eingeführt ist als eine deutsche Übersetzung.

In ihrer einfachen Form werden Tags als Namen in spitzen Klammern notiert, wie *<ort>* und *</ort>*. Die erste Form ist ein Anfangs-*Tag* die zweite ein *End-Tag*. Grundsätzlich treten Tags immer in Paaren von Anfangs- und End-Tag auf, z. B.

```
<ort>Paderborn</ort>
```

Sie klammern dann den dazwischen stehenden Text, der auch komplex strukturiert oder leer sein kann.

```
<adressBuch>
    <adresse>
        <name>
            <nachname>Kastens<nachname>
            <vorname>Uwe</vorname>
        </name>
        <anschrift>
            <strasse>Abtsbrede 40a</strasse>
            <ort>Paderborn</ort>
            <plz>33098</plz>
        </anschrift>
    </adresse>
</adressBuch>
```

Abbildung 6.14: Eine Adresse einer XML-Sprache für Adressbücher

Abb. 6.14 zeigt einen Satz in einer XML-Sprache, in dem Anfangs- und End-Tags mit verschiedenen Namen vorkommen. Die Namen werden beim Entwurf einer XML-Sprache frei erfunden. Der Name eines Tag-Paares soll das von ihm begrenzte Element charakterisieren. Das Beispiel in Abb. 6.14 beschreibt den Inhalt eines Adressbuches als geschachtelte Struktur: Es enthält eine einzige Adresse; sie besteht aus einem Namen und einer Anschrift, die beide aus mehreren Elementen zusammengesetzt sind. Jedes Strukturelement wird durch ein Paar aus Anfangs- und End-Tag begrenzt. Deren Tag-Name benennt die Rolle, die das Element in der Struktur hat.

```
<msup>
    <mfenced>
        <mrow>
            <mi>a</mi>
            <mo>+</mo>
            <mi>b</mi>
        </mrow>
    </mfenced>
    <mn>2</mn>
</msup>
```

Abbildung 6.15: Der Satz $(a+b)^2$ in der XML-Sprache MathMl

Die in Abb. 6.14 verwendete XML-Sprache ist speziell für diese Vorstellung von XML entwickelt worden. Dagegen wird in Abb. 6.15 die weiter verbreitete XML-Sprache *MathML* verwendet, um die Formel $(a + b)^2$ darzustellen. Hier ist die Bedeutung der Tag-Namen nicht ganz selbsterklärend: So kennzeichnet z. B. <msup> eine Formel mit hochgestelltem Wert und <mo> einen Operator.

In XML-Sprachen kann man Strukturelemente nicht nur durch den Tag-Namen kennzeichnen, sondern ihnen auch Eigenschaften zuordnen. Dazu erweitert man das Anfangs-Tag eines Elementes um Attribute, z. B.

```
<telefon typ = “dienst“>05251606686</telefon>
```

Ein Attribut wird durch ein Paar aus dem Namen und dem Wert des Attributes angegeben, hier *typ="dienst"*. Anfangs-Tags können beliebig lange Folgen solcher Name-Wert-Paare enthalten. Die Attributnamen und -werte können (wie die Tag-Namen) beim Entwurf der XML-Sprache prinzipiell frei gewählt werden. So könnten wir zum Beispiel die in Abb. 6.14 verwendete XML-Sprache für Adressbücher um *Telefonangaben* erweitern und die Telefonnummern wie oben durch ein Attribut namens *typ* mit Werten wie *"dienst"* oder *"privat"* kennzeichnen. Im Folgenden konzentrieren wir uns auf die Strukturen von XML-Texten und betrachten Attribute nicht weiter.

Es soll hier noch erwähnt werden, dass in XML zwei gleichnamige Anfangs- und End-Tags, die unmittelbar aufeinander folgen, zu einem einzigen Tag zusammengefasst werden können, z. B.

```
<bild name = “Hans.jpg“></bild> zu
<bild name = “Hans.jpg“ />
```

Der Schrägstrich vor der schließenden Klammer kennzeichnet diese Zusammenfassung zweier Tags. Wir betrachten sie im Folgenden nicht weiter, sondern nehmen an, dass Tags immer paarig auftreten.

```
<?xml version="1.0" encoding="ISO-8859-1"?>
<!DOCTYPE adressBuch SYSTEM "adressBuch.dtd">
<?xml-stylesheet type="text/xsl" href="adressBuch.xsl" ?>
<adressBuch>
    <adresse>
        <name>
            <nachname>Kastens</nachname>
            <vorname>Uwe</vorname>
        </name>
        <anschrift>
            <strasse>Abtsbrede 40a</strasse>
            <ort>Paderborn</ort>
            <plz>33098</plz>
        </anschrift>
    </adresse>
</adressBuch>
```

Abbildung 6.16: Eine vollständige XML-Datei

Abb. 6.16 zeigt eine vollständige XML-Datei für die Adressbuch-Sprache aus Abb. 6.14. Sie wird durch drei spezielle technische Angaben eingeleitet: Die erste Zeile kennzeichnet das Dokument als XML-Datei, gibt die Versionsnummer der XML-Definition und den verwendeten Zeichen-Code an. Diese Informationen können von Leseprogrammen für XML benutzt werden. Die zweite Zeile verweist auf die Definition der XML-Sprache, in welcher der folgende Text formuliert ist: *adressBuch* ist der Name des äußersten Tag-Paares der folgenden Struktur; *adressBuch.dtd* ist der Name einer Datei, die die Strukturdefinition für diese XML-Sprache enthält. Die dritte Zeile dient der Formatierung der folgenden Struktur: Sie gibt an, dass die XSL-Technik angewandt wird. Dabei wird die XML-Struktur in einen HTML-Text transformiert, der Angaben zum Layout der Elemente enthält. Die Datei *adressBuch.xsl* enthält die Vorschriften zur Transformation der verschiedenen Arten von Elementen.

6.2.2 XML-Texte als Bäume

XML-Texte beschreiben geschachtelte Strukturen, die nach folgenden Regeln aufgebaut sind:

a) Ein Element beginnt mit einem Anfangs-Tag und endet mit einem gleichnamigen End-Tag. Dazwischen steht eine eventuell leere Folge von Elementen und elementaren Texten.

b) Elementare Texte können beliebige Zeichen, aber keine Tags enthalten.

c) Ein XML-Text ist ein Element.

Es leuchtet unmittelbar ein, dass auf diese Weise XML-Texte rekursiv als gewurzelte Bäume definiert werden: Regel (c) definiert den Wurzelknoten, Regel (a) innere Knoten und Regel (b) Blattknoten. In der XML-Terminologie heißen XML-Texte *wohlgeformt* (engl. well-formed), wenn sie nach obigen Regeln gebildet sind. Abb. 6.17 zeigt drei

Texte, von denen (1) und (2) die obigen Regeln erfüllen; (3) verletzt sie, weil die Klammern nicht paarig geschachtelt sind, sondern sich überlappen. Im Beispiel (1) treten elementare Texte nur allein in einer Folge zwischen den Tag-Klammern auf; in (2) gibt es auch Folgen, die aus elementaren Texten und Elementen bestehen.

```
<a>
    <b>
        <c>1</c>
        <d>2</d>
    </b>
    <e>3</e>
<a>
```

(1)

```
<a>
    1
    <b>
        2
        <c>3</c>
        4
        <d>5</d>
    </b>
    <e>6</e>
<a>
```

(2)

```
<a>
    <b>
        <c>1</b>
    </c>
</a>
```

(3)

Abbildung 6.17: (1), (2): wohlgeformte XML-Texte, (3) nicht-wohlgeformter XML-Text

Man kann die obigen Regeln auch verwenden, um aus einem XML-Text systematisch einen gewurzelten Baum zu erzeugen: Die inneren Knoten und den Wurzelknoten beschriftet man mit dem Namen des Tag-Paares, dessen Element er repräsentiert. Die Blattknoten beschriftet man mit den elementaren Texten. Abb. 6.18 zeigt die Bäume zu Abb. 6.17, Abb. 6.19 den Baum zum XML-Text aus Abb. 6.14.

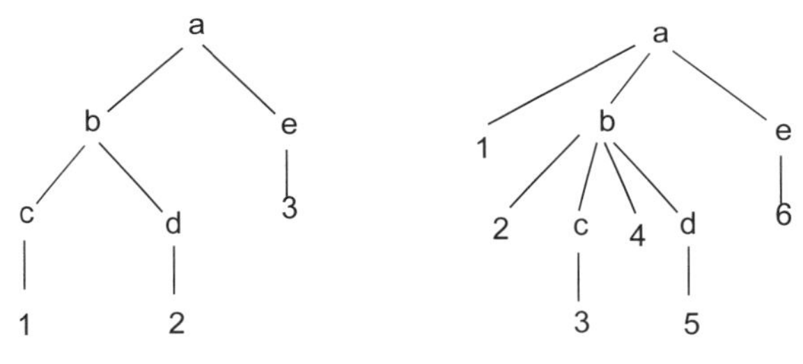

(1) (2)

Abbildung 6.18: Bäume zu Abb. 6.17 (1) und (2)

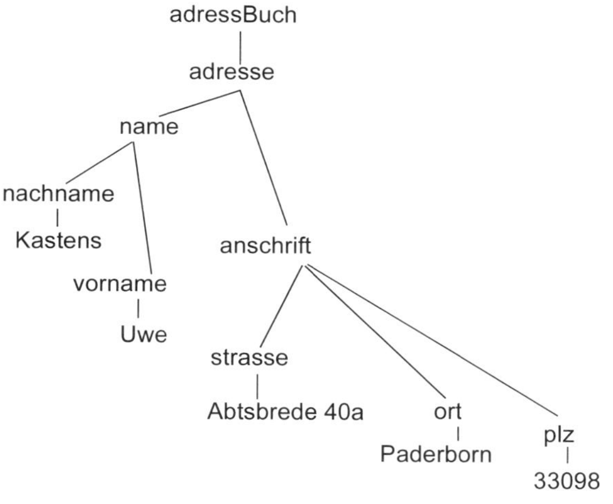

Abbildung 6.19: Baum zu Abb. 6.14

XML-Werkzeuge, die XML-Dateien lesen, können die Klammerstruktur wohlgeformter XML-Texte erkennen und als Bäume darstellen, ohne die XML-Sprache zu kennen, der die Texte angehören. Natürlich kann man auch jeden gewurzelten Baum systematisch und eindeutig in einen XML-Text transformieren, wenn seine inneren Knoten und sein Wurzelknoten mit Namen markiert sind, welche die Art des Teilbaumes charakterisieren: Beginnend mit der Wurzel wird zu einem Knoten ein Tag-Paar mit dem Namen der Knotenmarke erzeugt und das Ergebnis der Transformation der Unterbäume zwischen das Anfangs- und das End-Tag eingefügt. Dabei muss die Reihenfolge der Unterbäume erhalten bleiben.

Die eindeutige Zuordnung zwischen gewurzelten Bäumen und geklammerten Texten gilt natürlich für jede Art von Klammerung. Abb. 6.20 zeigt einen Baum für den geklammerten Text (1 (2 (3) 4 (5)) (6)). Er hat dieselbe Struktur wie der Baum in Abb. 6.17(2); allerdings hat er keine Namen an Nicht-Blattknoten, da die Klammern in diesem Text unbenannt sind.

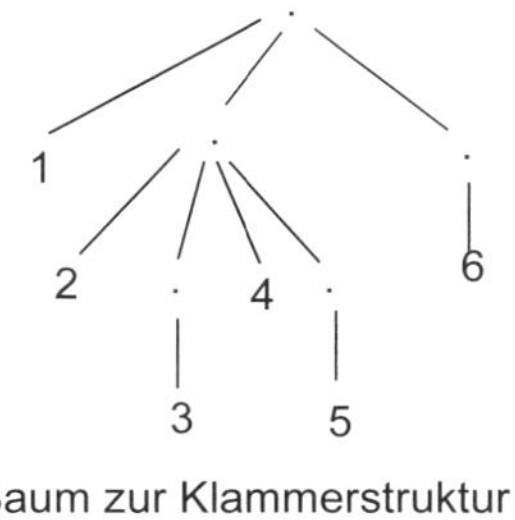

Abbildung 6.20: Baum zur Klammerstruktur (1 (2 (3) 4 (5)) (6))

6.2.3 Strukturdefinition für XML-Bäume

Im vorigen Abschnitt haben wir die Baumstruktur von XML-Texten nur hinsichtlich der Schachtelung bzw. Klammerung betrachtet. Dabei war es unerheblich, welche Art von Elementen in welcher Reihenfolge ineinander geschachtelt sind. Wann wir eine XML-Sprache entwerfen, legen wir für jedes Element fest, welche Art von Elementen in welcher Reihenfolge zwischen den Tags stehen können und an welchen Stellen elementare Texte auftreten können. Für solche Strukturdefinitionen sind kontextfreie Grammatiken (Abschnitt 6.1) der geeignete Kalkül.

```
adressBuch   ::= adresse*
adresse      ::= name anschrift
name         ::= nachname vorname
anschrift    ::= strasse ort plz

nachname     ::= PCDATA
vorname      ::= PCDATA
strasse      ::= PCDATA
ort          ::= PCDATA
plz          ::= PCDATA
```

Abbildung 6.21: Eine KFG für die Adressbuch-Sprache

Abb. 6.21 enthält eine kontextfreie Grammatik, welche die Struktur von Bäumen zu unserer XML-Sprache für Adressbücher beschreibt. Die Produktionen legen fest, dass ein *adressBuch* eine evtl. leere Folge von *adresse* ist, eine *adresse* aus *name* gefolgt von *anschrift* besteht, usw. Das einzige Terminalsymbol dieser Grammatik ist *PCDATA*. Es steht für einen elementaren Text ohne Tags. Die Namen der Nichtterminalsymbole sind so gewählt, dass sie als Marken der inneren Knoten und des Wurzelknotens zu verwenden sind. Bildet man einen Ableitungsbaum zu der Grammatik, markiert man den Wurzelknoten und die inneren Knoten mit den Namen der Nichtterminale, die sie repräsentieren. Die Blätter werden wieder mit den elementaren Texten markiert, die *PCDATA* klassifiziert. Solch ein Baum lässt sich wie in Abschnitt 6.2.2 beschrieben in einen XML-Text transformieren.

Grundsätzlich kann man auf diese Weise mit einer kontextfreien Grammatik und der Wahl der Nichtterminal-Namen die syntaktisch korrekten Sätze einer XML-Sprache und die zugehörigen Bäume definieren. Leider hat man bei der Entwicklung von SGML und XML zur Strukturdefinition kontextfreie Grammatiken nicht in der üblichen Notation und mit den üblichen Begriffen verwendet. Stattdessen wurde eine sogenannte *Document Type Definiton (DTD)* eingeführt. Ihre Notation kann aber direkt der für kontextfreie Grammatiken üblichen zugeordnet werden.

Abb. 6.22 enthält eine DTD für unsere Adressbuch-Sprache, die der KFG in Abb. 6.21 entspricht: Jede Produktion wird in *<!ELEMENT* und > eingeschlossen. Sie besteht aus dem Nichtterminal der linken Seite der Produktion, gefolgt von der rechten Seite, die in

Klammern eingeschlossen ist. Die Elemente der rechten Seite sind durch Kommata getrennt.

```
<!ELEMENT  adressBuch   (adresse)*>
<!ELEMENT  adresse      (name, anschrift)>
<!ELEMENT  name         (nachname, vorname)>
<!ELEMENT  anschrift    (strasse, ort, plz)>

<!ELEMENT  nachname     (#PCDATA)>
<!ELEMENT  vorname      (#PCDATA)>
<!ELEMENT  strasse      (#PCDATA)>
<!ELEMENT  ort          (#PCDATA)>
<!ELEMENT  plz          (#PCDATA)
```

Abbildung 6.22: DTD zur KFG in Abb. 6.21

Auf der rechten Seite von Produktionen einer DTD können auch Operatoren verwendet werden, die der Notation regulärer Ausdrücke entstammen, z. B. für Folgen, Alternativen und optionale Teile. Solche Erweiterungen sind auch für die Notation kontextfreier Grammatiken gebräuchlich. Dies sind in DTD-Notation:

(Y)+	eine nicht-leere Folge von Y
(Y)*	eine evtl. leere Folge von Y
(A | B)	alternativ A oder B
A?	optional A
EMPTY	zur Definition eines leeren Elementes verwendet

Der *-Operator wird in unserem Beispiel der DTD und KFG für die Adressbuch-Sprache für die Folge von Adressen verwendet. Folgende DTD-Produktion verwendet den Options- und den Alternativ-Operator:

```
<!Element adr (anrede?, name, (postfach | anschrift) )
```

In einer gebräuchlichen erweiterten Notation für KFGn würde die Produktion lauten:

```
adr ::= [anrede] name (postfach / anschrift)
```

Mit dem Konzept der kontextfreien Grammatiken in der Notation von DTD definiert man für beliebige XML-Sprachen die Menge der syntaktisch korrekten Sätze, d. h. XML-Dokumente und deren Baumstrukturen. Im Beispiel der Abb. 6.16 haben wir gezeigt, wie in einem XML-Dokument die DTD angegeben wird, die dessen Struktur definiert. Mit dieser Information sind XML-Werkzeuge, sog. XML-Parser, in der Lage, das XML-Dokument auf syntaktische Korrektheit zu prüfen und einen Baum als Datenstruktur aufzubauen. Für diese Datenstruktur werden Zugriffsfunktionen bereitgestellt, mit denen auf Elemente des Baumes unter Verwendung der in der DTD definierten Namen und Strukturen zugegriffen werden kann. Diese Funktionen werden im sogenannten *Document Object Model (DOM)* definiert. Abb. 6.23 skizziert ein Szenario, in dem ein Programm eine XML-Datei als Datenspeicher benutzt. Sie wird von einem XML-Parser gelesen und daraus anhand der DTD ein Baum als Datenstrukur aufgebaut. Das Programm greift darauf lesend und ggf. ändernd mit Hilfe der DOM-Funktionen zu. Schließlich schreibt ein

XML-Werkzeug den geänderten Baum wieder als XML-Text in die Datei. Solche Techniken werden häufig in der Web-Programmierung eingesetzt oder um die Datenspeicherung von Software-Werkzeugen in einem weitverbreiteten Format zu realisieren.

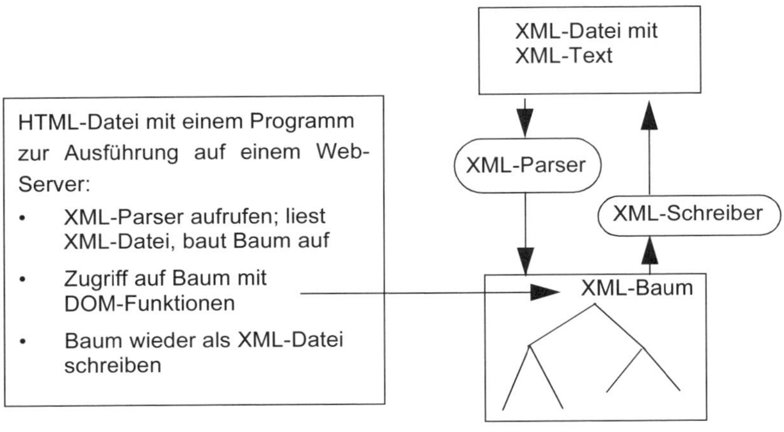

Abbildung 6.23: XML-Datei als Speicher für strukturierte Daten

6.3 Entity-Relationship-Modell

Das *Entity-Relationship-Modell* (*ER-Modell*) ist ein formaler Kalkül zur Modellierung von Themenbereichen mit ihren Objekten, deren Eigenschaften und Beziehungen zwischen ihnen. Charakteristisch für den Kalkül ist die Zusammenfassung gleichartiger Objekte zu Mengen. Im Unterschied zu den Werten von Wertemengen (Kapitel 2) hat jedes Objekt seine individuelle Identität.

Das ER-Modell ist auch Grundlage für weitergehende Beschreibungsmittel: Die Strukturen und Beziehungen der Daten, die eine Datenbank enthalten soll, das sog. *konzeptionelle Schema*, beschreibt man mit Begriffen des ER-Modells. Im Gebiet des Software-Entwurfs ist die *Unified Modeling Language* (*UML*) zu einer bedeutenden, viele Modellierungsaspekte umfassenden Spezifikationssprache für Software-Strukturen geworden. Das ER-Modell bildet die Grundlage für die Klassendiagramme, eine der Teilsprachen von UML.

Für Spezifikationen im ER-Modell kann man grafische oder textuelle Notationen verwenden. Wegen der besseren Anschaulichkeit benutzen wir hier nur die grafische Notation. Das ER-Modell basiert auf drei Grundbegriffen:

- *Entity*: Ein Objekt des Themenbereiches.
- *Relation*: Eine Beziehung zwischen Objekten.
- *Attribut*: Eine Eigenschaft von Objekten, beschrieben durch einen Wert.

In Abb. 6.2 ist ein Ausschnitt einer Firmenorganisation spezifiziert. Es sind die Entity-Mengen Angestellte, Abteilung und Manager, die zweistelligen Relationen arbeitet in und leitet und Attribute wie Name, Gehalt und Ort angegeben. Wir können dann die Daten von konkreten Firmenorganisationen so strukturieren, dass sie dem spezifizierten Schema genügen.

In Abb. 6.24 ist eine konkrete Ausprägung zu dem Schema angegeben: Die Entity-Menge Angestellte enthält drei Objekte, die in Beziehung stehen zu den vier Abteilungsobjekten. Die Attributwerte der Objekte sind mit ihnen durch Pfeile verbunden.

Wir können Abb. 6.24 auch als den Inhalt einer Datenbank auffassen, deren Schema durch das ER-Diagramm in Abb. 6.2 spezifiziert ist.

6.3.1 Entity-Mengen

Nach diesem einführenden Beispiel definieren wir nun die Grundbegriffe präziser und geben Beispiele für typische Anwendungen. Der zentrale Begriff des ER-Modells ist die Entity-Menge:

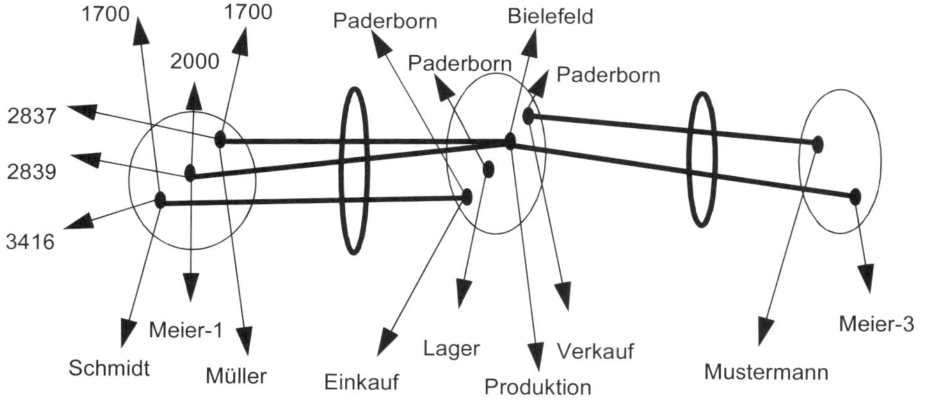

Abbildung 6.24: Konkrete Ausprägung zum Modell der Firmenorganisation in Abb. 6.2

Definition 6.6: Entity-Menge

*Eine **Entity-Menge** repräsentiert eine Zusammenfassung von Objekten, die im Modell als gleichartig angesehen werden, d. h. sie werden durch die gleichen Attribute charakterisiert und können an den gleichen Relationen beteiligt sein. In einem Modell steht eine Entity-Menge für die ggf. nicht-endliche Menge aller in Frage kommenden Objekte dieser Art. Eine **konkrete Ausprägung zu einer Entity-Menge** ist eine endliche Teilmenge der Objekte dieser Art. In der grafischen Notation wird eine Entity-Menge durch ein Rechteck mit einem Namen darin angegeben. In einer konkreten Ausprägung geben wir die Objekt-*

Menge als Ellipse und die Objekte als Punkte ggf. mit identifizierenden Namen an. ■

Die Entity-Menge Abteilung aus unserem einführenden Beispiel steht also für die Menge aller Abteilungen, die wir in konkreten Ausprägungen zu unserem Modell zulassen wollen. In Abb. 6.25 ist eine konkrete Ausprägung für eine Firma in vier Abteilungen dargestellt.

Objekte im ER-Modell (auch *Entities* genannt) repräsentieren Gegenstände des modellierten Themenbereiches. Jedes Objekt hat eine eindeutige Identität, die es von allen anderen Objekten unterscheidet. Zwei Objekte sind also immer verschieden, auch wenn alle ihre Eigenschaften übereinstimmen. Dieser Objektbegriff stimmt mit dem in objektorientierten Datenbanken und in objektorientierten Programmiersprachen überein. In einer Sprache wie Java entsprechen Klassen den Entity-Mengen. Bei der Ausführung von Java-Programmen werden zu einer Klasse Objekte gebildet, die alle eine eindeutige Identität und gleichartige Attribute haben.

Dieser Objektbegriff unterscheidet sich grundsätzlich von dem Begriff der typisierten Werte: Wenn zwei zusammengesetzte Werte in allen ihren Komponenten übereinstimmen, sind sie nicht unterscheidbar, da sie nur vergleichbar, aber nicht identifizierbar sind. Hierin unterscheidet sich auch die Modellierung mit dem ER-Modell grundsätzlich von der mit Wertemengen, die wir in Kapitel 2 beschrieben haben: Die Elemente von Wertemengen werden nur durch ihre Werte unterschieden, die Elemente von Entity-Mengen durch ihre Identität.

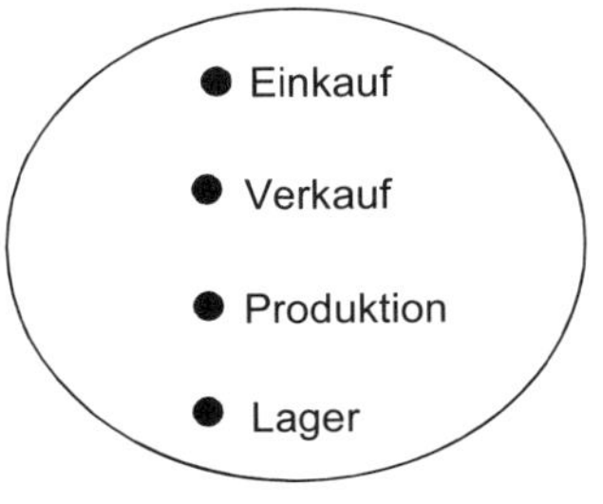

Abbildung 6.25: Konkrete Ausprägung der Entity-Menge Abteilung

6.3.2 Attribute

Attribute werden eingeführt, um Eigenschaften von Entities zu beschreiben. Einer Entity-Menge im Modell können einige Attribute zugeordnet werden. Sie werden durch Ellipsen notiert, die mit dem Rechteck ihrer Entity-Menge verbunden sind und den Attributnamen als Inschrift enthalten.

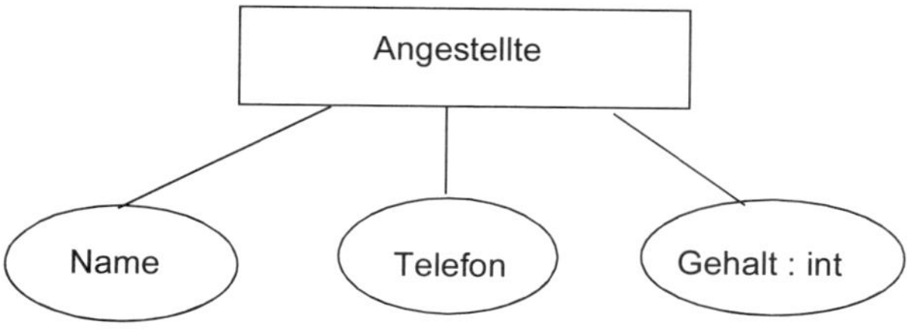

Abbildung 6.26: Entity-Menge mit Attributen

In Abb. 6.26 werden der Entity-Menge Angestellte die Attribute Name, Telefon und Gehalt zugeordnet.

Definition 6.7: Attribut

*Ein **Attribut** ist eine Funktion, die jeder Entity aus der konkreten Ausprägung einer Entity-Menge einen Wert zuordnet.* ■

Alle Entities einer Entity-Menge haben also die gleichen Attribute mit möglicherweise unterschiedlichen Werten.

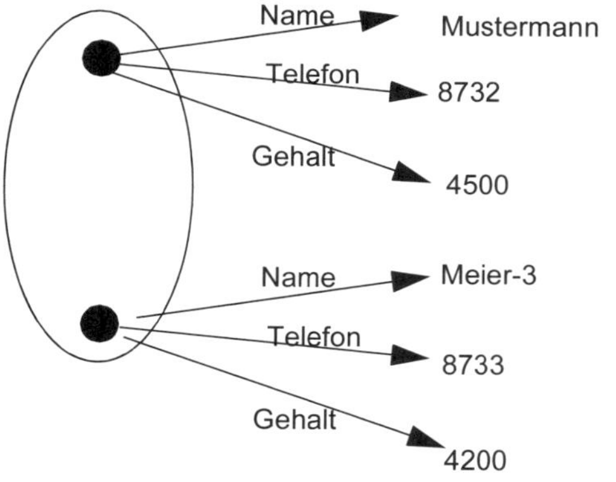

Abbildung 6.27: Konkrete Ausprägung zur Entity-Menge Angestellte aus Abb. 6.26

Abb. 6.27 zeigt zwei Entities der Menge Angestellte mit ihren Attributwerten. Der Wertebereich eines Attributes kann im Modell zum Attributnamen explizit angegeben werden, wie z. B. int beim Attribut Gehalt in Abb. 6.2. Natürlich kann derselbe Attributwert vielfach im System vorkommen, z. B. können zwei Angestellte dieselbe Telefonnummer haben. Hierin unterscheiden sich Attributwerte von Objekten, die eindeutig identifizierbar sind.

Die Identität von Entities kann auch durch Attributwerte explizit gemacht werden:

Definition 6.8: Schlüsselattribut

Ein Attribut, dessen Wert jede Entity einer konkreten Ausprägung einer Entity-Menge eindeutig identifiziert, heißt ***Schlüsselattribut****. Sein Name wird im Modell durch Unterstreichen hervorgehoben. Auch die Werte mehrerer Attribute können zusammen die eindeutige Unterscheidung leisten. Sie werden dann alle als Schlüsselattribute gekennzeichnet.* ■

Im Beispiel von Abb. 6.2 ist das Attribut Name als Schlüsselattribut gekennzeichnet. Eine konkrete Ausprägung darf dann nicht mehrere Entities enthalten, deren Werte der Schlüsselattribute übereinstimmen. In unserem Beispiel müssen ggf. bei Namensgleichheit die Namen, z. B. durch Anhängen einer Nummer, eindeutig gemacht werden.

6.3.3 Relationen

Relationen modellieren Beziehungen zwischen Entities aus Entity-Mengen.

Definition 6.9: Relation

Eine ***n-stellige Relation R*** *verknüpft Entities aus n Entity-Mengen* ***E1, ..., En,*** *wobei $n \geq 2$. Sie wird grafisch repräsentiert durch eine Raute, die mit den n Entity-Mengen verbunden ist (siehe Abb. 6.28). Eine* ***konkrete Ausprägung*** *von R ist eine endliche Menge von n-Tupeln $(e_1, ..., e_n)$ mit $e_i \in E_i$ für i = 1, .., n. In der Grafik verbinden wir die Komponenten eines Tupels durch Linien und fassen alle Tupel durch eine Ellipse zusammen.* ■

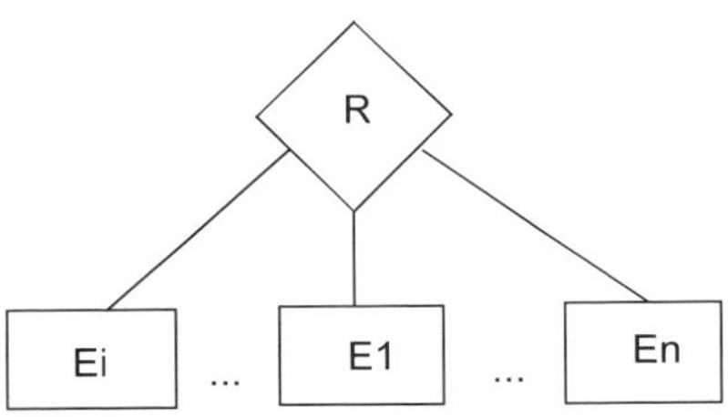

Abbildung 6.28: Grafische Notation einer n-stelligen Relation

Abb. 6.29 zeigt die 2-stellige Relation arbeitet in zwischen den Entity-Mengen Angestellte und Abteilungen sowie eine konkrete Ausprägung mit zwei Tupeln. Der Relationsbegriff entspricht dem über Wertemengen definierten Begriff. Allerdings sind hier die Wertebereiche auf Entity-Mengen eingeschränkt.

Die grafische Notation einer Relation legt die Reihenfolge der Komponenten im Tupel nicht fest. Beim Übergang auf eine textuelle Darstellung ist dafür zusätzliche Information nötig. Häufig kann man aus den Namen der Relation und der beteiligten Entity-Mengen erkennen, welche Rollen die Entities jeweils in der Relation spielen: Zum Beispiel ist in der Relation arbeitet in klar, dass eine Angestellte in einer Abteilung arbeitet und nicht umgekehrt. Wir können die Rolle, die eine Entity-Menge in einer Relation spielt, auch explizit machen, indem wir die Kante mit einem Namen beschriften.

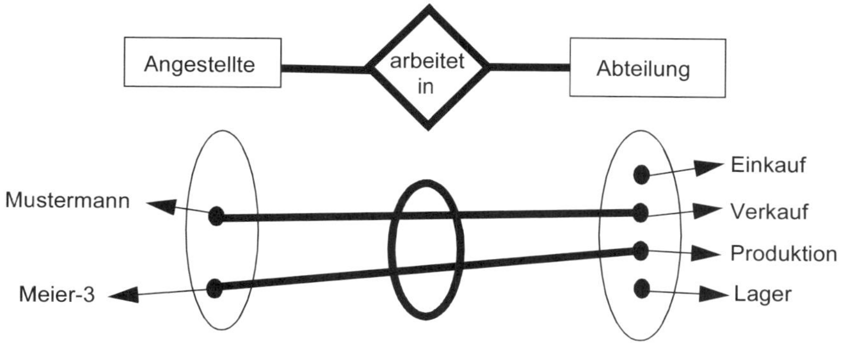

Abbildung 6.29: Relation „arbeitet in" und eine konkrete Ausprägung dazu

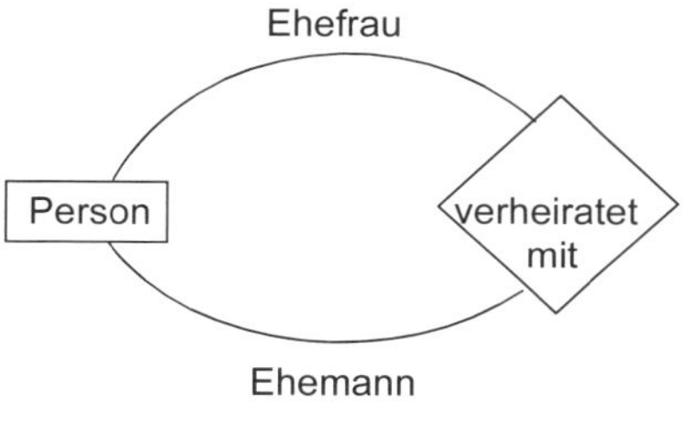

Abbildung 6.30: Relation mit Angabe von Rollen

In Abb. 6.30 haben wir so die beiden Rollen der Relation verheiratet mit unterschieden, die beide auf die Entity-Menge Person führen.

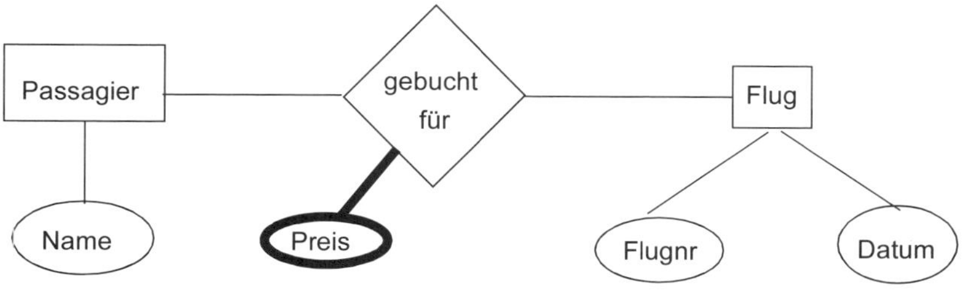

Abbildung 6.31: Relation mit Attribut

Auch Relationen können Attribute zugeordnet werden. Sie beschreiben Eigenschaften zu jedem Tupel der Relation. Das Beispiel der Relation gebucht für in Abb. 6.31 macht die

Notwendigkeit dieses Konzeptes deutlich. Das Attribut Preis modelliert eine Eigenschaft jeder Buchung eines Fluges und nicht etwa eine Eigenschaft der Passagiere oder der Flüge.

An diesem Beispiel wollen wir unterschiedliche Ausdrucksmöglichkeiten der Modellierung mit Relationen verdeutlichen: Man könnte natürlich Buchungen auch als Entity-Menge statt als Relation modellieren, wie in Abb. 6.32. Dann zerfällt die ursprüngliche Relation gebucht für in zwei Relationen hat gebucht zwischen Passagier und Buchung und ist gebucht zwischen Buchung und Flug. Das Attribut Preis wird dann der Entity-Menge Buchung zugeordnet. Die beiden Varianten drücken jedoch Unterschiedliches aus: In der Entity-Menge Buchung kann es mehrere Entities geben, die jeweils denselben Passagier mit demselben Flug verknüpfen. Damit ist zulässig, dass eine Person mehrere Plätze für denselben Flug gekauft hat. Das ist in der Relation gebucht für nicht möglich, weil die Tupelmenge gleiche Tupel nicht mehrfach enthalten kann. Dies auszudrücken, ist bei der Modellierung aber möglicherweise nötig, weil zum Beispiel beschrieben werden soll, welche Personen sich an Bord eines Fluges befinden.

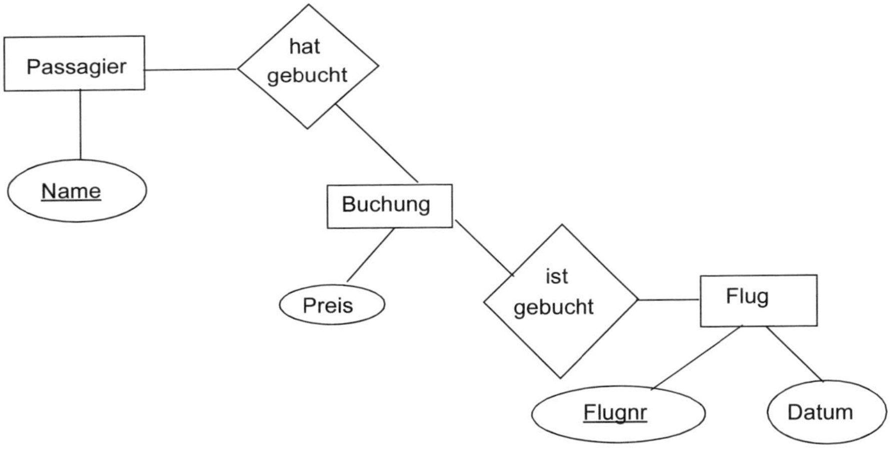

Abbildung 6.32: Relation aus Abb. 6.31 zerlegt in eine Entity-Menge und zwei Relationen

Abb. 6.33 zeigt konkrete Ausprägungen für die beiden Varianten, die diesen Unterschied verdeutlichen.

Relationen in der Form, wie wir sie bisher eingeführt haben, sagen über konkrete Ausprägungen nur aus, dass einige Entities aus den beteiligten Mengen in der angegebenen Beziehung stehen können. Häufig möchte man aber schärfere Bedingungen für konsistente Ausprägungen formulieren. Man möchte etwa spezifizieren, dass jeder Angestellte durch die Relation arbeitet in mit genau einer Abteilung verbunden ist. Solche Restriktionen werden durch Kardinalitäten formuliert.

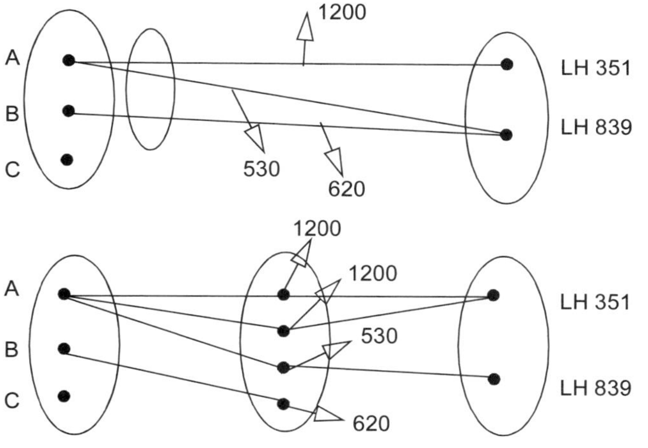

Abbildung 6.33: Konkrete Ausprägungen zu den Relationen in Abb. 6.31 und 6.32

Definition 6.10: Kardinalität

Die Kante, die eine Entity-Menge mit der Relation verbindet, kann mit einer Angabe zur ***Kardinalität*** *in der Form* ***[m, n]*** *markiert werden. Sie bestimmt, dass in einer konkreten Ausprägung jede Entity aus der entsprechenden Menge in mindestens m Tupeln der Relation vorkommen muss und in höchstens n Tupeln vorkommen darf. m und n sind in der Form [m, n] nicht negative ganze Zahlen mit m ≤ n. Ein * statt n drückt aus, dass die Anzahl nach oben unbegrenzt ist.* ∎

Häufig verwendet werden folgende Kardinalitätsangaben:

[1] Jede Entity kommt in genau einem Tupel vor; die Relation ist eine totale Funktion dieser Entity-Menge auf die übrigen Rollen der Relation.

[0, 1] Jede Entity kommt in höchstens einem Tupel vor, d. h. die Relation ist eine partielle Funktion auf die übrigen Rollen.

[0 ,*] Jede Entity kann in beliebig vielen Tupeln vorkommen; es wird keine Einschränkung gemacht, die Angabe kann auch weggelassen werden.

In unserem Beispiel würde man die Angestellten in der Relation arbeitet in mit [1,1] markieren. Wenn man ausdrücken wollte, dass jede Abteilung mindestens einen Angestellten hat, würde man diese Rolle mit der Kardinalität [1, *] markieren. In der Praxis sollte man solche Restriktionen jedoch nicht zu scharf wählen. Das obige Beispiel lässt eine leere Abteilung nicht zu; deshalb würden beim Einführen neuer Abteilungen und beim Entfernen bestehender vorübergehend inkonsistente Ausprägungen entstehen.

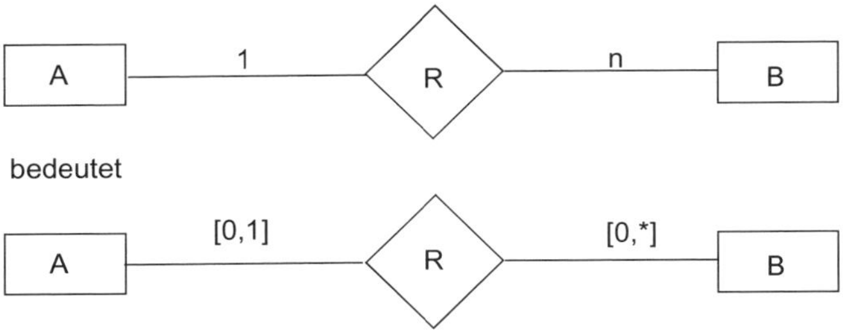

Abbildung 6.34: Kurznotation für spezielle Kardinalitäten

Für Kardinalitäten in 2-stelligen Relationen ist auch die Kurznotation aus Abb. 6.34 gebräuchlich.

Es gibt auch ER-Dialekte, in denen die hier eingeführten Notationen eine komplementäre Bedeutung haben: [m, n] an einer Rolle *E* bedeutet, dass sich mindestens m und höchstens n Tupel nur in Entities aus *E* unterscheiden und in den übrigen Rollen übereinstimmen. Bei 2-stelligen Relationen sind dann, gegenüber der oben eingeführten Bedeutung, die Kardinalitätsangaben gerade zwischen den Rollen vertauscht.

Abb. 6.35 zeigt einige Relationen mit Kardinalitätsangaben, die für häufig vorkommende Muster stehen. Beim Verstehen und beim Entwerfen solcher Relationen sollte man die Bedeutung der Kardinalitäten auch systematisch verbal formulieren:

1. Jedes Auto-Exemplar hat genau eine Automarke. Zu einer Automarke können beliebig viele Autos modelliert sein.
2. Jede Publikation hat mindestens einen Autor.
3. Eine Sinfonie stammt von genau einem Komponisten.
4. Es gibt auch unverheiratete Personen. Polygamie ist in diesem Modell nicht vorgesehen.
5. Jede Person hat höchstens einen Vater. Von manchen Personen ist der Vater nicht modelliert. (Andernfalls gäbe es keine konsistente Ausprägung!)
6. Veranstaltungen werden höchstens dreimal (pro Woche) angeboten. Im Stundenplan sind Termine nicht mehrfach belegt.

Als letztes ER-Konstrukt führen wir eine Relation ein, mit der Spezialisierungen modelliert werden. Sie hat den Namen **IST** (engl. *is-a*).

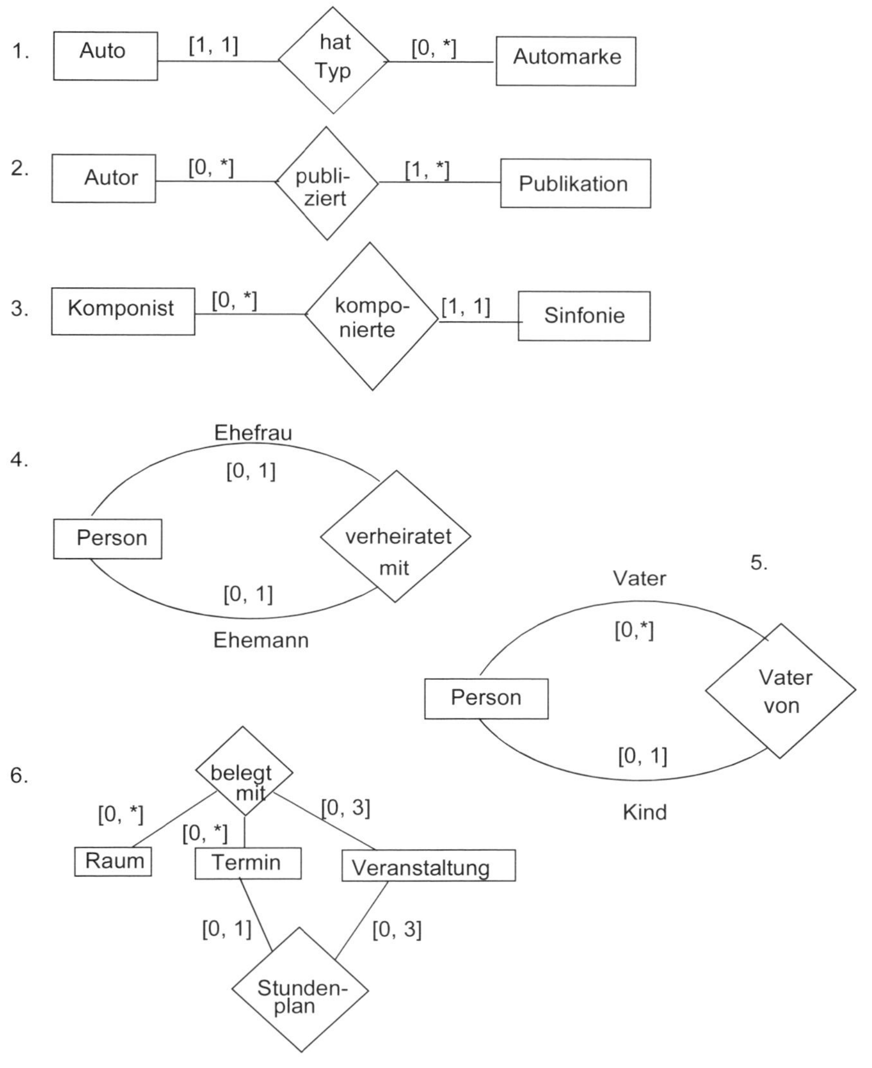

Abbildung 6.35: Einige Relationen mit Kardinalitätsangaben

Definition 6.11: IST-Relation

Zwei Entity-Mengen A und B stehen in der ***Relation A IST B****. Es bedeutet, dass in konkreten Ausprägungen jedes Element aus A auch Element aus B ist. B modelliert die allgemeinere Entity-Menge, A eine speziellere dazu. Die Relation wird durch einen Pfeil von A nach B notiert mit einer Route, die mit IST beschriftet ist (siehe Abb. 6.36). Die Entities in A erben alle Attribute von B* *und können noch weitere Attribute haben, die spezielle Eigenschaften von A beschreiben.* ■

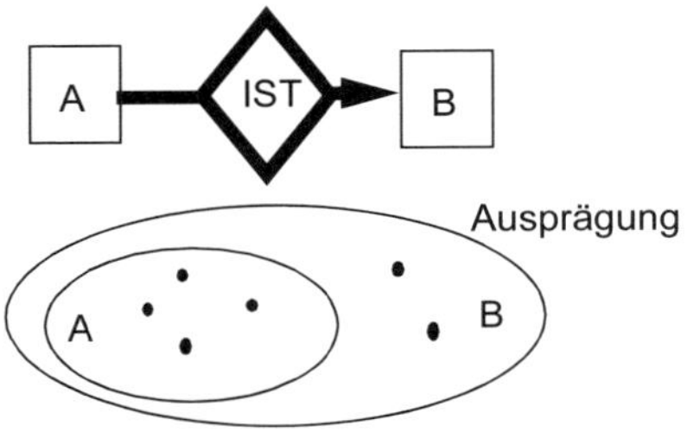

Abbildung 6.36: Notation der IST-Relation und einer Ausprägung

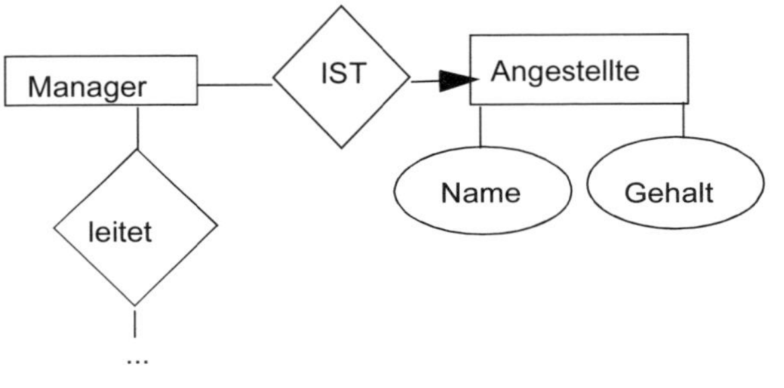

Abbildung 6.37: Eine IST-Relation spezialisiert Angestellte zu Managern

Abb. 6.37 zeigt ein Beispiel, in dem zu den Angestellten einer Firma eine speziellere Entity-Menge der Manager modelliert wird. In diesem Beispiel wird ausgedrückt, dass nur Angestellte aus der Teilmenge der Manager Leitungsaufgaben übernehmen können. Die Entities der Menge Manager erben alle Attribute der allgemeineren Menge Angestellte. Das gilt natürlich auch für Schlüsselattribute mit ihrer Schlüsseleigenschaft: Wenn der Name für alle Angestellten eindeutig ist, dann ist er es auch für die Teilmenge der Manager.

Mit der IST-Relation werden Teilmengenbeziehungen zwischen Entity-Mengen eingeführt. Auch wenn manche Entities in mehreren Entity-Mengen enthalten sein können, so gilt doch weiterhin, dass jede Entity eine eindeutige Identität hat.

Die IST-Relationen können zu mehrstufigen Hierarchien zusammengesetzt werden. Sie dürfen natürlich keine Zyklen bilden.

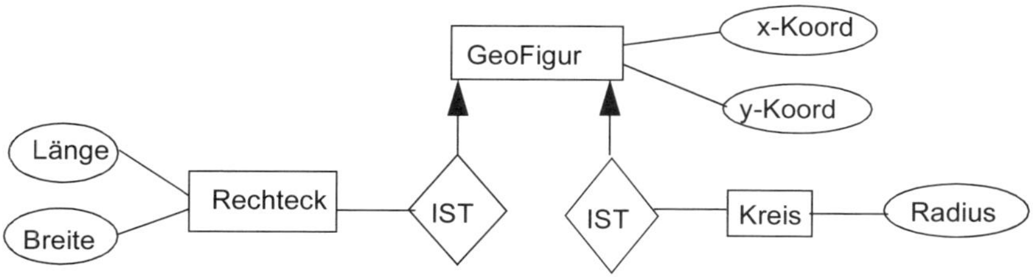

Abbildung 6.38: IST-Relation mit disjunkten Spezialisierungen

Häufig modelliert man zu einer einzigen allgemeinen Entity-Menge mehrere verschiedene spezialisierte Mengen: Abb. 6.38 zeigt als Beispiel GeoFigur mit ihren Spezialisierungen Rechteck und Kreis. Hier wird auch deutlich, dass die Attribute auf der jeweils passenden Hierarchieebene zugeordnet werden sollen: Jede geometrische Figur hat Koordinaten, die sie auf der Zeichenfläche lokalisieren. Es wäre eine schlechte Modellierung, diese Attribute nicht der allgemeinen Entity-Menge, sondern jeder ihrer Spezialisierungen zuzuordnen.

In diesem Beispiel sind die Ausprägungen der spezialisierten Entity-Mengen immer *disjunkt*: Eine Kreis-Entity kann nicht zugleich auch eine Rechteck-Entity sein. Das ist in den meisten sinnvollen Modellen so, wird aber vom ER-Modell nicht vorgeschrieben.

Die IST-Relation mit der Vererbung von Attributen und ihrer Hierarchieeigenschaft entspricht der Vererbungsrelation zwischen Ober- und Unterklassen in objektorientierten Programmiersprachen.

Zum Abschluss stellen wir ein etwas größeres Modell im Zusammenhang vor. Es werden darin einige Aspekte einer Fluggesellschaft modelliert. Das Modell ist in Abb. 6.39 angegeben. Die meisten Angaben darin sind durch die Wahl der Namen selbsterklärend. Wir wollen hier nur auf Modellierungstechniken hinweisen, die für den Entwurf solcher Modelle wichtig sind:

1. Es kommt eine IST-Relation vor. Sie drückt aus, dass Piloten spezielle Angestellte sind. Dies wird insbesondere benötigt, um die Relation kann fliegen hinreichend präzise formulieren zu können und das Attribut Flugstunden nicht allen Angestellten zuordnen zu müssen.
2. Entities in allen Mengen werden durch Schlüsselattribute eindeutig identifiziert. Bei den Passagieren wird das Paar aus Name und Adresse als eindeutig gefordert. Die Namen der übrigen Schlüsselattribute deuten an, dass man jeweils eine Nummerierung eingeführt hat, um die Eindeutigkeit zu erreichen. Solch ein Vorgehen ist sehr empfehlenswert, besonders wenn das Modell praktisch in einer Datenbank realisiert werden soll.
3. Wir möchten besonders hinweisen auf die Relation Typ, welche die Entity-Mengen Flugzeug und Flugzeugtyp verbindet: Die Kardinalität [1, 1] sagt aus, dass eine totale Funktion jedem Flugzeug (das die Fluggesellschaft benutzt) dessen Typ zuordnet. Sol-

che Unterscheidungen von *Typ* und *Exemplar* kommen vielfach in Modellierungen vor und sind wichtig, damit Relationen und Attribute sachgerecht zugeordnet werden können. Die Fähigkeit eines Piloten soll durch bestimmte Flugzeugtypen ausgedrückt werden und nicht durch Exemplare, die diesem Typ angehören.
Das Muster „totale Funktion von Exemplaren auf ihren Typ“ kommt ein zweites Mal vor: Es verbindet die Abflüge als Exemplare mit den Flügen als Typen. Der Unterschied wird deutlich, wenn man sich vorstellt, dass die Flüge Einträge im Flugplan repräsentieren, der z. B. wöchentlich abgearbeitet wird, während jede Abflug-Entity an einem bestimmten Datum stattfindet. Damit ist klar, dass sich die Relation für das Buchen auf Abflüge beziehen muss.
Häufig wird auch versucht, Typ-Exemplar-Beziehungen bei der Modellierung durch die Spezialisierung IST auszudrücken. Das ist jedoch ein schwerer Entwurfsfehler: Typen und Exemplare sind verschiedenartige Entities; zwischen ihren Entity-Mengen kann nicht die Teilmengenbeziehung bestehen.

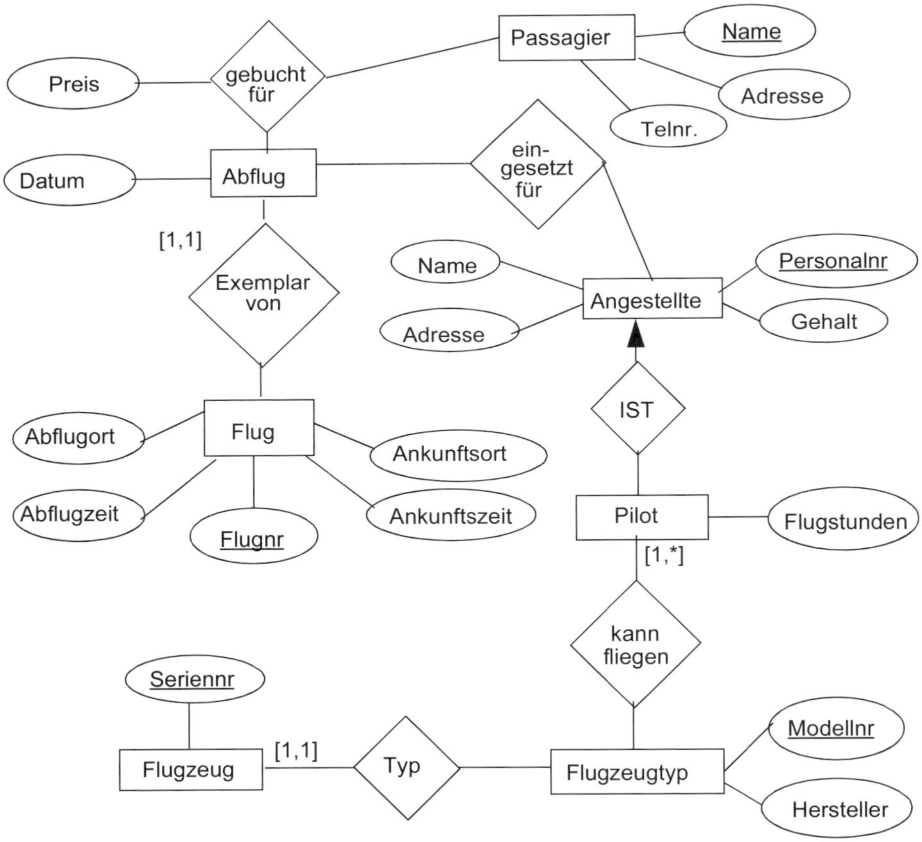

Abbildung 6.39: Ausschnitt aus der Modellierung einer Fluggesellschaft

6.4 Klassendiagramme in UML

Die *Unified Modeling Language (UML)* ist derzeit wohl die am weitesten verbreitete und am häufigsten eingesetzte Sprache zur Modellierung von Systemen. Wir stellen hier Klassendiagramme als Teilsprache von UML vor, da sie eng mit dem Entity-Relationship-Modell aus Abschnitt 6.3 verwandt sind und sich für die gleichen Modellierungsaufgaben eignen. Im Abschnitt 7.1.5 stellen wir auch die Teilsprache der *Statecharts* in UML vor, die auf dem Kalkül der endlichen Automaten basiert.

UML wird für den Gebrauch durch Menschen als visuelle Sprache verwendet: Die Sprachelemente werden durch geometrische Formen mit textuellen Annotationen dargestellt. Eine spezielle XML-Sprache, *XML Metadata Interchange (XMI)*, ist definiert, in der UML-Werkzeuge Entwürfe speichern und lesen.

UML versucht die Modellierung unterschiedlicher Aspekte von Systemen möglichst umfassend abzudecken. Es umfasst 13 Teilsprachen, die hier *Diagrammtypen* genannt werden und jeweils auf die Modellierung bestimmter Aspekte spezialisiert sind. So modelliert man mit *Klassendiagrammen* die Systemstruktur, statische Eigenschaften und Beziehungen zwischen Strukturelementen; mit der Teilsprache für *Statecharts* werden Abläufe von Operationen modelliert. Ein Entwurf in UML besteht im Allgemeinen aus mehreren Diagrammen unterschiedlicher Typen, die durch Namen von Elementen verbunden sind und verschiedene Sichten auf das System beschreiben.

Klassendiagramme in UML basieren auf den gleichen Grundkonzepten wie das Entity-Relationship-Modell: Entity-Mengen (hier Klassen) mit Attributen und Relationen und Hierarchie-Beziehungen zwischen den Entity-Mengen. Ein Modell im ER-Kalkül kann recht direkt in ein Klassendiagramm umgeformt werden, das die gleichen Strukturen und Zusammenhänge beschreibt. Abb. 6.40 zeigt ein Klassendiagramm, das dem Modell aus Abschnitt 6.2 entspricht. Die Sprache der Klassendiagramme ist jedoch reichhaltiger, sodass Modelle bei Bedarf detaillierter beschrieben werden können. Wenn UML-Modelle hinreichend konkret ausgearbeitet sind, können daraus Implementierungen, ggf. mit noch auszufüllenden Lücken, erzeugt werden. Hier beschränken wir uns, soweit möglich, auf die Darstellung der UML-Konstrukte, die denen entsprechen, die wir in Abschnitt 6.3 für den ER-Kalkül vorgestellt haben.

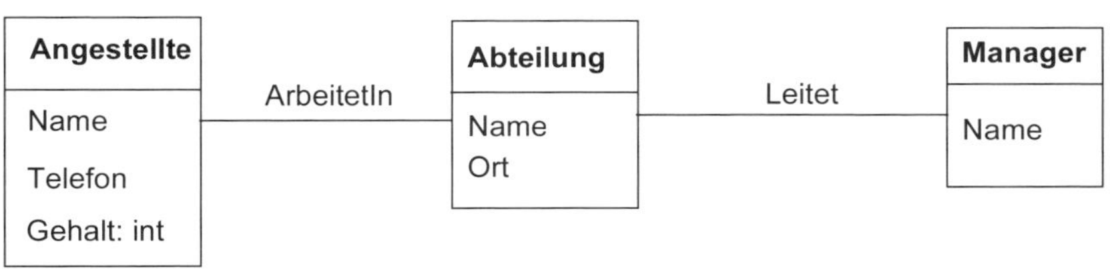

Abbildung 6.40: Ausschnitt aus dem Modell einer Firmenorganisation, gemäß Abb. 6.2

6.4.1 Klassen mit Attributen

Eine Klasse repräsentiert ebenso wie eine Entity-Menge eine Zusammenfassung von Objekten, die im Modell als gleichartig angesehen werden. Sie wird wie im ER-Modell als Rechteck mit Namen dargestellt. Attribute der Klasse werden angegeben, indem man das Rechteck horizontal in zwei Felder einteilt; im oberen steht der Klassenname, im unteren die Folge von Attributen mit oder ohne Typangaben. In einem dritten Feld könnten darunter Operationen angegeben werden. Abb. 6.41 stellt eine ER-Menge und eine Klasse einander gegenüber, die das Gleiche modellieren. Eine Kennzeichnung von Attributen als Schlüsselattribute ist in UML nicht vorgesehen.

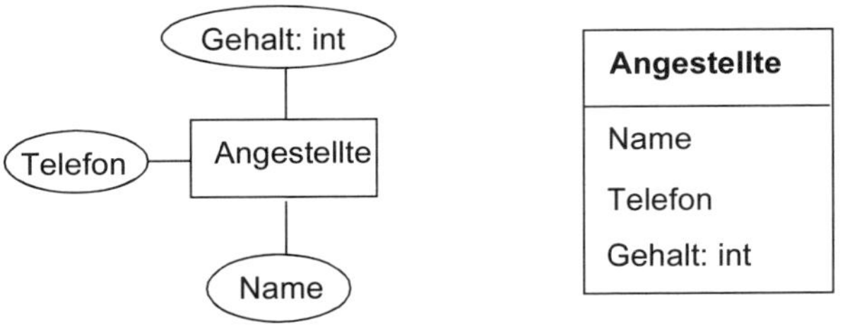

Abbildung 6.41: Entity-Menge und Klasse mit Attributen

Konkrete Ausprägungen zu einer Klasse, also Objekte, können in UML auch dargestellt werden. Es wird dafür die gleiche Grafik wie für Klassen verwendet. Zum Namen des Objektes wird der Name der Klasse als Typ angegeben und beides unterstrichen, siehe Abb. 6.42. Einzelne Objekte, die für die statische Modellierung relevant sind, können so in einem Klassendiagramm angegeben werden. Eine Darstellung der Menge aller Objekte einer Klasse ist in UML nicht vorgesehen.

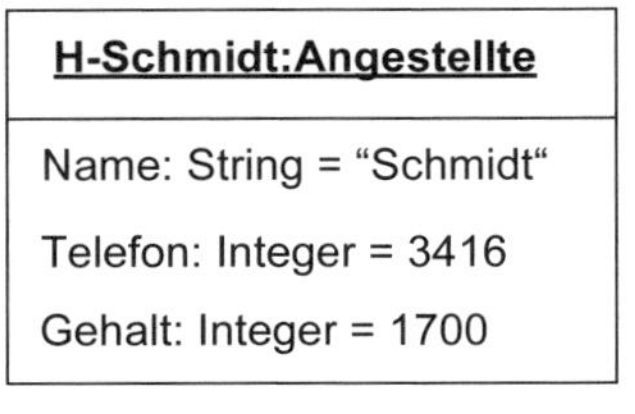

Abbildung 6.42: Ein Objekt

6.4.2 Assoziationen

Relationen des ER-Modells heißen in UML *Assoziationen*. Zweistellige Assoziationen werden als Linie zwischen zwei Klassen dargestellt, die mit dem Namen der Assoziation beschriftet ist. Die Enden der Linie können mit Namen beschriftet sein, die die Rollen der

Klassen in der Assoziation beschreiben. Assoziationen zwischen mehr als zwei Klassen werden wie im ER-Kalkül durch eine Raute dargestellt. Häufig ist es nützlich, durch einen Pfeil neben dem Namen einer zweistelligen Assoziation die „Leserichtung" anzugeben. Abb. 6.43 zeigt einige Beispiele für Relationen aus Abschnitt 6.3 in UML-Notation.

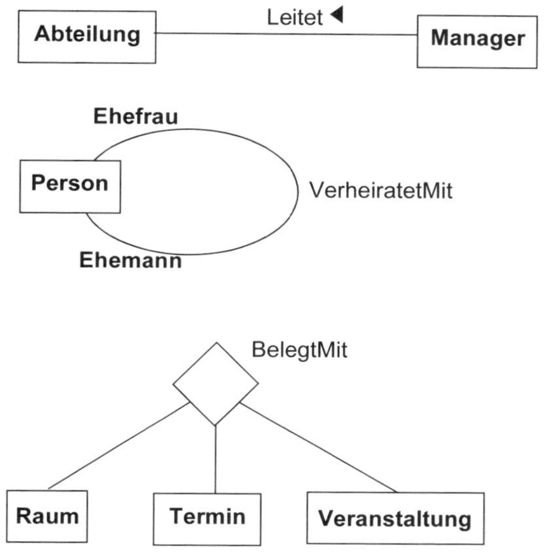

Abbildung 6.43: Einige Assoziationen

In UML können Assoziationen auch als Klassen aufgefasst werden und insbesondere auch Attribute haben. In diesem Fall wird die Assoziation mit einer Klassen-Grafik mit gleichem Namen verbunden, wie in Abb. 6.44.

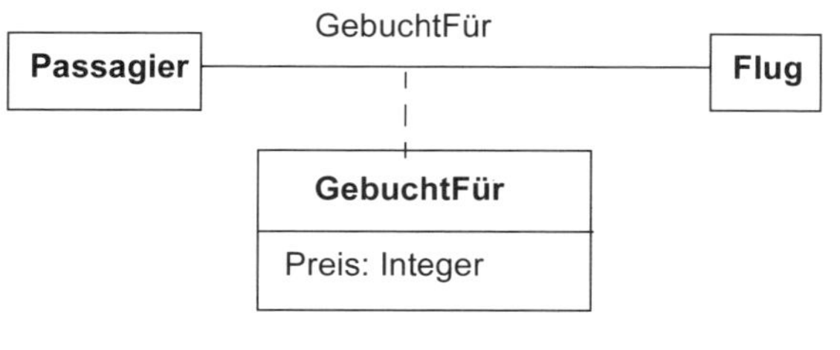

Abbildung 6.44: Eine Assoziation mit Attributen

Wie im ER-Kalkül können die Enden einer Assoziation mit Angaben zu Kardinalitäten *(UML: multiplicities)* annotiert werden. In UML werden zwar fast die gleichen Notationen für Kardinalitäten verwendet wie im ER-Kalkül: *[m, n]* in der ER-Notation entspricht *m..n* in UML. Ihre Bedeutung ist jedoch unterschiedlich definiert. Dies hat zur Konsequenz, dass in binären Assoziationen die entsprechende Kardinalität gerade am gegenüberliegenden Ende der Assoziationslinie annotiert wird, siehe Abb. 6.45.

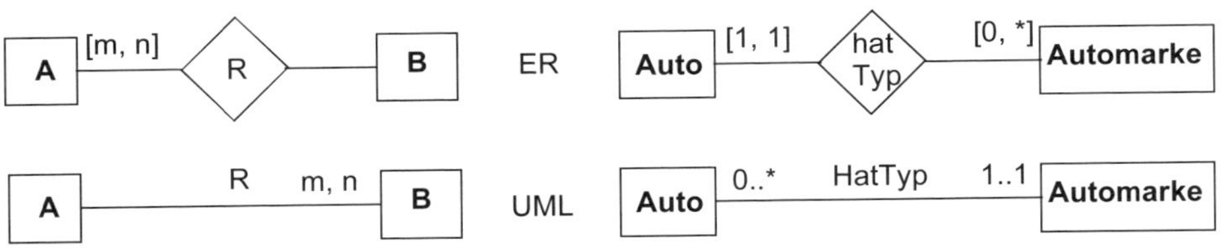

Abbildung 6.45: Kardinalität in binären Assoziationen

Die beiden folgenden Aussagen sind gleichwertig:

- Jedes Objekt aus A kommt in den Tupeln der Relation R mindestens m und höchstens n mal vor.
- Jedem Objekt aus A ordnet die Relation R mindestens m und höchstens n verschiedene Objekte aus B zu.

Die erste Aussage wird besser durch die ER-Notation illustriert, die zweite besser durch die UML-Notation.

Der Unterschied in der Bedeutung der Kardinalitäten für allgemeine n-stellige Relationen ist subtiler. Für die in Abb. 6.46 angegebene Relation s wird die Bedeutung der Kardinalitätsangabe wie folgt erklärt:

ER: Jedes Objekt aus E_1 kommt in den Tupeln der Relation S mindestens m und höchstens n mal vor (vergl. Def. 6.10).

UML: Jeder Kombination von Objekten aus E_2, ..., E_n ordnet die Relation S mindestens m und höchstens n Objekte aus E_1 zu.

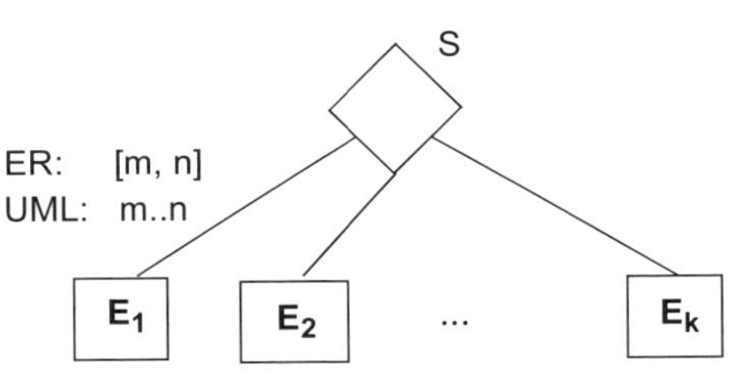

Abbildung 6.46: Kardinalität in k-stelliger Relation

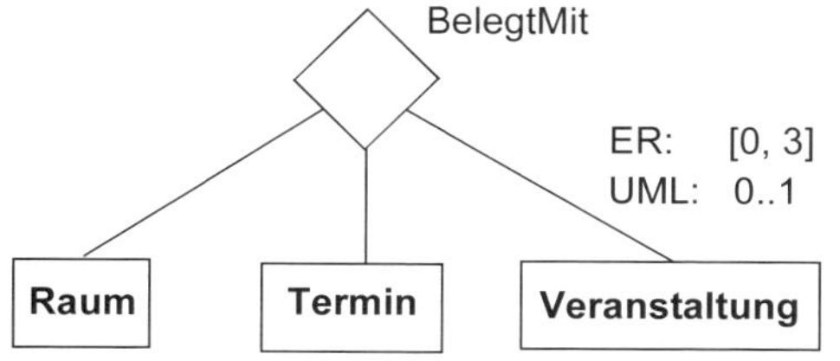

Abbildung 6.47: Unterschiedliche Einschränkungen in dreistelliger Assoziation

Das Beispiel in Abb. 6.47 zeigt, dass mit den beiden unterschiedlichen Bedeutungen der Kardinalitäten unterschiedliche Restriktionen formuliert bzw. nicht formuliert werden können: Die ER-Angabe *[0, 3]* an der *Veranstaltung* der *belegtMit* Relation drückt aus, dass für jede Veranstaltung zwischen *0* und *3 Raum-Termin*-Kombinationen vorgesehen sind. Die UML-Angabe *0..1* an derselben Stelle drückt aus, dass für jede *Raum-Termin*-Kombination höchstens eine *Veranstaltung* vorgesehen ist. Diese Restriktionen sind in der jeweils anderen Notation nicht formulierbar, weil Kombinationen von Klassen nicht mit Kardinalitäten annotiert werden.

UML bietet zwei weitere Kennzeichen von Assoziationsenden, um zu modellieren, dass Objekte einander enthalten (Abb. 6.48): Die *Komposition* (gefüllte) Raute drückt aus, dass jedes Teil unverzichtbar zu genau einem Ganzen gehört. Die *Aggregation* (offene Raute) drückt aus, dass Objekte zu größeren Objekten zusammengefasst werden, aber prinzipiell auch allein existieren können.

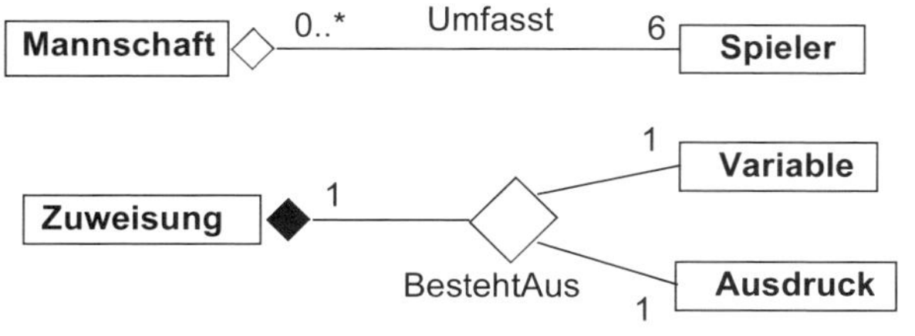

Abbildung 6.48: Aggregation und Komposition

Die Generalisierung ist eine weitere spezielle Relation zwischen Klassen. Sie dient, wie die IST-Relation, im ER-Modell zur Modellierung von Abstraktions-Hierarchien. In Abb. 6.49 ist *GK* eine generalisierte Klasse zu den Klassen *SK1* und *SK2*. Man nennt *GK* auch die *Oberklasse* und *SK1*, *SK2 Unterklassen*. Jede Generalisierung kann benannt (hier *Arten*) und durch Eigenschaften wie *complete/incomplete, disjoint/overlapping* charakterisiert werden.

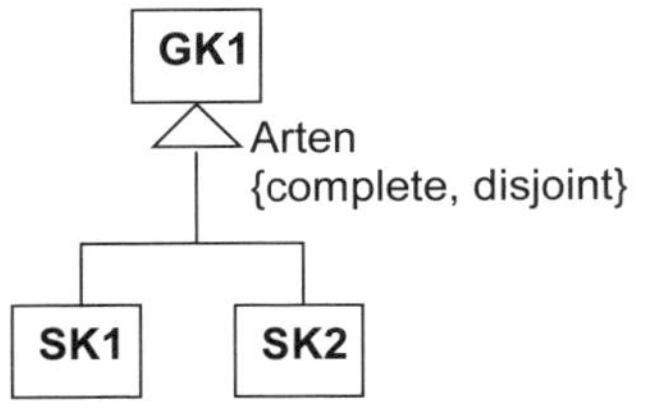

Abbildung 6.49: Notation der Generalisierung

Hinsichtlich der Mengen der Objekte definiert die Generalisierung eine Teilmengenbeziehung: Jedes Objekt einer der Unterklassen ist auch ein Objekt der Oberklasse. Ist eine Generalisierung als *complete* angegeben, so gibt es in dem Modell keine weiteren außer den angegebenen Unterklassen. (Es kann trotzdem Objekte geben, die der Oberklasse, aber keiner Unterklasse angehören.) Eine Generalisierung ist *disjoint*, wenn kein Objekt in mehr als einer Unterklasse liegt. Letzteres ist möglich, wenn eine Unterklasse zwei verschiedene Oberklassen hat. Die Generalisierung lässt sich auch als Vererbungsbeziehung auffassen: Objekte einer Unterklasse haben auch alle Attribute und Operationen der Oberklasse, es sei denn, sie werden überschrieben durch Attribute oder Operationen, die mit demselben Namen in der Unterklasse definiert sind. Abb. 6.50 zeigt das Beispiel aus Abb. 6.38 in UML-Notation. Hier kann insbesondere zum Ausdruck gebracht werden, dass Rechteck und Kreis disjunkte Unterklassen von *GeoFigur* sind und dass noch weitere (z. B. Dreieck) modelliert werden sollen.

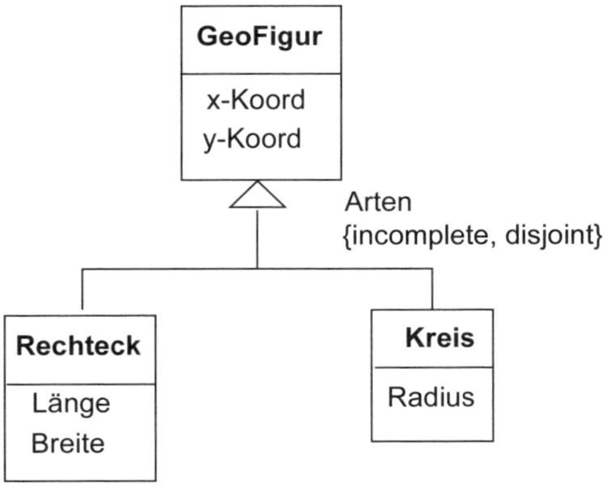

Abbildung 6.50: Beispiel für Generalisierung

Abschließend zeigen wir in Abb. 6.51 das größere Modell aus Abb. 6.39 in UML-Notation. Die Erläuterungen aus Abschnitt 6.3.3 treffen hierauf ebenso zu.

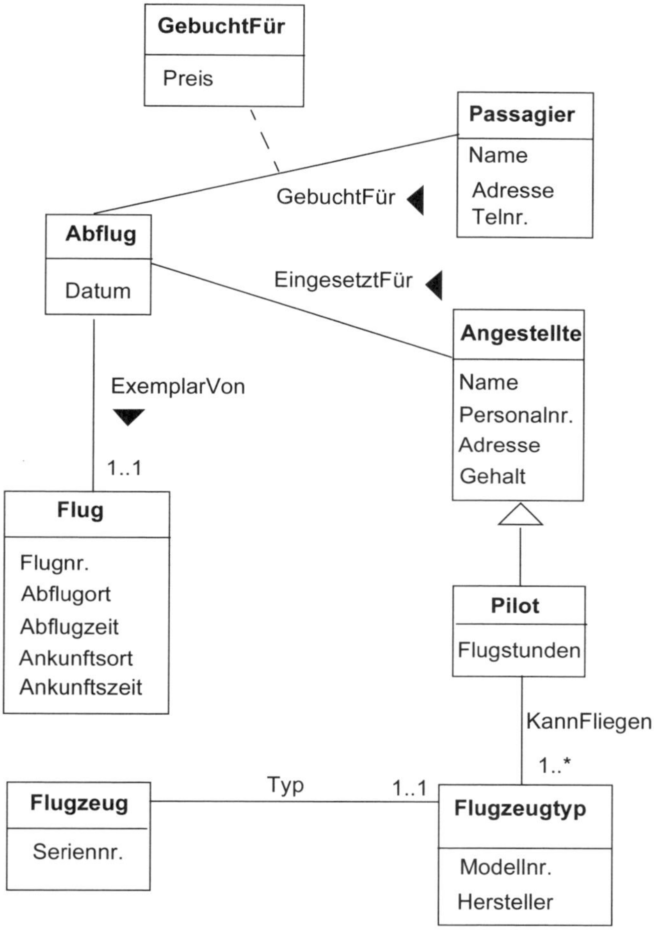

Abbildung 6.51: Klassendiagramm modelliert Ausschnitt einer Fluggesellschaft

Übungen

6.1 Baumstrukturen beschreiben

Menüstrukturen in Benutzungsoberflächen lassen sich durch Bäume darstellen. Die Struktur solcher Bäume wird hier mit Hilfe der folgenden kontextfreien Grammatik *G = (T, N, P, S)* beschrieben:

Startsymbol: S = Menü
Terminale: T = { Befehlsname, Untermenüname}
Produktionen: P = { p1: Menü ::= Menüliste

p2: Menüliste ::= Menüeintrag Menüliste,
p3: Menüliste ::= Menüeintrag,
p4: Menüeintrag ::= Befehlsname,
p5: Menüeintrag ::= Untermenüname Menü }

a) Stellen Sie folgende Menüstruktur als Ableitungsbaum der angegebenen Grammatik dar:

```
Datei
+ - - -Laden
+ - - -Speichern
+ - - -Exportieren als
+ - - -Text
+ - - - Postscript
Bearbeiten
+ - - -Kopieren
+ - - -Einfügen
```

Hinweis: Beachten Sie, dass Befehlsname und Untermenüname Terminale der Grammatik sind, deren Schreibweise nicht näher spezifiziert ist. Etwas Vergleichbares findet man in Beispiel Abschnitt 6.4, wo das Terminal Variable für beliebige Variablennamen, z. B. für a oder b, stehen kann.

b) Erweitern Sie die Grammatik so, dass man Menüeinträge durch Trennstriche in Gruppen gliedern kann.

6.2 Menüstrukturen als XML-Sprache

Entwerfen Sie eine XML-Sprache für Menüstrukturen, wie sie Aufgabe 6.1 definiert. Schreiben Sie für die dort angegebene kontextfreie Grammatik eine DTD, die Bäume gleicher Struktur definiert. Geben Sie den in Aufgabe 6.1a gezeigten Baum in XML-Notation zu der DTD an. Erweitern Sie die XML-Sprache wie in Aufgabe 6.1b.

6.3 Notation von Tupeln

Es sei folgende Grammatik $G = (T, N, P, S)$ gegeben:

Startsymbol: S = Start
Produktionen: P = { p1 : Start ::= Tupel,
p2 : Tupel ::= '(' Stelle ',' Stelle ')',
p3 : Stelle ::= Tupel,
p4 : Stelle ::= Ziffer }

a) Geben Sie die Mengen der Terminale und *Nichtterminale* an.

b) Geben Sie drei Sätze an, die von dieser Grammatik erzeugt werden. Die Sätze sollen unterschiedlich viele Ziffern enthalten, aber höchstens 4.

c) Zeichnen Sie den Ableitungsbaum zu einem Satz mit mehr als 2 Ziffern aus Teil (b). Notieren Sie an den Kanten des Baums die Nummer der jeweils benutzten Produktion.

6.4 Tupel-Notation als XML-Sprache

Entwerfen Sie eine XML-Sprache für die in Aufgabe 6.3 definierten Tupelstrukturen. Schreiben Sie für die dort angegebene kontextfreie Grammatik eine DTD, die Bäume gleicher Struktur definiert. Übernehmen Sie die Klammern und Kommata der kontextfreien Grammatik nicht in die DTD. Geben Sie Sätze in XML-Notation zu der DTD an.

6.5 Sprache der Palindrome

Die Sprache der Palindrome lässt sich durch die drei folgenden Bildungsregeln beschreiben:

1. Das leere Wort sowie 0 und 1 sind Palindrome.
2. Falls *w* ein Palindrom ist, sind 0 *w* 0 und 1 *w* 1 Palindrome.
3. Alle Palindrome lassen sich durch endlich viele Anwendungen der Regeln 1 und 2 erzeugen.

a) Geben Sie die Terminale und Nichtterminale sowie das Startsymbol und die Menge der Produktionen der zugehörigen kontextfreien Grammatik an.

b) Untersuchen Sie, ob die folgenden Sätze Element der durch obige kontextfreie Grammatik definierten Sprache sind, und geben Sie gegebenenfalls den zugehörigen Ableitungsbaum an.

Satz1: 010111010
Satz2: 1101101011

6.6 Mehrdeutige Grammatik

Die folgende kontextfreie Grammatik *G = (T, N, P, S)* ist *mehrdeutig*. Die in der Sprache enthaltenen Sätze sind durch Schrägstrich getrennte Listen von Buchstaben.

Startsymbol:	S = Start
Terminale:	T = {Buchstabe, /}
Nichtterminale:	N = {Start, Liste }
Produktionen:	P = { p1: Start ::= List,
	p2: Liste::= Liste ' / ' Liste,
	p3: Liste::= Buchstabe}

a) Zeigen Sie, dass die Grammatik *mehrdeutig* ist.

b) Verändern Sie die Menge der Produktionen so, dass die Grammatik *eindeutig* wird, aber die definierte Sprache gleich bleibt.

6.7 ER-Diagramme verstehen

Es sei folgendes ER-Diagramm gegeben:

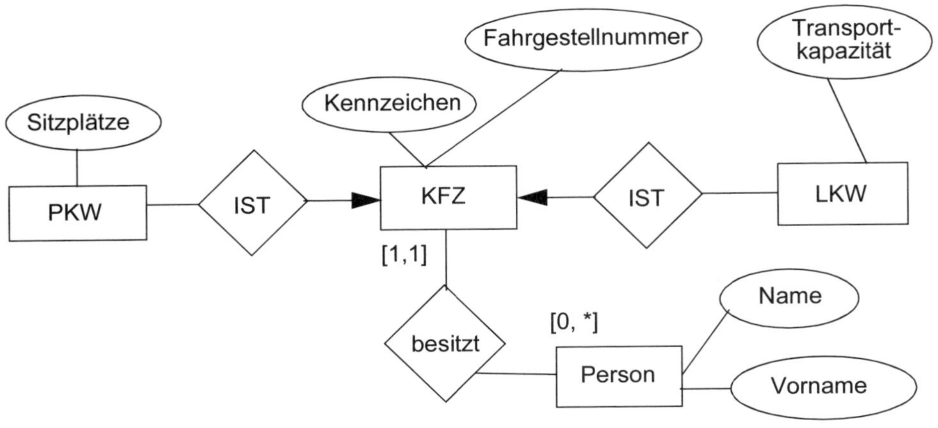

Als Beispiel betrachten wir folgende Beschreibung konkreter Entitäten:

PKW1:	Kennzeichen PB-XY-123, Fahrgestellnummer 123421, 4 Sitzplätze
PKW2	Kennzeichen PB-KL-188, Fahrgestellnummer 123123, 6 Sitzplätze
PKW3	Kennzeichen HF-AB-345, Fahrgestellnummer 123131, 7 Tonnen Transportkapazität
Person1	Max Meier
Person2	Martha Müller

a) Würde das Beispiel dem Modell widersprechen, wenn
   - Person1 und Person2 den gleichen Nachnamen hätten?
   - PKW1 und PKW2 die gleiche Fahrgestellnummer hätten?
   - PKW1 und LKW1 das gleiche Kennzeichen hätten?

   Begründung!

b) Entsprechen die besitzt-Relationen den im Modell geforderten Kardinalitäten? Begründung!

   1. Person1 besitzt PKW1
      Person2 besitzt PKW2
      Person1 besitzt LKW1
   2. Person1 besitzt PKW1
      Person1 besitzt PKW2
      Person1 besitzt LKW1
      Person2 besitzt PKW2
   3. Person 1 besitzt PKW1
      Person 1 besitzt PKW 2
      Person 1 besitzt LKW 1
   4. Person 1 besitzt PKW 1
      Person 2 besitzt LKW 1

c) In dieser Teilaufgabe sollen Sie das Beispiel und die Relation aus (b 1) grafisch darstellen wie in Abb. 6.29: Stellen Sie die konkreten Ausprägungen der Entity-Mengen

KFZ, PKW und LKW grafisch dar. Ergänzen Sie die Attribute der Entitäten. Zeichnen Sie schließlich die besitzt-Relation aus (b 1) in das Diagramm ein.

6.8 ER-Diagramm mit IST-Relationen

Ein Tier hat die Eigenschaften Gencode, Alter, Gewicht und Größe, und es gehört einer Tierart mit lateinischer Bezeichnung an. Eine Tierart ist entweder ein Fleisch- oder ein Pflanzenfresser. Fleischfresser haben einen Fleischbedarf, und sie fressen bestimmte Tierarten. Sie sind entweder Jäger oder Aasfresser. Pflanzenfresser fressen bestimmte Pflanzenarten, die eine lateinische Bezeichnung haben. Das dazugehörige ER-Diagramm sieht so aus:

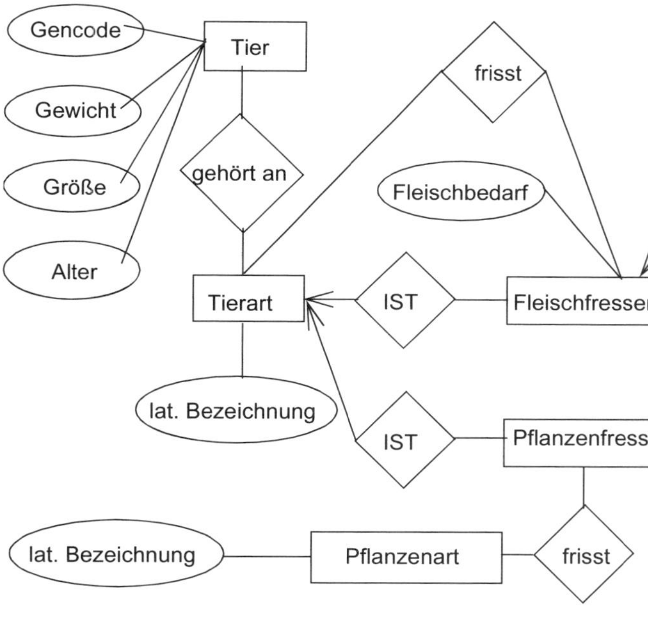

a) Geben Sie alle Attribute der Entity-Menge Fleischfresser an.
b) Unterstreichen Sie Schlüsselattribute aller Entity-Mengen, und begründen Sie Ihre Wahl.
c) Ergänzen Sie die Kardinalitäten aller Relationen.
d) Erweitern Sie das ER-Diagramm um Allesfresser, die sowohl Fleischfresser als auch Pflanzenfresser sind, so dass eine konkrete Ausprägung wie folgt aussieht:

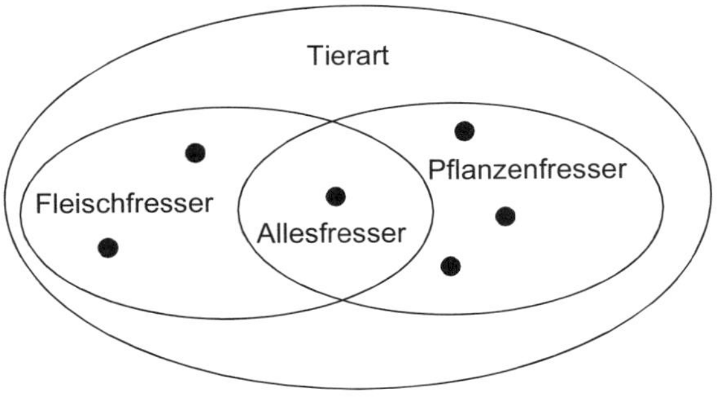

6.9 ER-Diagramme und Getränkeautomaten

a) Formalisieren Sie folgende umgangssprachliche Beschreibung mit Hilfe eines ER-Diagramms:
Eine Getränkesorte hat einen eindeutigen Namen, eine Menge und einen Preis. Die Getränke einer Getränkesorte benötigen zwischen 1 und 3 verschiedene Zutaten. Eine Getränkesorte ist entweder ein Heißgetränk oder ein Kaltgetränk. Heißgetränke haben zudem noch eine Zubereitungszeit.

b) Unterstreichen Sie Schlüsselattribute aller Entity-Mengen, und begründen Sie Ihre Wahl.

c) Geben Sie eine konkrete Ausprägung der im Diagramm vorkommenden Relationen an, die mindestens drei verschiedene Entities enthält.

6.10 Modellieren mit ER-Diagrammen

Betrachten Sie folgenden Sachverhalt: Eine Person sei eindeutig bestimmt durch ihren Namen und ihren Vornamen. Einige Personen sind Studenten, die eine eindeutige Matrikelnummer besitzen. Studenten besuchen normalerweise eine Reihe von Vorlesungen, allerdings finden Vorlesungen nur statt, wenn sich mindestens 5 Studenten dafür interessieren. Vorlesungen haben einen Namen und eine eindeutige Nummer. Jede Vorlesung wird von genau einem Professor gehalten, dem sich neben Namen und Vornamen auch ein Fachgebiet zuordnen lässt.

Modellieren Sie diesen Teil der realen Welt durch ein ER-Diagramm. Vergessen Sie nicht, auch Kardinalitäten und Schlüsselattribute zu definieren.

6.11 ER-Diagramme in UML-Klassendiagramme umschreiben

Geben Sie Klassendiagramme in UML an, die den ER-Diagrammen aus den Aufgaben 6.7, 6.8, 6.9 und 6.10 entsprechen. Übertragen Sie auch die Kardinalitäten aus den ER-Diagrammen.

7 Modellierung von Abläufen

In diesem Kapitel führen wir zwei grundlegende Kalküle ein, mit denen Abläufe modelliert werden können: *endliche Automaten* und *Petri-Netze*. Sie werden eingesetzt, um das dynamische Verhalten von Systemen zu beschreiben. Typische Beispiele dafür sind

- die Wirkung von Bedienoperationen auf reale Automaten oder auf Benutzungsoberflächen von Softwaresystemen;
- Schaltfolgen von Ampelanlagen;
- Abläufe von Geschäftsprozessen in Firmen;
- Steuerung von Produktionsanlagen.

Solche Abläufe werden modelliert, indem man die Zustände angibt, die das System einnehmen kann, und beschreibt, unter welchen Bedingungen es aus einem Zustand in einen anderen übergeht. Beide Kalküle sind mit recht einfachen Regeln definiert und haben sehr anschauliche grafische Repräsentationen.

In Abb. 7.1 ist ein endlicher Automat angegeben, der den Geldeinwurf für einen einfachen Getränkeautomaten modelliert. Er hat drei Zustände, die jeweils den bisher eingeworfenen Geldbetrag repräsentieren. Zustandsübergänge werden durch Einwurf eines 1- oder 2-Euro-Stückes bzw. durch Drücken des Geldrückgabeknopfes bewirkt. Das Modell beschreibt, welche Folgen von Bedienoperationen korrekt sind. Endliche Automaten eignen sich zur Modellierung sequentieller Abläufe. Demgegenüber kann man mit Petri-Netzen nebenläufige Vorgänge beschreiben, bei denen Ereignisse im Prinzip gleichzeitig an mehreren Stellen des Systems Zustandsänderungen bewirken können.

Abb. 7.2 zeigt ein Petri-Netz, das zwei zyklische Prozesse modelliert. Schaltregeln der Petri-Netze lassen die beiden Prozesse mit ihren Marken jeweils zwischen den Zuständen *1* und *2* bzw. *4* und *5* wechseln. Die markierte mittlere Stelle *3* synchronisiert die beiden Prozesse, sodass sie sich nie gleichzeitig in den Zuständen *2* und *4* befinden können. Auf diese Weise könnte man z. B. beschreiben, wie Autos eine einspurige Brücke von zwei Seiten überqueren, sodass sich immer nur ein Auto auf der Brücke befindet.

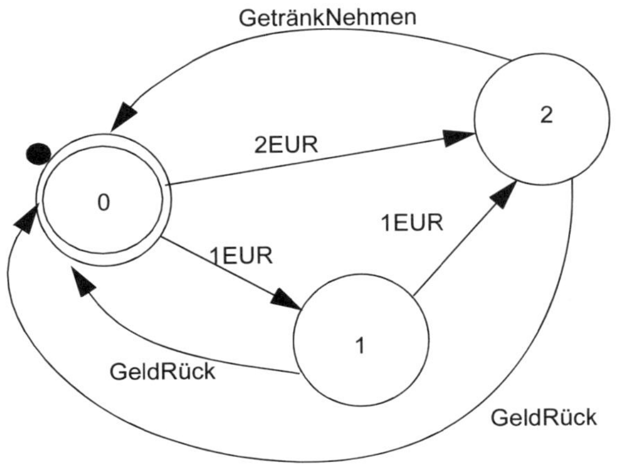

Abbildung 7.1: Endlicher Automat modelliert Geldeinwurf

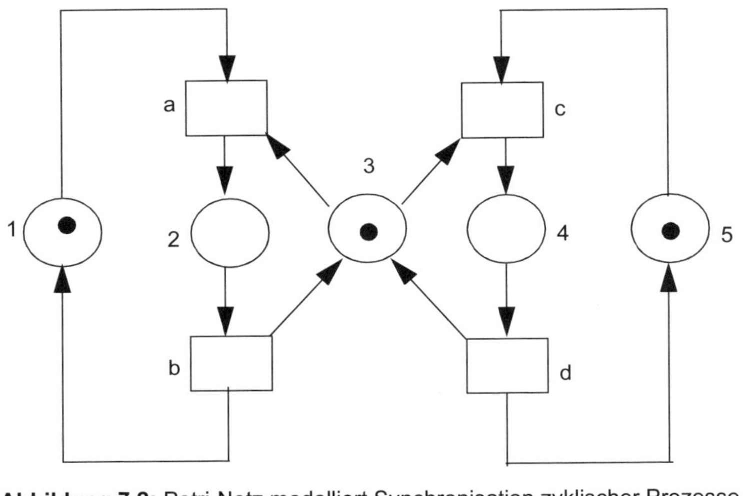

Abbildung 7.2: Petri-Netz modelliert Synchronisation zyklischer Prozesse

7.1 Endliche Automaten

Ein *endlicher Automat* wird mit den Begriffen eines formalen Kalküls definiert, um eine reale oder abstrakte Maschine zu modellieren. Dabei wird insbesondere beschrieben, wie die Maschine

- auf äußere Ereignisse reagiert,

- ihren inneren Zustand ändert und
- gegebenenfalls Ausgabe produziert.

Endliche Automaten werden typisch eingesetzt, um

- das Verhalten realer Maschinen zu spezifizieren, z. B. Getränkeautomaten;
- das Verhalten von Software-Komponenten zu spezifizieren, z. B. wie Benutzungsoberflächen auf Bedienereignisse reagieren;
- Sprachen zu spezifizieren als Menge der Ereignis- oder Symbolfolgen, die der endliche Automat akzeptiert, z. B. die Schreibweise von Bezeichnern und Zahlwerten in Programmen.

Wir beschreiben zunächst nur, wie endliche Automaten die Ereignisse oder Eingaben verarbeiten; die Ausgabe fügen wir später hinzu.

Abb. 7.1 zeigt einen endlichen Automaten in grafischer Darstellung, der die Bedienung eines einfachen Getränkeautomaten spezifiziert. Er hat drei Zustände – die mit *0*, *1* und *2* beschrifteten Kreise. Bei Beginn eines Bedienungszyklus befindet sich der Automat im Anfangszustand (der mit dem schwarzen Punkt gekennzeichnete Zustand *0*). Von jedem Zustand gehen beschriftete Pfeile aus. Sie geben an, welche Ereignisse in dem Zustand akzeptiert werden. So kann im Zustand *0* ein 2-Euro- oder ein 1-Euro-Stück eingeworfen werden. Der Automat wechselt dann in den Zustand, auf den der Pfeil zeigt. Andere Ereignisse sind im Zustand *0* nicht akzeptabel: Versuche, die Geldrückgabetaste zu betätigen oder ein Getränk zu entnehmen, bleiben wirkungslos. Ein Bedienzyklus endet in einem Endzustand, der mit einem Doppelkreis markiert ist; das ist hier auch der Zustand *0*.

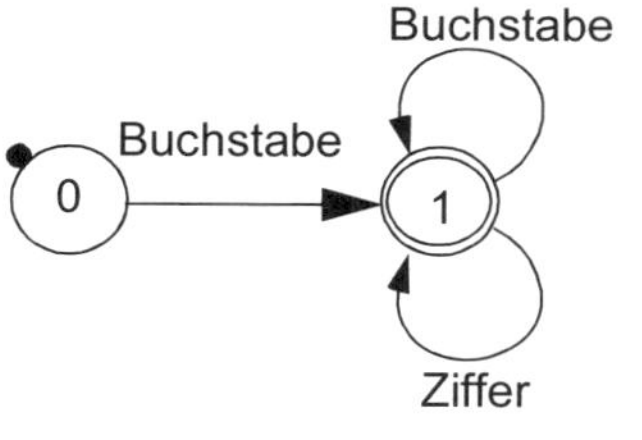

Abbildung 7.3: Endlicher Automat für die Notation von Bezeichnern in Pascal

Der endliche Automat in Abb. 7.3 beschreibt eine abstrakte Maschine, die Folgen von Buchstaben und Ziffern akzeptiert. Hier ist das Ziel, eine Sprache zu definieren, in diesem Fall die Schreibweise der Bezeichner in Pascal-Programmen: Eine beliebig lange Folge von Buchstaben und Ziffern überführt den Automaten vom Anfangszustand *0* in den Endzustand *1*. Solch eine Folge akzeptiert der Automat. Wir nennen sie *ein Wort der Sprache des Automaten*. Beispiele für Worte aus der Sprache dieses Bezeichnerautomaten sind ggt, i, max1, nt42, während die Zeichenfolgen 3fach, 08/15, 4711 den Automaten nicht in den Endzustand überführen und deshalb nicht zu seiner Sprache gehören.

7.1.1 Zeichenfolgen über Alphabete

Ein endlicher Automat definiert auch eine Sprache. Sie umfasst die Folgen von Symbolen oder Ereignissen, die von dem Automaten als legale Eingabe akzeptiert werden. Deshalb führen wir zunächst die Begriffe *Alphabet* und *reguläre Ausdrücke* ein, um solche Sprachen zu beschreiben.

Definition 7.1: Alphabet

Ein ***Alphabet*** *ist eine Menge von Zeichen. Sie dienen zur Bildung von Zeichenfolgen. Alphabete werden häufig mit Σ bezeichnet. Wir betrachten hier nur endliche Alphabete.* ■

Beispiele für Alphabete sind:

- die kleinen und großen Buchstaben *{a, ..., z, A, ..., Z}*
- die Dezimalziffern *{0, 1, 8, 9}* und die Binärziffern *{0, 1}*
- der ASCII-Zeichensatz mit 2^7 verschiedenen Zeichen
- der Unicode-Zeichensatz mit 2^{15} verschiedenen Zeichen
- die Menge der Ereignisse, die bei der Bedienung des Getränkeautomaten in Abb. 7.1 ausgelöst werden. Sie werden durch frei erfundene Symbole repräsentiert, wie *1EUR*.

Definition 7.2: Wort

Ein ***Wort w über einem Alphabet*** *Σ ist eine beliebige Zeichenfolge* $w \in \Sigma^*$. *Statt der Notation von Folgen aus Kapitel 2* $(a_1, a_2, ..., a_n) \in \Sigma^*$ *schreiben wir die Zeichen eines Wortes unmittelbar hintereinander:* $a_1 a_2 \ldots a_n$. *Für die leere Folge schreiben wir ε.* ■

Jedes Wort dieses Textes ist ein Beispiel für ein Wort über dem Alphabet der deutschen Buchstaben. Zahlen wie *127* und *42* sind Worte über dem Alphabet der Dezimalziffern. Häufig soll die Menge von beliebigen Worten über einem Alphabet auf eine Teilmenge eingeschränkt werden, deren Worte nach bestimmten Regeln aufgebaut sind. Zum Beispiel werden Bezeichner in Pascal-Programmen als Worte über dem Alphabet der ASCII-Zeichen gebildet. Sie dürfen aber nur Buchstaben und Ziffern enthalten und müssen mit einem Buchstaben beginnen. Solche Regeln zum Aufbau von Worten aus Teilworten und Zeichen formuliert man mit regulären Ausdrücken.

Definition 7.3: Reguläre Ausdrücke

Ein ***regulärer Ausdruck F*** *über einem Alphabet Σ definiert eine Menge von Worten* $L(F) \subseteq \Sigma^*$. *Häufig schreiben wir auch einfach F statt L (F) für die durch F definierte Wortmenge. Die Konstrukte zur Bildung regulärer Ausdrücke werden rekursiv definiert. Die folgende Liste gibt jeweils die Schreibweise eines regulären Ausdruckes an und die Wortmenge, die er definiert. Dabei stehen* ***F*** *und* ***G*** *für beliebige reguläre Ausdrücke:*

1. *∅ definiert die leere Menge, also die Sprache, die keine Worte enthält.*
2. *a definiert {a}, die Menge, die nur das Zeichen a als Wort enthält.*
3. *ε definiert {ε}, die Menge, die nur das leere Wort enthält.*
4. *F | G definiert* $\{f \mid f \in F\} \cup \{g \mid g \in G\}$ *mit Worten, die aus F oder G stammen.*
5. *F G definiert* $\{f g \mid f \in F,\ g \in G\}$ *mit Worten, die aus jeweils einem Wort aus F und G zusammengesetzt sind.*
6. F^n *definiert* $\{f_1 f_2 \ldots f_n \mid \forall\ i \in \{1, \ldots, n\}: f_i \in F\}$ *mit Worten, die jeweils aus n Worten aus F bestehen.*
7. F^* *definiert* $\{f_1 f_2 \ldots f_n \mid n \geq 0 \text{ und } \forall\ i \in \{1, \ldots, n\}\ f_i \in F\}$ *mit Worten, die beliebig lange Folgen von Worten aus F sind.*
8. F^+ *definiert* $\{f_1 f_2 \ldots f_n \mid n \geq 1 \text{ und } \forall\ i \in \{1, \ldots, n\}: f_i \in F\}$ *mit Worten, die nicht-leere Folgen von Worten aus F sind.*
9. *(F) definiert F, dient zur Strukturierung von regulären Ausdrücken.* ■

Die Schreibweise von Pascal-Bezeichnern kann man mit dem folgenden regulären Ausdruck beschreiben:

(a | b | ... | z) ((a | b | ...| z) | (0 | 1 | ... | 9))*

Wir haben hier darauf verzichtet, alle Buchstaben und Ziffern aufzuzählen. Häufig gibt man regulären Ausdrücken Namen, um sie wieder zu verwenden, z. B.

B = (a | b | ... | z)
D = (0 | 1 |... | 9)
Bezeichner = B (B | D)*

Die Wortmenge dieses regulären Ausdruckes enthält z. B. die Worte

max, min1, i ∈ Bezeichner

zwar ist *3d* eine Zeichenfolge über demselben Alphabet wie das des regulären Ausdrukkes *Bezeichner*; sie gehört jedoch nicht zu seiner Wortmenge. Wir geben weitere Beispiele für reguläre Ausdrücke an:

$e\ (+ \mid - \mid \varepsilon\ )\ D^+)$	mit Worten wie	e+10	e-8	e42
$D^*\ .\ D^+$	mit Worten wie	2.35	0.4	.4
$1^2\ (1 \mid 0)^*\ 0^2$	mit Worten wie	1100	11100	

Im Zusammenhang mit regulären Ausdrücken muss man die Bedeutungen folgender Notationen sorgfältig unterscheiden:

- ε: das leere Wort
- ε: der reguläre Ausdruck, der die Wortmenge $\{\varepsilon\}$ definiert
- $\{\varepsilon\}$: die Menge, die das leere Wort als einziges Element enthält
- ∅: die leere Menge, also die Sprache, die keine Worte enthält.

Wir können auch einen regulären Ausdruck mit den Symbolen für die Ereignisse bei der Bedienung des Getränkeautomaten in Abb. 7.1 angeben:

((1EUR GeldRück)* (1EUR 1EUR | 2EUR) GetränkNehmen | GeldRück))*

Seine Wortmenge enthält alle akzeptierten Ereignisfolgen.

7.1.2 Deterministische endliche Automaten

Wir führen nun endliche Automaten ein, mit denen Abläufe modelliert und Wortmengen definiert werden können.

Definition 7.4: Deterministischer endlicher Automat

Ein ***deterministischer endlicher Automat*** *(engl: deterministic finite automaton oder deterministic finite state machine) ist definiert als 5-Tupel*

$A = (\Sigma, Q, \delta, q_0, F)$ *mit*

a) Σ ist ein endliches Eingabealphabet,
b) Q ist eine endliche Menge von Zuständen,
c) δ ist eine Übergangsfunktion aus $Q \times \Sigma \rightarrow Q$,
d) q_0 ist der Anfangszustand, $q_0 \in Q$,
e) F ist die Menge der Endzustände, $F \subseteq Q$

$r = \delta\,(q, a)$ *heißt Nachfolgezustand von q unter a.* ■

Solche Automaten heißen deterministisch, weil es zu jedem Paar (q, a) mit $q \in Q$ und $a \in \Sigma$ höchstens einen Nachfolgezustand $\delta\,(q, a)$ gibt, d. h. δ ist eine Funktion in Q. Der Bezeichner-Automat aus Abb. 7.3 wird durch folgendes 5-Tupel formal beschrieben:

Σ = {B, D}
Q = {0, 1}
δ = {((0, B), 1), ((1, B), 1), ((1, D), 1)}
q_0 = 0
F = {1}

Für das Modell des Getränkeautomaten in Abb. 7.1 lautet die Übergangsfunktion:

d = { (0, 1EUR), 1), (0, 2EUR), 2), (1, 1EUR), 2), (1, GeldRück), 0),
(2, GeldRück), 0), (2, GetränkNehmen), 0)}

	1 EUR	2 EUR	GeldRück	GetränkNehmen
0	1	2		
1	2		0	
2			0	0

Abbildung 7.4: Übergangsfunktion des Getränkeautomaten als Tabelle

Die Übergangsfunktion ist einfacher zu lesen, wenn wir sie, wie in Abb. 7.4, als Tabelle angeben.

Betrachtet man die Übergangsfunktionen der Automaten, dann erkennt man, dass es Zustände gibt, in denen die Verarbeitung bestimmter Eingaben nicht definiert ist, z. B. das Einwerfen einer 2-Euro-Münze im Zustand *1*.

Definition 7.5: Vollständiger Automat

*Ein endlicher Automat heißt **vollständig**, wenn die Übergangsfunktion δ eine totale Funktion ist.* ■

Für Zwecke der Realisierung von Automaten sowie für formale Argumentationen kann es notwendig sein, einen Automaten so zu erweitern, dass er vollständig ist: Man ergänzt einen weiteren Zustand *f* und Übergänge *((q, a), f)* für alle Paare *(q, a)*, die in *δ* nicht definiert sind. Im Falle des Bezeichnerautomaten wären das die Übergänge

((0, D), f), ((f, B), f), ((f, D), f).

f repräsentiert einen Fehlerzustand. Er darf nicht Endzustand sein, damit die vom Automaten akzeptierte Wortmenge durch die Transformation nicht geändert wird.

Endliche Automaten kann man sehr anschaulich als Graphen darstellen, wie in Abb. 7.1 und Abb. 7.3. Die Zustände des Automaten werden durch Knoten repräsentiert, die mit dem Namen des Zustandes markiert sind. Anfangs- und Endzustände werden speziell gekennzeichnet. Die Übergänge werden durch gerichtete Kanten repräsentiert, die mit dem Eingabezeichen markiert sind. Häufig fasst man Zeichen zu einer Zeichenklasse zusammen, wie a, b, ... z, zu Buchstabe, wenn alle Zeichen aus der Klasse in jedem Zustand dieselben Übergänge bewirken. Damit wird die Anzahl gleicher Übergänge reduziert. Wenn wir mit endlichen Automaten modellieren, interessieren uns meist die Zustandsübergänge, die die Zeichen einer Zeichenfolge insgesamt bewirken. Deshalb erweitern wir die Übergangsfunktion, sodass sie auch für Zeichenfolgen definiert ist.

Definition 7.6: Übergangsfunktion für Zeichenfolgen

*Sei $\delta: Q \times \Sigma \rightarrow Q$ eine Übergangsfunktion eines deterministischen endlichen Automaten. Dann wird die **Übergangsfunktion für Zeichenfolgen** $\hat{\delta}: Q \times \Sigma^* \rightarrow Q$, rekursiv wie folgt definiert:*

a) $\hat{\delta}(q, \varepsilon) = q$ für alle $q \in Q$ (Übergang mit dem leeren Wort)
b) $\hat{\delta}(q, wa) = \delta(\hat{\delta}(q, w), a)$ für alle $q \in Q$, $w \in \Sigma^*$, $a \in \Sigma$.

Statt $\hat{\delta}$ schreiben wir auch δ. ■

Mit diesem Begriff können wir nun sehr einfach die Menge der Worte definieren, die ein endlicher Automat akzeptiert.

Definition 7.7: Akzeptierte Sprache

*Sei $A = (\Sigma, Q, \delta, q_0, F)$ ein deterministischer endlicher Automat und sei $w \in \Sigma^*$. **A akzeptiert das Wort w** genau dann, wenn $\hat{\delta}(q_0, w) \in F$. Die Menge $L(A) = \{w \mid \hat{\delta}(q_0, w) \in F\}$ heißt die **von A akzeptierte Sprache**.* ■

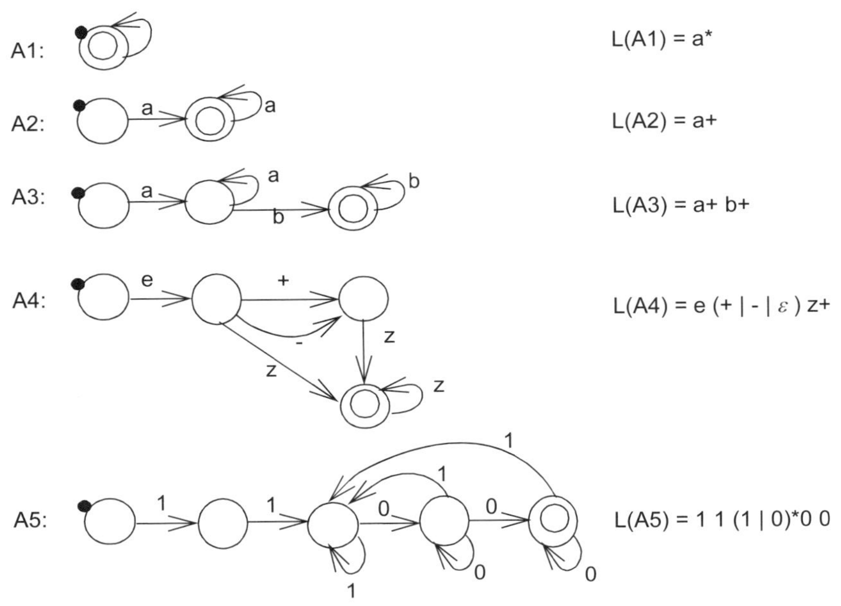

Abbildung 7.5: Einige einfache Automaten und ihre Sprachen

Für die Automaten aus Abb. 7.1 und Abb. 7.3 haben wir oben schon die jeweils akzeptierten Sprachen durch reguläre Ausdrücke beschrieben. In Abb. 7.5 haben wir einige einfache Automaten und ihre Sprache angegeben. Man beachte die typischen Muster für Zustandsübergänge, die Zeichenfolgen a^* bzw. a^+ akzeptieren. Sie kommen auch innerhalb größerer Automaten wie A_3 und A_5 vor. Der Automat A_4 zeigt ein Beispiel dafür, wie Alternativen der Sprachmenge modelliert werden. Am Automaten A_5 erkennt man, dass die Erkennung der Wortanfänge einfacher zu modellieren ist als die Entscheidung, ob die gerade akzeptierte *0* eine der beiden letzten ist.

Mit den Mustern aus Abb. 7.5 kann man auf einfache Weise Automaten für die Sprachen $a\ b$, $a^2\ b^2$, $a^3\ b^3$, $a^+\ b^+$ konstruieren. Aber einen endlichen Automaten mit der Sprache $a^n\ b^n$ für beliebige n gibt es nicht. Ein solcher Automat bräuchte $n \geq 0$ Zustände, um bis n zu zählen und weitere Zustände, um gleich viele b zu akzeptieren. Da die Zustandsmenge endlich ist, kann sie nicht für diese Sprache mit beliebig großen n ausreichen.

7.1.3 Nicht-deterministische endliche Automaten

Für manche Modellierungen ist die Forderung, dass δ eine Funktion sein muss, zu restriktiv: Man möchte in manchen Zuständen für den Übergang mit einem Zeichen mehrere Möglichkeiten angeben, ohne festzulegen, welche davon gewählt wird. Solche Entscheidungsfreiheiten in der Modellierung von Abläufen nennt man nicht-deterministisch.

Nicht-deterministische Modelle sind häufig einfacher aufzustellen und leichter zu verstehen als deterministische. So könnte man die Sprache $L(A_5) = 1\ 1\ (1\ /\ 0)^*\ 0\ 0$ aus Abb. 7.5 einfacher durch den nicht-deterministischen Automaten in Abb. 7.6 beschreiben.

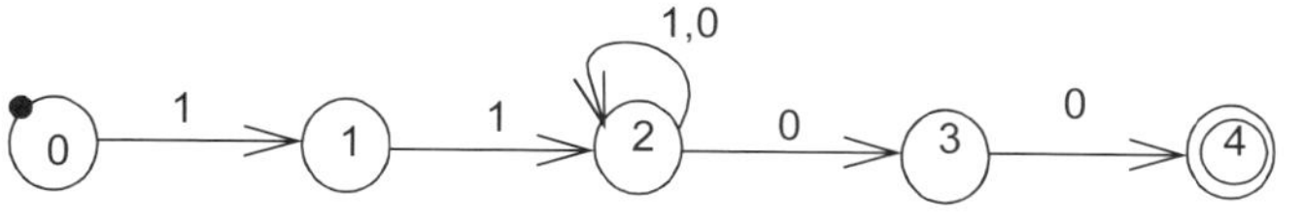

Abbildung 7.6: Nicht-deterministischer Automat

Definition 7.8: Nicht-deterministischer Automat

*Ein **nicht-deterministischer endlicher Automat** ist definiert als 5-Tupel $A = (\Sigma, Q, \delta, q_0, F)$. Die Übergangsfunktion δ bildet einen Zustand q und ein Eingabezeichen a auf eine Menge von Nachfolgezuständen ab, d. h. δ: $Q \times \Sigma \rightarrow Pow\ (Q)$. Der Automat kann in jeden Zustand aus $\delta\ (q, a)$ übergehen. Σ, Q, q_0 und F sind wie für deterministische endliche Automaten definiert.*

■

Die Übergangsfunktion für den Automaten aus Abb. 7.6 ist in Abb. 7.7 angegeben.

	0	1
0	∅	{1}
1	∅	{2}
2	{2, 3}	{2}
3	{4}	∅
4	∅	{∅}

Abbildung 7.7: Übergangsfunktion des nicht-deterministischen Automaten aus Abb. 7.6

Um die Sprachmenge zu definieren, erweitern wir auch hier die Übergangsfunktion auf Zeichenfolgen.

Definition 7.9: Übergangsfunktion für Zeichenfolgen

*Sei δ: $Q \times S \rightarrow Pow\ (Q)$ eine Übergangsfunktion eines nicht-deterministischen endlichen Automaten. Dann ist die **Übergangsfunktion für Zeichenfolgen** $\hat{\delta}$: $Q \times \Sigma^* \rightarrow Pow\ (Q)$ rekursiv wie folgt definiert:*

a) $\hat{\delta}\ (q, \varepsilon) = \{q\}$ *für alle* $q \in Q$ *(Übergang mit dem leeren Wort)*

b) $\hat{\delta}\ (q, wa) = \{q' \mid \exists\ p \in Q : p \in \hat{\delta}\ (q, w)$ *und* $q' \in \delta\ (p, a)\}$, *für alle* $q \in Q$, $w \in \Sigma^*$, $a \in \Sigma$; *d. h. die Menge aller Zustände, die man von q mit wa erreichen kann.*

Statt $\hat{\delta}$ *schreiben wir meist auch* δ. ■

Definition 7.10: Akzeptierte Sprache

Sei $A = (\Sigma, Q, \delta, q_0, F)$ ein nicht-deterministischer Automat und $w \in \Sigma^*$. A akzeptiert w genau dann, wenn $\delta(q_0, w) \cap F \neq \emptyset$. Die Menge $L(A) = \{w \mid \hat{\delta}(q_0, w) \cap F \neq \emptyset\}$ heißt die ***von A akzeptierte Sprache****.* ■

Es kann aus unterschiedlichen Gründen sinnvoll sein, Abläufe oder Sprachmengen zunächst durch einen nicht-deterministischen Automaten zu modellieren, und nur, wenn es nötig ist, diesen in einen deterministischen Automaten zu transformieren. Wir geben Beispiele für die drei wichtigsten Gründe:

Einfacher Entwurf: Für manche Sprachmenge lässt sich ein regulärer Ausdruck einfacher in einen nicht-deterministischen als in einen deterministischen Automaten übertragen. Der Vergleich der Automaten in Abb. 7.5 und 7.6 belegt dies.

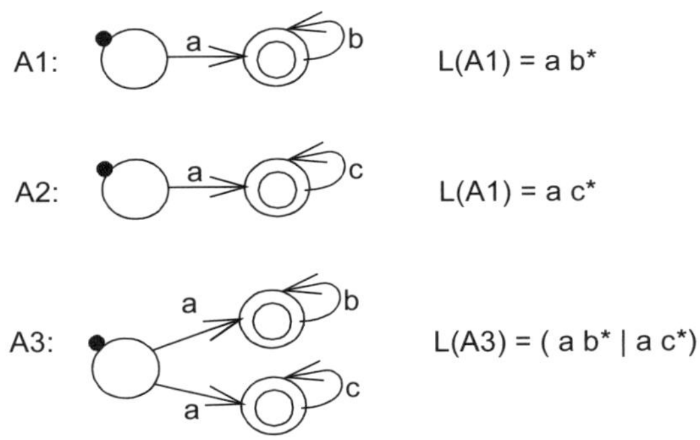

Abbildung 7.8: Zusammensetzen von Automaten

Zusammensetzen von Automaten: Abb. 7.8 zeigt zwei deterministische Automaten für die Sprachmengen $L_1 = a\ b^*$ und $L_2 = a\ c^*$. Man kann leicht einen Automaten für die Vereinigung der beiden Mengen konstruieren $L_1 \cup L_2 = (a\ b^* \mid a\ c^*)$. Dazu vereinigt man die Anfangszustände der beiden Automaten zum Anfangszustand des neuen Automaten, wie in Abb. 7.8. Der neue Automat kann dann, wie in diesem Beispiel, nicht-deterministisch sein.

Nicht-modellierte Entscheidungen: Es soll bei dem Entwurf des Automaten absichtlich offen gelassen werden, wie in manchen Zuständen auf Ereignisse reagiert wird. Die Entscheidung fällt dann außerhalb des Modellierten. Ein Automat zum Geldwechseln kann für ein 1-Euro-Stück Wechselgeld in unterschiedlicher Stückelung ausgeben. Jede Stükkelung sei durch einen Zustand modelliert, in den jeweils unter derselben Eingabe übergegangen wird. Die Entscheidung ist dann nicht modelliert und der Automat nicht-deterministisch.

Wir brauchen keine Nachteile zu befürchten, wenn wir zunächst mit nicht-deterministischen Automaten modellieren. Denn es gilt folgender Satz:

Satz 7.1: Existenz deterministischer Automaten

Sei L(A) die Sprache eines nicht-deterministischen endlichen Automaten. Dann gibt es einen deterministischen Automaten, dessen Sprache auch L (A) ist. ■

Wenn die Modellierung oder die Implementierung es erfordern, kann man aus einem nicht-deterministischen Automaten $A = (\Sigma, Q, \delta, q_0, F)$ einen deterministischen $A' = (\Sigma, Q', \delta', q_0', F')$ mit $L(A) = L(A')$ systematisch konstruieren.

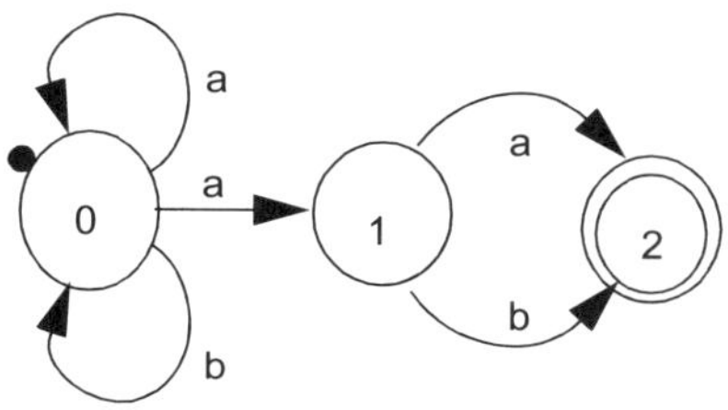

Abbildung 7.9: Nicht-deterministischer Automat für Worte mit a als vorletztem Zeichen

Abb. 7.9 zeigt einen nicht-deterministischen Automaten A mit $L(A) = (a \mid b)^* \, a \, (a \mid b)$; das sind alle Worte über $\Sigma = \{a, b\}$, deren vorletztes Zeichen ein a ist. Die Korrespondenz zwischen dem regulären Ausdruck und dem Automaten ist leicht erkennbar. Abb. 7.10 zeigt einen deterministischen Automaten A' mit derselben Sprachmenge. Wir geben nun ein allgemeines Konstruktionsverfahren dafür an:

Jeder Zustand aus Q' repräsentiert eine Menge von Zuständen aus Q. Folgende Konstruktionsschritte sind auszuführen:

1. Der Anfangszustand $q'_0 = \{q_0\}$ wird in Q' eingefügt.
2. Wähle einen schon konstruierten Zustand $q' \in Q'$, wähle ein Zeichen $a \in \Sigma$ und berechne $r' = \delta'(q', a) = \bigcup_{q \varepsilon Q} \delta'(q, a)$, d. h. r' repräsentiert die Vereinigung aller Zustände, die in A von q unter a erreicht werden können. r' wird als Zustand in Q' aufgenommen und $\delta(q', a) = r'$ wird ein Übergang in δ'.
3. Wiederhole Schritt 2, bis es kein Paar (q', a) mehr gibt, zu dem ein neuer Zustand oder Übergang konstruiert werden kann.
4. Die Endzustände sind $F' = \{q' \in Q \mid q' \cap F \neq \emptyset\}$, d. h. q' ist Endzustand, genau dann, wenn seine Zustandsmenge einen Endzustand von A enthält.

Der Automat in Abb. 7.10 ist nach diesem Verfahren entstanden. Das Konstruktionsverfahren garantiert, dass immer ein deterministischer Automat entsteht und dass seine Sprachmenge mit der des ursprünglichen Automaten übereinstimmt. Die zentrale Konstruktionsidee ist: nicht-deterministische Entscheidungen im Automaten A werden in „spätere“ Zustände in B verschoben, durch Zusammenfassen von Zuständen zu Mengen.

Es ist allerdings möglich, dass sich im schlimmsten Fall die Zahl der Zustände durch die Konstruktion exponentiell vergrößert.

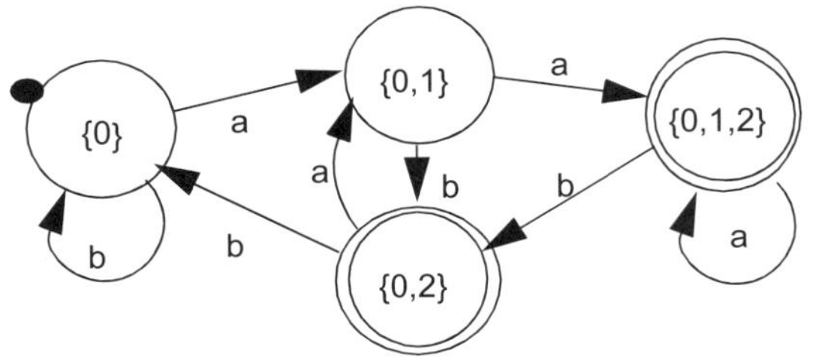

Abbildung 7.10: Deterministischer Automat zum Automaten aus Abb. 7.9

7.1.4 Endliche Automaten mit Ausgabe

Die Zustandsübergänge eines endlichen Automaten werden durch Eingabe von Symbolen des Eingabealphabetes bestimmt. Sie können auch Ereignisse modellieren, die auf das System einwirken und sein Verhalten bestimmen. Will man außerdem auch Reaktionen des Systems modellieren, so erweitert man den endlichen Automaten um eine *Ausgabefunktion*, die Worte über einem Ausgabealphabet erzeugt. Das kann man in zwei Varianten tun:

Definition 7.11: Mealy-Automat

*Sei A ein deterministischer oder nicht-deterministischer endlicher Automat, T ein **endliches Ausgabealphabet** und λ: $Q \times \Sigma \rightarrow T^*$ eine **Ausgabefunktion**, die den **Zustandsübergängen** von A' jeweils ein Wort über T zuordnet. Dann ist A erweitert um T und λ ein **Mealy-Automat**.* ■

Definition 7.12: Moore-Automat

*Sei A ein deterministischer oder nicht-deterministischer endlicher Automat, T ein **endliches Ausgabealphabet** und μ: $Q \rightarrow T^*$ eine **Ausgabefunktion**, die den **Zuständen** von A jeweils ein Wort über T zuordnet. Dann ist A erweitert um T und μ ein **Moore-Automat**.* ■

Wir haben in Abb. 7.11 einen sehr einfachen, abstrakten Mealy-Automaten und in Abb. 7.12 einen Moore-Automaten als Beispiele angegeben. Beide akzeptieren die beiden Worte *a* und *ba* und erzeugen dabei als Ausgabe *x* bzw. *yx*. Der Mealy-Automat kann bei jedem Übergang unterschiedliche Ausgabeworte erzeugen und deshalb die Ausgabe feiner differenzieren, als es der Moore-Automat vermag. Er erzeugt Ausgabe beim Erreichen eines Zustandes, unabhängig vom Übergang dorthin. In unserem Beispiel sind die Ergebnisse gleich, weil in diesem Mealy-Automaten alle Übergänge, die in einen Zustand führen, dieselbe Ausgabe erzeugen, die im Moore Automaten in *q* erzeugt wird. Es ist deshalb auch sehr einfach, einen Moore-Automaten in einen Mealy-Automaten zu transformieren. In umgekehrter Richtung muss man ggf. neue Zustände einführen, um die Ausgabe zu differenzieren.

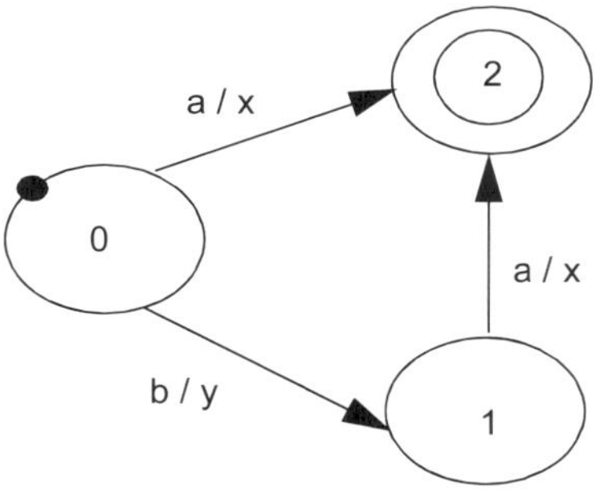

Abbildung 7.11: Mealy-Automat

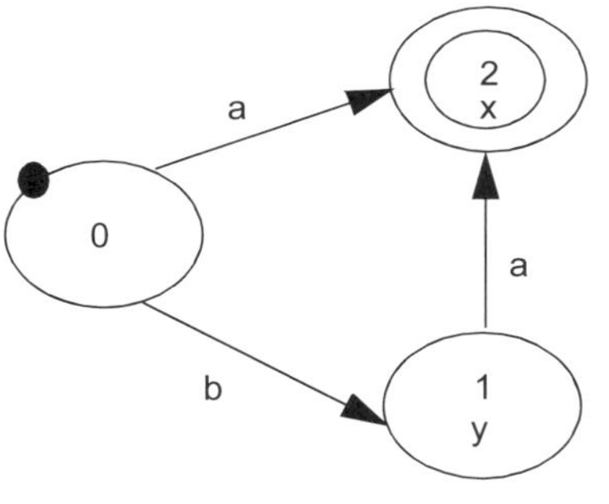

Abbildung 7.12: Moore-Automat

Hier haben wir als Wertebereich der Ausgabefunktion **Worte** über dem Ausgabealphabet *T* definiert. Dadurch ist es möglich, auch einigen Übergängen bzw. Zuständen das leere Wort als Ausgabe zuzuordnen. Das ist nützlich, wenn das modellierte System nicht auf jede Eingabe mit einer Ausgabe reagiert. Die Möglichkeit, eine Zeichenfolge statt einzelner Zeichen zu erzeugen, erlaubt es, einen Automaten um Ausgabe zu erweitern, ohne zusätzliche Zustände nur zum Zwecke der Ausgabe von Zeichenfolgen einführen zu müssen.

In den Abb. 7.13 und 7.14 haben wir den Getränkeautomaten aus Abb. 7.1 um Ausgabe zu einem Mealy- bzw. zu einem Moore-Automaten erweitert. Im Moore-Automaten der Abb. 7.14 mussten wir die Zustände *3*, *4*, *5* zusätzlich einführen, um darin die unterschiedliche Ausgabe von einem Getränk, 1-Euro- und 2-Euro-Stück zuzuordnen. Bei dem Mealy-Automaten in Abb. 7.13 konnten wir einfach die Ausgabe an den Übergängen in denselben Endzustand differenzieren.

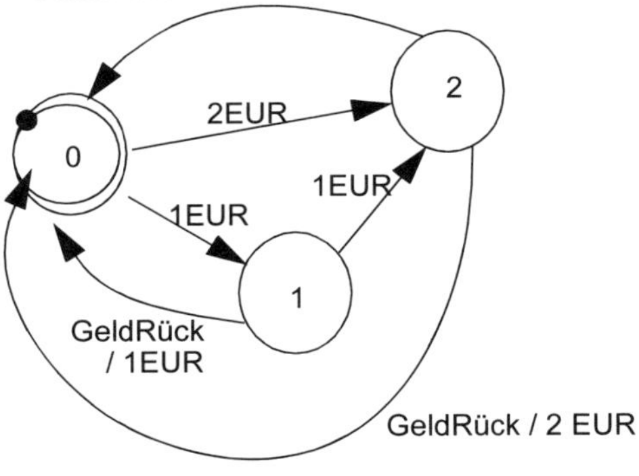

Abbildung 7.13: Getränkeautomat als Mealy-Automat

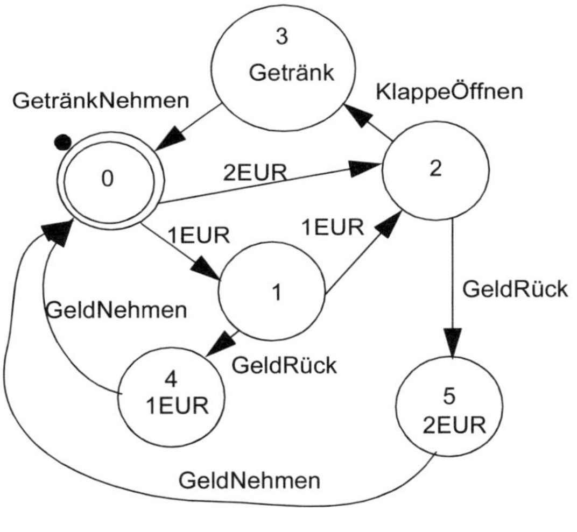

Abbildung 7.14: Getränkeautomat als Moore-Automat

Abb. 7.15 zeigt als abschließendes größeres Beispiel die Modellierung der Abläufe bei der Bedienung eines Telefons. Die Eingaben sind Ereignisse, die durch den Bediener (z. B. digi t(n)) oder durch Signale auf der Leitung (z. B. number busy) ausgelöst werden. Die Ausgabe ist durch die Kombination beider Arten modelliert: im Zustand wie beim Moore-Automaten (z. B. do: sound dial tone) oder am Übergang wie beim Mealy-Automaten (z. B. disconnect line).

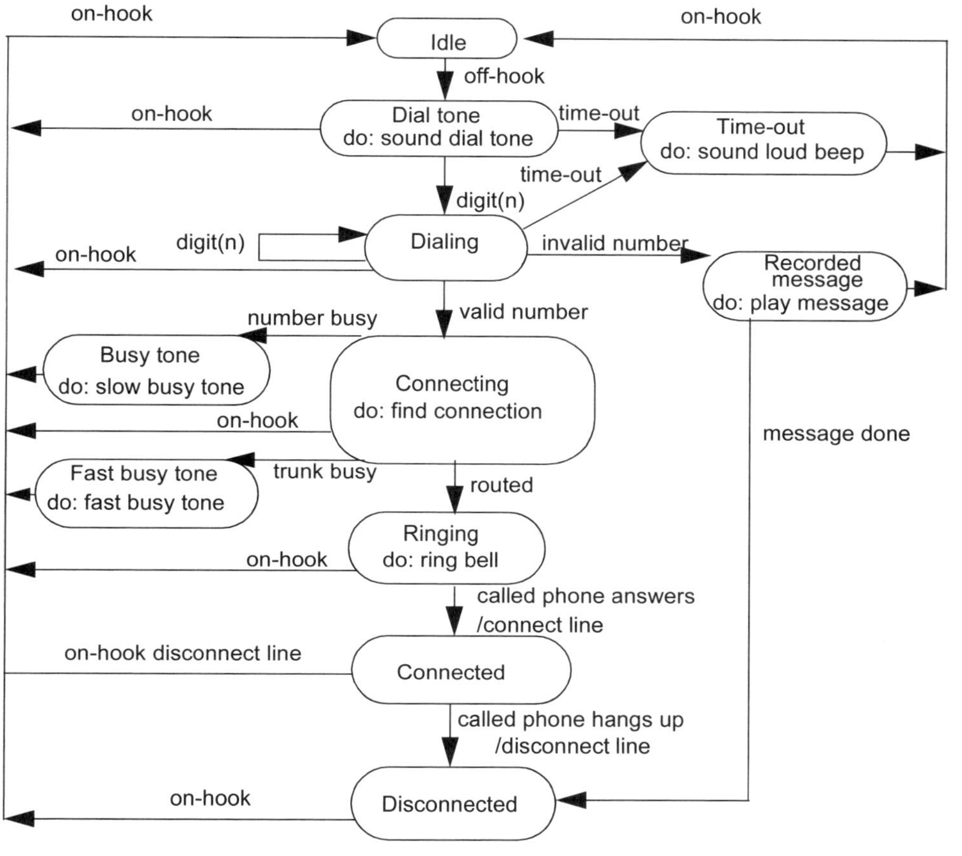

Abbildung 7.15: Automat modelliert die Bedienung eines Telefons, aus [29]

7.1.5 Endliche Automaten in UML

Die Modellierungssprache UML enthält eine Teilsprache für eine spezielle Form endlicher Automaten in grafischer Notation. Sie wird eingesetzt, um das Verhalten von Systemkomponenten, z. B. die Ausführung von Operationen, zu beschreiben. (Abschnitt 6.4 enthält eine kurze Einführung zu UML.)

Die in UML verwendete Variante endlicher Automaten basiert auf den sogenannten Statecharts, die 1987 von Harel eingeführt wurden. Sie zeichnen sich besonders dadurch aus, dass Zustände des Automaten hierarchisch verfeinert werden können, um Automaten in Teilautomaten zu zerlegen. Auf diese Weise lassen sich komplexe Automaten übersichtlicher darstellen. Außerdem können mehrere Teilautomaten gleichzeitig Übergänge ausführen, wodurch parallele Ausführungen einfach modelliert werden können. Zu diesen beiden Aspekten zeigen wir im Folgenden je ein Beispiel. Die Statecharts und UML bieten noch eine Reihe notationeller Erweiterungen zu endlichen Automaten, welche die Modellierung komplexer Abläufe vereinfachen, z. B. Ausgabe sowohl nach dem *Mealy-* wie nach dem *Moore-Prinzip*; auf diese Besonderheiten gehen wir hier nicht weiter ein.

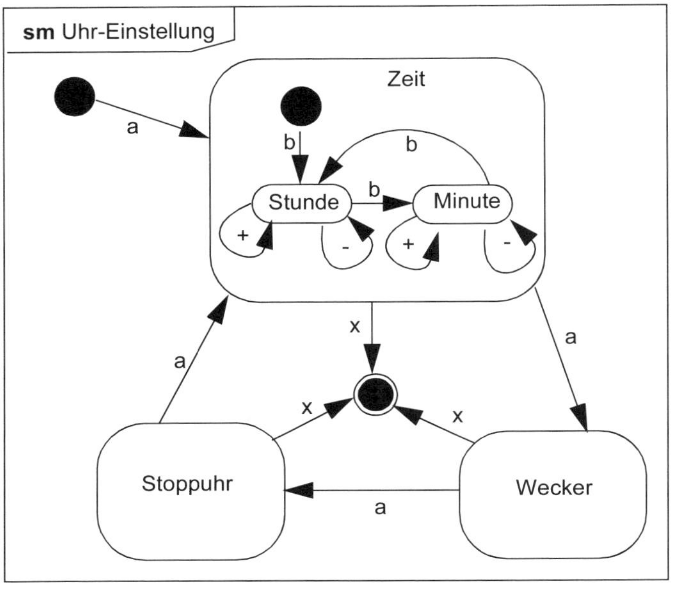

Abbildung 7.16: Hierarchisches Modell der Einstellung einer Uhr

In Abb. 7.16 zeigen wir die hierarchische Modellierung der Bedienung einer Uhr. Sie ist gegliedert in das Einstellen der Zeit, des Weckers und der Stoppuhr, die auf oberster Hierarchieebene durch drei zusammengesetzte Zustände modelliert werden. Der Anfangszustand des gesamten Automaten ist der ausgefüllte Kreis in der linken oberen Ecke, der Endzustand der eingekreiste ausgefüllte Kreis in der Mitte. Durch wiederholtes Betätigen der Taste *a* schaltet man zwischen der Bedienung der drei Funktionen der Uhr um; betätigt man die Taste *x*, wird das Einstellen beendet.

Der Teilautomat für die Zeiteinstellung ist in Abb. 7.16 ausgefüllt. Er enthält einen Anfangszustand, der aktiviert wird, wenn man diesen zusammengesetzten Zustand von außen erreicht. Mit der Taste *b* kann man zwischen dem Einstellen von Stunden und Minuten hin- und herschalten. Der Teilautomat hat keinen Endzustand. Er wird verlassen, wenn man in irgendeinem seiner Zustände durch Betätigen der Taste *a* zum nächsten Teilautomaten wechselt oder mit der Taste *x* das Einstellen beendet.

Jedes solche hierarchische Modell lässt sich in einen normalen endlichen Automaten transformieren. Dazu muss man alle Übergänge, die auf einen zusammengesetzten Zustand führen, auf dessen Anfangszustand zielen. Jeder Übergang, der von einem zusammengesetzten Zustand wegführt, muss ersetzt werden durch entsprechende Übergänge, die von jedem inneren Zustand des Teilautomaten ausgehen. Es ist klar, dass solch ein flaches Modell dasselbe beschreibt, aber wesentlich unübersichtlicher ist.

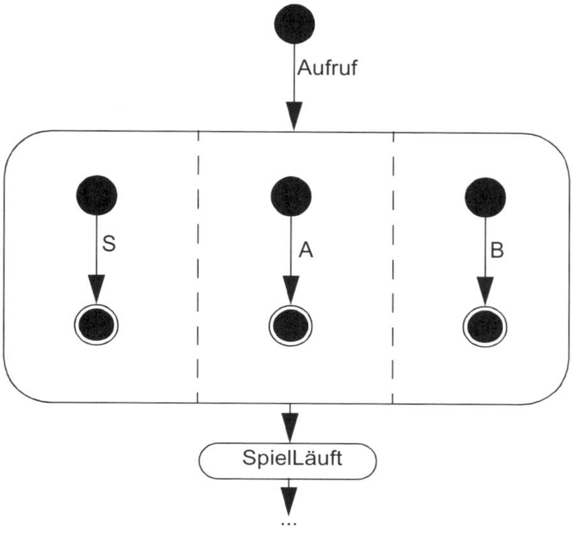

Abbildung 7.17: Statechart modelliert die Ankunft der an einem Tennisspiel Beteiligten

Die Modellierung nebenläufiger Abläufe zeigen wir an der Beschreibung des Beginns eines Tennisspieles. Das Statechart in Abb. 7.17 zeigt im Zentrum einen Zustand, der drei Teilautomaten enthält, die gleichzeitig aktiviert werden. Jeder besteht aus nur einem Übergang, der ausgeführt wird, wenn der Schiedsrichter, der Spieler *A* bzw. der Spieler *B* angekommen sind. Alle drei Anfangszustände der Teilautomaten werden aktiviert, wenn man mit dem Aufruf des Spiels den Übergang zum zusammengesetzten Zustand ausführt. Erst wenn jeder der Teilautomaten seinen Endzustand erreicht hat, wird der Übergang (ohne Eingabe) in den Zustand *SpielLäuft* ausgeführt.

Das Konstrukt der gleichzeitig aktivierten Teilautomaten erlaubt es zu ignorieren, in welcher Reihenfolge die drei Personen auf dem Tennisplatz eintreffen. Dieses Statechart ist aber gleichwertig einem normalen Endlichen Automaten (Abb. 7.18), der alle Reihenfolgen explizit macht, in der die drei Personen eintreffen können.

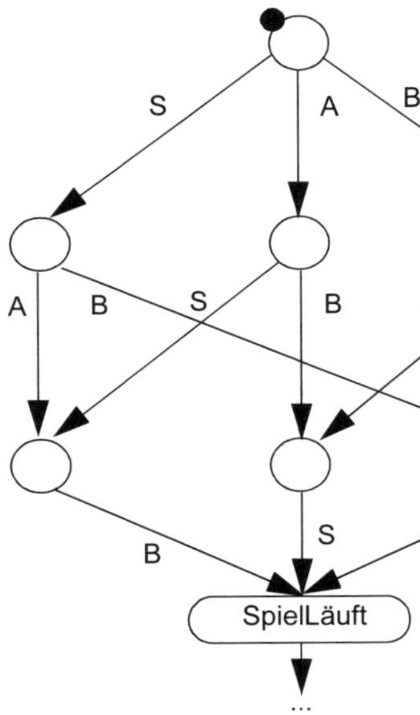

Abbildung 7.18: DEA modelliert die Ankunft der an einem Tennisspiel Beteiligten

7.2 Petri-Netze

Der formale Kalkül der *Petri-Netze* dient zur Modellierung von nebenläufigen Vorgängen, an denen mehrere Prozesse beteiligt sind. Die Modelle beschreiben insbesondere die Interaktionen zwischen den Prozessen und die Effekte, die sich daraus ergeben, dass Operationen prinzipiell gleichzeitig ausgeführt werden können. Typische Beispiele für die Anwendung von Petri-Netzen sind Modellierungen von

- realen oder abstrakten Automaten und Maschinen;
- kommunizierenden Prozessen in der Realität oder in Rechnern;
- Verhalten von Software- oder Hardware-Komponenten;
- Geschäftsabläufen;
- Spielen nach bestimmten Regeln.

Der Kalkül wurde 1962 von C. A. Petri eingeführt. Es sind zahlreiche Varianten und Verfeinerungen daraus abgeleitet worden. Wir befassen uns hier nur mit der Grundform.

Definition 7.13: Petri-Netz

*Ein **Petri-Netz** ist ein Tripel $P = (S, T, F)$ mit einer Menge von **Stellen S**, einer endlichen Menge von **Transitionen T** und einer **Relation F** mit $F \subseteq S \times T \cup T \times S$. P bildet einen bipartiten Graphen mit den Knoten $S \cup T$ und den gerichteten Kanten F.* ■

Die Stellen *S* repräsentieren *Bedingungen* oder *Zustände* des modellierten Systems. Sie werden in der Grafik durch Kreise dargestellt. Die Transitionen repräsentieren *Zustandsübergänge* oder *Aktivitäten* und werden durch Rechtecke dargestellt.

Definition 7.14: Markierung

*Der Zustand eines Petri-Netzes P wird durch eine **Markierung** angegeben. Das ist eine **Funktion** M_P: $S \rightarrow \mathbb{N}_0$, **die jeder Stelle eine Anzahl von Marken zuordnet.*** ■

Die Marken werden in der Grafik als Punkte in den Stellen dargestellt. Sind die Stellen von *1* an durchnummeriert, so kann man die Markierung als eine Folge von nicht-negativen Zahlen angeben. Wir erläutern die Definition an dem Beispiel in Abb. 7.2 in der Einleitung zu diesem Kapitel. Das Petri-Netz modelliert zwei zyklisch ablaufende Prozesse. Sie werden so synchronisiert, dass sie nicht gleichzeitig die Zustände *2* und *4* einnehmen können. Der links dargestellte Prozess führt immer wieder nacheinander die Operationen aus, die durch die Transitionen *a* und *b* modelliert sind. Vor der Ausführung von *a* befindet er sich in einem Zustand, der durch die Stelle *1* modelliert ist, danach im Zustand *2*. Der zweite Prozess ist mit den Transitionen *c* und *d* und den Stellen *4* und *5* ebenso modelliert. Die Stelle *3* dient der Synchronisation der Prozesse. In Abb. 7.2 sind die Stellen *1*, *3* und *5* markiert. Die Markierung können wir auch als *Markierungsfolge (1, 0, 1, 0, 1)* angeben.

Mit den folgenden Begriffen wird die Dynamik der Petri-Netze eingeführt.

Definition 7.15: Vor- und Nachbereich

Zu einer Transition t in einem Petri-Netz P sind zwei Mengen von Stellen definiert:

Vorbereich (t) := $\{s \mid (s, t) \in F\}$

Nachbereich (t) := $\{s \mid (t, s) \in F\}$ ■

Abb. 7.19 zeigt als Beispiel eine Transition *t* mit ihrem Vorbereich *{1, 2, 3}* und ihrem Nachbereich *{4, 5}*. Die Transition *s* hat den Vorbereich *{6, 7}* und den Nachbereich *{7, 8}*.

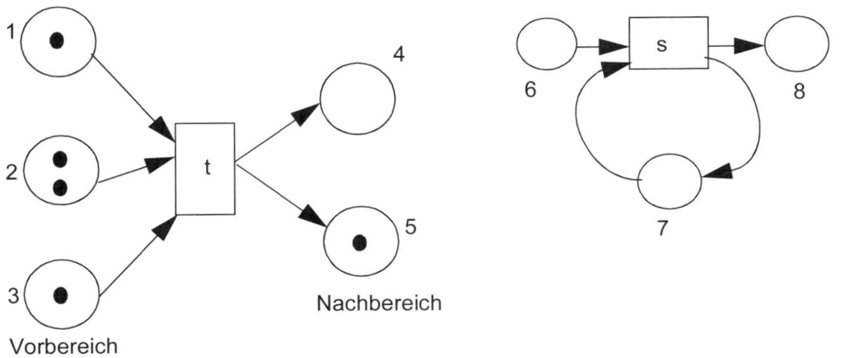

Abbildung 7.19: Vor- und Nachbereich von Transitionen

Petri-Netze verändern ihren Zustand, indem Transitionen schalten und dabei die Markierung verändern.

Definition 7.16: Schaltregel

Eine ***Transition t*** *eines Petri-Netzes P* ***kann schalten****, wenn für alle Stellen* $s \in$ ***Vorbereich(t)*** *gilt* $M(s) \geq 1$. *Wenn zu einem Zeitpunkt mehrere Transitionen schalten können, wird eine davon* ***nicht-deterministisch ausgewählt****; sie schaltet als nächste.*

Wenn bei einer Markierung M eine Transition t ***schaltet****, gilt für die* ***Nachfolgemarkierung M'****:*

$M'(v) = M(v) - 1$ *für alle* $v \in$ *Vorbereich(t) - Nachbereich(t)*

$M'(n) = M(n) + 1$ *für alle* $n \in$ *Nachbereich(t) - Vorbereich(t)*

$M'(s) = M(s)$ *für alle übrigen Stellen* ■

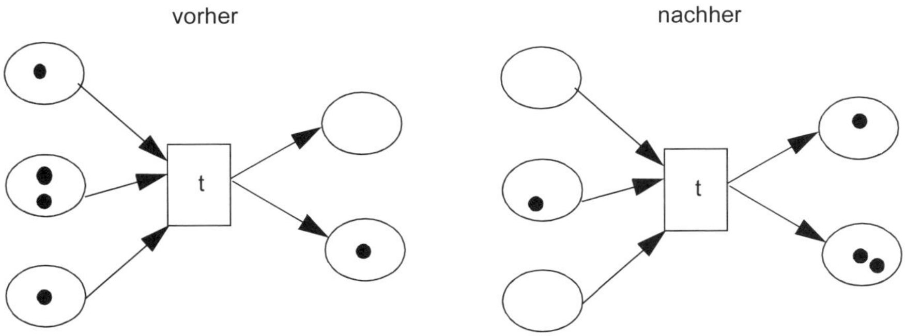

Abbildung 7.20: Schalten einer Transition

Eine Transition entnimmt also beim Schalten je eine Marke von den Stellen ihres Vorbereiches und fügt je eine Marke den Stellen ihres Nachbereiches zu. Abb. 7.20 zeigt Markierungen vor und nach dem Schalten der Stelle *t*. Wenn die Zahl der Stellen im Vorbereich verschieden von der im Nachbereich ist, verändert sich natürlich beim Schalten die Gesamtzahl der Marken.

In einem Petri-Netz schaltet gemäß Definition 7.16 in jedem Schritt genau eine Transition; d. h. das Modell wird streng sequentiell ausgeführt. Durch die nicht-deterministische Auswahl aus der Menge der Transitionen, die schalten können, sind aber ebenso viele unterschiedliche Abläufe möglich wie in dem modellierten parallelen System. Dieser Vergleich gilt natürlich nur für die modellierte Granularität: Transitionen modellieren Operationen als atomar.

Die Schaltregel können wir nun auf unser einführendes Beispiel aus Abb. 7.2 anwenden. Bei der angegebenen Markierung *(1, 0, 1, 0, 1)* können die Transitionen *a* und *c* schalten. Wenn wir *a* schalten lassen, ergibt sich als Nachfolgemarkierung *(0, 1, 0, 0, 1)*. In diesem Zustand ist die Stelle *2* markiert. Die Transition *c* kann nicht schalten, da die Stelle *3* nicht markiert ist. Erst nachdem die Transition b geschaltet hat, erreichen wir wieder die Markierung *(1, 0, 1, 0, 1)*, in der *a* und *c* schalten können.

Die Stelle *3* dient in diesem Netz zur Synchronisation der Prozesse: Sie gibt höchstens einem der beiden Prozesse das Recht, den durch die Stellen *2* bzw. *4* modellierten Zustand einzunehmen. Solche Zustände von Prozessen werden auch *kritische Abschnitte* genannt, die unter *gegenseitigem Ausschluss* ausgeführt werden müssen. Das Petri-Netz aus Abb. 7.2 ist ein typisches Muster für solch eine Synchronisation.

In dem Petri-Netz aus Abb. 7.2 konkurrieren die Transitionen *a* und *c* um die Marke auf der Stelle *3*. Solch eine Situation charakterisieren wir in folgender Definition:

Definition 7.17: Konflikt

Zwei Transitionen s und t ***stehen im Konflikt****, wenn*
Vorbereich (s) $\cap$ *Vorbereich (t)* $\neq \emptyset$. ■

Wenn alle Stellen in den Vorbereichen von *s* und *t* markiert sind, aber die Stellen im Vorbereich beider Transitionen nur eine Marke haben, dann können zwar *s* und *t* schalten; aber nachdem eine geschaltet hat, kann die andere im Allgemeinen nicht mehr schalten. In Abb. 7.2 stehen *a* und *c* in solch einem Konflikt. Er bewirkt, dass bei der Markierung *(1, 0, 1, 0, 1)* nicht beide Transitionen *a* und *c* unmittelbar nacheinander schalten.

Das Schaltverhalten und die durchlaufenen Markierungen eines Petri-Netzes kann man durch einen Graphen beschreiben:

Definition 7.18: Markierungsgraph

Zu einem Petri-Netz P und einer Anfangsmarkierung M_0 *kann man einen gerichteten* ***Markierungsgraphen*** *angeben: Seine Knoten repräsentieren jeweils eine Markierung. Der Graph hat eine Kante* $x \xrightarrow{t} y$*, wenn x von der Anfangs-*

markierung erreicht werden, t in x schalten kann und damit x in y überführt wird. ■

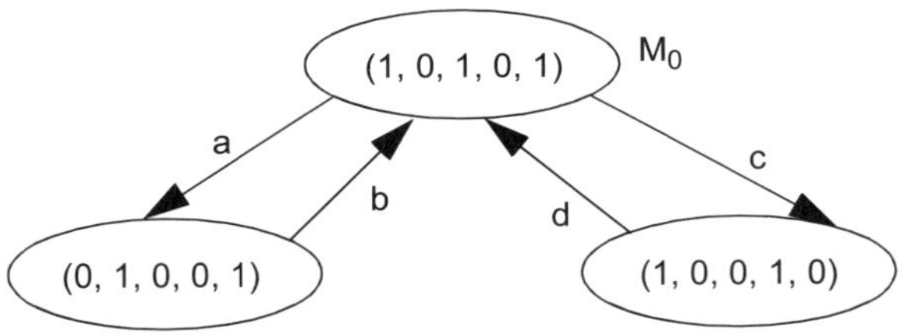

Abbildung 7.21: Markierungsgraphen für das Petri-Netz in Abb. 7.2

Abb. 7.21 gibt den Markierungsgraphen für das Petri-Netz in Abb. 7.2 an. Da das Petri-Netz nur endlich viele Markierungen hat, ist der Markierungsgraph endlich.

In einem Petri-Netz kann man eine Folge durchgeführter Schaltschritte entweder durch die Folge der dabei durchlaufenen Markierungen beschreiben oder durch die Folge der Transitionen, die geschaltet haben; im Petri-Netz von Abb. 7.2 zum Beispiel

(1, 0, 1, 0, 1)	a
(0, 1, 0, 0, 1)	b
(1, 0, 1, 0, 1)	c
(1, 0, 0, 1, 0)	d
(1, 0, 1, 0, 1)	

Damit bietet sich auch an, die *Menge der Schaltfolgen zu einem Petri-Netz* als eine Sprache aufzufassen. Im Petri-Netz von Abb. 7.2 führen nur Schaltfolgen der Form *(a b | c d)** von der Anfangsmarkierung wieder in die Anfangsmarkierung.

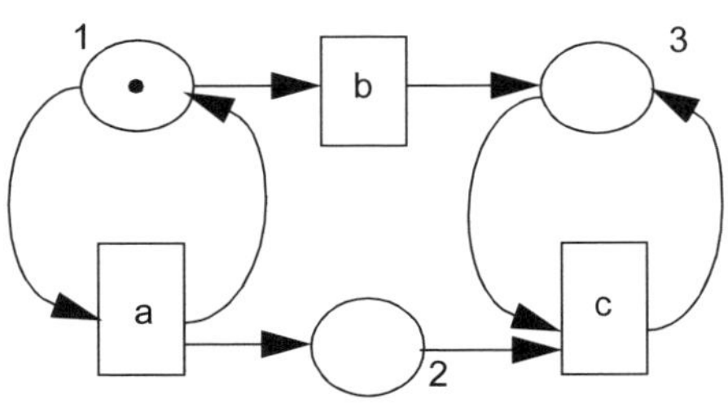

Abbildung 7.22: Petri-Netz definiert die Sprache a^n b c^n

Betrachten wir nun das Petri-Netz in Abb. 7.22 mit der dort angegebenen Anfangsmarkierung, dann erkennen wir, dass anfangs die Transition *a* beliebig oft schalten kann, z. B. *n* mal, und dabei *n* Marken auf der Stelle *2* platziert. *a* steht im Konflikt mit *b*. Wenn *b* geschaltet hat, kann nur noch *c* schalten, und zwar auch *n* mal. Alle Schaltfolgen dieses Petri-Netzes, die keine Nachfolgemarkierung haben, haben also die Form $a^n\ b\ c^u$. An diesem Beispiel erkennt man, dass Petri-Netze im Gegensatz zu endlichen Automaten unbegrenzt weit zählen, Zahlenwerte speichern und damit wieder eine entsprechende Anzahl von Schaltvorgängen initiieren können. Durch wiederholtes Schalten können beliebig viele Marken auf Stellen gesammelt und wieder abgezogen werden.

Unser nächstes Beispiel in Abb. 7.23 zeigt, wie man logische Aussagen über den Zustand eines dynamischen Systems modelliert. Das System ist eine sehr einfache Ampelkreuzung mit je einer Ampel für die beiden Fahrtrichtungen Nord-Süd und Ost-West. Jede Ampel wird durch einen zyklischen Prozess gesteuert (wie im Beispiel von Abb. 7.2). Er kann einen von zwei Zuständen annehmen: Die Ampel ist *rot* oder die Ampel ist *grün*. (Die gelbe Lampe realer Ampeln haben wir zur Vereinfachung des Modells eingespart.) Die Aussage *Die Ampel ist rot* gilt genau dann, wenn eine Marke auf der Stelle *rot* liegt; entsprechend für die Stelle *grün*.

Die Transitionen zwischen den Stellen ändern durch Schalten den Zustand von *rot* auf *grün* und umgekehrt. Wir benötigen eine Synchronisation zwischen den beiden Prozessen, damit nicht für beide Fahrtrichtungen gleichzeitig grün oder gleichzeitig rot angezeigt wird. Das leisten die beiden Stellen zwischen den Prozessen. Sie agieren als Wechselschalter: Ist die rechte markiert, so kann der rechte Prozess auf *grün* schalten. Wenn er wieder auf *rot* schaltet, wird eine Marke auf die linke Stelle des Wechselschalters platziert.

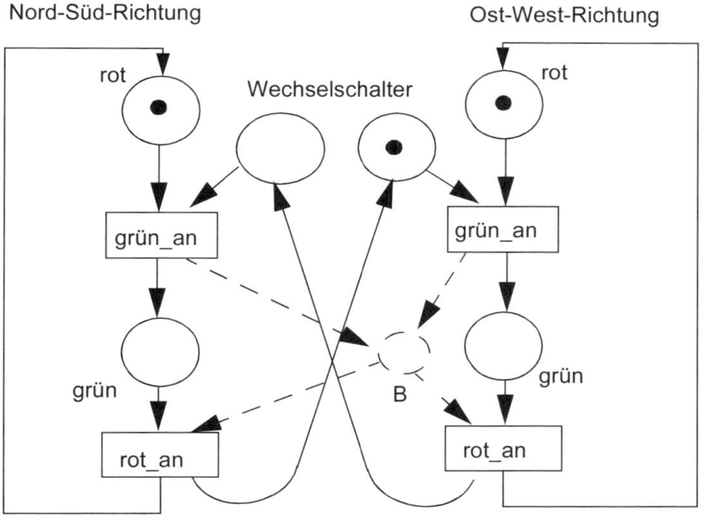

Abbildung 7.23: Modell der Schaltvorgänge einer Kreuzungsampel

Auf diese Weise wird ein strikt sequentieller Ablauf der Prozesse modelliert. Als Gedankenexperiment können wir eine *Beobachtungsstelle B* einfügen. Sie ist so verbunden, dass sie eine Marke erhält, wenn die Ampel einer Fahrtrichtung auf *grün* schaltet, und eine Marke verliert, wenn die Ampel auf *rot* schaltet. Man kann leicht zeigen, dass *B* nie mehr als eine Marke haben kann. Deshalb funktioniert die Ampelschaltung wunschgemäß. Wenn wir in einem Petri-Netz Bedingungen durch Stellen modellieren wollen, wie in der Ampelschaltung von Abb. 7.23, dann darf die Zahl der Marken auf einer Stelle *1* nicht überschreiten. Deshalb definiert man:

Definition 7.19: Binär, sicher

Ein Petri-Netz mit einer Anfangsmarkierung M_0 heißt ***binär*** *bzw.* ***sicher****, wenn für alle aus M_0 erreichbaren Markierungen M und für alle Stellen s gilt $M(s) \leq 1$.* ■

Als Beispiel bauen wir unsere Ampelschaltung weiter aus. Diesmal modellieren wir in Abb. 7.24 Baustellenampeln an einer wenig befahrenen Straße. Wieder dürfen nicht beide Richtungen gleichzeitig Grün haben. Da ein striktes Wechseln zwischen den Fahrtrichtungen unnötige Wartezeiten verursachen würde, führen wir je einen Sensor für jede Richtung ein, der ein Schalten auf Grün anfordert. Im Petri-Netz der Abb. 7.24 haben wir wieder zwei zyklische Prozesse, die die Ampeln für die beiden Richtungen schalten. Die Anfangsmarkierung repräsentiert die unbefahrene Baustelle: beide Ampeln stehen auf Rot und beide Zufahrten zu den Sensoren sind frei.

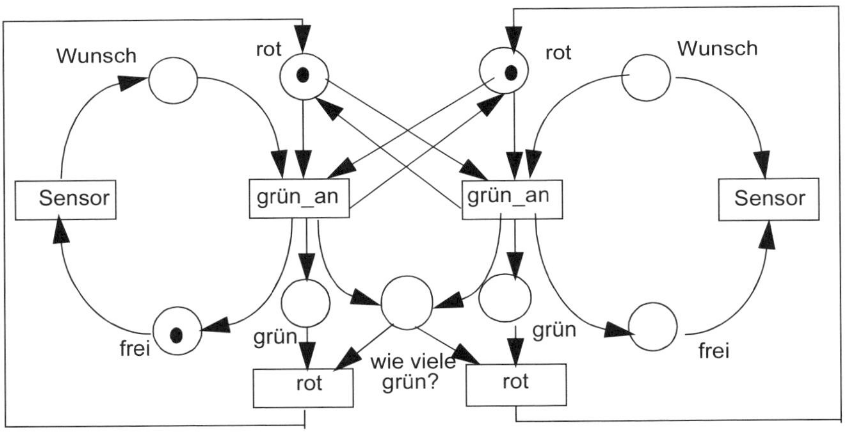

Abbildung 7.24: Ampelschaltung mit Grünanforderung

Betrachten wir nun die Transition grün_an des linken Prozesses. Sie hat drei Stellen im Vorbereich: eigener Wunsch, eigenes rot und anderes rot. Sie müssen markiert sein, d. h. diese Vorbedingungen müssen erfüllt sein, damit die Transition grün_an schalten kann. Sie markiert dann die Stellen im Nachbereich, d. h. erfüllt die Nachbedingungen: eigenes grün, frei, anderes rot und wie viele grün?. Man beachte, dass die Stelle anderes rot sowohl im Vorbereich als auch im Nachbereich der Transition grün_an liegt. Eine Marke auf dieser Stelle ist zwar Vorbedingung damit die Transition schalten kann; sie wird durch das Schalten aber nicht entfernt. Dies ist ein typisches Muster, mit dem die Schaltbarkeit einer Stelle durch Systemzustände kontrolliert wird.

Die mittlere Stelle ist, wie in Abb. 7.23, eine Beobachtungsstelle. Man kann zeigen, dass sie und keine andere Stelle mehr als eine Marke tragen kann. Daher ist das Netz mit der angegebenen Anfangsmarkierung binär bzw. sicher.

Häufig werden mit Petri-Netzen Systeme modelliert, die nicht anhalten sollen, so wie die Ampelschaltungen der Abb. 7.23 und 7.24 und die zyklischen Prozesse aus Abb. 7.2. Die folgenden Definitionen charakterisieren diese Eigenschaft formal.

Definition 7.20: Schwach lebendig

*Ein **Petri-Netz P** mit einer Anfangsmarkierung M_0 heißt **schwach lebendig**, wenn es zu jeder von M_0 erreichbaren Markierung eine Nachfolgemarkierung gibt.* ■

In einem schwach lebendigen Netz gibt es immer eine Transition, die schalten kann. Es ist aber möglich, dass einige Transitionen nie wieder schalten können.

Definition 7.21: Lebendige Transition

*In einem Petri-Netz P mit einer Anfangsmarkierung M_0 heißt eine **Transition t lebendig**, wenn es zu jeder von M_0 erreichbaren Markierung M' eine Markierung M'' gibt, die von M' erreichbar ist und in der t schalten kann.* ■

Definition 7.22: Lebendiges Petri-Netz

*Ein **Petri-Netz** P mit einer Anfangsmarkierung M_0 heißt **lebendig**, wenn alle seine Transitionen lebendig sind.* ■

In einem lebendigen Petri-Netz könnte jede Transition immer wieder mal schalten. Man kann leicht erkennen, dass die Petri-Netze in den Abb. 7.2, 7.23 und 7.24 lebendig und deshalb auch schwach lebendig sind.

Ein Entwurfsfehler im System oder im Modell kann dazu führen, dass ein Petri-Netz anhalten kann, obwohl das nicht vorgesehen ist. Das System hält dann an, weil das Schalten einiger Transitionen zyklisch voneinander abhängt. Solch einen Zustand nennen wir *Verklemmung*.

Definition 7.23: Vor-, Nachbereich von Stellen

Sei $\sigma \subseteq S$ eine Teilmenge der Stellen eines Petri-Netzes. Dann sind

Vorbereich (σ) $:= \{t \mid \exists\, s \in \sigma: (t, s) \in F\}$

Nachbereich (σ) $:= \{t \mid \exists\, s \in \sigma: (s, t) \in F\}$

Mengen von Transitionen, die auf Stellen in σ wirken bzw. die Stellen in σ als Vorbedingung haben. ■

Abb. 7.25 zeigt ein Beispiel für den Vor- und Nachbereich einer Menge von Stellen.

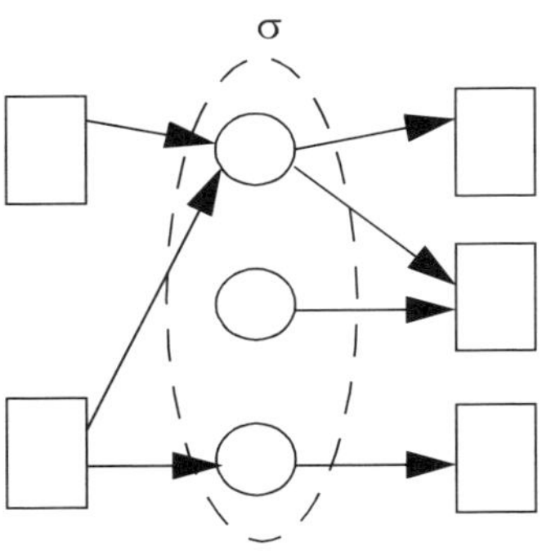

Abbildung 7.25: Vor- und Nachbereich einer Menge von Stellen

Definition 7.24: Verklemmung

Eine nicht-leere Menge σ von Stellen eines Petri-Netzes heißt ***Verklemmung****, wenn gilt Vorbereich (σ) ⊆ Nachbereich (σ).* ■

Wenn in einer Markierung M alle Stellen s einer Verklemmung nicht markiert sind, kann keine Transition des Nachbereiches schalten, also auch keine des Vorbereiches von σ; also können Stellen aus σ nie wieder markiert werden. Abb. 7.26 zeigt ein Beispiel für solch eine Verklemmung.

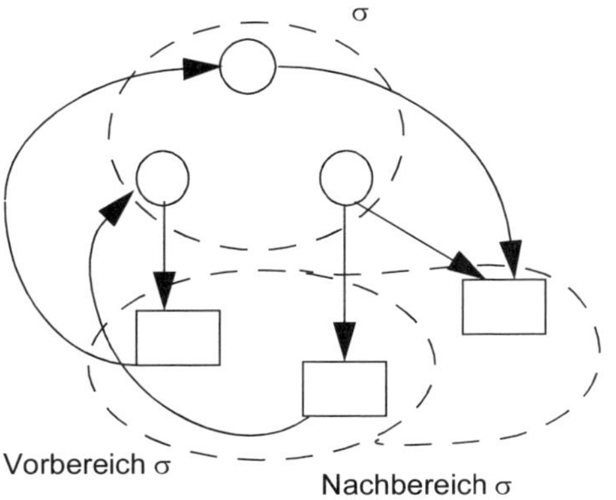

Abbildung 7.26: Beispiel für eine Verklemmung

In Abb. 7.27 zeigen wir ein größeres Beispiel für ein Petri-Netz mit einer Verklemmung. Es modelliert zwei zyklische Prozesse, die beide die gleichen zwei Dateien lesen wollen. Der linke Prozess beginnt mit dem Lesen der Datei *1* beim Schalten der Transition *a*, wodurch die Stelle *3* markiert wird. Schaltet dann die Transition *b* und markiert die Stelle *4*, so liest der Prozess auch die Datei *2*. Das Lesen der Dateien endet mit Schalten der Transition *c*. Der Prozess *2* verhält sich entsprechend; allerdings liest er erst die Datei *2* und dann auch die Datei *1*. Die Stellen *1* und *2* garantieren, dass jede der beiden Dateien nur jeweils exklusiv von einem der beiden Prozesse gelesen werden. Dafür wird dieselbe Modellierungstechnik wie in dem Petri-Netz aus Abb. 7.2 angewandt.

In diesem Netz können wir folgende Verklemmung identifizieren:

s = {1, 2, 4, 5, 7, 8}
Vorbereich (s) = {b, c, e, f}
Nachbereich (s) = {a, b, e, d, e, f}

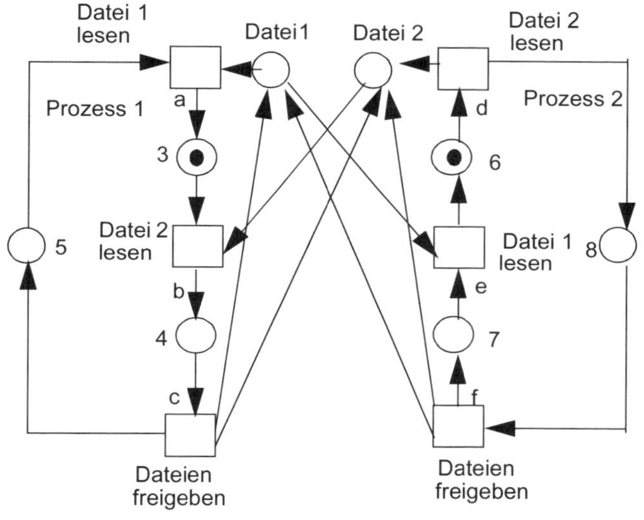

Abbildung 7.27: Verklemmung beim Lesen zweier Dateien

In der Markierung *M* der Abb. 7.27 ist keine Stelle aus σ markiert. Transitionen aus dem Vorbereich (σ) könnten Stellen in σ markieren. Sie liegen jedoch auch alle im Nachbereich (σ) und können deshalb nicht schalten. Diese Verklemmung wird dadurch verursacht, dass die Prozesse die Dateien exklusiv benutzen wollen, sie nacheinander anfordern und in der angegebenen Situation wechselweise aufeinander warten. Wir könnten die Verklemmung beheben, indem wir z. B. beide Prozesse erst die Datei *1* und dann die Datei *2* anfordern lassen.

Zum Schluss wollen wir eine einfache Erweiterung des Petri-Netz-Kalküls einführen: begrenzte *Kapazitäten von Stellen* und *gewichtete Kanten*.

Definition 7.25: Kapazität

In einem Petri-Netz P kann man Stellen begrenzte ***Kapazitäten*** *$k \in \mathbb{N}$ zuordnen. Wenn eine Stelle s die Kapazität k hat und im Nachbereich einer Transition t liegt, dann kann t nur schalten, falls dadurch die Anzahl der Marken auf s nicht größer als k sein wird.* ■

In Abb. 7.28 hat die Stelle *3* die Kapazität *2*, alle anderen Stellen haben unbegrenzte Kapazität. Bei der angegebenen Markierung kann die Transition *t* nicht schalten, weil dann die Kapazität der Stelle *3* überschritten würde.

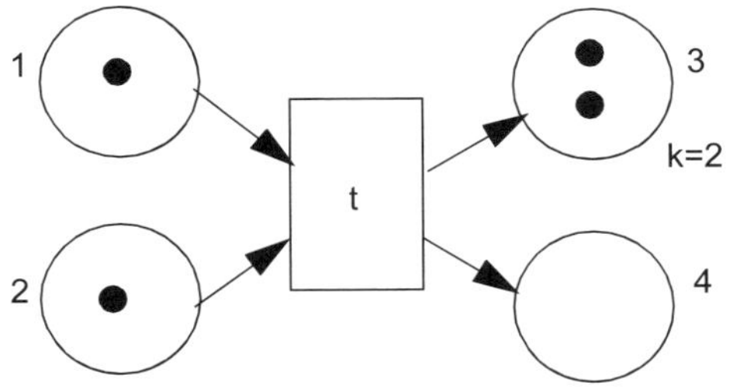

Abbildung 7.28: Stelle mit begrenzter Kapazität

Definition 7.26: Kantengewicht

In einem Petri-Netz P kann man ***Kanten Gewichte*** *$g \in IN$* ***zuordnen****. Wenn eine Kante mit Gewicht g am Schalten einer Transition beteiligt ist, müssen g Marken über diese Kante bewegt werden.* ■

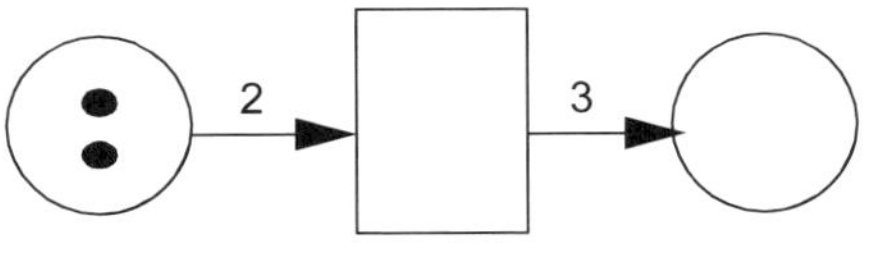

Abbildung 7.29: Kanten mit Gewichten

Die Transition in Abb. 7.29 kann schalten. Wenn sie schaltet, entnimmt sie zwei Marken von der Stelle im Vorbereich und platziert drei Marken auf der Stelle im Nachbereich.

Kapazitäten und Gewichte erlauben es, nicht nur Bedingungen, sondern auch Anzahlen von Aktionen und Elementen übersichtlich zu modellieren. Das Beispiel in Abb. 7.30 modelliert z. B. einen Puffer, dessen Kapazität auf sechs Marken begrenzt ist. Ein zyklischer Produzenten-Prozess legt Elemente im Puffer ab. Die Kante mit dem Gewicht zwei beschreibt, dass der Prozess die Elemente immer paarweise liefert. Er wird blockiert, wenn der Puffer zwei weitere Marken nicht aufnehmen kann. Der Konsumenten-Prozess entnimmt die Marken einzeln aus dem Puffer.

Als abschließendes Beispiel modellieren wir ein *Leser-Schreiber-System*. Das Petri-Netz ist in Abb. 7.31 angegeben. Es hat folgende Eigenschaften: *n* zyklische Leser-Prozesse und *m* zyklische Schreiber-Prozesse operieren auf derselben Datei. Mehrere Leser-Prozesse können die Datei zugleich lesen. Ein Schreiber-Prozess darf nur dann in die Datei schreiben, wenn kein anderer Schreiber- oder Leser-Prozess darauf zugreift.

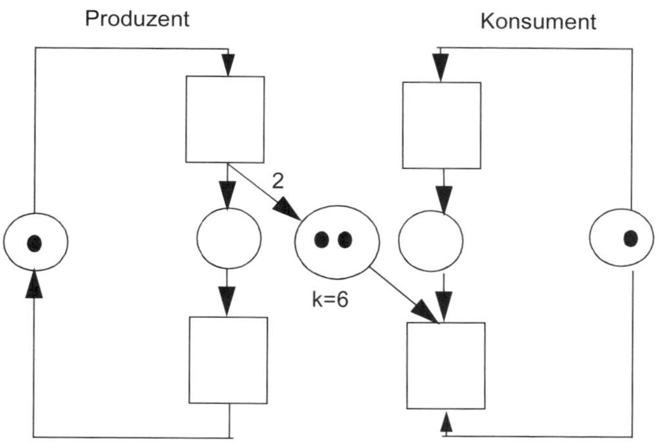

Abbildung 7.30: Begrenzter Puffer zwischen Produzent und Konsument

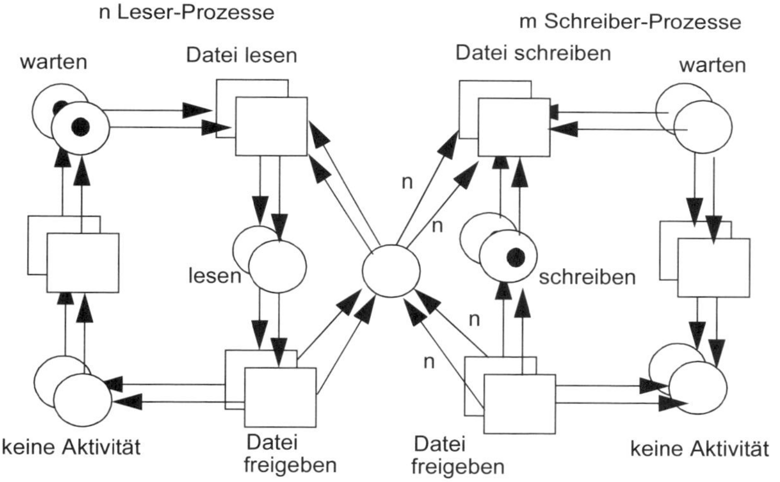

Abbildung 7.31: Leser-Schreiber-System

Im Petri-Netz werden die Prozesse wieder durch eine gemeinsame Stelle synchronisiert. Wenn kein Prozess auf die Datei zugreift, hat sie *n* Marken – soviele, wie Leser im System sind. Ein Leser entnimmt der Stelle eine Marke, wenn er die Datei liest. Es könnten also alle Leser zugleich lesen. Ein Schreiber kann jedoch nur auf die Datei zugreifen, wenn er der Synchronisationsstelle *n* Marken entnehmen kann, d. h. wenn kein anderer Prozess auf die Datei zugreift.

Damit ist das oben beschriebene Systemverhalten wunschgemäß modelliert. Allerdings werden so die Schreiber-Prozesse deutlich benachteiligt: Nur wenn alle Leser gleichzeitig nicht auf die Datei zugreifen, haben sie eine Chance zum Schreiben. Solche Fragen der Fairness kann man an dem Modell diskutieren und durch Modifikation der Synchronisation verändern.

Das Leser-Schreiber-Problem ist ein Synchronisationsmuster, für asymmetrische Zugriffssituationen mit gegenseitigem Ausschluss, das in vielen praktischen Systemen anwendbar ist.

Übungen

7.1 Sprache eines deterministischen endlichen Automaten

Gegeben sei der folgende deterministische endliche Automat A über dem Alphabet $\Sigma = \{x, y\}$.

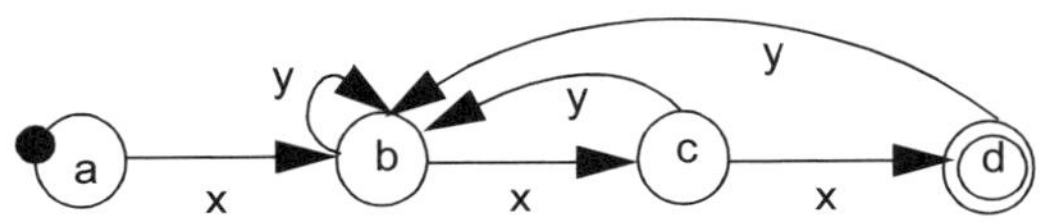

a) Beschreiben Sie $A = (\Sigma, Q, \delta, q_0, F)$ formal durch die Angabe der 4 Mengen und q_0.

b) Charakterisieren Sie verbal die Zeichenfolgen, die der Automat A akzeptiert.

c) Beschreiben Sie die akzeptierte Sprache $L(A)$ durch einen regulären Ausdruck.

d) Erweitern Sie die Übergangsfunktion δ zu einer totalen Funktion, sodass der Automat vollständig ist, wobei die von dem Automaten akzeptierte Sprache $L(A)$ sich aber nicht ändert.

7.2 Entwurf eines Automaten für eine gegebene Sprache

Von einem Computervirus ist bekannt, dass in befallenen Dateien eine der folgenden Bitfolgen auftreten: 101 oder 111.

a) Modellieren Sie potenziell befallene Dateien durch einen regulären Ausdruck.

b) Geben Sie einen nicht-deterministischen endlichen Automaten an, der potenziell befallene Dateien erkennt (d. h. akzeptiert).

c) Konstruieren Sie einen deterministischen endlichen Automaten, der potenziell befallene Dateien erkennt. Benutzen Sie das Verfahren aus der Vorlesung. (Anmerkung: Der deterministische Automat wird zur Implementierung eines effizienten Virenscanners benötigt.)

7.3 Fernbedienung durch endlichen Automaten modellieren

Mit einer Multifunktionsfernbedienung kann man verschiedene Geräte steuern. Als Geräte sollen bei dieser Aufgabe nur ein Fernseher und eine Sat-Anlage bedient werden. Es gibt auf der Fernbedienung eine Umschalt-Taste, mit der man in verschiedene Modi abwechselnd umschalten kann, hier jeweils für das Bedienen von TV oder Sat. Je nachdem, in welchem Modus man sich befindet, funktionieren die ON-OFF-Taste und Lautstärke-Taste für das entsprechende Gerät. Das heißt, sie sendet das entsprechende Signal zum passenden Gerät. Modellieren Sie das obige Verhalten der Fernbedienung mit einem Mealy-Automaten. Geben Sie dabei die formale Beschreibung des Automaten, also A = (Σ, Q, δ, q_0, F) und das Ausgabealphabet T an.

7.4 Endlichen Automaten erweitern

Gegeben sei ein endlicher Automat A über dem Alphabet $\Sigma = \{0, 1\}$:

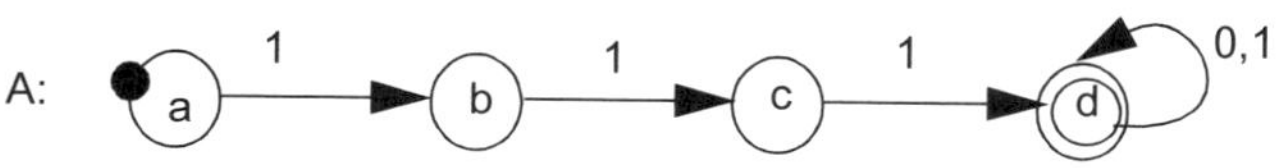

a) Geben Sie die durch A akzeptierte Sprache $L(A)$ formal in Mengenschreibweise an.
b) Erweitern Sie den Automaten A zu B, sodass B nicht-deterministisch alle Zeichenfolgen über Σ akzeptiert, die ein Teilwort 111, also drei aufeinander folgende Buchstaben 1 enthalten.
Beispiele: 010101110010, 000100011110101011.
Hinweis: keine formale Angabe, die Zeichnung reicht aus.
c) Konstruieren Sie zu B einen entsprechenden deterministischen, endlichen Automaten B' nach dem Ihnen bekannten Verfahren. (Der Automat braucht nur die Übergänge zu enthalten, die für die Wörter der Sprache nötig sind.)

7.5 Geldeinwurf durch endlichen Automaten modellieren

Eine Fahrkarte kostet 3 Euro. Es werden nur 1 Euro und 2 Euro vom Fahrkartenautomaten als Geldeinwurf akzeptiert. Das Geld muss passend eingeworfen werden. Modellieren Sie alle passenden Einwürfe der Geldstücke durch einen deterministischen, endlichen Automaten.

7.6 Endlicher Automat

Gegeben sei der folgende nicht-deterministische, endliche Automat A über dem Alphabet $\Sigma = \{A, H, L, O, T\}$

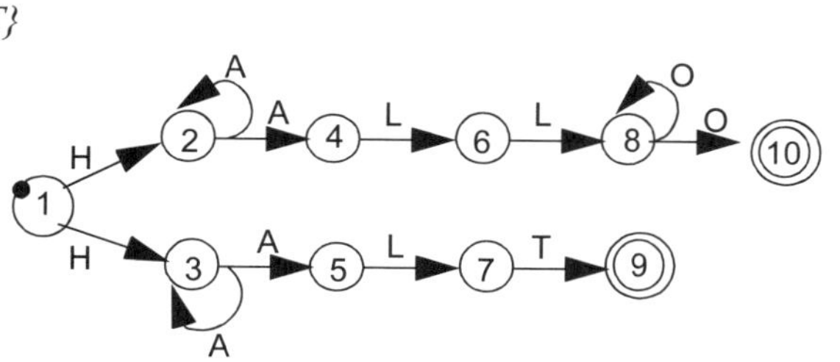

Beschreiben Sie A formal durch die Angaben $A = (\Sigma, Q, \delta, q_0, F)$

7.7 Sprache eines endlichen Automaten

Welche Sprache akzeptiert folgender Automat A? Geben Sie die Sprache durch eine Formel oder einen präzisen Satz an.

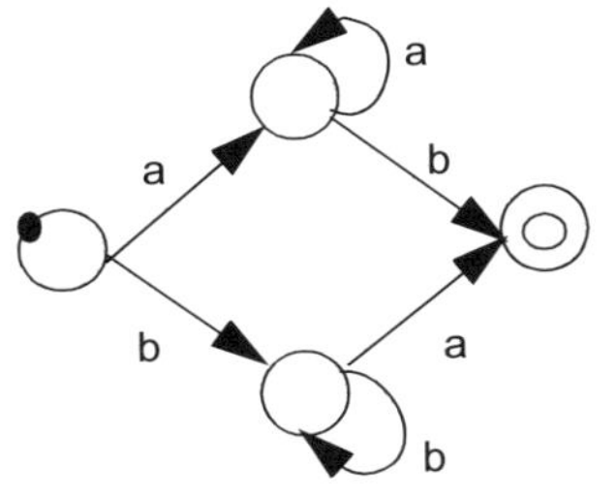

7.8 Sprache eines endlichen Automaten

Geben Sie die Sprache des folgenden Automaten als regulären Ausdruck an.

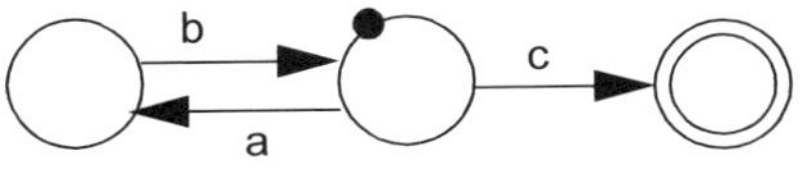

7.9 Endlicher Automat zu gegebener Sprache

Geben Sie einen deterministischen endlichen Automaten an, der die Sprache $(a^+ \mid b^+)\ c$ akzeptiert.

7.10 Statechart mit hierarchischen Zuständen

Vervollständigen Sie das Statechart aus Abb. 7.16 durch die Einstellung der Stoppuhr und des Weckers.

7.11 Statechart mit nebenläufigen Teilautomaten

Modellieren Sie folgende Abläufe als Statechart mit nebenläufigen Teilautomaten: Eine Person führt nacheinander die Operationen a, b, c aus; eine andere Person die Operationen A, B, C. Die beiden Operationesfolgen können beliebig verzahnt ablaufen. Modellieren Sie dieselben Abläufe durch einen deterministischen endlichen Automaten.

7.12 Schaltregel für Petri-Netze

Geben Sie je eine Nachfolgemarkierung der folgenden Petri-Netze an, falls möglich. Charakterisieren Sie das Verhalten jedes Netzes knapp, aber treffend durch einen Satz.

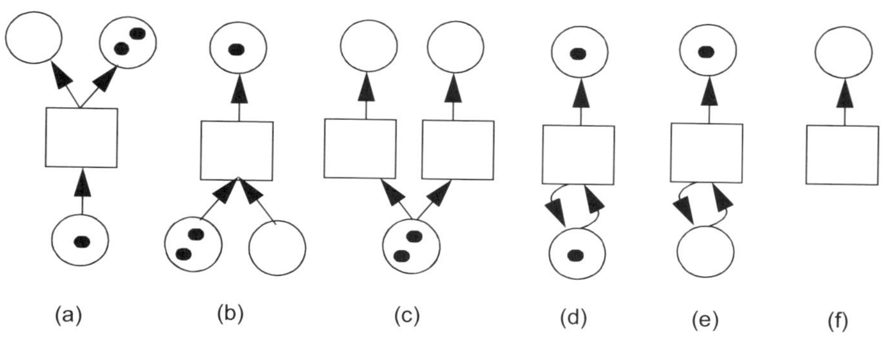

7.13 Petri-Netz vervollständigen

Sie sollen einen beschränkten Puffer mit folgenden Eigenschaften modellieren: die Puffergröße ist auf *5* beschränkt und der Produzent liefert jeweils immer *2* Einheiten. Ergänzen Sie dazu im folgenden Petri-Netz notwendige Kanten und Beschriftungen und geben Sie eine geeignete Markierung an.

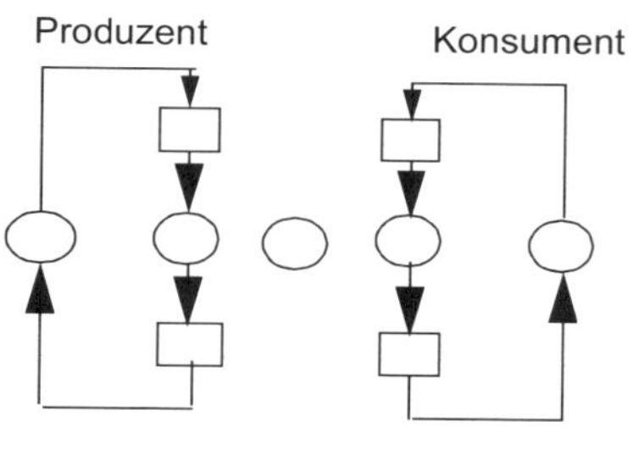

7.14 Petri-Netz

Geben Sie ein kleines Petri-Netz mit einer Markierung an, das folgende Eigenschaft hat: Auf einer seiner Stellen kann die Anzahl der Marken beliebig groß werden.

7.15 Petri-Netz

Skizzieren Sie einen einfachen Ausschnitt aus einem Petri-Netz, in dem zwei Transitionen schalten können, aber nur eine davon schalten wird.

7.16 Markierungsgraph eines Petri-Netzes

Gegeben sei der folgende Markierungsgraph mit der Anfangsmarkierung M_0. Konstruieren Sie daraus ein dazu passendes Petri-Netz.

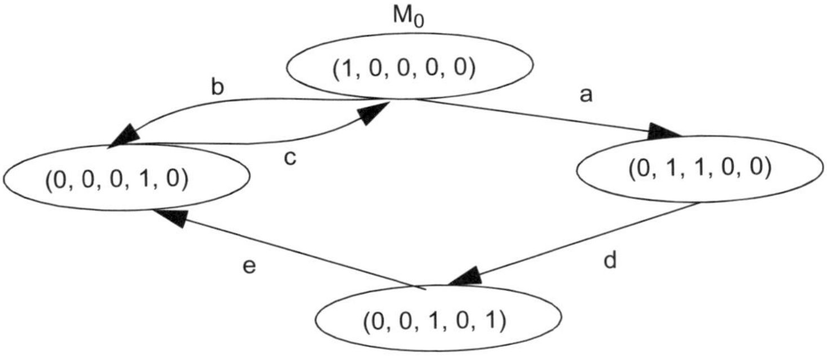

7.17 Petri-Netze vervollständigen

Ergänzen Sie im folgenden Petri-Netz notwendige Kanten, und geben Sie eine Markierung an, sodass die Teilnetze *A* und *B* zyklische Prozesse modellieren und die Stellen *1* und *2* nie gleichzeitig markiert sein können.

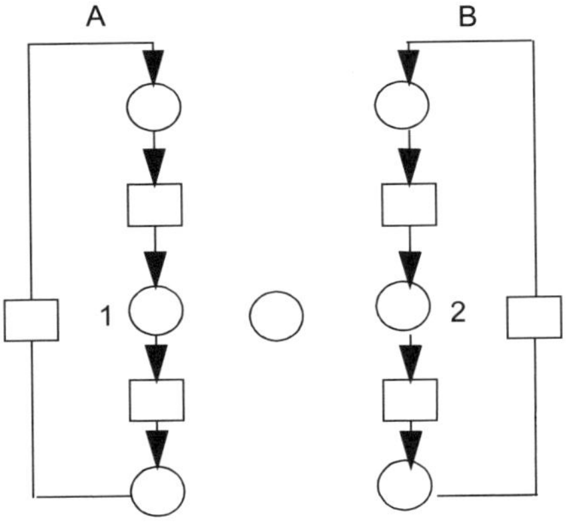

7.18 Folgemarkierungen im Petri-Netz

Geben Sie zwei aufeinander folgende Folgemarkierungen in folgendem Petri-Netz an:

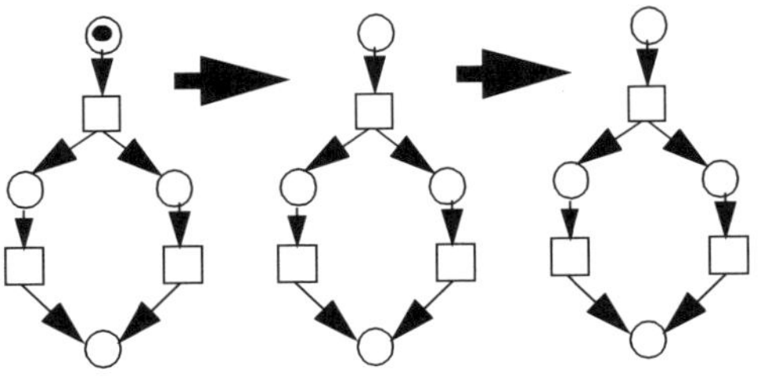

7.19 Petri-Netz für Produzenten und Konsumenten

Das folgende Petri-Netz modelliert das Zusammenwirken eines Produzenten-Prozesses und eines Konsumenten-Prozesses über einen Puffer mit beschränkter Kapazität.

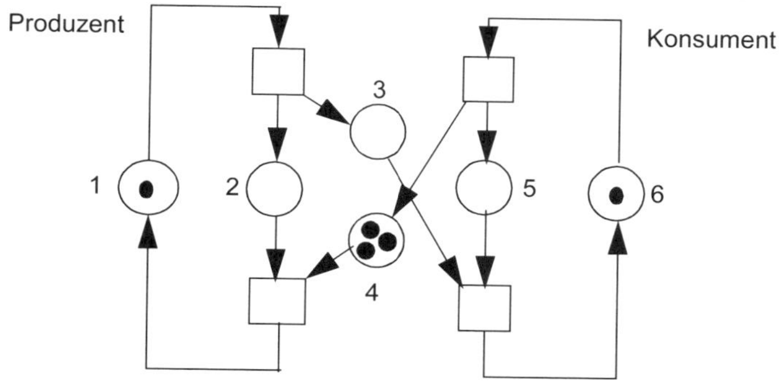

a) Beschreiben Sie die Rollen der Stellen *3* und *4* und der Markierung.

b) Geben Sie eine erreichbare Markierung an, die einen vollen Puffer repräsentiert.

c) Erweitern Sie das Modell um einen weiteren Konsumenten und lassen Sie den Produzenten immer 2 Einheiten zugleich produzieren.

7.20 Petri-Netz modelliert Vertragsverhandlungen

Der Ablauf von Vertragsverhandlungen lässt sich mit Hilfe eines Petri-Netzes darstellen:

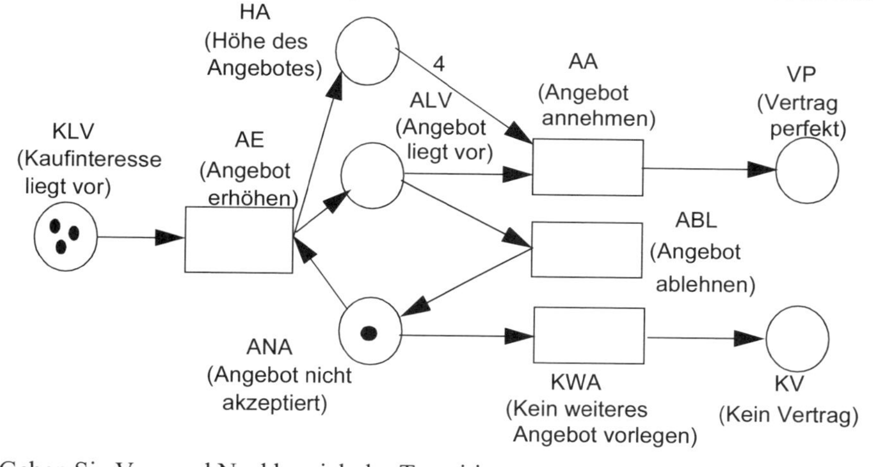

a) Geben Sie Vor- und Nachbereich der Transition Angebot erhöhen an.

b) Kann es mit der gegebenen Startmarkierung zu einem Vertrag kommen? Begründen Sie!

7.21 Konflikt im Petri-Netz

Geben Sie einen Ausschnitt eines Petri-Netzes an, in dem zwei Transitionen miteinander in Konflikt stehen.

8 Fallstudien

In diesem Kapitel präsentieren wir die Modellierung von zwei vollständigen Aufgaben im Zusammenhang. In den vorigen Kapiteln standen jeweils die Modellierungskalküle im Vordergrund. Verschiedenartige Beispiele illustrieren typische Anwendungen und Techniken der Kalküle. Hier stellen wir nun jeweils einen Gegenstandsbereich in das Zentrum unserer Betrachtungen und wenden die bisher eingeführten Kalküle zur Modellierung seiner Strukturen, Eigenschaften und Zusammenhänge an. Für die drei Fallstudien haben wir folgende Themen gewählt:

1. Autowerkstatt
2. Gesellschaftsspiel
3. Aussagenlogische Formeln transformiert durch Graphen

In jeder Fallstudie setzen wir verschiedene Kalküle zur Modellierung unterschiedlicher Aspekte ein. Damit soll noch einmal an Hand zusammenhängender Aufgaben gezeigt werden, welche Aspekte mit welchen Kalkülen besonders gut modelliert werden können. Wir werden auch einige Aspekte mit mehreren Kalkülen beschreiben und die Modelle vergleichen. Damit soll die Fähigkeit zur Beurteilung der Eignung von Kalkülen weiter gefördert werden.

8.1 Fallstudie Autowerkstatt

In dieser Fallstudie modellieren wir die Auftragsabwicklung in einer Autowerkstatt. Unser Ziel ist es, eine Datenbank zu entwerfen, in der die für die Auftragsabwicklung relevanten Informationen gespeichert werden. Außerdem wollen wir die Geschäftsabläufe analysieren, beschreiben und ggf. verbessern.

Wir können diese Modellierung in drei Teilaufgaben gliedern, die wir in der angegebenen Reihenfolge nacheinander bearbeiten werden.

1. **Informationen und Zusammenhänge.** Der Gegenstandsbereich der Aufgabe wird untersucht, und die relevanten Strukturen, Eigenschaften und Beziehungen werden beschrieben.
2. **Bedingungen und Regeln.** Das Modell aus (1) wird präzisiert, indem inkonsistente oder unerwünschte Ausprägungen des Modells ausgeschlossen werden.
3. **Abläufe.** Dynamische Aspekte der Auftragsabwicklung werden beschrieben unter Verwendung der Begriffe und Bedingungen aus (1) und (2).

8.1.1 Informationsstruktur und Zusammenhänge

Eine erste Analyse des Gegenstandsbereiches ergibt, dass folgende Strukturen für die Auftragsabwicklung von Bedeutung sind:

a) **Kunde:** hat einen Namen, besitzt Kraftfahrzeuge, erteilt Aufträge;

b) **Auftrag:** hat ein Eingangsdatum, betrifft ein Kraftfahrzeug, wird von Mechanikern bearbeitet, benötigt Ersatzteile bestimmter Arten und Mengen;

c) **Kraftfahrzeug:** hat eine Fahrgestellnummer, ein Baujahr und einen Typ, ist entweder ein Pkw oder ein Motorrad, im Falle von Pkws interessiert ihre Farbe, im Falle von Motorrädern der eingebaute Tuning-Satz;

d) **Kfz-Typ:** Mechaniker sind für Arbeiten an bestimmten Typen ausgebildet, Ersatzteile sind nur für bestimmte Typen verwendbar.

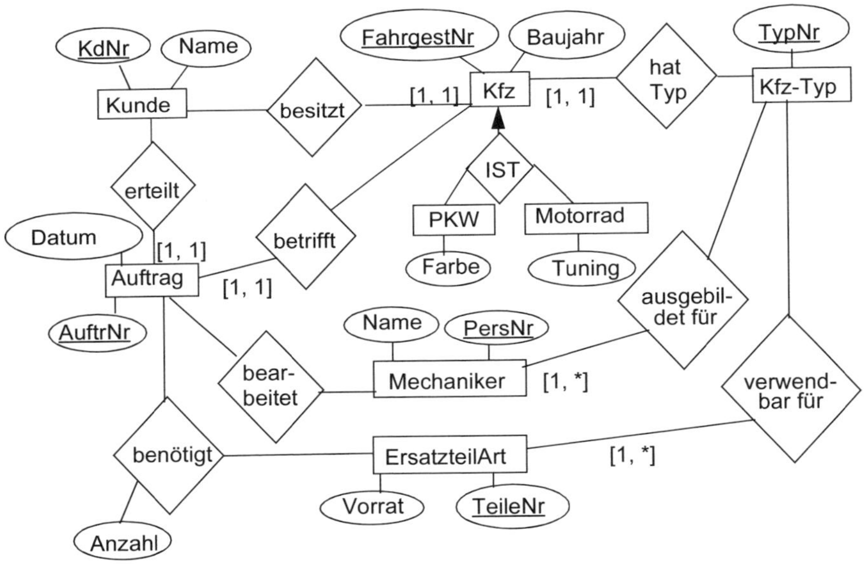

Abbildung 8.1: Informationsstruktur der Autowerkstatt als ER-Modell

Diese informelle Beschreibung der Informationsstruktur verwenden wir, um ein Modell im ER-Kalkül zu erstellen. Die zentralen Entity-Typen (Kunde, Auftrag, Kraftfahrzeug, Kfz-Typ) sind aus der informellen Beschreibung leicht erkennbar. Mit ihnen beginnen wir den Entwurf des ER-Modells in Abb. 8.1.

Im nächsten Schritt fügen wir die Relationen zwischen Entity-Typen ein, die unsere Beschreibung benennt: besitzt, erteilt, betrifft, bearbeitet, hat Typ, ausgebildet für. Beim Heraussuchen der Relationen aus unserer Beschreibung erkennen wir, dass auch Relationen benötigt werden, die *ein Auftrag benötigt Ersatzteile* und *ein Ersatzteil ist für einen Kfz-*

Typ geeignet modellieren. Deshalb müssen wir einen Entity-Typ für Ersatzteile einführen. Mit entsprechender Begründung führen wir auch den Entity-Typ Mechaniker ein.

Wir müssen uns klar machen, dass wir nicht die Ersatzteile als Individuen modellieren wollen, sondern die Art der Ersatzteile, ihre Kennzeichnung durch eine Teilenummer und die Anzahl der Ersatzteile einer bestimmten Art, die zurzeit vorrätig ist.

Die Unterscheidung von Kraftfahrzeugen in Pkw und Motorräder modellieren wir durch eine *IST-Spezialisierung*.

Wir können nun die in der Beschreibung angegebenen Eigenschaften (Name, Datum, FahrgestellNr, Baujahr, Farbe, Tuning, Vorrat und TeileNr) als Attribute zuordnen.

FahrgestellNr und TeileNr bieten sich unmittelbar als Schlüsselattribut an. Damit auch die übrigen Entity-Typen jeweils ein Schlüsselattribut haben, führen wir noch KdNr, TypNr, AuftrNr und PersNr ein.

Schließlich müssen wir noch ausdrücken, dass ein Auftrag für seine Bearbeitung von einigen ErsatzteilArten jeweils eine bestimmte Anzahl benötigt. Man erkennt aus dieser Formulierung, dass das Attribut Anzahl weder dem Auftrag noch der ErsatzteilArt zugeordnet werden darf, sondern ein Attribut der Relation sein muss.

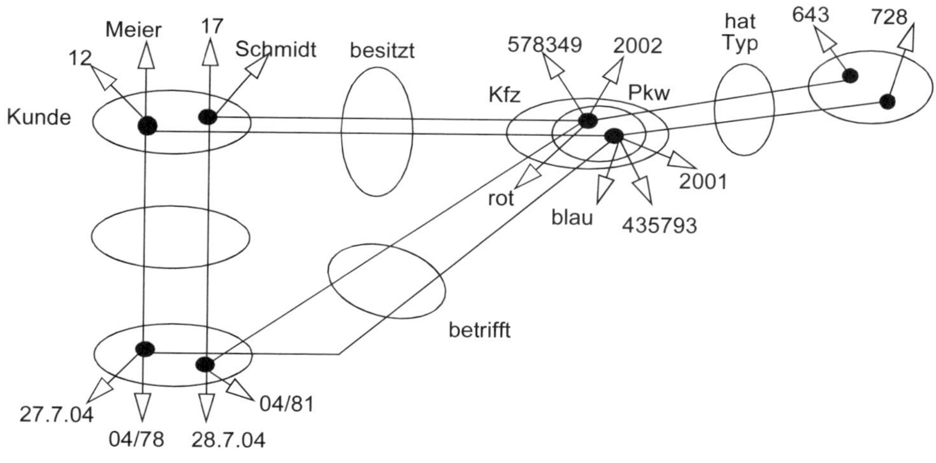

Abbildung 8.2: Ausprägung zum Modell aus Abb. 8.1

Als Nächstes überprüfen wir, ob unser Entwurf das modelliert, was wir beabsichtigt haben. Dazu geben wir einige konkrete Ausprägungen für typische Situationen an. In Abb. 8.2 haben wir Daten für einen Teil des Modells angegeben: zwei Kunden, die jeweils einen Pkw besitzen und dafür der Werkstatt einen Reparaturauftrag erteilt haben. Wir überlassen es dem Leser, die Bearbeitung des Auftrages durch Mechaniker und unter Verwendung von Ersatzteilen zu vervollständigen. Zu Abb. 8.1 kann man kritisch anmerken, dass es wohl sinnvoll wäre, Kfz-Typen nicht nur durch eine eindeutige Typnummer anzugeben, sondern ihnen auch lesbare Namen zu geben. Dann würde man Herrn Meiers blauen Golf in der Ausprägung besser benennen können.

Zum Schluss präzisieren wir das Modell durch Angaben von Kardinalitäten zu den Relationen: dabei beobachten wir, dass die Begründungen für die Wahl einer Kardinalität unterschiedlich streng sind:

- Eine Typzugehörigkeit ist immer eindeutig: [1, 1].
- Es sind plausible Entscheidungen, dass ein Auftrag von genau einem Kunden erteilt wird und genau ein Kfz betrifft.
- Es ist aber recht restriktiv, dass ein Kfz genau einen Besitzer hat.
- Die Festlegung, dass ein Mechaniker für mindestens einen Kfz-Typ ausgebildet ist, könnte sich in der Praxis der Datenbank als hinderlich erweisen: z. B. wenn ein Mechaniker neu eingestellt wird, der erst auf die Kfz-Typen dieser Werkstatt umgeschult werden soll.

Die Informationsstruktur unseres Beispiels könnten wir auch durch strukturierte Wertebereiche modellieren. Man kann sie systematisch aus dem ER-Modell herleiten.

a) Attribute sind in beiden Kalkülen Wertemengen, etwa $\mathbb{N}_0$ für das Attribut Vorrat.

b) Schlüsselattribute kann man als Indexmengen verstehen.

c) Einen Entity-Typ mit seinen Attributen kann man auf ein kartesisches Produkt als Wertebereich abbilden, z. B.

   Kunde := KdNr × Name

   Allerdings würde in dieser Darstellung die Identität der Objekte in den Entity-Typen verloren gehen, wenn sie nicht über die Eindeutigkeit der Schlüsselkomponenten erhalten bliebe.

d) Relationen können direkt durch Tupelmengen ausgedrückt werden, z. B. die Relation erteilt als Wertebereich:

   erteilt := Pow (Kunde × Auftrag)

   Nur wenn eine funktionale Kardinalität im ER-Modell vorliegt, können wir dazu einen Wertebereich für Funktionen angeben, etwa

   erteiltVon := Auftrag → Kunde

e) Die *IST*-Beziehung kann man systematisch durch kartesische Produkte und disjunkte Vereinigung darstellen:

   Kfz := FahrgestNr × Baujahr
   KfzArten := {istPkw, istMotorrad}
   KfzVarianten := {(ist Pkw, p) | p ∈ Farbe} ∪ {(ist Motorrad, m) | m ∈ Tuning}

Abgesehen vom Verlust der Objekt-Identitäten, kann man mit Wertebereichen ebenso präzise modellieren wie im ER-Modell. Allerdings werden durch die grafische Darstellung des ER-Modells Zusammenhänge verschiedener Relationen deutlich besser veranschaulicht.

8.1.2 Bedingungen und Regeln

Häufig sollen zu einem strukturellen Modell noch weitere Bedingungen oder Regeln formuliert werden. Sie müssen erfüllt sein, damit eine konkrete Ausprägung des Struktur-Modells auch wohldefiniert ist oder wünschenswerte Eigenschaften hat.

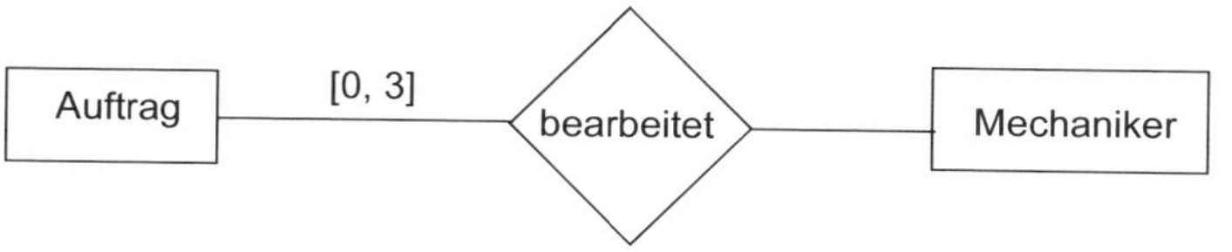

Abbildung 8.3: Bedingung durch Kardinalität formuliert

Einfache Bedingungen dieser Art kann man auch im ER-Modell ausdrücken. Betrachten wir folgende Bedingung: Ein Auftrag soll von höchstens 3 Mechanikern bearbeitet werden. Abb. 8.3 zeigt, wie das ER-Modell aus Abb. 8.1 durch Angabe einer Kardinalität ergänzt wird, um diese Bedingung auszudrücken. Dieselbe Restriktion kann man im Kalkül der Prädikatenlogik durch folgende Formel ausdrücken:

$$\forall\ \alpha \in \text{Auftrag: } 0 \leq |\{\ (a, m) \mid (a, m) \in \text{bearbeitet}\ \}| \leq 3$$

Vergleicht man beide Formulierungen, so ist sicher die des ER-Modells knapper und anschaulicher. Allerdings ist die Angabe der Kardinalität als spezielle Bedingung kaum hervorgehoben, wenn sie in das große Modell aus Abb. 8.1 eingefügt wird. Die prädikatenlogische Formel ist dagegen hervorgehoben, da sie zusätzlich zur Strukturbeschreibung angegeben wird.

Sollen komplexere Bedingungen formuliert werden, die mehrere Relationen überspannen, dann reicht die Beschreibungsmächtigkeit der ER-Kardinalitäten nicht mehr aus. Die Prädikatenlogik ist wesentlich mächtiger. Als Beispiel nehmen wir folgende Bedingung: Ein Auftrag soll nur dann angenommen werden, wenn für den betroffenen Kfz-Typ auch Mechaniker ausgebildet sind. Als prädikatenlogische Formel lautet diese Bedingung dann

$$\begin{aligned}&\forall\ a \in \text{Auftrag: } \forall\ k \in \text{Kfz: } \forall\ t \in \text{KfzTyp:}\\ &\quad ((a, k) \in \text{betrifft} \land (k, t) \in \text{hatTyp}) \rightarrow (\exists\ m \in \text{Mechaniker: } (m, t) \in \text{ausgebildet})\end{aligned}$$

Solch eine Bedingung lässt sich mit den Ausdrucksmitteln des ER-Modells nicht formulieren. Das gilt ebenfalls für Bedingungen über mehrere Attribute oder über einzelne Attribute, die nicht durch einen Attributtyp ausgedrückt werden können.

Auch wenn Bedingungen und Regeln so beschaffen sind, dass sie zusammen mit der Beschreibung der Struktur und der Zusammenhänge formuliert werden könnten, gibt es gute Gründe, sie davon zu separieren: Das Modell wird dadurch zweistufig. Man kann eine konkrete Ausprägung prüfen, ob sie das Strukturmodell erfüllt und damit in diesem Sinne konsistent ist. Auf der zweiten Ebene prüft man dann die Einhaltung der Bedingungen und Regeln. Es ist auch sinnvoll, das Datenbankschema aus dem Strukturmodell abzuleiten und die Bedingungen und Regeln erst im Nachgang zu prüfen. Ein einstufiges Modell würde strukturelle Defekte einer Ausprägung und Verletzungen zusätzlicher Bedingungen im gleichen Maße als illegal charakterisieren.

8.1.3 Abläufe der Auftragsbearbeitung

In diesem Abschnitt wollen wir nun die dynamischen Abläufe bei der Bearbeitung von Aufträgen modellieren. Unsere Untersuchung der Geschäftsabläufe in der Autowerkstatt hat ergeben, dass jeder Auftrag folgende Stationen durchläuft.

1. Der Auftrag wird erteilt.
2. Fehlende Ersatzteile werden bestellt und nach Eintreffen entgegengenommen.
3. Vorhandene Ersatzteile werden aus dem Lager genommen.
4. Der Auftrag wird von einem Mechaniker bearbeitet.
5. Das Kraftfahrzeug wird dem Kunden ausgeliefert.

Dies ist offensichtlich eine streng sequentielle Abfolge von Operationen mit einer Alternative bei der Beschaffung von Ersatzteilen. Wir können sie durch einen deterministischen, endlichen Automaten modellieren. In dem Automaten in Abb. 8.4 werden die Operationen als Übergänge modelliert, die einen Auftrag von einem Zustand in einen anderen überführen: Ein Auftrag im Zustand 1 ist erteilt und die Verfügbarkeit der Ersatzteile ist geprüft. Im Zustand 3 sind alle notwendigen Ersatzteile bereitgelegt, sodass mit der Bearbeitung begonnen werden kann.

Wir können das Modell in Abb. 8.4 auch als einen Abhängigkeitsgraphen verstehen, wie wir sie in Kapitel 5 vorgestellt haben. Es entspricht der Variante, in der die Kanten die Operationen und die Knoten die Ereignisse beschreiben. Wir haben in Kapitel 5 auch gezeigt, wie man daraus ein duales Modell herstellen kann, in dem die Knoten die Operationen angeben und deren Vorbedingungen durch die Kanten beschrieben werden.

Die Möglichkeiten der Modellierung durch einen endlichen Automaten sind in mehrfacher Hinsicht eingeschränkt:

- Die Abläufe in der Werkstatt sind nur aus der Sicht jeweils eines einzelnen Auftrags beschrieben.
- Verzahnte Aktionsfolgen, bei denen mehrere Aufträge von mehreren Mechanikern bearbeitet werden, sind auf diese Weise nicht beschreibbar.
- Man kann die Aktionen nicht weiter parametrisieren.
- Wir können nur über die Ersatzteile insgesamt sprechen, nicht aber über ihre Art und Anzahl.

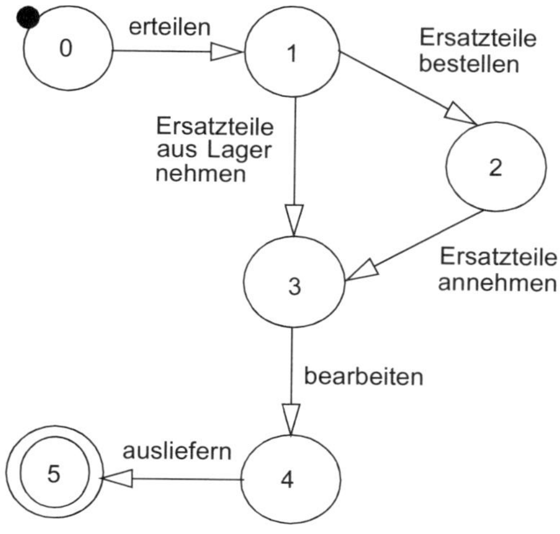

Abbildung 8.4: Auftragsbearbeitung als DEA

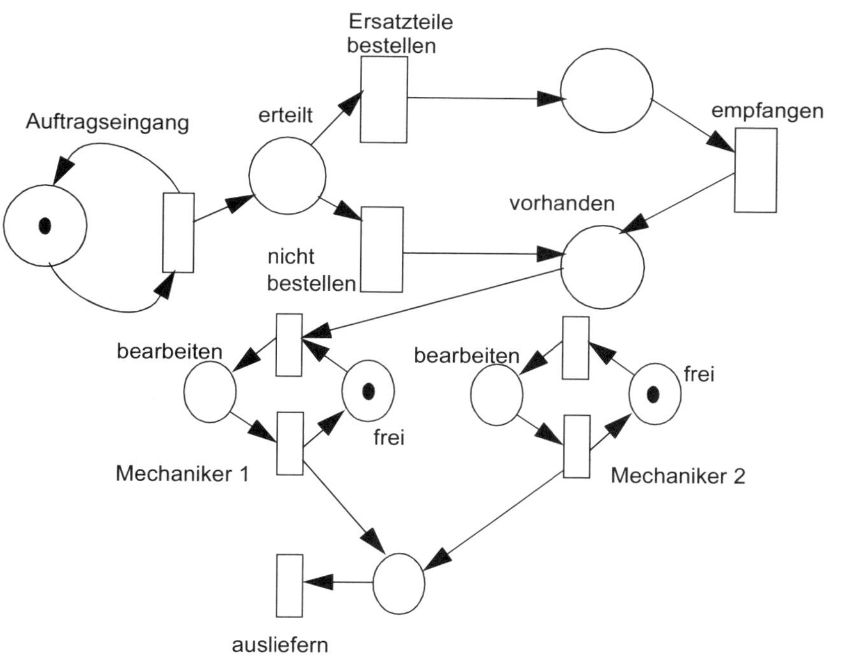

Abbildung 8.5: Auftragsbearbeitung als Petri-Netz

Solche zusätzlichen Modellierungsmöglichkeiten eröffnet uns der Kalkül der Petri-Netze. Abb. 8.5 beschreibt unsere Auftragsbearbeitung durch ein Petri-Netz. Es modelliert, wie mehrere Aufträge in der Werkstatt nebenläufig von mehreren Mechanikern bearbeitet werden. Die Beschaffung der Ersatzteile haben wir auch hier nicht weiter verfeinert.

Im oberen Teil des Petri-Netzes wird ein Auftrag durch eine Marke repräsentiert. Die mit Auftragseingang beschriftete Transition kann immer schalten und so immer wieder einen erteilten Auftrag erzeugen. Bei der Ersatzteilbeschaffung stehen die Transitionen bestellen und nicht-bestellen miteinander im Konflikt. Im unteren Teil des Netzes konkurrieren zwei Mechaniker um die Bearbeitung von Aufträgen. Hier müssen eine Auftragsmarke und eine Mechanikermarke zusammenkommen, um dann einen in Bearbeitung befindlichen Auftrag zu modellieren.

Obwohl die beiden Konfliktstellen erteilt und vorhanden im Sinne des Kalküls in gleicher Weise Nicht-Determinismus beschreiben, unterlegen wir ihnen in der Interpretation des Modells jedoch unterschiedliche Bedeutungen: Ob ein Auftrag in der Stelle erteilt seine Ersatzteile aus dem Lager beziehen kann oder ob sie bestellt werden müssen, ist hier nicht modelliert worden und wird willkürlich entschieden. Wenn mehrere Mechaniker zugleich frei sind, entnimmt derjenige einen Auftrag von der vorhandenen Stelle, der am schnellsten zugreift. Dies kann durchaus die Realität ohne weitere Abstraktion beschreiben.

8.2 Fallstudie Gesellschaftsspiel

Für diese Fallstudie haben wir das Spiel *Monopoly®* gewählt. Als Anlass für die Modellierung können wir uns vorstellen, dass das Spiel in Software realisiert werden soll. Seine Informationsstruktur, Bedingungen und Regeln sind recht vielfältig und komplex. Wir werden sie hier nicht vollständig modellieren. Wir ermuntern die Leser, die Modelle fortzuschreiben. Da das Spiel recht bekannt ist, sollte das nicht allzu schwierig sein. Aus dem gleichen Grund ersparen wir uns eine ausführliche Problemanalyse des Originals und beginnen unmittelbar mit der Modellierung. Wir gliedern sie wieder in die drei Abschnitte Strukturen und Zusammenhänge, Bedingungen und Regeln sowie Abläufe.

8.2.1 Strukturen und Zusammenhänge

Hier sei kurz der Spielplan in Erinnerung gerufen: Die Spielfelder sind entlang der vier Seiten des quadratischen Planes angeordnet. Jedes Feld repräsentiert eine Straße, einen Bahnhof, ein Wasser- oder Elektrizitätswerk oder eine spezielle Aktion. Die Straßen sind zu Gruppen von zwei oder drei Feldern mit gleicher Farbe zusammengefasst. Die Spielfiguren bewegen sich im Uhrzeigersinn über die Felder. Dabei können die Spieler Immobilien kaufen oder verkaufen, müssen Miete zahlen oder Aktionen ausführen.

Wir beginnen wieder mit kurzen Beschreibungen der wichtigsten Gegenstände des Spieles:

1. **Spieler:** hat einen Namen, steht auf einem Spielfeld, hat Vermögen, besitzt Immobilien.

2. **Feld:** hat eine Nummer und einen Namen, ist entweder ein Aktionsfeld oder eine Immobilie.
3. **Immobilie:** hat einen Preis und kostet Miete, ist entweder eine Straße oder ein Infrastrukturobjekt.
4. **Straße:** hat Preis und Anzahl für Häuser und Hotels sowie eine Funktion zur Berechnung der Miete.
5. **Infrastrukturobjekt:** hat eine Konzerngröße und eine Funktion zur Berechnung der Miete.
6. **Aktionsfeld:** fordert auf zum Bezahlen oder Kassieren eines Betrages oder zum Setzen auf ein Feld.
7. **Straßengruppe:** 2 oder 3 Straßen werden zu einer Gruppe mit gleicher Farbe zusammengefasst.

Wir nehmen die Beschreibung als Ausgangsbasis, um daraus ein ER-Modell zu entwickeln. Die sieben Arten von Gegenständen werden zu Entity-Typen. Wir untersuchen jeweils die verbale Beschreibung, um festzustellen, welche Attribute jeder Entity-Typ benötigt und an welchen Relationen zu anderen Entity-Typen er beteiligt ist. Im letzteren Fall kann es notwendig werden, weitere Entity-Typen einzuführen. Das so entwickelte ER-Modell wird in Abb. 8.6 gezeigt.

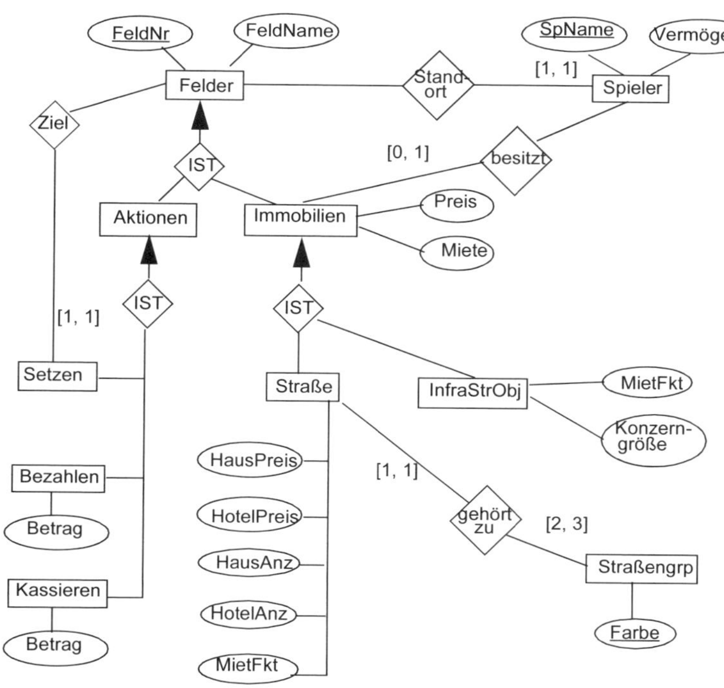

Abbildung 8.6: Informationsstruktur des Spieles als ER-Modell

Mit diesem Vorgehen erhält der Entity-Typ Spieler das Schlüsselattribut SpName und das Attribut Vermögen. Über die Relation Standort ist er mit Feldern und über besitzt mit Immobilien verbunden.

Die verbale Beschreibung der Felder führt unmittelbar zu einer zweistufigen *IST*-Hierarchie:

- Ein Feld ist entweder ein Aktionsfeld oder eine Immobilie.
- Eine Immobilie ist entweder eine Straße oder ein Infrastrukturobjekt.
- Ein Aktionsfeld fordert auf zum Bezahlen oder Kassieren eines Betrages oder zum Setzen auf ein Feld.

Diese Beschreibung ist offensichtlich schon das Ergebnis einer vorangegangenen sorgfältigen Analyse. Die Vielfalt der Felder mit ihren unterschiedlichen Bedeutungen wird in Unterklassen eingeteilt. Dabei ist es wichtig, dass die Relationen und die Attribute jeweils auf einer passenden Spezialisierungsebene zugeordnet werden können:

- Die Unterscheidung von Feldern in Aktionen und Immobilien ist nötig, denn die Relation besitzt kann alle Arten von Immobilien betreffen, aber nicht Aktionsfelder.
- Eine Art der Aktionsfelder, Setzen, steht in Relation zu einem anderen Feld, dem Ziel. Daher muss Setzen ein Entity-Typ sein und als Folge davon die anderen Aktionsfelder, Bezahlen und Kassieren, auch. Man hätte diese beiden auch zusammenfassen und durch ein Attribut unterscheiden können.
- Straßen verhalten sich hinsichtlich der Zusammenfassung zu Gruppen gleicher Farbe anders als Infrastrukturobjekte. Deshalb müssen diese beiden Entity-Typen unterschieden werden.
- Man hätte die Zusammenghörigkeit von Straßen auch modellieren können, indem man das Attribut Farbe dem Entity-Typ Straße zuordnet. Dann hätte man aber nicht innerhalb des Modells ausdrücken können, dass es nur Gruppen der Größen 2 und 3 geben kann. Als Konsequenz haben wir die Relation gehört zu und den Entity-Typ StraßenGrp mit dem Attribut Farbe eingeführt.

Zur Berechnung der Miete, die beim Betreten eines Immobilienfeldes fällig wird, tragen einige Parameter bei, z. B. ob die gesamte Straßengruppe in der Hand eines einzigen Besitzers ist und wie viele Häuser oder Hotels darauf stehen. Deshalb ist das Attribut MietFkt eine Funktion und nicht etwa ein Wert. Dass auf der Ebene des Entity-Typs Immobilie zusätzlich ein ganzzahliges Attribut Miete definiert ist, ist redundant. Es wurde zur Vereinfachung des Zugriffs eingeführt. Der Wert muss natürlich immer wieder angepasst werden, wenn sich Parameter der Funktion zur Berechnung der Miete ändern.

Auch hier stellen wir dem ER-Modell ein Modell gegenüber, das durch Wertebereiche in Form strukturierter Mengen definiert ist (Abb. 8.7).

Wenn die Strukturen und Zusammenhänge so vielfältig und komplex sind wie in diesem Fall, ist es sicher einfacher, zunächst das ER-Modell zu entwickeln. Das Wertebereichsmodell kann daraus schematisch erstellt werden. Insbesondere haben wir die *IST*-Hierarchie schematisch übertragen in Vereinigungen von Wertebereichen, die durch Tupelbildung mit Werten unterscheidender Indextypen (Feldarten, ImmobilienArten, AktionsArten) disjunkt gemacht wurden.

Von den Relationen ist in Abb. 8.7 nur exemplarisch die Relation besitzt angegeben. Ihr Wertebereich ist als der von Funktionen der Indexmenge FeldNr in die Indexmenge SpName definiert. Es reicht aus, die Funktionen und Relationen über die Wertebereiche der Schlüsselattribute zu definieren. Da sie Eindeutigkeit der Entities garantieren, braucht man nicht die gesamten Tupel-Wertebereiche der beteiligten Entity-Typen einzubeziehen.

FeldNr	:=	{ 1, 2, ..., 40 }
FeldArten	:=	{ istAktion, istImmobilie }
Felder	:=	FeldNr × FeldName × FeldVarianten
FeldVarianten	:=	{ (istAktion, a) | a ∈ Aktionen} ∪ { (istImmobilie, i) | i ∈ Immobilien }
AktionsArten	:=	{ istSetzen, istBezahlen, istKassieren }
Aktionen	:=	{ (istSetzen, f) | f∈ FeldNr } ∪ { (istBezahlen, b) | b ∈ Betrag } ∪ { (istKassieren, b) | b ∈ Betrag }
Betrag	:=	$\mathbb{N}_0$
ImmobilienArten	:=	{ istStraße, istInfraStrObj }
Immobilien	:=	Preis × Miete × ImmobilienVarianten
ImmobilienVarianten	:=	{ (istStraße, s) | s ∈ Straße } ∪ { (istInfraStrObj, i) | i ∈ InfrastrObj }
Straße	:=	HausPreis × HotelPreis × HausAnzahl × HotelAnzahl × MietFkt
besitzt	:=	FeldNr → SpName

Abbildung 8.7: Einige Wertebereiche zur Informationsstruktur des Spieles

Als Beispiel für Ausprägungen geben wir die Werte der Felder mit den Namen Los, Badstraße und Südbahnhof an:

(1, Los, (istAktion, (istKassieren, 4000)))

(2, BadStraße, (istImmobilie, 1200, 40, (istStraße, 1000, 1000, 0, 0, MFkt2)))

(6, Südbahnhof, (istImmoblie, 4000, 1000, (istInfraStrObj, 2, MfktBhf)))

8.2.2 Bedingungen und Regeln

Das Spiel hat zahlreiche Bedingungen und Regeln, die deutlich komplexer sind als die unserer ersten Fallstudie zur Auftragsabwicklung. Wir greifen zwei Beispiele heraus, um die informelle Beschreibung in eine prädikatenlogische Formel zu unserem Modell aus Abschnitt 8.2.1 zu transformieren:

> Eine Straße darf nur dann bebaut werden, wenn der Besitzer alle Straßen dieser Gruppe besitzt.

Um dasselbe formal und präzise auszudrücken, bedarf es einer Formel von erheblicher Komplexität:

$$\begin{array}{l}
\forall\, x \in \text{Felder}: \forall\, \text{nr} \;\forall\, \text{name} \;\forall\, \text{p} \;\forall\, \text{m} \;\forall\, \text{hap} \;\forall\, \text{hop} \;\forall\, \text{haanz} \;\forall\, \text{hoanz} \;\forall\, \text{h}: \\
\quad x = (\text{nr, name, (istImmobilie, p, m, (istStraße, hap, hop, haanz, hoanz, h)))} \rightarrow \\
\qquad (\quad (\text{haanz+hoanz}>0 \wedge \exists\, f \in \text{Farbe}: (x, f) \in \text{gehörtZu} \wedge \\
\qquad\quad \exists\, s \in \text{Spieler}: (s, x) \in \text{besitzt}) \\
\qquad\qquad \rightarrow (\forall\, g \in \text{Felder}: (g, f) \in \text{gehörtZu} \rightarrow (s, g) \in \text{besitzt}))
\end{array}$$

Im Zentrum der Formel steht das Feld x, das eine Immobilie und insbesondere eine Straße ist. Alle Werte der Komponenten des Tupels x sind durch die Allquantoren in der ersten Zeile an Namen gebunden. Damit ist ausgedrückt, dass diese Regel für alle Felder dieser Art gilt. Die Regel ist als Implikation formuliert: Für jedes x, das die angegebene Form hat, gilt die Formel in den letzten beiden Zeilen. Dies ist wiederum eine Implikation, die man folgendermaßen verbalisieren kann:

> Wenn die Straße x einige Häuser oder Hotels hat und x zur Straßengruppe der Farbe f gehört und s der Besitzer von x ist, dann folgt: Für alle Felder g, die zur Farbe f gehören, ist s der Besitzer.

Es bedarf schon einiger Übung im Umgang mit prädikatenlogischen Formeln, um solche Formulierungen verstehen oder entwickeln zu können. Die anfangs angegebene verbale Formulierung ist deutlich einfacher zu verstehen. Das liegt hauptsächlich am geschickten Umgang mit unscharfen Formulierungen und am Ausnutzen von impliziten Kontextbezügen. Es wird z. B. „bebaut“ gesagt, statt die Anzahl der Häuser und Hotels zu erwähnen; es heißt „dieser Gruppe“, statt sie explizit durch die Zusammengehörigkeit über ihre Farbe zu definieren. Als Spielregeln für den Alltagsgebrauch hätten die prädikatenlogischen Formulierungen natürlich keine Chance.

Zur Verdeutlichung geben wir noch eine weitere Regel in dieser Form an:

> Die Höhe der Miete einer Straße hängt davon ab, wie stark sie bebaut ist. Die Miete eines Infrastrukturobjektes hängt davon ab, wie viele gleichartige Objekte ein Spieler besitzt.

Eine präzise prädikatenlogische Formulierung lautet:

$$\begin{array}{l}
\forall\, x \in \text{Immobilien}: \forall\, \text{p} \;\forall\, \text{m} \;\forall\, \text{hap} \;\forall\, \text{hop} \;\forall\, \text{haanz} \;\forall\, \text{hoanz} \;\forall\, \text{n} \;\forall\, \text{g}: \\
\quad [x = (\text{p, m, (istStraße, hap, hop, haanz, hoanz, f))} \rightarrow \text{m} = \text{f (haanz, hoanz)}\,] \wedge \\
\quad [x = (\text{p, m, (istInfraStrObj, n, g))} \rightarrow \text{m} = \text{g (n)}\,]
\end{array}$$

Wieder betrachten wir ein Immobilien-Tupel x mit Namen für die Werte aller seiner Komponenten. Wir unterscheiden zwei Fälle: x ist eine Straße und x ist ein Infrastrukturobjekt. Jeder der Fälle wird durch eine Implikation beschrieben, und beide müssen wegen der und-Verknüpfung zugleich wahr liefern. Hat x nicht die passende Form, so ist die Prämisse falsch und deshalb die Implikation wahr. In beiden Fällen sagt die Konklusion aus, dass die Miete durch Anwenden einer Funktion auf die Anzahlen von Häusern und Hotels bzw. auf die Konzerngröße berechnet wird.

8.2.3 Spielabläufe

Die dynamischen Abläufe solcher Spiele modellieren wir zunächst wieder als endlichen Automaten und dann als Petri-Netz. Dabei beschränken wir uns auf ein sehr grobes Modell. Aktionen wie kaufen oder bezahlen werden nicht weiter parametrisiert oder verfeinert.

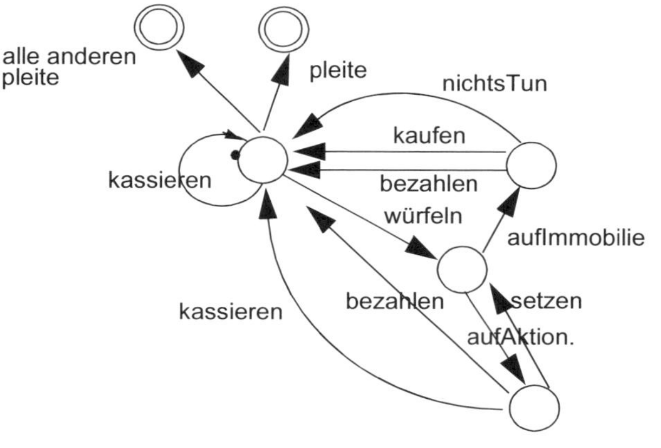

Abbildung 8.8: Aktionsfolgen eines Spielers als deterministischer endlicher Automat

In Abb. 8.8 ist ein deterministischer endlicher Automat angegeben, der den Spielablauf aus der Sicht eines Spielers beschreibt. Interaktionen mit anderen Spielern kann man in diesem Modell nicht explizit machen. So verbirgt sich zum Beispiel hinter dem Übergang kassieren im Anfangszustand, dass ein anderer Spieler auf ein Immobilienfeld dieses Spielers gesetzt hat und nun Miete an ihn bezahlt. Auch die Gründe, weshalb die Aktionen ausgeführt werden, sind hier nicht modelliert worden. Aber auch auf diesem groben Modellierungsniveau liefert das Modell schon Informationen: z. B. zeigt es, dass das Setzen auf ein Aktionsfeld zur Folge hat, dass der Spieler auf ein anderes Feld setzen, bezahlen oder kassieren muss. Der Automat lässt auch beliebig lange Folgen von setzen auf Aktionsfelder zu. Es werden zusätzliche Aussagen benötigt, um sicherzustellen, dass solche Teilfolgen nach endlich vielen Schritten abbrechen.

Wir haben das Modell auf dem gleichen groben Niveau in ein Petri-Netz umgeschrieben, Abb. 8.9. Es beschreibt, ebenso wie der endliche Automat in Abb. 8.8, die Aktionsfolgen aus der Sicht eines Spielers. Die Übergänge des endlichen Automaten sind hier zu Transitionen geworden. Die Zustände des Automaten sind zu Stellen des Petri-Netzes geworden, abgesehen davon, dass die beiden Endzustände entfallen sind. Der Spieler wird durch die einzige Marke repräsentiert. Sie verschwindet, wenn der Spieler aus dem Spiel ausscheidet. Dieses Petri-Netz ist binär: Jede Stelle hat in jedem Ablauf höchstens eine Marke. Die markierte Stelle charakterisiert den Spielzustand des modellierten Spielers.

Von der Möglichkeit, verzahnte Abläufe mehrerer Spieler zu modellieren, ist hier noch nicht Gebrauch gemacht worden. Dahin könnte das Modell durchaus erweitert werden. In diesem Petri-Netz-Modell wird deutlicher als in dem endlichen Automaten, in welchen Situationen nicht-deterministische Entscheidungen fallen: Alle vier Stellen sind an Konflikten beteiligt, denn mehrere Transitionen konkurrieren um die einzige Marke auf der Stelle.

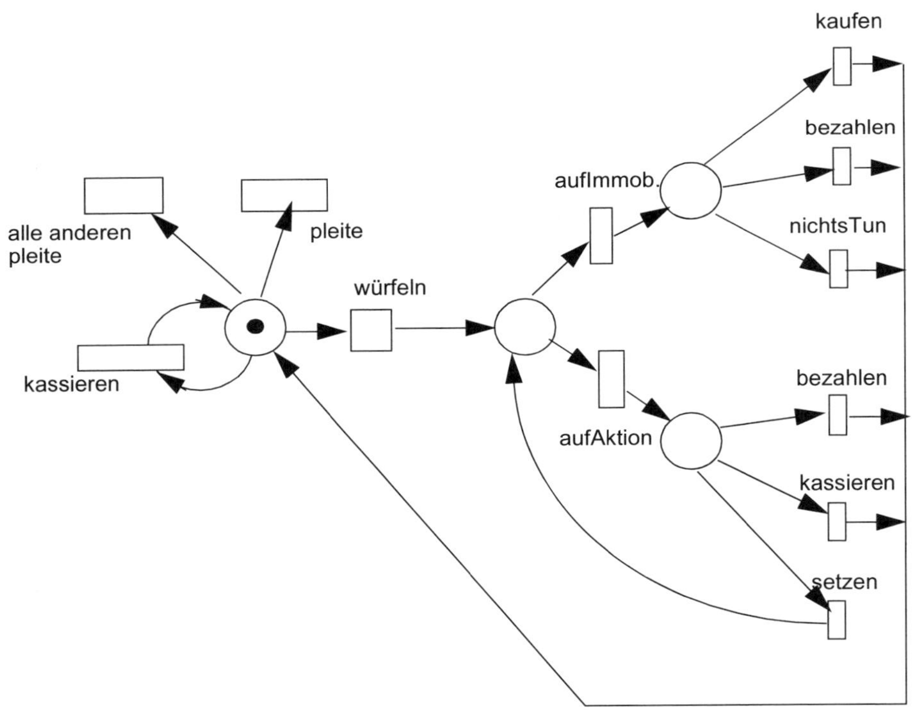

Abbildung 8.9: Aktionsfolgen eines Spielers als Petri-Netz

8.3 Fallstudie: Aussagenlogische Formeln transformiert durch Graphen

In diesem Fallbeispiel zeigen wir, wie Graphen eingesetzt werden können, um aussagenlogische Formeln zu modellieren und zu transformieren. Wir stellen ein Verfahren vor, mit dem die Gültigkeit einer logischen Folgerung $\alpha \models \beta$ für aussagenlogische Formeln α und β festgestellt werden kann. Sind α oder β komplexe Formeln, so setzt man für die Prüfung SAT-Solver ein; das sind Programme, die die Erfüllbarkeit aussagenlogischer Formeln überprüfen können. Da sie meist Formeln in konjunktiver Normalform (KNF) als Eingabe verlangen, spielt in diesem Verfahren die Transformation aussagenlogischer Formeln in KNF eine zentrale Rolle.

Im Abschnitt 4.1 haben wir zwei Verfahren zur Püfung von $\alpha \models \beta$ kennengelernt: (a) Man prüft, ob für jede Bewertung, für die α wahr ist, auch β wahr ist. Dies ist für komplexe Formeln α oder β aufgrund der großen Zahl von Bewertungen nicht praktikabel. (b) Man prüft indirekt, ob $\alpha \wedge \neg \beta$ widerspruchsvoll ist. Wenn wir dafür einen SAT-Solver einsetzen wollten, müsste $\alpha \wedge \neg \beta$ in eine Formel in KNF transformiert werden. Verwendet man hierfür die Distributivgesetze für Und ($\wedge$) und Oder ($\vee$), kann die Transformation sehr aufwändig sein, da die Länge der Ergebnisformel sehr groß werden kann (exponentiell in der Länge der Ausgangsformel).

Wir können die Transformation vereinfachen, wenn das Ziel eine Formel ist, die zu $\alpha \wedge \neg \beta$ nur erfüllbarkeitsäquivalent und nicht notwendig logisch äquivalent ist. Zwei Formeln π_1 und π_2 sind erfüllbarkeitsäquivalent, geschrieben als $\pi_1 \approx_{sat} \pi_2$, genau dann, wenn beide Formeln erfüllbar oder beide Formeln widerspruchsvoll sind. (Der Begriff der Erfüllbarkeitsäquivalenz für aussagenlogische Formeln entspricht dem für prädikatenlogische Formeln, siehe Definition 4.16)

8.3.1 Erfüllbarkeitsäquivalente Transformation in KNF

Unser Verfahren beginnt mit einer Formel α die in Negationsnormalform (NNF, Definition 4.7) vorliegt. Im ersten Schritt modellieren wir sie durch einen speziellen gerichteten Graphen. Seine Kanten sind mit aussagenlogische Formeln markiert (siehe Markierungsfunktionen in Abschnitt 5.1). Zur Vereinfachung der Notation schreiben wir $(x_i, x_j : \beta)$ für eine Kante von x_i nach x_j mit der Marke β. Da es Kanten geben kann, die sich nur in ihren Marken unterscheiden, handelt es sich bei den hier entstehenden Graphen um Multigraphen (siehe Definition 5.6).

Wir beginnen die Konstruktion des Graphen für α mit der Kante $(x_1, x_2 : \alpha)$. x_1 bezeichnen wir als Startknoten und x_2 als Zielknoten. Alle Knotennamen x_i müssen so gewählt werden, dass X_i nicht als Bezeichnung eines Atoms in der Formel vorkommt. Wir erläutern das Verfahren am Beispiel der Formel $\alpha = A \wedge (B \vee (\neg\ A \wedge D))$. Abb. 8.11a zeigt die erste Kante mit der Marke α.

Wir transformieren nun den Graphen Schritt für Schritt mit Hilfe von zwei Regeln, bis alle Kantenmarkierungen Literale sind.

Regel 1 (Konjunktion): Falls eine Kante $(x_i, x_j : \beta)$ mit $\beta = \beta_1 \wedge \beta_2$ existiert, dann ersetze sie durch die Kanten $(x_i, x_j : \beta_1)$ und $(x_i, x_j : \beta_2)$.

Regel 2 (Disjunktion): Falls eine Kante $(x_i, x_j : \beta)$ mit $\beta = \beta_1 \vee \beta_2$ existiert, dann füge einen neuen Knoten mit einem Namen x_t hinzu, der noch nicht vorkommt, und ersetze $(x_i, x_j : \beta)$ durch die Kanten $(x_i, x_t : \beta_1)$ und $(x_t, x_j : \beta_2)$.

Die beiden Regeln werden in Abb. 8.10 graphisch dargestellt. Weil Regel 1 parallele und Regel 2 serielle Kanten erzeugt, nennen wir die so erzeugten Graphen auch parallel-seriell.

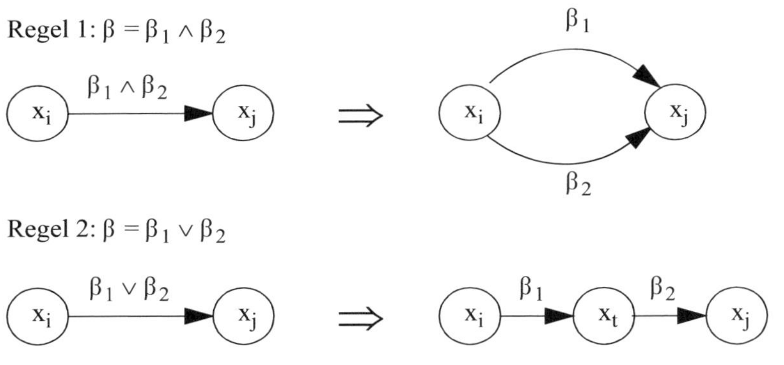

Abbildung 8.10: Graphische Darstellung der Transformationsregeln

Wir wenden die Regeln solange an, bis keine Ersetzung mehr möglich ist, d.h., bis jede Kantenmarkierung ein Literal ist. Abb. 8.11b-c zeigen die drei Ersetzungsschritte für die Beispielformel mit dem Ergebnisgraph in Abb. 8.11e.

Im letzten Schritt des Verfahrens wird aus dem Graphen folgendermaßen eine Formel in KNF konstruiert: Wir ordnen jedem Knoten x_i ein Atom X_i zu, das nicht in der Ausgangsformel vorkommt, und ordnen jeder Kante $(x_i, x_j : L)$ die Formel $((X_i \rightarrow X_j) \vee L)$, also die Klausel $(\neg\ X_i \vee X_j \vee L)$ zu. Zusätzlich wird für den Startknoten x_1 die Klausel (X_1) und für den Zielknoten x_2 die Klausel $(\neg\ X_2)$ hinzugefügt. Die Zielformel ist dann

$\Phi_\alpha = \{(X_1), (\neg\ X_2)\} \cup \{(\neg\ X_i \vee X_j \vee L) \mid (x_i, x_j\!: L) \text{ ist eine Kante in } G_\alpha\}$.

Wir haben hier Φ_α als eine Menge von Klauseln geschrieben. In dieser Notation steht $\{\alpha_1,..., \alpha_m\}$ für eine Konjunktion von Klauseln $\alpha_1 \wedge ... \wedge \alpha_m$. Da $\alpha \wedge \alpha \approx \alpha$ und $\alpha \wedge \beta \approx \beta \wedge \alpha$ für aussagenlogische Formeln α und β gilt, ist die Reihenfolge der Klauseln irrelevant. Umgekehrt wird $\beta_1 \wedge ... \wedge \beta_n$ durch die Menge $\{\beta_1,..., \beta_n\}$ repräsentiert.

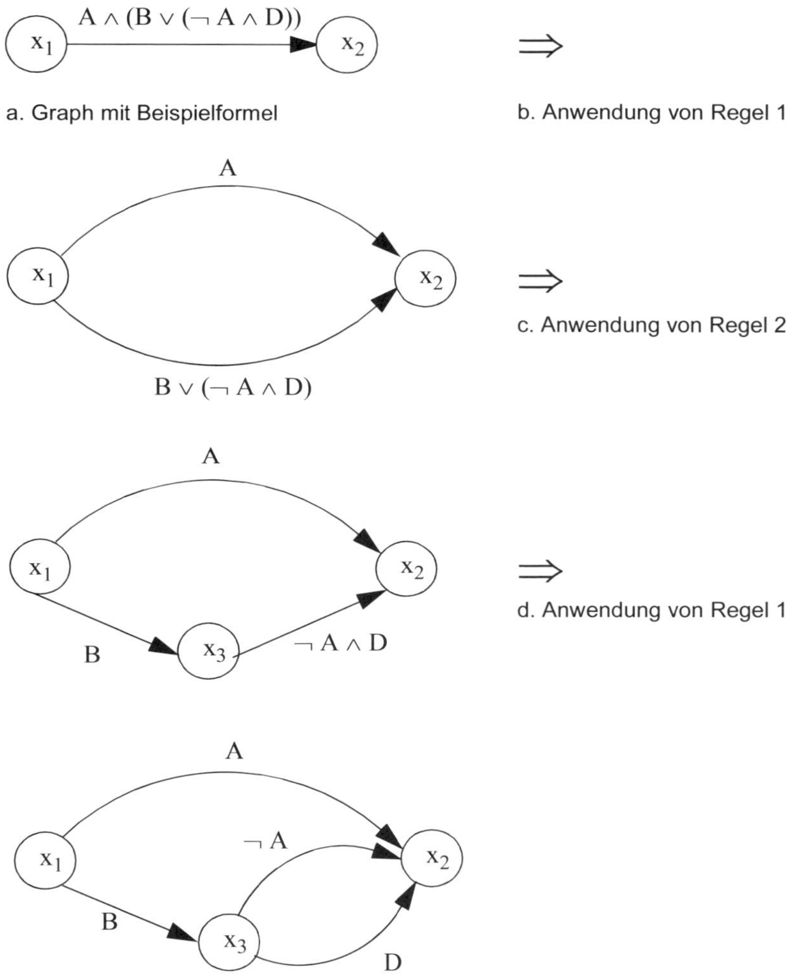

a. Graph mit Beispielformel

b. Anwendung von Regel 1

c. Anwendung von Regel 2

d. Anwendung von Regel 1

e. Ergebnisgraph

Abbildung 8.11: Ersetzungsschritte für die Beispielformel

Für das Beispiel $\alpha = A \wedge (B \vee (\neg A \wedge D))$ erhalten wir die KNF-Formel $\Phi_\alpha = X_1 \wedge \neg X_2 \wedge (\neg X_1 \vee X_2 \vee A) \wedge (\neg X_1 \vee X_3 \vee B) \wedge (\neg X_3 \vee X_2 \vee \neg A) \wedge (\neg X_3 \vee X_2 \vee D)$. Wie man leicht sieht, ist die Ergebnisformel nicht nur in KNF, sondern jede Klausel enthält sogar maximal drei Literale.

Der Übergang von gerichteten Graphen zu Formeln beruht auf dem engen Zusammenhang zwischen Kanten und logischen Implikationen. Sei $E = \{(x_i, x_j) \mid 1 \leq i,j \leq n\}$ die Kantenmenge eines gerichteten Graphen. Jeder Kante (x_i, x_j) ordnen wir eine logische

Implikation $X_i \rightarrow X_j$ zu. Dann gilt die folgenden Aussage: Seien $y_1,..., y_t$ Knoten des Graphen und es gebe einen Weg $y_1,..., y_t$ im Graphen. Dann gilt für die Formeln $(Y_1 \rightarrow Y_2) \wedge ... \wedge (Y_{t-1} \rightarrow Y_t) \models Y_1 \rightarrow Y_t$.

Sind die Kanten $(x_i, x_j : L)$ eines Graphen mit Literalen markiert, wobei sich die Atomnamen der Literale von den Knotennamen unterscheiden, und sei $y_1,..., y_t$ ein Weg, dann gilt: $((Y_1 \rightarrow Y_2) \vee L_1) \wedge ... \wedge ((Y_{t-1} \rightarrow Y_t) \vee L_{t-1}) \models (Y_1 \rightarrow Y_t) \vee L_1 \vee ... \vee L_{t-1}$. Wir sammeln also die Marken, die auf dem Weg vorkommen, in einer Disjunktion.

Warum wir in Regel 1 für die Konjunktion parallele und in Regel 2 für die Disjunktion serielle Kanten gewählt haben, verdeutlicht der folgende Satz.

Lemma 8.1:

1. *Sei $\beta = \beta_1 \wedge \beta_2$ mit der Kante $(x_1, x_2 : \beta)$. Die Anwendung der Regel 1 erzeugt die Kanten $(x_1, x_2 : \beta_1)$, $(x_1, x_2 : \beta_2)$. Dann gilt: β ist erfüllbar genau dann, wenn $\Phi_\beta = (X_1) \wedge (\neg X_1 \vee X_2 \vee \beta_1) \wedge (\neg X_1 \vee X_2 \vee \beta_2) \wedge (\neg X_2)$ erfüllbar ist.*
2. *Sei $\beta = \beta_1 \vee \beta_2$ mit der Kante $(x_1, x_3 : \beta)$. Die Anwendung der Regel 2 erzeugt die Kanten $(x_1, x_2 : \beta_1)$, $(x_2, x_3 : \beta_2)$. Dann gilt: β ist erfüllbar genau dann, wenn $\Phi_\beta = (X_1) \wedge (\neg X_1 \vee X_2 \vee \beta_1) \wedge (\neg X_2 \vee X_3 \vee \beta_2) \wedge (\neg X_3)$ erfüllbar ist.* ■

Beweis der Disjunktion (Teil 2): Wir zeigen nun, dass β *erfüllbar ist genau dann, wenn* Φ_β erfüllbar ist. Sei β erfüllbar mit einer Bewertung B. Gelte ohne Beschränkung der Allgemeinheit $B(\beta_1) = w$. Wir erweitern die Bewertung B und setzen $B(X_1) = w$, $B(X_2) = f$ und $B(X_3) = f$. Für diese Bewertung ist Φ_β wahr. Also ist Φ_β erfüllbar.

Gelte nun, Φ_β ist erfüllbar mit einer erfüllenden Bewertung B. Dann gilt $B(X_1) = w$ und $B(X_3) = f$ und damit $B((X_2 \vee \beta_1) \wedge (\neg X_2 \vee \beta_2)) = w$. Falls $B(X_2) = f$ ist, dann muss $B(\beta_1) = w$ gelten. Für $B(X_2) = w$ muss $B(\beta_2) = w$ gelten. Daraus ergibt sich $B(\beta_1 \vee \beta_2) = w$, so dass wir die Erfüllbarkeit von β gezeigt haben.

Analog lässt sich für $\beta = \beta_1 \wedge \beta_2$ und Regel 1 zeigen, dass β erfüllbar ist, genau dann, wenn $\Phi_\beta = X_1 \wedge (\neg X_1 \vee X_2 \vee \beta_1) \wedge (\neg X_1 \vee X_2 \vee \beta_2) \wedge \neg X_2$ erfüllbar ist.

Der Algorithmus PS-Graph in Abb. 8.12 wendet die Regel 1 und die Regel 2 solange an, bis keine Regelanwendung mehr möglich ist. Im letzten Schritt wird dann aus dem Graphen die gewünschte Formel in konjunktiver Normalform erzeugt.

```
Eingabe:  Formel α in NNF
Ausgabe:  Formel Φα in KNF
begin
    Gα = (Vα, Eα);
    Vα := {x1, x2};
    Eα := {(x1, x2 : α)};
    x1 ist Startknoten und x2 ist Zielknoten
    while Eα enthält eine Kante (xi, xj : β) deren Kantenmarke β kein Literal ist do
        if β = β1 ∧ β2 then
            ersetze (xi, xj : β) durch (xi, xj : β1) und (xi, xj : β2):
            Eα := (Eα \ {(xi, xj : β)}) ∪ {(xi, xj : β1), (xi, xj : β2)}
        else if β = β1 ∨ β2 then
            wähle einen neuen Knoten xt:
            Vα := Vα ∪ {xt};
            ersetze (xi, xj : β) durch (xi, xt : β1) und (xt, xj : β2):
            Eα := (Eα \ {(xi, xj : β)}) ∪ {(xi, xt : β1), (xt, xj : β2)};
        end;
    end;
    jedem Knoten xi des Graphen Gα ordnen wir ein Atom Xi mit Xi ∉ atoms (α) zu;
    Φα := {(X1), (¬ X2)} ∪ {(¬ Xi ∨ Xj ∨ L) | (xi, xj : L) ∈ Eα};
end
```

Abbildung 8.12: Algorithmus PS-Graph

Die Eigenschaften der vom Algorithmus PS-Graph erzeugten Formel Φ_α formuliert das folgende Lemma; man beweist es induktiv:

Lemma 8.2:

Sei α eine Formel in Negationsnormalform der Länge n, d.h die Anzahl von Vorkommen von Literalen ist n. Dann gilt: $\alpha \approx_{sat} \Phi_\alpha$, $\Phi_\alpha \in$ KNF und Φ_α besteht aus n+2 Klauseln. ∎

Die Formeln Φ_α und α sind zwar erfüllbarkeitsäquivalent, aber nicht in allen Fällen logisch äquivalent. Beispielsweise ist für $\alpha = A \vee B$ die Formel $\Phi_\alpha = (X_1) \wedge (\neg X_2) \wedge (\neg X_1 \vee X_3 \vee A) \wedge (\neg X_3 \vee X_2 \vee B)$ nicht logisch äquivalent zu α.

Bemerkung: Mit Hilfe des zu einer Formel α erzeugten Graphen G_α lässt sich auch direkt eine zu α logisch äquivalente Formel β in KNF gewinnen. Wir sammeln dazu für jeden Weg vom Startknoten x_1 zum Zielknoten x_2 jeweils alle Literale in einer Klausel, die auf diesem Weg als Kantenmarke auftreten. Es lässt sich zeigen, dass die Konjunktion dieser Klauseln logisch äquivalent zur Ausgangsformel α ist. In dem vorigen Beispiel $\alpha = A \wedge (B \vee (\neg A \wedge D))$ ergibt sich dann für die Wege in G_α:

Weg	zugeordnete Klausel
$(x_1, x_2 : A)$	$\beta_1 = (A)$
$(x_1, x_3 : B), (x_3, x_2 : \neg A)$	$\beta_2 = (B \vee \neg A)$
$(x_1, x_3 : B), (x_3, x_2 : D)$	$\beta_3 = (B \vee D)$

Dann ist $\beta_1 \wedge \beta_2 \wedge \beta_3$ in KNF und logisch äquivalent zu α, wie wir für das Beispiel leicht überprüfen können.

8.3.2 Beispielanwendung

Für $n \geq 1$ sei π_n die Formel $(A_1 \wedge ... \wedge A_n) \vee (B_1 \wedge ... \wedge B_n)$ und wir wollen wissen, ob $\pi_n \models (A_1 \vee B_1)$ gilt. Dazu bilden wir die Formel $\pi_n \wedge \neg (A_1 \vee B_1)$ und versuchen zu entscheiden, ob diese Formel widerspruchsvoll ist. Wir transformieren zuerst die Formel in eine Negationsnormalform $\pi_n \wedge \neg A_1 \wedge \neg B_1$ und anschließend mit den Distributivgesetzen in eine logisch äquivalente Formel in KNF. Dadurch erhalten wir die Formel

$$\varphi_n = \{(A_i \vee B_j) \mid 1 \leq i, j \leq n\} \cup \{\neg A_1\} \cup \{\neg B_1\}.$$

Die Formel π_n besteht aus 2n Literalen, hat also die Länge 2n. Dagegen besteht φ_n aus $2n^2+2$ Literalen; während die Länge von π_n linear in n ist, ist die von φ_n qadratisch in n. Alternativ wenden wir nun die erfüllbarkeitsäquivalente Transformation mit Hilfe des Algorithmus PS-Graph an. Nach dem obigen Satz sind dann die nachfolgenden vier Aussagen äquivalent:

1. $\pi_n \models (A_1 \vee B_1)$
2. $\pi_n \wedge (\neg A_1 \vee B_1)$ ist widerspruchsvoll. (Indirekter Beweis)
3. $\delta_n = ((A_1 \wedge ... \wedge A_n) \vee (B_1 \wedge ... \wedge B_n)) \wedge \neg A_1 \wedge \neg B_1$ ist widerspruchsvoll. (Negationsnormalform)
4. Φ_n ist widerspruchsvoll, wobei Φ_n das Ergebnis der Anwendung des Algorithmus PS-Graph auf die Formel δ_n ist. Der Algorithmus PS-Graph bildet zuerst den Graphen G_n in Abb. 8.13, aus dem wir dann die erfüllbarkeitsäquivalente Formel Φ_n in KNF erzeugen. Start- und Zielknoten sind x_1 und x_3.
   $\Phi_n = \{X_1, \neg X_3\} \cup \{(\neg X_1 \vee X_2 \vee A_i) \mid 1 \leq i \leq n\} \cup \{(\neg X_2 \vee X_3 \vee B_j) \mid 1 \leq j \leq n\}.$

Die Länge von Φ_n (d.h. die Anzahl der Vorkommen von Literalen) ist 6n+8. Wie man auch ohne Anwendung eines SAT-Solvers zeigen kann, ist die Formel Φ_n widerspruchsvoll, denn die Teilformel
$(\neg X_1 \vee X_2 \vee A_1) \wedge (\neg X_2 \vee X_3 \vee B_1) \wedge X_1 \wedge \neg X_3 \wedge \neg A_1 \wedge \neg B_1$
ist widerspruchsvoll. Daraus ergibt sich, dass $\pi_n \models (A_1 \vee B_1)$ gilt.

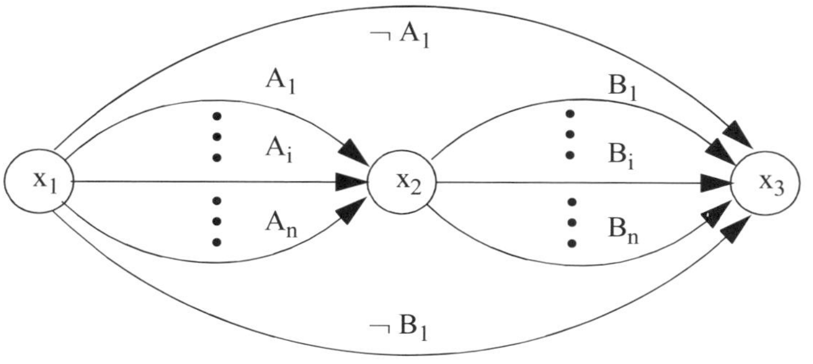

Abbildung 8.13: PS_Graph G_n für die Formel δ_n

Übungen

8.1 Modellbahn-Schienennetz

Es sei folgendes Schienennetz einer Modelleisenbahn gegeben:

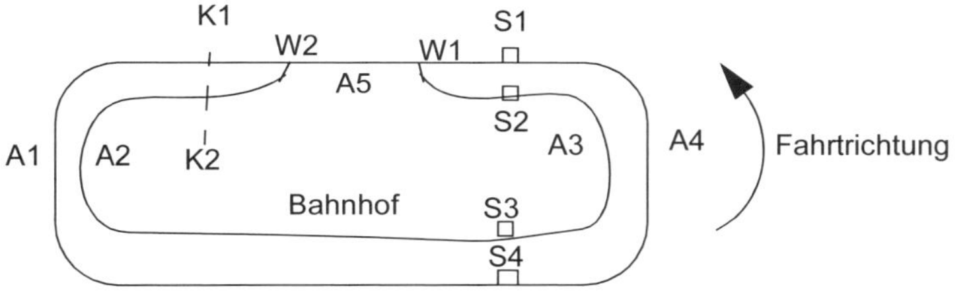

S1 bis S4 sind Signale, W1 und W2 sind Weichen, K1 und K2 sind Kontrollpunkte. Signale haben entweder den Zustand fahren oder *halten*. Weichen haben entweder den Zustand geradeaus oder Kurve.

a) Geben Sie einen Wertebereich für die Zustände der Strecke an.

   Signale = {S1, S2, S3, S4}
   Weichen = {W1, W2}
   Signalstellungen= {fahren, halten}
   Weichenstellungen= {geradeaus, Kurve}
   Streckenzustände = ...

b) Wenn die Weiche W1 auf geradeaus steht, muss das Signal S2 auf halten stehen. Anderenfalls könnte ein Zug die Weiche beschädigen. Modellieren Sie dies durch eine aussagenlogische Formel. Dabei bedeute

   W1g, dass die Weiche W1 auf geradeaus steht,
   S1f, dass das Signal S1 auf fahren steht, und
   S2f, dass das Signal S2 auf fahren steht.

c) Die Strecke ist in die Abschnitte A1 bis A5 unterteilt: An jedem Kontrollpunkt oder Signal fängt ein neuer Abschnitt an. Ein Zug startet am Signal S3 und fährt in die angegebene Fahrtrichtung.
Modellieren Sie die Folge der Abschnitte, die der Zug durchfahren kann, durch einen endlichen Automaten. Die Zustände des Automaten brauchen nicht beschriftet zu werden.

d) Modellieren Sie Teil (c) durch ein Petri-Netz. Vergessen Sie nicht, eine Anfangsmarkierung anzugeben!

e) Fügen Sie Ihrer Lösung Kanten zum vorgegebenen Teilnetz hinzu, um die Stellung der Weiche W2 zu berücksichtigen.

8.2 Kalkül-übergreifende Modellierung

Diese Aufgabe soll verdeutlichen, wie verschiedene Kalküle kombiniert werden können, um einen komplexeren Sachverhalt vollständig zu modellieren.

Es soll die Schreibweise und Bedeutung von Ausdrücken mit Mengen modelliert werden. Das Modell soll z. B. bestätigen, dass die Schreibweise der Ausdrücke „{1, 1, 0.99}“ und „{0.99} ∪ {1}“ korrekt ist und dass sie die gleiche Bedeutung haben.

a) *Grundsymbole*
Als Elemente unserer Mengen sollen Festpunktzahlen erlaubt sein.
Eine Festpunktzahl wird als Folge von Ziffern geschrieben, in der optional ein Dezimalpunkt vorkommen darf. Wenn ein Dezimalpunkt vorkommt, müssen davor und dahinter Ziffern stehen. Die Ziffernfolge vor dem Dezimalpunkt darf nicht mit 0 anfangen, außer dies ist die einzige Ziffer vor dem Dezimalpunkt. Gleiches gilt für die gesamte Ziffernfolge, wenn kein Dezimalpunkt vorkommt.
„12“, „0.99“ und „10.0“ sind also gültige Festpunktzahlen. „.1“ und „01“ sind keine gültigen Festpunktzahlen.
Modellieren Sie die Darstellung von Festpunktzahlen durch einen regulären Ausdruck.

b) *Struktur*
Ein Mengenausdruck ist ein Term, der Mengen mit den Operatoren ∪ und ∩ verknüpft. Eine Menge ist eine in geschweiften Klammern eingeschlossene, mit Kommata getrennte Folge von Festpunktzahlen, die auch leer sein darf.
Modellieren Sie die Struktur von Mengenausdrücken durch eine kontextfreie Grammatik, indem Sie die nachfolgende Grammatik erweitern und ein Startsymbol angeben. Beachten Sie, dass Mengenausdrücke auch Klammern enthalten dürfen, z. B.
$\{1\} \cup (\{1, 2, 3\}) \cap \{3\})$.

```
Menge       : : = '{' ElementeOpt '}'
ElementeOpt: : = Elemente
ElementeOpt: : =
Elemente    : : = Element ',' Elemente
Elemente    : : = Element
```

c) *Bedeutung*
Wir benutzen eine abstrakte Algebra, um Mengen und deren Verknüpfungen zu be-

schreiben:
Sorten: Menge, Element
Konstruktoren:

```
createSet:                    → Menge
insert:     Element x Menge   → Menge
Axiome:
M1:   insert (x, insert (x, M))    ≡ insert (x, M)
M2:   insert (x, insert (y, M))    ≡ insert (y, insert (x, M))
```

Die Menge {1, 2, 3} würde also durch den folgenden Term repräsentiert:

insert (1, insert (2, insert (3, createSet)))

d) Beschreiben Sie verbal die Bedeutung der Axiome M1 und M2.

e) Erweitern Sie die Algebra um die Operation union, die die Vereinigung von zwei Mengen modelliert.

8.3 Kalkül-übergreifende Modellierung

Bei dieser Aufgabe geht es um das Spiel Schach. Dabei können für verschiedene Bereiche verschiedene Kalküle zur Modellierung verwendet werden. Sie können kombiniert benutzt werden, um einen komplexeren Sachverhalt vollständig zu beschreiben.

Beim Schach besteht ein Schachbrett aus 8x8 Feldern. Die Spalten werden durch Kleinbuchstaben gekennzeichnet, die Zeilen durch Zahlen. Daher ist jedes Feld eindeutig identifizierbar. Dies ist auch notwendig für einen Schachzug. Nur zwei Personen können miteinander Schach spielen. Deshalb gibt es auch zwei unterschiedliche Farben für jeden Spieler, nämlich Schwarz und Weiß. Bei jeder Farbe gibt es 16 Schachfiguren. Manche Figuren existieren mehr als einmal.

1. Wertebereiche:

a) Geben Sie den Wertebereich für die Felder an, aus denen das Schachbrett besteht.

b) Seien folgende Wertebereiche vorgegeben:

Schachfigur1 : = {König, Dame}
Schachfigur2 : = {Turm, Springer, Läufer}
Schachfigur8 : = {Bauer}

Geben Sie den Wertebereich für alle Schachfiguren an. Denken Sie daran, dass es für jede Farbe, für jedes Element aus Schachfigur2 zwei und für jedes Element aus Schachfigur8 acht Figuren gibt.

c) Zu jeder Schachfigur beschreibt eine Funktion, welche Felder mit einem Zug von einem gegebenen Feld aus erreicht werden können. Geben Sie den Wertebereich an, aus dem diese Funktionen stammen.

2. Entity-Relationship:

Eine Schachfigur hat als Eigenschaft Farbe, Name und Nummer. Durch die Nummer können beispielsweise zwei Springer gleicher Farbe unterschieden werden. Schachfiguren können auf Felder platziert werden. Ein Feld ist durch ein Paar aus einem Buchstaben und einer Zahl eindeutig identifizierbar. Modellieren Sie diese Beschreibung durch ein ER-

Diagramm und definieren Sie sinnvolle Kardinalitäten. Kennzeichnen Sie außerdem die Schlüsselattribute.

3. Graphen, Entscheidungsbaum:

Gegeben sei das folgende Szenario:

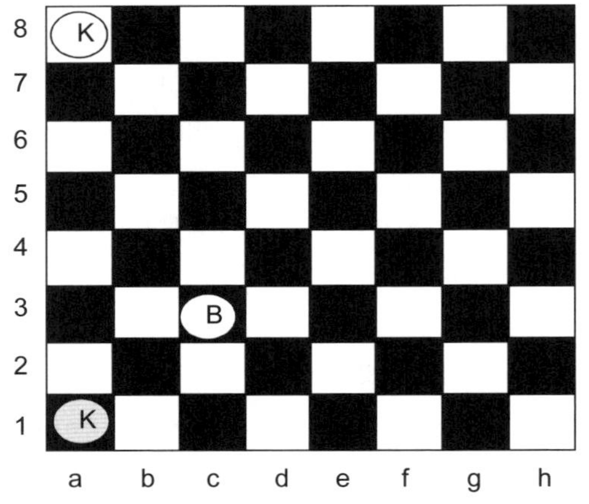

Die beiden Könige stehen in gegenüberliegenden Ecken. Ein weißer Bauer steht in der Nähe des schwarzen Königs. Geben Sie aus dieser Ausgangssituation einen Entscheidungsbaum für einen Schachzug von Schwarz und einen Gegenzug von Weiß an.

Bibliographie

Zu Kapitel 1: Einführung

Das Modellieren ist eine für die Informatik typische Arbeitsmethode, bei der ein breites Spektrum von formalen Kalkülen angewandt wird. Deshalb ist auch die Fachliteratrur dazu sehr reichhaltig. Allerdings konzentrieren sich die Darstellungen meist auf einzelne Kalküle. Übersichtswerke sind weniger zahlreich und müssen sich, wie das vorliegende, auf eine spezielle Sicht auf die Modellierung konzentrieren: Die Auswahl der Themen in *Goos 2000* [12] passt gut zu der dieses Buches. Dort werden die formalen Aspekte stärker vertieft, der Einsatz der Kalküle zur Modellierung aber weniger herausgestellt. *Van Leeuwen 1990* [22] ist eine Sammlung von anspruchsvollen Artikeln zu theoretischen Grundlagen formaler Kalküle. *Aho und Ullmann 1992* [1] stellen ein breites Spektrum grundlegender Konzepte aus der Sicht von Datenstrukturen und Algorithmen vor. Ein Lehrbuch zur Modellierung in der Software-Technik ist zum Beispiel *Rumbaugh et. al 1992* [36]. In *Balzert 1996* [2] wird eine große Sammlung von formalen Verfahren für die Anwendung in der Software-Technik zusammengestellt. Das Buch *Cormen, Leiserson und Rivest 1990* [7] ist ein Standardwerk für algorithmische Methoden und Verfahren. Zu unserer Sicht der Modellierung kann es den Aspekt der algorithmischen Lösungen gut ergänzen.

Beschreibungen des Modellbegriffes haben wir dem Lexikon *Meyers 1993* [24] entnommen. Die Beispiele für Buslinien und Busfahrpläne stammen aus der Web-Präsentation der Paderborner Nahverkehrsgesellschaft *PaderSprinter* [27].

Zu Kapitel 2: Mengen als Wertebereiche

Die Methoden zur Bildung strukturierter Wertebereiche über Mengen und ihr Einsatz für die Modellierung werden in *Scheurer 1994* [37] und *Markinson 2008* [23] grundlegend und einführend dargestellt. Ihr Einsatz zur Modellierung wird mit vielen Beispielen illustriert. Einige Ideen für Beispiele, wie die der UN-Delegation und der Gepäckaufbewahrung, haben wir daraus übernommen. Die meisten Publikationen zum Thema Mengen stellen das Rechnen mit Mengen in den Vordergrund, z. B. auch der Anhang A in *Goos 2000* [12].

Zu Kapitel 3: Terme und Algebren

Terme und die damit verbundenen Begriffe sind grundlegend für jeden Kalkül mit formaler Notation. Sie stammen ursprünglich aus der formalen Logik und werden dort als Teil der Prädikatenlogik dargestellt, wie z. B. in *Schöning 2000* [38]. Auch die Begriffe der Algebren über Termen sind in der Logik begründet. Auch in der Software-Technik sind Terme und Algebren seit langem allgemein akzeptierte Methoden zur formalen Spezifikation von Datenstrukturen, Programmen und Transformationen. *Ehrig 2001* [9] führt in grundlegende mathematische Strukturen der Informatik ein. *Ghezzi, Jazayeri und Mandrioli 1991* [11] stellen algebraische Spezifikationen im Kontext der Methoden zur Software-Konstruktion vor. *Partsch 1990* [28] betont die Spezifikation und Transformation von Programmen.

Zu Kapitel 4: Logik

Einführungen in die klassische Logik finden sich zum Beispiel in den Büchern *Schöning 2000* [38], *Ebbinghaus, Flum und Thomas 1996* [8] und *Hofbauer und Kutsche 1989* [16]. Das Buch *Chang und Lee 1973* [5] ist zwar in den frühen Siebzigern enstanden, bietet aber eine immer noch aktuelle Einführung.

Es gibt eine reiche Auswahl weiterführender Literatur: *Kleine Büning und Lettmann 1999* [21] behandelt die Aussagenlogik und deren Algorithmen sowie verschiedene Beweiskalküle. Logikkalküle finden sich zum Beispiel in *Richter 1978* [32]. In *Börger 1998* [4] wird eingehend auf den Zusammenhang zwischen der Logik und der Theoretischen Informatik eingegangen. *Huth und Ryan 2004* [17] präsentieren wichtige Aspekte der Logik, die für die Modellierung, Spezifikation und Verifikation von Computer-Systemen notwendig sind.

Auf dem Gebiet der Künstlichen Intelligenz spielt die Logik eine wichtige Rolle für die Repräsentation von Wissen, aber auch für die Deduktion. Neben der klassischen Logik werden hier insbesondere Erweiterungen und anders geartete Logiken untersucht und eingesetzt. Das Buch *Russell und Norwig 2003* [35] ist eine Einführung in die Künstliche Intelligenz, die auch verschiedene Gesichtspunkte der Logik im Kontext der Künstlichen Intelligenz beinhaltet. Zur Vertiefung elementarer Beweistechniken empfehlen wir *Velleman 2006* [41]. Darin wird gerade der konstruktive Aspekt des Beweisens besonders betont.

Zu Kapitel 5: Modellieren mit Graphen

Graphen sind so bedeutend für die Modellierung, weil sie gleichzeitig auf einem einfachen formalen Kalkül (den Relationen) basieren, sehr vielfältig anwendbar und anschaulich darstellbar sind und als Datenstruktur in algorithmischen Lösungsverfahren verwendet werden. In der Literatur zu Graphen findet man den Modellierungsaspekt in Büchern der mathematischen Graphentheorie am besten herausgearbeitet. Das Buch *Chartrand 1977* [6] stellt ihn besonders gut dar. Neben präzisen Definitionen des Kalküls stehen die mit Graphen beschriebenen Eigenschaften im Vordergrund. Es werden viele praktische und fantasievoll erfundene Beispiele gegeben. Einige Aufgaben haben wir daraus übernommen. *Walther 1984* [42] enthält eine Sammlung ausgearbeiteter Fallstudien zur Modellierung mit Graphen. Die formalen Aspekte der Graphentheorie werden in *Gross und Yellen 2004* [14] stärker vertieft. In der Informatik-Literatur tritt der Modellierungsaspekt zu Gunsten algorithmischer Methoden in den Hintergrund, z. B. in Standardwerken wie *Cormen, Leiserson und Rivest 1990* [7] und *Aho und Ullmann 1992* [1].

Zu Kapitel 6: Modellierung von Strukturen

Kontextfreie Grammatiken werden meist als Kalkül zur Definition von Sprachen über Symbolfolgen eingeführt, etwa in Büchern zu theoretischen Grundlagen wie *Rozenberg und Salomaa 1997* [33] oder in der Literatur zur Übersetzerkonstruktion wie *Goos und Waite 1984* [13] oder *Kastens 1990* [19]. Damit Ableitungsbäumen auch hierarchische Strukturen modelliert werden können, werden z.B. auch in *Balzert 1996* [2] kontextfreie Grammatiken in die Sammlung von Modellierungskalkülen eingereiht.

In der Extensible Markup Language XML wird das Modellieren von Baumstrukturen mit zusätzlichen Attribute und Verzeigerungen zum Prinzip gemacht. Der Bezug von XML zum Entwurf von Datenbanken wird z.B. in *Kazakos et al. 2002* [20] besonders herausgearbeitet. Eine allgemeine Einführung zu XML findet man z.B. in *Münz et al. 2007* [25]. Die aktuellen Dokumente zu XML macht das *World Wide Web Consortium 2008* [43] verfügbar, das auch die Fortentwicklung von XLM steuert. XML ist ursprünglich an der *Standardized Generalized Markup Language (SGML)* orientiert, die schon 1986 bei der *ISO 1987* [18] standardisiert wurde.

Das Entity-Relationship-Modell wurde 1976 von Chen als Modellierungskalkül vorgestellt. Es ist eine formale Grundlage sowohl für die Entwicklung von Datenbanken-Schemata (*Ullmann 1992* [39] und *Furtado und Neuhold 1986* [10]) als auch für objektorientierte Modellierungen (*Ghezzi, Jazayeri und Mandrioli 1991* [11]).

Die Semantik der ER-Modelle und ihre anschauliche Darstellung haben auch die Klassendiagramme der Modellierungssprache UML geprägt. UML wurde in der Version 1.1 1997 als Zusammenfassung einiger damals verwendeter Modellierungssprachen wie *OMT*, *OOD*, *OOSE* und *Statecharts* eingeführt, *UML Partners 1997* [40]. Bis 2005 wurde die Sprache in mehreren Versionen ergänzt und überarbeitet. Die in 2005 publizierte *UML 2.0* wird als besonderer Meilenstein in der Entwicklung von UML angesehen. Die Sprache wurde gründlich überarbeitet, vereinfacht und um Fehlendes erweitert. Eine Einführung zu UML geben z.B. *Rupp et al. 2007* [34], umfassende Erläuterungen findet man z.B. bei *Pender 2003* [29]. Die aktuellen Dokumente zu UML werden von der *Object Management Group 2008* [26] verfügbar gemacht, die auch die Fortentwicklung von UML steuert.

Zu Kapitel 7: Modellieren von Abläufen

Der Kalkül der endlichen Automaten dient in erster Linie der Definition von Sprachen über Zeichenfolgen. In dieser Rolle gehört er zu den theoretischen Grundlagen der Informatik, siehe *Rozenberg und Salomaa 1997* [33] und *Perrin 1990* [30]. In der Übersetzertechnik ist er eine formale Grundlage zur Realisierung der lexikalischen Analyse in Übersetzern, siehe *Goos und Waite 1984* [13] und *Kastens 1990* [19]. Mit endlichen Automaten kann man auch modellieren, wie technische Geräte oder abstrakte Maschinen auf äußere Ereignisse reagieren. In dieser Rolle haben sie als Modellierungskalkül in die Software- und Hardware-Technik Eingang gefunden, z. B. *Balzert 1996* [2]. Sie bilden auch die semantische Grundlage für den Kalkül der Statecharts, der von *Harel 1987* [15] eingeführt wurde. Er ist auch als Teilsprache zur Modellierung von Verhalten in die Modellierungssprache UML eingegangen, siehe auch *OMG 2008* [26], *Pender 2003* [29] und *Rupp et al. 2007* [34].

Petri-Netze wurden von Petri 1962 vorgestellt. Sie dienen zur Beschreibung und Analyse nebenläufiger diskreter Abläufe. Sie gehören zu den grundlegenden Kalkülen der Informatik. Ein Standardlehrbuch dazu ist *Reisig 1991* [31]. Sie werden in der Software-Technik ebenso zur Modellierung eingesetzt wie im Hardware-Entwurf. *Baumgarten 1990* [3] stellt den Kalkül und einige Erweiterungen mit anschaulichen Beispielen vor. Wir haben daraus und aus *Goos 2000* [13] einige der Beispiele in Kapitel 7 übernommen.

Referenzen

[1] *Alfred V. Aho, Jeffrey D. Ullman*: Foundations of Computer Science. Computer Science Press (1992)

[2] *Helmut Balzert*: Lehrbuch der Software-Technik, Software-Entwicklung. Spektrum Akademischer Verlag (1996)

[3] *Bernd Baumgarten*: Petri-Netze. BI Wissenschaftsverlag (1990)

[4] *Egon Börger*: Berechenbarkeit, Komplexität, Logik. Vieweg Verlagsgesellschaft (1998)

[5] *Chin-Liang Chang, Richard C. Lee*: Symbolic Logic and Mechanical Theorem Proving. Academic Press (1973)

[6] *Gary Chartrand*: Graphs as Mathematical Models. Prindle, Weber & Schmidt, Boston, Massachusetts (1977)

[7] *Thomas H. Cormen, Charles E. Leiserson, Ronald L. Rivest*: Introduction to Algorithms. MIT Press (1990)

[8] *Heinz-Dieter Ebbinghaus, Jörg Flum, Wolfgang Thomas*: Einführung in die mathematische Logik. Spektrum Akademischer Verlag (1996)

[9] *Hartmut Ehrig*: Mathematisch-strukturelle Grundlagen der Informatik, 2. Auflage. Springer-Lehrbuch (2001)

[10] *Antonio L. Furtado, Erich J. Neuhold*: Formal Techniques for Data Base Design. Springer (1986)

[11] *Carlo Ghezzi, Mehdi Jazayeri, Dino Mandrioli*: Fundamentals of Software Engineering. Prentice Hall (1991)

[12] *Gerhard Goos*: Vorlesungen über Informatik. Band 1, 3. Auflage; Springer-Lehrbuch (2000)

[13] *Gerhard Goos, William M. Waite*: Compiler Construction. Springer (1984)

[14] *Jonathan L. Gross, Jay Yellen*: Handbook of Graph Theory. CRC Press (2004)

[15] *David Harel*: Statecharts: A Visual Formalism for Complex Systems. Science of Computer Programming 8 (1987), pp 231-274

[16] *Dieter Hofbauer, Ralf-Detlev Kutsche*: Grundlagen des maschinellen Beweisens. Vieweg Verlagsgesellschaft (1989)

[17] *Michael R.A. Huth, Mark D. Ryan*: Logic in Computer Science: Modelling and Reasoning about Systems. Cambridge University Press (2004)

[18] *International Organization for Standardization (ISO)*: ISO 8879: Information processing -- Text and office systems -- Standard Generalized Markup Language (SGML). ISO (1986)

[19] *Uwe Kastens*: Übersetzerbau. In: Handbuch der Informatik; Oldenbourg Verlag (1990)

[20] *Wassilios Kazakos, Andreas Schmidt und Peter Tomczyk*: Datenbanken und XML. Springer (2002)

[21] *Hans Kleine Büning, Theodor Lettmann*: Propositional Logic: Deduction and Algorithms. Cambridge University Press (1999)

[22] *Jan van Leeuwen*: Handbook of Theoretical Computer Science. Vol. B: Formal Models and Semantics; Elsevier (1990)

[23] *David Makinson*: Sets, logic and maths for computing. Springer (2008)

[24] Meyers Neues Lexikon in zehn Bänden. Meyers Lexikonverlag (1993)

[25] Stefan Münz et al.: XML/DTDs. in SELFHTML, de.selfhtml.org/xml (2007)

[26] *Object Management Group*: UML Resource Page. www.uml.org (2008)

[27] PaderSprinter. Web-Präsentation; http://www.padersprinter.de

[28] *Helmut A. Partsch*: Specification an Transformation of Programs, A Formal Approach to Software Development. Springer (1990)

[29] *Tom Pender*: UML Bible. Wiley Publishing (2003)

[30] *Dominique Perrin*: Finite Automata. In: *Jan van Leeuwen 1990*, pp. 1–57

[31] *Wolfgang Reisig*: Petrinetze - Modellierungstechnik, Analysemethoden, Fallstudien. Springer Vieweg (2010)

[32] *Michael M. Richter*: Logikkalküle. Teubner Verlag (1978)

[33] *Grzegorz Rozenberg, Arto Salomaa (Eds.)*: Handbook of Formal Languages. Volume 1. Word, Language, Grammar; Springer (1997)

[34] *Chris Rupp, Stefan Queins, Barbara Zengler*: UML 2 glasklar. 3. Auflage; Carl Hanser Verlag (2007)

[35] *Stuart J. Russell, Peter Norwig*: Artificial Intelligence: A Modern Approach. Prentice Hall (2003)

[36] *James Rumbaugh, Michael Blaha, William Premerlani, Frederick Eddy, William Lorensen*: Object-Oriented Modeling and Design. Prentice-Hall (1992)

[37] *Thierry Scheurer*: Foundations of Computing, System Development with Set Theory and Logic. Addison-Wesley (1994)

[38] *Uwe Schöning*: Logik für Informatiker. 5. Auflage; Spektrum Akademischer Verlag (2000)

[39] *Jeffrey D. Ullman*: Principles of Database and Knowledge-based Systems. Vol. 1; Computer Science Press (1988)

[40] *UML Partners:* UML Summary, version 1.1. OMG - Object Management Group, Framingham, MA, USA (1997)

[41] *Daniel J. Velleman*: How To Prove It. 2nd Edition; Cambridge University Press, New York, USA (2006)

[42] *Hansjoachim Walther*: Ten Applications of Graph Theory. D. Reidel Publishing Company (1984)

[43] World Wide Web Consortium (W3C): Extensible Markup Language (XML). www.w3c.org/xml (2008)

Register

W

X

Z